Plagiat, Fälschung, Urheberrecht im interdisziplinären Blickfeld

Herausgegeben von

Dietmar Goltschnigg
Charlotte Grollegg-Edler
Patrizia Gruber

unter Mitarbeit von

Victoria Kumar

ERICH SCHMIDT VERLAG

Bibliografische Information der Deutschen Nationalbibliothek:
Die Deutsche Nationalbibliothek verzeichnet diese Publikation in der
Deutschen Nationalbibliografie; detaillierte bibliografische Daten sind
im Internet über http://dnb.d-nb.de abrufbar.

Weitere Informationen zu diesem Titel finden Sie im Internet unter
ESV.info/978 3 503 13763 3

Gedruckt mit freundlicher Unterstützung durch:

Fakultäten:
Geisteswissenschaften
Naturwissenschaften
Sozial- und Wirtschaftswissenschaften
Umwelt-, Regional- und Bildungswissenschaften
Rechtswissenschaften

Gedrucktes Werk: ISBN 978 3 503 13763 3
eBook: ISBN 978 3 503 13764 0

Dieses Papier erfüllt die Frankfurter Forderungen der
Deutschen Nationalbibliothek und der Gesellschaft für das Buch
bezüglich der Alterungsbeständigkeit und entspricht sowohl den
strengen Bestimmungen der US Norm Ansi/Niso Z 39.48-1992
als auch der ISO Norm 9706.

Druck und Bindung: Hubert & Co., Göttingen

Editorial

Der vorliegende Band ist aus einem an der Karl-Franzens-Universität Graz am 11./12. Mai 2012 veranstalteten interdisziplinären Symposium *Das Plagiat in Kultur und Wissenschaft, Wirtschaft und Recht* hervorgegangen. Für die Mithilfe bei der Vorbereitung und Durchführung der Veranstaltung sowie bei der Moderation der Vorträge danken wir Gernot Gölles, Beate Hauer, Victoria Kumar, Christine Kurzmann-Reich, Sabine Lintschinger und Evelyn Schalk.

Den Vortragenden, die ihre Manuskripte für diesen Band zur Verfügung gestellt haben, sei ebenso herzlich gedankt wie Verena Haun und Carina Lehnen vom Berliner Erich Schmidt Verlag für die stets freundliche, hilfsbereite und kompetente Zusammenarbeit bei der Vorbereitung zur Drucklegung des Bandes.

Maßgeblich beteiligt am Zustandekommen des Symposiums und an der Publikation des Bandes sind durch ihre dankenswerte finanzielle Förderung:

- die Rektorate der Karl-Franzens- und der Medizinischen Universität Graz,
- die Dekanate der Grazer Geistes- und Naturwissenschaftlichen, der Umwelt-, Regional- und Bildungswissenschaftlichen, der Rechts- sowie der Sozial- und Wirtschaftswissenschaftlichen Fakultät.

Besonderer Dank gebührt Frau Bundesjustizministerin Beatrix Karl und Herrn Vizerektor Martin Polaschek, die beide durch ihre persönliche Mitwirkung als fachlich ausgewiesene Vortragende und BeiträgerInnen des Sammelbands dem Projekt ihre Anerkennung erwiesen.

Graz, im Juni 2013

Dietmar Goltschnigg   Charlotte Grollegg-Edler   Patrizia Gruber

Inhaltsverzeichnis

Inhaltsverzeichnis

BEATRIX KARL

Eröffnung

Sehr geehrte Damen und Herren!
Ich habe die Einladung gerne angenommen, heute die einleitenden Worte zu diesem interdisziplinären Symposium über Plagiat in Kultur und Wissenschaft, Wirtschaft und Recht an
Sie zu richten.
   Der korrekte Umgang mit fremden geistigen Leistungen ist ein Thema, das mich schon
als Wissenschaftlerin dieser Universität berührt hat. Das Plagiat ist aber auch ein Thema
des Universitätsrechts, für das ich in meiner früheren Funktion als Wissenschaftsministerin
verantwortlich war. Als nunmehrige Justizministerin nähere ich mich dem Thema über das
Urheberrecht.

Wert geistiger Leistungen

Dieses Symposium fällt in eine Zeit, in der die Frage nach dem geistigen Eigentum wieder
verstärkt diskutiert wird. Die prominenten Plagiatsfälle aus der europäischen Politik brau-
che ich Ihnen nicht näher zu erläutern. Aber auch die grundlegendere Fragestellung, was
geistige und kreative Leistungen wert sind, ist hochaktuell. Die Möglichkeiten des Internets
und der modernen Kommunikationsmittel stellen uns vor ganz neue Herausforderungen in
Wissenschaft und Recht, insbesondere was das Urheberrecht betrifft. Ich habe am diesjäh-
rigen Tag des geistigen Eigentums, dem 26. April 2012, in einer Enquete im Parlament
meine Position klar gemacht: Auch geistiges Eigentum ist Eigentum, und kreative Leistungen müssen auch in Zukunft wertgeschützt bleiben. Denn dahinter steckt viel harte Arbeit,
wie Sie alle wissen. Das müssen wir honorieren, das ist eine Frage der Gerechtigkeit und
Fairness. Deshalb habe ich noch für diese Legislaturperiode eine Urheberrechtsnovelle an-
gekündigt.
   Ich hoffe, dass auch das heutige Symposium dazu beiträgt, den Wert geistiger Leistungen in Erinnerung zu rufen. Hinter wissenschaftlichen und kulturellen Leistungen stehen
Menschen, die Anerkennung verdienen. Bei allem Verständnis für die Anliegen eines freien
Internets und des möglichst ungehinderten Zugangs zu Information, dürfen wir diejenigen,
die Wissen und Kultur aufarbeiten, nicht aus den Augen verlieren. Die Wertschätzung für
geistiges Eigentum ist auch die Wertschätzung für diejenigen, die solche Leistungen erbringen. Dies wird schon durch den Gegenstand des Urheberrechts zum Ausdruck gebracht.
Beim Schutz von „eigentümlichen geistigen Schöpfungen" im Sinn des Urheberrechtsgesetzes geht es um Originalität, Individualität und Kreativität und damit um die Persönlichkeit eines Urhebers, die im Werk zur Geltung gelangt.

Grenzen des Urheberrechts

Bei aller Achtung des Wertes schöpferischer Leistung muss das Urheberrecht aber immer
auch Grenzen haben, allein um die gegenseitige Inspiration zu fördern. Das Urheberrecht

9

lässt die Auseinandersetzung mit fremden Leistungen in eigenen Arbeiten deshalb durchaus zu. So sind etwa abstrakte Ideen, Methoden, Konzepte von vornherein urheberrechtlich frei und können als Grundlage eigenen Schaffens herangezogen werden. Auch Informationen als solche werden durch das Urheberrecht nicht geschützt. Dagegen fällt aber der spezifische Sprachstil, mit dem Information vermittelt wird, als eigenständiges literarisches Werk unter den urheberrechtlichen Schutz.

Zitatrecht

Das für unser heutiges Thema wohl interessanteste Instrument, das dem Ausgleich zwischen dem Schutz der Kreativität einerseits und der freien Auseinandersetzung mit fremden Werken andererseits dienen soll, ist das Zitatrecht. Dabei setzt das Urheberrecht der Nutzung eines fremden Werkes durch das Zitat aber klare Grenzen. So muss das zitierende Werk selbst ein schutzfähiges Werk sein. Es ist eine geistige Auseinandersetzung mit dem zitierten Werk erforderlich, und das Zitat muss als solches erkennbar sein. Darüber hinaus dürfen nur Werke zitiert werden, die im Sinn des § 9 UrhG „erschienen" sind. Besonders hervorzuheben ist letztlich die Verpflichtung zur Quellenangabe, wozu auch die Urheberbezeichnung gehört.

Urheberrechtspaket – Modernisierung des Urheberrechts

Nach der erwähnten ersten Enquete zu einer Reform des Urheberrechts Ende April 2012 gilt es als nächsten Schritt in kleineren Runden Lösungsvorschläge mit den Betroffenen und Experten des Justizministeriums im Detail zu diskutieren. Am Ende soll eine ausgewogene und vernünftige Reform des Urheberrechts stehen. Ich bin froh, in der österreichischen Kulturministerin Claudia Schmied eine Mitkämpferin in diesem wichtigen Projekt gefunden zu haben.

Es ist vollkommen klar, dass man angesichts aller technischen Neuerungen, die insbesondere das Internet gebracht hat, rechtlich nicht einfach beim Status quo bleiben kann. Neue Möglichkeiten und Herausforderungen verlangen nach neuen Antworten. Es kann dabei weder um eine Kriminalisierung einzelner Nutzer gehen noch um eine Aufhebung des Urheberrechts im Netz. Zunächst muss es darum gehen, das Bewusstsein für kreative Leistung zu schärfen. Wir müssen sensibilisieren, nicht kriminalisieren. Das gilt ja ähnlich auch für Fragen zum Plagiat. Auch hier fehlt es offenbar vielfach an einer gewissen Grundsensibilität beim Umgang mit dem geistigen Eigentum anderer.

Konkrete Diskussionspunkte sind darüber hinaus eine Nachfolgeregelung für die Leerkassettenvergütung. Wir haben es heute mit anderen Speichermedien für Musik oder Film zu tun als vor 20 Jahren. Eine Festplattenabgabe, die – analog zur Leerkassettenvergütung – Kunst- und Kulturschaffenden hilft, zu ihrem Geld zu kommen, wäre hier gut vorstellbar. Wir verfolgen auch mit großem Interesse die Diskussion in Deutschland zum Leistungsschutzrecht für Zeitungsverleger, also zu einer wirksameren Absicherung der Urheberrechte von Journalisten. Ausgehend von einer aktuellen EuGH-Entscheidung werden wir bei den Filmurheberrechten die Bestimmungen zur sogenannten „cessio legis" überarbeiten. Dabei gilt es eine Lösung zu finden, die zwei Anforderungen gerecht wird: Sie soll einen Ausgleich zwischen Filmproduzenten und Filmschaffenden herstellen und das Filmland Österreich stärken. Die Schutzdauerrichtlinie der EU werden wir umsetzen, und schließlich werden wir auch Überlegungen anstellen, wie man eine bessere Durchsetzbarkeit des Urheberrechts im Internet, beispielsweise bei illegalen Tauschbörsen, erreichen kann.

Sie sehen, es geht hier um ein ganzes Paket von Themen, für die tragfähige Lösungen gefunden werden müssen. Ich wünsche Ihnen, dass Sie in diesen Tagen auch eine breite und spannende Diskussion zu den hochaktuellen Themen rund um Plagiat, geistiges Eigentum und Urheberrechte erleben. Die Vielfalt an hochkarätigen Vorträgen gibt sicher ausreichend Grundlage dafür. In diesem Sinne wünsche ich Ihnen allen eine erfolgreiche Veranstaltung.

Martin Polaschek

Geleitwort

„Man schreibt nicht mehr, man schreibt ab", klagte der italienische Renaissance-Humanist Girolamo Cardano 1574 in seiner *Lebensbeschreibung*. Die Bibliotheken, so der düstere Befund des Universalgelehrten, füllen sich immer weiter mit Büchern, während die Geister immer ärmer an Bildung werden. Die Anmaßung fremder Geistesprodukte und die kulturpessimistische Besorgnis darüber bilden in der Geschichte des Abendlandes ebenso eine Konstante wie das Bestreben, unlauteren intellektuellen Praktiken auf die Schliche zu kommen und sie wirksam zu bekämpfen. Letzteres dokumentiert besonders eindrücklich das *Betrugslexicon* des Juristen Georg Paul Hönn, das zwischen 1721 und 1730 in mehreren Auflagen und einem Fortsetzungsband erschien. Hönn verspricht darin, „die meisten Betrügereien in allen Ständen, nebst denen darwider guten Theils dienenden Mitteln" zu offenbaren, und widmet sich dabei auch der Universität und dem Stand der „Professores oder academischen Lehrer". Er prangert unter anderem die Verunglimpfung von Fachkollegen an, das mutwillige Ausfallen-Lassen von Lehrveranstaltungen oder das Vortragen immer gleicher Inhalte unter stets neuen Lehrveranstaltungstiteln. Besonders scharf brandmarkt Hönn allerdings die betrügerische Unart, „die Fontes und Bücher nicht treulich" anzuzeigen, von denen man bei der Behandlung einer Materie Gebrauch gemacht hat.

Seit den Zeiten Cardanos und Hönns hat sich das vorsätzliche Verschweigen von „Fontes und Büchern" im intellektuellen und wissenschaftlichen Leben mit einiger Kontinuität fortgesetzt. Davon zeugen gegenwärtig vor allem die skandalträchtigen Plagiatsfälle, die nicht nur leidenschaftlich geführte öffentliche Debatten, sondern auch eine beachtliche Reihe politischer Rücktritte zur Folge hatten. Bei aller historischen Konstanz plagiatorischer Energie hat sich in jüngster Zeit jedoch eines entscheidend verändert: das Ausmaß der Anstrengungen, die geistiger Diebstahl dem Plagiator oder der Plagiatorin bereitet. Während vor Anbruch des digitalen Zeitalters eine absichtsvoll verschwiegene Quelle noch mit einigem Aufwand – etwa in einer Bibliothek – beschafft und Wort für Wort übertragen werden musste, steht nunmehr eine schier unbegrenzte Menge an Informationen unmittelbar und zu jeder Zeit im World Wide Web zur Verfügung. Um auf fremdes Gedankengut zuzugreifen und es als eigenes auszugeben, sind heute weder Recherchen noch eine besonders aufmerksame Lektüre nötig – vielmehr genügen einige Mausklicks.

Unter solchen Bedingungen wird unser Verständnis von Plagiaten um neue Implikationen erweitert. Diese betreffen folgenreiche kulturelle und gesellschaftliche Entwicklungen, wie beispielsweise die Auswirkungen der digitalen Kommunikation auf die Kulturtechnik des Schreibens oder die Herausforderungen, die das Internet für die tradierten Urheberrechtssysteme bereithält. Mit diesen und anderen Aspekten des Plagiarismus beschäftigten sich am 10./11. Mai 2012 Vertreterinnen und Vertreter unterschiedlicher Fachdisziplinen im Rahmen des an der Universität Graz abgehaltenen Symposiums *Das Plagiat in Kultur und Wissenschaft, Wirtschaft und Recht*. Die Ergebnisse dieser breiten interdisziplinären Auseinandersetzung mit dem Phänomen Plagiat liegen in diesem Band in schriftlicher Form vor. Das Symposium und der Tagungsband stellen einerseits einen wichtigen Beitrag

13

zur aktuellen Plagiatsforschung dar, andererseits verweisen sie auf einen grundlegenden gesellschaftlichen Auftrag der Universität. Als Bildungs- und Forschungsinstitution ist ihr nicht nur die Produktion und Weitergabe von Wissen in besonderer Weise aufgegeben, sondern auch die Wahrung von Wissenschaftsethos und wissenschaftlicher Redlichkeit. Es ist daher die Pflicht der Universität, die Prinzipien guter wissenschaftlicher Praxis hochzuhalten und an die Folgegenerationen weiterzugeben. Damit verbunden ist die Notwendigkeit, wissenschaftliches Fehlverhalten konsequent aufzudecken, zu ahnden und seine Ursachen zu ermitteln. Verstöße gegen die Grundsätze guter wissenschaftlicher Praxis entspringen in den seltensten Fällen böser Absicht. Meist sind es hoher Druck, Mehrfachbelastungen und knappe Zeitressourcen, die Wissenschaftlerinnen und Wissenschaftler oder Studierende dazu veranlassen, die Maßstäbe wissenschaftlicher Integrität zu vernachlässigen. Die Versuchung, zu plagiieren, ist außerdem im digitalen Zeitalter unvergleichlich größer geworden. Besonders für Studierende haben sich im Internet vielfältige Angebote entwickelt[1], die förmlich dazu einladen, vom Wissen und den Leistungen anderer zu profitieren. Überdies ist zu bedenken, dass die heutige Studierendengeneration fast zur Gänze mit dem Internet und seinen Anwendungen aufgewachsen ist. Vor allem im Rahmen von Web 2.0 kristallisiert sich ein Umgang mit Informationen und Wissen heraus, bei dem Interaktivität, Partizipation und Kollektivität eine weit größere Rolle spielen als jemals zuvor in der modernen Wissensgeschichte.

Die Karl-Franzens-Universität Graz hat auf diese Entwicklungen reagiert, indem sie sich im Jahr 2004 Grundsätze zur Sicherung guter wissenschaftlicher Praxis gegeben und diese in ihrer Satzung verankert hat. Die Leitlinien beziehen sich auf die Forschung ebenso wie auf die Lehre, in der es zunehmend wichtiger wird, Studierenden den spezifischen Charakter von wissenschaftlicher Kommunikation und Wissensproduktion nahezubringen. „Jede/r Universitätslehrer/in", heißt es daher in der Satzung, „ist aufgefordert, die Prinzipien guter wissenschaftlicher Praxis und die Problematik wissenschaftlichen Fehlverhaltens in der curricularen Ausbildung angemessen zu thematisieren und so zur Entwicklung eines entsprechenden Problem- und Verantwortungsbewusstseins beizutragen." Operativ erfolgt die Prävention und systematische Ermittlung von Plagiaten seit 2008 durch eine flächendeckende elektronische Plagiatsüberprüfung aller wissenschaftlichen Abschlussarbeiten, wobei die Überprüfung in Verdachtsfällen auch auf Bachelor- und Seminararbeiten ausgedehnt wird.[2]

Diese Maßnahmen finden ihre notwendige Ergänzung in der planmäßigen curricularen Verankerung von Lehrveranstaltungen zum wissenschaftlichen Arbeiten. Darüber hinaus werden an der Karl-Franzens-Universität Graz mehrere Projekte realisiert, welche sich schwerpunktmäßig mit der Vermittlung von Kompetenzen und Arbeitshaltungen befassen, die für das Verfassen wissenschaftlicher Arbeiten grundlegend sind.

Soll eine Hinführung der Studierenden zu wissenschaftlicher Integrität und guter wissenschaftlicher Praxis allerdings dauerhaft gelingen, ist vor allem die Vorbildfunktion der Lehrenden unverzichtbar. Letztlich können nur sie mit ihrer intellektuellen Redlichkeit, ihrem unparteilichen wissenschaftlichen Urteil und ihrer Begeisterung für das eigene Fach den Studierenden authentisch den gesellschaftlichen Auftrag und das Ethos wissenschaftlichen Handelns vermitteln.

Für das Zustandekommen der vorliegenden Publikation danke ich allen Beteiligten sehr herzlich und wünsche allen Leserinnen und Lesern eine anregende und informative Lektüre!

[1] Vgl. u. a.: http://www.seminararbeit.at; http://www.hausarbeiten.de, http://www.besseralsgutten-berg.de (15. März 2013).

[2] Hierfür wurde die Plagiatserkennungssoftware Docoloc in das Informationsmanagement-System der Karl-Franzens-Universität Graz integriert (vgl. im vorliegenden Band den Beitrag von Jamer/Rehatschek, S. 181–189), wodurch Lehrenden eine praktisch zu handhabende Überprüfung ermöglicht wurde. Diese probate Lösung hat den IT-Services der Universität Graz 2010 übrigens den „ECM Award" in der Kategorie Innovation eingetragen.

Dietmar Goltschnigg

Zur Einführung:
Literarische und literaturwissenschaftliche Plagiat-Affären

> Die gefährlichsten Literaten sind die, denen zufällig etwas Fremdes angeflogen ist und die nichts dafür können, daß sie nicht immer originell sind. Da ist mir ein ehrlicher Plagiator viel lieber (Karl Kraus, 1908).[1]
>
> Plagiatskontrolle ist ein hartes Geschäft (Volker Rieble, 2011).[2]
>
> In der Plagiatsaffäre geht es auch um internationales Vertrauen (Enno Aufderheide, 2011).[3]

Im Jahre 1967, als ich mit der Abfassung meiner Dissertation über Robert Musils Roman *Der Mann ohne Eigenschaften* begann, begegnete ich einem mysteriösen Plagiatvorwurf, den Musil gegen seinen geistesverwandten Rivalen Hermann Broch erhoben hatte. Nach genauerer Überprüfung der beiden in einen Plagiat-Zusammenhang gestellten Texte – Musils Essay *Literat und Literatur* (1931) und Brochs Essay *Das Böse im Wertsystem der Kunst* (1933) – erwies sich diese Anschuldigung als nicht nachvollziehbar. Zwar behandelte Broch mit gelegentlich ähnlichen Gedankengängen wie Musil einige damals (und wohl auch heute noch) aktuelle Themen, u. a. die Synthese von Ratio und Mystik, Verstand und Gefühl; ansonsten ließen sich jedoch keine weiteren nennenswerten Gemeinsamkeiten feststellen. Broch hat daher mit Recht den Vorwurf zurückgewiesen, Musil aber hat ihn nur halbherzig zurückgenommen. Schon damals fragte ich mich, wie ein Plagiat als solches schlüssig zu definieren sei und welche Instanzen darüber zu befinden hätten.

Als Ausgangspunkt der folgenden Einführung in die Problematik des Plagiats anhand einiger literarischer und literaturwissenschaftlicher Beispiele aus meinen Arbeitsschwerpunkten diene ein Zitat:

Originalität ist in der Achtung der Menschen im Werte gestiegen. Das Plagiieren ist daher unleugbar gefährlicher geworden. Man kann behaupten, daß das Risiko des Plagiators ungemein gewachsen ist. *Die Spekulation „es wird mich niemand erwischen" ist bei einem publizierten Plagiat praktisch aussichtslos.* Das viele Lesen, die leichte Zugänglichkeit der Zeitungen, Zeitschriften und Bücher, in Verbindung mit dem weitverbreiteten Typus des *Plagiatschnüfflers* ergibt einen Prozentsatz der Erwischten, auf den die beste Polizei der Welt stolz wäre bei ihren Statistiken der aufgeklärten und nicht aufgeklärten Verbrechen.

Wenngleich sich diese selbstgewisse Behauptung noch nicht auf das gegenwärtig alle Lebensbereiche beherrschende Medium des Internets stützen kann, klingt sie erstaunlich aktuell. Aber das Zitat ist schon ziemlich alt, genau acht Jahrzehnte. Es entstammt einem Vortrag, den Edmund Bergler am 1. Juni 1932 unter dem Titel *Das Plagiat. Deskription und Versuch einer Psychogenese einiger Spezialformen* im Beisein Sigmund Freuds in der „Wiener Psychoanalytischen Vereinigung" gehalten hatte.[4] Berglers in Vergessenheit geratener Beitrag enthält eine Reihe auch heute noch durchaus nicht überholter Erkenntnisse und ist überdies recht amüsant zu lesen. Seine Überlegungen lassen sich auch gut auf Musil und Broch anwenden, zumal sich beide zeitlebens mit der Psychoanalyse beschäftigt haben: Musil aus reservierter Distanz, während Broch, wie Elias Canetti später in seiner Autobiographie *Das Augenspiel* (1985) verächtlich berichtete, der Psychoanalyse regelrecht wie einer Religion verfallen war.

Bergler beschrieb das Plagiat als das „Produkt einer *Berufskrankheit* von wissenschaftlich, literarisch oder künstlerisch schaffenden Menschen"; deshalb sei es ein spezielles „Vorrecht dieser Berufskategorien". Andere Menschen hätten, „selbst wenn sie wollten, keine Möglichkeit zu plagiieren", weil dies eine gewisse *„wissenschaftliche oder literarische* Vorbildung" bedinge.[5] Bergler unterschied unter mehrfacher Berufung auf Freud prinzipiell zwischen bewussten und unbewussten Plagiaten. Gemäß dieser Typologie könnte es sich bei Broch – wenn überhaupt – nur um einen unbewussten Plagiator handeln, während Musil den Typus des zwangsneurotischen „Plagiatschnüfflers" repräsentieren würde, der sich aus Liebesentzug auf beständiger Suche nach Plagiatoren seiner selbst befinde. Solche Plagiatschnüffler bekämpfen obsessiv, so Bergler, im Plagiator, „den sie erwischen, den Anteil der eigenen Persönlichkeit", die sie gerne plagiiert haben möchten, „während sie sich selbst zum Sprachrohr des Über-Ichs" machen.[6] Folgt man Bergler weiter, dann würde die Kontroverse zwischen Musil und Broch die Allgegenwart des *„furor plagiaticus* und seiner Repräsentanten" widerspiegeln: der „Plagiatoren und der Plagiatschnüffler".[7] Jeder sei, schlussfolgert Bergler mit entwaffnender Selbstironie, der Versuchung zu plagiieren ausgesetzt. Wer aber *„nur eigene Meinungen hat und sich selbst nie beim Plagiatwunsch ertappte, ist mir im Vorhinein verdächtig, er plagiiert zu viel …"*[8]

Vier Jahre vor der Plagiat-Affäre Musils und Brochs sah sich Bertolt Brecht mit öffentlichen Plagiatvorwürfen konfrontiert. Er hatte die – in das Libretto seiner *Dreigroschenoper* eingelegten – Lieder und Balladen François Villons stillschweigend der 1907 erstveröffentlichten deutschen Übersetzung des Wiener Lyrikers und Verlagsleiters Karl Anton Klammer (Pseud. K. L. Ammer) entnommen, was der gefürchtete Berliner Literaturkritiker Alfred Kerr als schamlose Verletzung des „Copyrights" anprangerte.[9] Brecht entschuldigte sich für seine Unterlassungssünde mit dem freimütigen Eingeständnis seiner „grundsätzlichen Laxheit in Fragen des geistigen Eigentums".[10] Es kam zu einem für den plagiierten Übersetzer (nicht nur finanziell) einträglichen Vergleich: Seine Villon-Übertragung wurde neu aufgelegt und von Brecht mit einem Sonett als launiger Hommage an den Übersetzer eingeleitet:

> *Sonett zur Neuausgabe des François Villon*
>
> Hier habt ihr aus verfallendem Papier
> Noch einmal abgedruckt sein Testament
> In dem er Dreck schenkt allen, die er kennt –
> Wenn's ans Verteilen geht: schreit, bitte „Hier!"
>
> Wo ist euer Speichel, den ihr auf ihn spiet?
> Wo ist er selbst, dem eure Buckel galten?
> Sein Lied hat noch am längsten ausgehalten
> Doch wie lang hält es wohl noch aus, sein Lied?
>
> Hier, anstatt daß ihr zehn Zigarren raucht
> Könnt ihr zum gleichen Preis es noch mal lesen
> (Und so erfahren, was ihr ihm gewesen ...)
>
> Wo habt ihr Saures für drei Mark bekommen?
> Nehm jeder sich heraus, was er grad braucht!
> Ich selber hab mir was herausgenommen ...[11]

Zu den prominentesten Verteidigern Brechts zählte der unerbittlichste Intimfeind Alfred Kerrs – der Wiener Satiriker Karl Kraus, der den Berliner „Enthüllerich" lustvoll verhöhnte: Der Librettist der *Dreigroschenoper* sei im „kleinen Finger der Hand, mit der er fünfundzwanzig Verse der Ammerschen Übersetzung von Villon genommen hat, [...] originaler als der Kerr, der ihm dahinter gekommen ist".[12]

Indes war Karl Kraus ein nicht minder gefürchteter Plagiatjäger. Ein besonders folgenschwerer, geradezu tragischer Fall war der junge Lyriker und Doktorand Georg Kulka, der 1920 in den „Blättern des Burgtheaters" unter seinem Namen längere Passagen aus Jean Pauls *Vorschule der Ästhetik* (1804) publiziert hatte. Kraus überführte ihn mit einer akribischen, synoptischen Beweiskette des Plagiats und brandmarkte dieses als „geistigen Raub [...] vollkommener Abscheulichkeit", der nur wegen des längst (1855)[13] erloschenen Urheberrechts gerichtlich nicht mehr geahndet werden konnte:

Der Staat wäre wirklich wert zum Teufel zu gehen, wenn das angebliche ethische Minus, das bei Hungersnot Brotdiebstahl ermöglicht, seiner Verdammung verfällt, aber das volle Ethos, das den impotenten Literaten zur Plünderung eines Klassikers verleitet, ungestraft bliebe.[14]

Die außergerichtliche Strafe, die Georg Kulka erleiden musste, war allerdings weit drakonischer: Kraus verfolgte den Jean Paul-Plagiator mit gnadenlosen Polemiken weiter, bis er ihn – wie alle seine Opfer – „zur Strecke gebracht" hatte.[15] Zwar gelang es Kulka noch im darauffolgenden Jahr (1921), seine Dissertation über Jean Paul erfolgreich abzuschließen und zum Dr. phil. zu promovieren, aber seine literarische Reputation war endgültig vernichtet. Es entbehrt nicht einer tragischen Ironie, dass er sich 1929, während der Plagiat-Affäre um die *Dreigroschenoper*, das Leben nahm.

So großmütig Karl Kraus den Librettisten der *Dreigroschenoper* in Schutz nahm, so allergisch reagierte er, wenn er sich selber als Opfer eines Plagiators wähnte. In der „Fackel" vom November 1921 druckte er aus Friedrich Gundolfs George-Buch (1920) eine lange kritische Passage über Heine ab, nur um diese als Plagiat aus seinem Pamphlet *Heine und die Folgen* (1910) anzuprangern – völlig zu unrecht, da Gundolf sein Verdikt über Heine schon zehn Jahre zuvor, um 1900, formuliert hatte.[16]

Kraus wechselte also seinen Standpunkt in Plagiatfragen nach Belieben. Wo es ihm opportun erschien, vertrat er sogar die unkonventionelle Auffassung, dass das inkriminierte Plagiat keineswegs dem Original nachstehen müsse: eine erstaunliche Rangordnung, die er in seinen brillanten Aphorismen vielfach variierte: „Der Nachmacher ist oft besser als der Vormacher."[17] – „Schon mancher hat durch seine Nachahmer bewiesen, daß er kein Original ist."[18] Folgerichtig stellte Kraus dem negativ besetzten Begriff des *Nach*ahmers den originellen, geringer einzuschätzenden Begriff des „*Vor*ahmers" entgegen: „Es gibt Vorahmer von Originalen. Wenn Zwei einen Gedanken haben, so gehört er nicht dem, der ihn früher hatte, sondern dem, der ihn besser hat."[19]

Die Quintessenz von Kraus lautet, dass es Texte gebe, die sich erst durch ihren suggestiven Plagiatcharakter als Sprachkunstwerke konstituieren. Mit diesem Argument parierte er in seiner am 3. Oktober 1920 gehaltenen Rede *Die Gefährten* einen Plagiatvorwurf, den Albert Ehrenstein kurz zuvor gegen ihn zur Verteidigung seines Freundes Georg Kulka erhoben hatte. Sein von Ehrenstein als Plagiat aus dem Johannes-Evangelium diskriminiertes, 1920 just im selben Heft wie sein Angriff auf Kulka publiziertes Gedicht *Apokalypse* erweise sich ja – so belehrte Kraus seinen Kontrahenten – gerade erst durch seine offensichtliche intertextuelle Identität mit der als allgemein bekannt vorauszusetzenden biblischen, von Luther übertragenen Vorlage als modernes lyrisches Kunstwerk. Ehrensteins Angriff entstamme mithin einer „namenlosen Dummheit", eben das zu enthüllen, was zutage liegt, und ein Plagiat anzuklagen, dessen Wesen und Wert darin besteht, eines zu sein. [...]. Daß die hundert Verse [meiner] „Apokalypse", auch wenn nicht ein Wort darin von mir wäre, dennoch von mir wären, darüber werde ich ihn vergebens belehren, so wenig wie ich ihm begreiflich machen würde, daß ein Gedicht, das ein Expressionist schreibt, auch wenn jedes Wort von ihm ist, doch nicht von ihm ist.[20]

Sogar von Luther wäre ihm, Kraus, die Autorschaft und Originalität seines Gedichts zugebilligt worden, „und selbst die Aufklärung durch Herrn Ehrenstein hätte ihn nicht vermocht, in meiner Apokalypse die seine wiederzuerkennen, die doch auch bloß eine Nachschöpfung ist".[21]

Sieben Jahrzehnte später erhob die amerikanische Schriftstellerin Kathy Acker (*Ultra-Light-, Last-Minute-, Ex-+-Pop-Literatur*, 1990) das Verfahren des „Plagiarism" zu einer dominanten Kunstform der Moderne bzw. Postmoderne. Dieses Verfahren soll an zwei auf den ersten Blick banal anmutenden Textbeispielen aus der jüngeren österreichischen Literatur veranschaulicht werden, die sich als Gedichte präsentieren:

*Tiermarkt/Ankauf**

Der Polizeipräsident
in Berlin sucht:
Schäferhundrüden.

Alter ein bis vier Jahre,
mit und ohne
Ahnentafel,

Voraussetzungen: einwandfreies Wesen
rücksichtslose Schärfe
ausgeprägter Verfolgungstrieb

Schußgleichgültig
und
gesund

Überprüfung
am ungeschützten Scheintäter
Hund mit Beißkorb

Gezahlt werden
bis zu
750, – DM

Angebote an:
Der Polizeipräsident
in Berlin W-F 1

1 Berlin 42
Tempelhofer Damm 1-7
Tel. 69 10 91

Apparat
27 61
Strich 64

* Diese Anzeige des Polizeipräsidiums erschien im Westberliner „Tagesspiegel"
am 28. Februar und 7. März 1970. 28. Februar: Reißkorb; 7. März: Beißkorb –
Wortlaut nicht verändert, nur in Verse geteilt.

Erich Fried gab hier wortwörtlich, nur in Zeilen umbrochen, eine Zeitungsannonce wieder – mit penibel nachgestellter Quellenangabe als unverzichtbarem Bestandteil des Textes.[22] Während Frieds Gedicht zumindest formal noch eine konventionelle Vers- und Strophengliederung aufweist, lässt das zweite Beispiel überhaupt keine lyrischen Merkmale mehr erkennen:

Die Aufstellung des 1. FC Nürnberg
vom 27. 1. 1968

WABRA

LEUPOLD   POPP

LUDWIG MÜLLER   WENAUER   BLANKENBURG

STAREK   STREHL   BRUNGS   HEINZ MÜLLER   VOLKERT

Spielbeginn:
15 Uhr

Peter Handke kopierte hier schlicht die Mannschaftsaufstellung des deutschen Fußballbundesligisten 1. FC Nürnberg vom 27. Januar 1968[23] nach dem üblichen Diagramm, wie es schon damals alltäglich in Zeitungen oder im Fernsehen gezeigt wurde.

Beide Textbeispiele stellen natürlich weder ein Plagiat noch eine Urheberrechtsverletzung dar. Sie erwecken lediglich den *Anschein* eines Plagiats, dem sie erst ihre originelle Poetizität verdanken. Durch die buchstabengetreue Wiedergabe der Textvorlagen und die damit hergestellten evidenten Realitätsbezüge konstituieren sich die beiden Imitate als sprachliche Kunstwerke, die mit satirischer Schärfe den repressiven Terror des Polizeistaats entlarven oder mit spielerischer Ironie das faszinierende Ritual des Fußballspiels im öffentlichen Alltagsleben zur Geltung bringen wollen.

Nicht jedes Plagiat verletzt ein Urheberrecht, nicht jede Urheberrechtsverletzung muss ein Plagiat sein. Eine Publikation des Handke-Gedichts unter anderem Namen wäre klarerweise beides: sowohl ein Plagiat wie auch eine Urheberrechtsverletzung. Eine Publikation des Gedichts unter Handkes Namen ohne Wiederabdruckgenehmigung wäre zwar kein Plagiat, hingegen doch eine Urheberrechtsverletzung.

Das folgende Textbeispiel, bei dem kein einziges relevantes Wort mit der Vorlage übereinstimmt, wäre zwar keine Urheberrechtsverletzung, wohl aber ein künstlerisch wertloses Plagiat, auch wenn es sich als Parodie auf Handkes Gedicht ausgeben wollte:

Die Aufstellung der ReferentInnen
beim Grazer Plagiat-Symposium vom 11. 5. 2012

LENZ

SCHERKE   OGAWA

NITSCHE   REVERS   MAIERHOFER

POCHAT   RÖMER   HANSLMEIER   GREINER   STEINDORFER

Beginn:
9 Uhr

*

Verlassen wir die Gefilde der Literatur und betreten die Seminare der universitären Literaturwissenschaft. Ich begnüge mich wiederum mit zwei Beispielen. Ein Professor, Mitglied der Österreichischen Akademie der Wissenschaften, veröffentlichte in deren Sitzungsberichten eine elaborierte, fast 40-seitige Interpretation eines Gedichts von C. F. Meyer, die sogleich rezensiert wurde. Aber schon der erste Satz der Besprechung verhieß Unheilvolles: „Aus dieser Schrift kann man eigentlich nur lernen, wie man es nicht machen darf."[24] Schritt für Schritt, Wort für Wort entlarvte der Rezensent die „Schrift" als Plagiat einer Gedichtinterpretation, die er, der Rezensent, selbst verfasst hatte – eine peinliche Situation für den Professor, dessen Verteidigung jedoch die eigentliche, dreiste Pointe der Affäre darstellte: Nicht *er* habe plagiiert, sondern eine seiner Studierenden, deren Seminararbeit er seiner Gedichtinterpretation zugrunde gelegt hatte – dies durchaus mit Recht, wie er meinte, denn alle in *seinem* Seminar erbrachten Leistungen seien auch als *sein* geistiges Eigentum anzusehen. Dass die Seminaristin den Rezensenten abgeschrieben hatte, habe er, der Professor, nicht wissen können und stelle daher *ihm* gegenüber einen unverzeihlichen Vertrauensbruch dar.

Der zweite Plagiatfall geriet zum kriminellen Skandalon, das nur dank eines kuriosen Zufalls aufgedeckt wurde. Diesmal war die universitäre Hierarchie gewissermaßen umgekehrt. Ein Professor hielt im Jahre 1978 zum 60. Todestag Peter Roseggers einen Vortrag, der unveröffentlicht blieb. Wenige Jahre später verstarb der Professor. Einer seiner Assistenten verschaffte sich eine Abschrift des Vortrags und publizierte diese wortwörtlich bis in die Absatzgliederung und Interpunktion unter *eigenem* Namen als Nachwort zu einem populären, weit verbreiteten Bändchen ausgewählter Texte des steirischen Volksschriftstellers. Der Plagiator ahnte jedoch nicht, dass sich ein weiteres Exemplar des Vortragsmanuskripts rechtmäßig im Besitz eines anderen Institutskollegen befand, der es fast gleichzeitig korrekt unter dem Namen des wahren Verfassers in einem Sammelband wissenschaftlicher Aufsätze über Rosegger publizierte. Nun lag das lange unveröffentlichte Manuskript mit einem Mal doppelt gedruckt vor – allerdings mit zwei unterschiedlichen Verfassern. Der Plagiator war rasch überführt. Seine Begründung, dass er dem Professor bei der Literaturbeschaffung für den Vortrag behilflich gewesen und das Manuskript mithin auch als *sein* geistiges Eigentum anzusehen sei, war ebenso dreist wie rechtlich inakzeptabel. An keiner Stelle des Nachworts scheint der Name des wahren Verfassers auf, weder im Haupttext, noch im beigefügten Verzeichnis der verwendeten Sekundärliteratur. Auf disziplinarrechtliche Sanktionsmaßnahmen gegen den Plagiator wurde verzichtet, da dieser bereits vorher die Universität verlassen hatte. Inzwischen ist auch er verstorben. Der Fall hat sich mir erst während der Vorbereitung dieses Symposiums wieder ins Gedächtnis zurückgerufen. Ich informierte den betroffenen Verlag, der zusicherte, in künftigen Nachdrucken des Rosegger-Bändchens „dem eigentlichen Verfasser wenigstens nachträglich ein wenig Gerechtigkeit widerfahren zu lassen" und ihn als Autor des Nachworts auszuweisen.

*

Der wissenschaftliche Rang jeder Universität beruht vorrangig auf dem Qualitätsstandard ihrer approbierten Seminar- und Diplomarbeiten, Dissertationen und Habilitationsschriften, die daher alle von den Beurteilenden sorgfältig und verantwortungsbewusst gelesen werden müssen – auch mit Hilfe permanent zu optimierender digitaler Suchmaschinen –, damit die Grenzlinien zwischen Plagiat und Zitat möglichst präzise gezogen werden können. Die Realität an den Universitäten scheint dieser Forderung nicht oder nur unzureichend gerecht zu werden. Ob die pessimistische Annahme eines prominenten deutschen Philosophen, „dass inzwischen 98 bis 99 Prozent aller akademischen Textproduktionen in der wie auch immer berechtigten oder unberechtigten Erwartung des partiellen oder völligen Nichtgelesenwerdens verfasst werden"[25], in solch exorbitantem Ausmaß zutrifft, mag man bezweifeln. Aber zweifelsfrei hat der Philosoph nicht Unrecht, wenn er die Reputation einer Universität an ihrer eingeforderten – Plagiaten nachhaltig vorbeugenden – „Zitierkultur" misst, die „auf Gänsefüßchen" daher komme.[26]

Um zur Erkennung und Vermeidung von Plagiaten im Universitätsstudium international anerkannte Verfahrensnormen einführen zu können, wird derzeit das umfragegestützte EU-Forschungsprojekt IPPHEAE (*Impact of Policies for Plagiarism in Higher Education Across Europe* – „Auswirkungen von Richtlinien für den Umgang mit Plagiaten in der Hochschulbildung in ganz Europa") durchgeführt.[27] Die Ergebnisse des Projekts sollen voraussichtlich noch im Frühjahr 2013 an der Mendel-Universität in Brno/Brünn, Tschechien, präsentiert werden.

Einen Sonderfall stellt im universitären Kontext das sogenannte „Selbstplagiat" dar. Beim Grazer Symposium wurde es als „Unwort des Jahres" bezeichnet, weil es sich bei einem Plagiat ja nur um die bewusste Aneignung fremden und nicht eigenen Geistesguts handeln könne. Gemeint ist mit diesem fragwürdigen Begriff jedoch eine andere Problematik, die insbesondere Habilitationsschriften betrifft: „die Wiederverwertung" unerwähnter „eigener wissenschaftlicher Arbeiten".[28] Dies gilt naturgemäß nicht für unpublizierte Schriften der HabilitationswerberInnen: „Wenn ein ‚Selbstplagiat' verpönt ist, dann offenbar nur in Fällen, in denen eine damit im Wesentlichen idente Originalarbeit *bereits veröffentlicht* wurde, ohne dass auf diese gleichzeitig hingewiesen wird. In einem solchen Fall der Identität liegen jedenfalls *keine ‚neuen* wissenschaftlichen Erkenntnisse'" vor.[29]

Angesichts der jüngsten, aufsehenerregenden Plagiat-Affären, in die bekanntlich ranghohe Politiker und Politikerinnen aus mehreren europäischen Ländern verwickelt waren und zum Teil sogar von ihren Ämtern zurücktreten mussten[30], gewann der Begriff des Plagiats mit seinen Voraussetzungen und Konsequenzen neue, brisante Aktualität. In öffentlichen, oft kontrovers und inkompetent geführten Debatten wurde eine Reihe von Fragen aufgeworfen, die auch in diesem Band behandelt und diskutiert werden.

Der Begriff des Plagiats ist komplex und in Kunst und Wissenschaft, Wirtschaft und Recht divergent, seine Definition lässt sich wohl nie endgültig festlegen. Auch verwandte Begriffe wie Fälschung, Imitation, Kopie, Appropriation, Pastiche, Parodie, Produkt- und Patentpiraterie, Kryptomnesie u. a. gilt es zu beachten. Dies erfordert einen möglichst breiten interdisziplinären Diskurs, der in den hier versammelten Beiträgen aus den Kultur- und Naturwissenschaften, den Rechts-, Sozial- und Wirtschaftswissenschaften, der Medizin, Pharmazie und Technik angestrebt wird.

---

[1] KRAUS, Karl: *Tagebuch*. In: Die Fackel, Nr. 259–260 (13. Juli 1908), S. 40.

[2] RIEBLE, Volker: *„Plagiatskontrolle ist ein hartes Geschäft"* [Interview]. In: duz. Unabhängige deutsche Universitätszeitung. Magazin für Forscher und Wissenschaftsmanager (Berlin) 67 (2011), Nr. 4 (März), S. 14f.

[3] AUFDERHEIDE, Enno: *Wert und Werte der Wissenschaft*. In: Humboldt kosmos. Das Magazin der Alexander von Humboldt-Stiftung (Bonn), Nr. 97 (2011), S. 6f.

[4] BERGLER, Edmund: *Das Plagiat. Deskription und Versuch einer Psychogenese einiger Spezialformen*. In: Psychoanalytische Bewegung (Wien) 4 (1932), H. 5, S. 393–420; Zitat S. 398.

[5] Ebda, S. 394f.

[6] Ebda, S. 418f.

[7] Ebda, S. 419.

[8] Ebda, S. 420.

[9] KERR, Alfred: *Brechts Copyright.* In: Berliner Tageblatt, 3. Mai 1929.

[10] Die Schöne Literatur (Leipzig) 30 (1929), S. 332.

[11] VILLON, François: *Balladen.* Übers. von K. L. Ammer. Berlin: Kiepenheuer 1930, S. 5.

[12] KRAUS, Karl: *Kerrs Enthüllung.* In: Die Fackel, Nr. 811–819 (August 1929), S. 129–132; Zitat S. 129.

[13] Damals betrug die Schutzfrist für geistiges Eigentum noch nicht – wie heute – sieben, sondern nur drei Jahrzehnte nach dem Tod des Urhebers (Jean Paul war 1825 verstorben).

[14] KRAUS, Karl: *Ein neuer Mann.* In: Die Fackel, Nr. 546–550 (Juli 1920), S. 45–67; Zitat S. 66.

[15] CANETTI, Elias: *Karl Kraus, Schule des Widerstands* [1965]. In: E. C.: Das Gewissen der Worte. Essays. München, Wien: Hanser S. 39–49; Zitat S. 41.

[16] Siehe GOLTSCHNIGG, Dietmar, STEINECKE, Hartmut (Hg.): *Heine und die Nachwelt. Geschichte seiner Wirkung in den deutschsprachigen Ländern.* Bd. 2. Berlin: Erich Schmidt 2008, S. 59.

[17] KRAUS, Karl: *Nachts.* In: Die Fackel, Nr. 360–362 (7. November 1912), S. 20.

[18] KRAUS, Karl: *Aphorismen.* In: Die Fackel, Nr. 285–286 (27. Juli 1909), S. 31.

[19] KRAUS, Karl: *Pro domo et mundo.* In: Die Fackel, Nr. 338 (6. Dezember 1911), S. 16.

[20] KRAUS, Karl: *Die Gefährten.* In: Die Fackel, Nr. 552–553 (Oktober 1920), S. 5–13; Zitat S. 10f.

[21] Ebda, S. 13.

[22] FRIED, Erich: *Tiermarkt/Ankauf.* In: E. F.: 100 Gedichte ohne Vaterland. Berlin: Wagenbach 1978, S. 77.

[23] HANDKE, Peter: *Die Aufstellung des 1. FC Nürnberg vom 27. 1. 1968.* In: P. H.: Die Innenwelt der Außenwelt der Innenwelt. Frankfurt/M.: Suhrkamp 1969, S. 59.

[24] HENEL, Heinrich: [Rezension über] Eugen Thurnher: *Conrad Ferdinand Meyers „Stapfen". Vom Erlebnis zum Symbol im lyrischen Gedicht.* (Österreichische Akademie der Wissenschaften, Philosophisch-Historische Klasse, Sitzungsberichte, 242. Band, 2. Abhandlung). Wien 1963. In: Zeitschrift für deutsche Philologie 82 (1963), S. 531–536; Zitat S. 531.

[25] SLOTERDIJK, Peter: *Doktor Wenn und Doktor Aber.* In: Der Spiegel (Hamburg), 5. Dezember 2011, S. 124–128; Zitat S. 126.

[26] Ebda, S. 128.

[27] Vgl. http://ippheae.eu/ (15. März 2013).

[28] GAMPER, Anna: *Das so genannte „Selbstplagiat" im Lichte des § 103 UG 2002 sowie der „guten wissenschaftlichen Praxis".* In: Zeitschrift für Hochschulrecht, Hochschulmanagement und Hochschulpolitik (Wien) 8 (2009), H. 1, S. 2–10; Zitat S. 3.

[29] Ebda, S. 10 (kursiv, D. G.). In extremen Fällen – etwa bei der gar wortidentischen Wiedergabe unterdrückter eigener Veröffentlichungen – läge das Delikt der „Erschleichung" einer Lehrbefugnis vor. Prinzipiell sollten auch kumulative Habilitationsschriften, die – zugegebenermaßen – mehr oder minder aus älteren Publikationen der KandidatInnen bestehen, deren Wiederverwertung keine neuen wissenschaftlichen Erkenntnisse erbringen, einer kritischeren Beurteilung unterzogen und nur in begründeten Ausnahmefällen zugelassen werden.

[30] Betroffen waren u. a. in Deutschland Karl-Theodor zu Guttenberg, Silvana Koch-Mehrin, Bernd Althusmann, Jorgo Chatzimarkakis, Margarita Mathiopoulos, Annette Schavan, in Österreich Johannes Hahn, in Ungarn Pál Schmitt, in Rumänien Victor Ponta.

*

EHRENSTEIN, Albert: *An Karl Kraus.* In: Die Gefährten (Wien) 3 (1920), H. 7 (August), S. 1–22.

HENEL, Heinrich: *Conrad Ferdinand Meyer. „Stapfen".* In: Die deutsche Lyrik 2. Form und Geschichte. Interpretationen. Von der Spätromantik bis zur Gegenwart. Hg. von Benno von Wiese. Düsseldorf: Bagel 1957, S. 230–242.

HIMMEL, Hellmuth: *Rosegger – ein „Naturdichter"?* In: „Fremd gemacht"? Der Volksschriftsteller Peter Rosegger. Hg. von Uwe Baur, Gerald Schöpfer und Gerhard Pail. Wien [u. a.]: Böhlau 1988, S. 207–215.

KRAUS, Kraus: *Vom Niveau der Sprache.* In: Die Fackel, Nr. 577–582 (November 1921), S. 59–64.

KULKA Georg: *Der Gott des Lachens.* In: Blätter des Burgtheaters (Wien) 1 (1920), H. 8 (April), S. 11–14.

MELZER, Gerhard: *Wolfgang Bauer. Eine Einführung in das Gesamtwerk.* Frankfurt/M.: Athenäum 1981 (1985 unter dem Titel *Wolfgang Bauer. Analysen und Interpretationen zu seinem Werk* masch. Habilitationsschrift, Graz).

SCHOBER, Wolfgang: *Nachwort* [zu] Peter Rosegger: Als ich noch der Waldbauernbub war. Stuttgart: Reclam 1989 (= Reclams Universal-Bibliothek. 8563), S. 305–314.

UNSELD, Siegfried (Hg.): *Bertolt Brecht. Dreigroschenbuch. Texte, Materialien, Dokumente.* Frankfurt/M.: Suhrkamp 1960.

Martin Schermaier

Wem gehören die Gedanken?
Eine kleine Rechtsgeschichte der Kreativität

Plagiat nennt man die gröbste Art von Occupation, wozu Kühnheit und Unverschämtheit gehört und die auch wohl deßhalb eine Zeit lang glücken kann. Wer geschriebene, gedruckte, nur nicht allzubekannte Werke benutzt und für sein Eigenthum ausgiebt wird ein Plagiarier genannt. Armseligen Menschen verzeihen wir solche Kniffe; werden sie aber, wie es auch wohl geschieht, von talentvollen Personen ausgeübt, so erregt es in uns, auch bei fremden Angelegenheiten, ein Mißbehagen, weil durch schlechte Mittel Ehre gesucht worden, Ansehen durch niedriges Beginnen.

Was Goethe hier in wohlgeformten Sätzen ausdrückt[1], warf man einem „Plagiarier" nicht nur zu seiner Zeit vor: fremde Gedanken zu eigenen zu machen, sich mit fremder Leistung Ansehen zu verschaffen, kurz: sich mit fremden Federn zu schmücken. Von der Antike bis heute gilt dies als verwerflich.[2] Gleichzeitig aber war und ist es nicht selbstverständlich, dass das Plagiieren auch rechtliche Konsequenzen hat, dass es etwa bestraft oder mit Ansprüchen des Schöpfers sanktioniert wird. Wann, wie und warum sich die moralische Verwerflichkeit in rechtlichen Regeln niedergeschlagen hat, soll Gegenstand meines Beitrags sein.

1. Anstelle einer Vorbemerkung: zwei Unterscheidungen

a) Plagiat und Urheberrecht

Ehe ich zu diesen Fragen komme, sind aber zwei Präzisierungen erforderlich. Die erste betrifft die Unterscheidung von Plagiat und der Verletzung geistigen Eigentums. Zwar stellt, jedenfalls in Kunst und Wissenschaft, jede Urheberrechtsverletzung ein Plagiat dar, aber nicht jedes Plagiat umgekehrt eine Urheberrechtsverletzung. Wer heute Theodor Mommsen abschreibt, verletzt kein Urheberrecht, weil das vom Gesetz eingeräumte Urheberrecht bereits erloschen ist.[3] Trotzdem liegt ein Plagiat vor, wenn der Autor nicht angibt, dass es sich bei der einschlägigen Passage um Mommsens Gedanken handelt, und damit den Eindruck erweckt, als seien es seine eigenen. Ob und wie sehr ein solches Plagiat auch rechtlich relevant ist, bleibt allerdings offen. Anders als zum Schutz des Urheberrechts gibt es keine allgemeinen und einheitlichen gesetzlichen Normen, Plagiate zu sanktionieren. Vereinzelt finden wir solche Normen im Hochschulrecht. So sehen die meisten Promotions- und Habilitationsordnungen vor, dass derjenige, der eine entsprechende Qualifikation anstrebt, in den dafür eingereichten Arbeiten die Regeln wissenschaftlicher Redlichkeit beachtet hat. Dazu gehört insbesondere eine korrekte Zitierweise, wenn man fremde Gedanken, Argumente und Ideen wiedergibt. Inzwischen finden sich auch in vielen Prüfungsordnungen ähnliche Regeln, und vermehrt geht man dazu über, von Studierenden in nicht unter Aufsicht angefertigten Arbeiten die Versicherung zu verlangen, dass sie korrekt zitiert und keine anderen als die zitierten Quellen benutzt haben. Werden solche Normen oder Versicherungen verletzt, sieht das Hochschulrecht verschiedene Sanktionen vor, die bis zum Ausschluss vom weiteren Studium oder zur Aberkennung akademischer Titel reichen.[4] Vergleichbare Sanktionen fehlen aber, wenn es nicht um Prüfungs- oder Qualifikationsarbeiten geht. Der arrivierte Wissenschaftler, der fremde Ideen als eigene ausgibt, muss, sofern er kein Urheberrecht verletzt hat, kaum Sanktionen fürchten. Lediglich seinen guten Ruf als Wissenschaftler wird er verlieren, wenn das Plagiat offenbar wird. Wenn auch einschlägige standes- oder arbeitsrechtliche Normen fehlen, bleibt also nur der etwas diffuse Rahmen sozialer Kontrolle. Es ist zweifellos eine interessante Frage, wie diese Kontrolle zu verschiedenen Zeiten und in verschiedenen Kulturen funktionierte. Ihre Verrechtlichung aber ist jung, und so bliebe eine Rechtsgeschichte des Plagiats dürftig, wenn man sich auf diesen Aspekt, fremde Ideen als eigene auszugeben, beschränkte.

b) Verwertungs- und Persönlichkeitsrecht

Die zweite Präzisierung betrifft das heute gesetzlich geregelte Urheberrecht selbst. Auch dieses nämlich hat zwei Seiten. Einerseits schützt es die wirtschaftliche Verwertbarkeit eigener Ideen, andererseits schützt es die Anerkennung und Ehre, die mit der Schöpfung neuer Ideen verbunden ist. Das Gesetz spricht von „Verwertungsrechten" (§§ 15ff. UrhG) und vom „Urheberpersönlichkeitsrecht" (§§ 12–14 UrhG). Historisch hängt beides eng zusammen, ja der wirtschaftliche Schutz ist ohne Anerkennung eines Schöpferrechts gar nicht denkbar. Aber gerade das Verhältnis, ja die Spannung zwischen beiden Aspekten macht eine historische oder rechtskulturelle Untersuchung interessant. An Verwertungsrechte lässt sich erst denken, wenn es allgemeine Überzeugung ist, dass der neue Gedanke Vermögenswert hat und dass dieser Wert zunächst dem Schöpfer zugutekommen soll. Erst dann ist es überhaupt vorstellbar, ein Urheberrecht zu veräußern, wie es im Bereich des *Common Law*, der angelsächsischen Rechtstradition, üblich ist, oder die Verwertung zu lizensieren, also das Urheberrecht gleichsam zu vermieten, wie es der kontinentaleuropäischen Tradition entspricht. In kollektivistisch organisierten Gesellschaften ist dies nicht selbstverständlich. Hier ist man nicht für sich, sondern für die Allgemeinheit tätig, also sollen neue Gedanken und Ideen jederzeit dieser Allgemeinheit zugänglich sein, damit sie schnell und ohne Umwege das Gemeinwohl befördern. Es ist interessant, dass diese oder ähnliche Argumente in jüngerer Zeit auch in Europa (wieder) laut werden, ja dass man auf ihrer Basis erfolgreich Parteien gründen kann.[5]

Doch kommen wir zurück zum Nebeneinander von Verwertungsrecht und Urheberpersönlichkeitsrecht. Diese beiden Seiten des Urheberrechtes hängen zwar voneinander ab, doch werden sie mitunter ganz unterschiedlich gewichtet. Das hängt von der Art der „Erfindung", des neuen Gedankens ab, vor allem davon, ob er auf große oder geringe Nachfrage stößt. Die eine Seite illustrieren die bis auf die politische Ebene transportierten Patentstreitigkeiten zwischen China und westlichen Staaten. In China, heißt es, werde der Schöpfer dadurch geehrt, dass er nachgeahmt wird. In den bekannt gewordenen Fällen geht es aber regelmäßig nicht um Ehre, sondern um viel Geld:[6] Wer eine neue Idee entwickelt, lässt sich auf nationaler oder internationaler Ebene bestätigen, dass seine Idee neu ist und dass allein er, der Entdecker (oder das Unternehmen, das ihn für die Entdeckung bezahlt hat), sie verwerten darf. Das geschieht durch Einräumung von Patentrechten, von Marken- oder Gebrauchsmusterrechten oder ähnlichen Immaterialgüterrechten. Diese Rechte kann der Erfinder nun für bestimmte Zeit nutzen, um sich daraus einen Marktvorteil zu verschaffen. Er kann diese Rechte aber auch gleich zu Geld machen, indem er sie verkauft oder die

Verwendung durch Dritte lizenziert. Hinter diese materielle Verwertbarkeit der eigenen Schöpfung tritt die Ehre, Schöpfer zu sein, meist zurück, insbesondere dann, wenn es dem Schöpfer ohnehin um den materiellen Aspekt ging. Und das finanzielle Interesse überwiegt das ideelle häufig.

Bei wissenschaftlichen Schöpfungen, insbesondere solchen der Geistes- und Sozialwissenschaften, verhält es sich in der Regel umgekehrt. Damit verdient man selten Geld, oft muss man die Publikation noch mit einem Druckkostenzuschuss befördern. Allerdings baut man mit jeder Publikation an seinem Renommee, an seinem guten Ruf als Wissenschaftler. Hier, zwischen Verwertbarkeit und gutem Ruf liegt die Grenze zwischen Verwertungs- und Urheberpersönlichkeitsrecht. Das Urheberpersönlichkeitsrecht ist unveräußerlich, aber vererbbar und schützt das Ansehen, Schöpfer zu sein. Wenn wir von „Plagiat" reden und dabei nicht die Aneignung fremder Gedanken, sondern deren Diebstahl meinen, spielen wir rechtlich verstanden auf die Verletzung des Urheberpersönlichkeitsrechts an, also auf die Missachtung des Schöpfers als solchen. Dabei geht es nicht um Geld, sondern um den guten Ruf dessen, der eine Idee gehabt, einen neuen Gedanken geboren hat. Gleichwohl ist auch das „Urheberpersönlichkeitsrecht", also etwa die Ehre, als Schöpfer anerkannt zu werden, rechtlich geschützt.[7] Wird sie verletzt, kann dem Urheber ein Schadensersatzanspruch (§ 823 I BGB) zustehen, auch wenn es im Einzelfall schwierig sein dürfte, den Schaden des in seiner Ehre verletzten Schöpfers zu beziffern. Es liegt, wie bei allen ideellen Beeinträchtigungen, ein sogenannter „immaterieller Schaden" vor, also ein Nachteil, der im Vermögen des Betroffenen keinen unmittelbaren Niederschlag findet. Daneben kann der Schöpfer, je nach Beeinträchtigung seines Persönlichkeitsrechts, Unterlassung der Beeinträchtigung und die Beseitigung ihrer Folgen verlangen – ähnlich wie ein Sacheigentümer.[8]

2. Rechtskulturelle Voraussetzungen

Trotz dieser rechtlichen Handhaben bemerkt man schnell, dass das „Urheberpersönlichkeitsrecht" der ideologische Unterbau des Urheberrechts ist. Hier geht es um die allgemeine Anerkennung des Schöpfers und seines „Werks", seiner bekannt gewordenen Gedanken oder Ideen. In dieser allgemeinen Formulierung fällt auch der Brückenschlag zum Plagiat leicht: Wer sich mit fremden Federn schmückt, verstößt auch deswegen gegen soziale Konventionen, weil er die Leistung des anderen nicht als solche gelten lässt, sie vielmehr für sich vereinnahmt. Die Usurpation der fremden Leistung ist Missachtung des Schöpfers. Wer nicht auf den Schöpfer hinweist, verweigert ihm Anerkennung, leugnet seine Besonderheit, verletzt seine Individualität. Damit ist das Schlüsselwort gefallen, das wir als rechtskulturelle Voraussetzung jedes Urheberschutzes verstehen: die Achtung der Individualität. In jeder Gesellschaft, deren organisatorische Grundlagen die Einzigartigkeit und Leistungsfähigkeit der Person voraussetzen, wird sich ein Urheberrecht oder eine ähnlich geschützte Rechtsposition irgendwann ausbilden.[9]

Von hier bis zur wirtschaftlichen Verwertbarkeit einer Idee oder einer Schöpfung scheint es nur ein kurzer Schritt zu sein. Unserer Kultur ist es inhärent, dass sie für beinahe alles einen Marktpreis nennen kann, dass es nur wenig gibt, was nicht handelbar, was nicht käuflich ist. Weil sozialer Erfolg meist mit wirtschaftlichem Erfolg gleichgestellt wird, schafft auch meist nur der wirtschaftliche Erfolg Anreiz, Neues auszuprobieren, neue Ideen zu entwickeln. Die Vorstellung der Handelbarkeit von Ideen ist allerdings, soweit es um das Urheberrecht geht, relativ jung. Entscheidende Voraussetzung dafür war, die eigenen Gedanken wie das Eigentum an Sachen anzusehen und entsprechend zu schützen. Das klingt auch in dem eingangs zitierten Goethewort an: „Occupation" nennt auch die zeitgenössische Rechtswissenschaft die eigenmächtige Inbesitznahme von Sachen, die bei *res nullius* zum Eigentumserwerb führt. Wer indes fremde Sachen okkupiert, kann die Eigentumslage nicht ändern. Das greift Goethe auch sprachlich auf: der Plagiarier ist jemand, der sich als „Eigenthümer" nur ausgibt. Seine Zeit setzte geistiges und Sacheigentum offenbar gleich. Rechtliche Konsequenzen scheint aber auch Goethe daran nicht zu knüpfen.

Doch geraten just zur Zeit Goethes die Dinge in Bewegung. Gesetzgeber und Gerichte beginnen, die geistige Leistung auch rechtlich zu schützen (dazu noch unten, Punkt 6). Beachten wir deswegen auch, was Goethe – en passant – als Voraussetzung eines Plagiats nennt: Der fremde, okkupierte Gedanke muss bereits „geschrieben" oder gar „gedruckt" sein. Zwar ist es die schöpferische Leistung selbst, die es rechtfertigt, von „meinem" Gedanken zu sprechen, doch erst der geäußerte, publizierte Gedanke macht die Zuweisung an den Schöpfer möglich. Die Gedanken sind zwar frei[10], aber rechtlich nicht (an)greifbar.[11] Ein Gedanke muss sich also manifestiert haben, damit seine „Occupation" Plagiat ist. Theorie und Praxis setzen dies gleichermaßen, aber aus verschiedenen Gründen voraus. Praktisch bedeutet es, dass jeder, der sein geistiges Eigentum verletzt sieht, behaupten und beweisen muss, dass er eben diesen Gedanken bereits vorher geäußert hat. Theoretisch ist entscheidend, dass es nicht um die Äußerung an sich, sondern um die Mitteilung an ein Publikum geht.[12] Denn nur solche Ideen bedürfen des Schutzes, die auf Nachfrage oder Interesse stoßen, selbst dann, wenn die Münze, die der Markt zahlt, nur in kurzer Berühmtheit des Schöpfers besteht. Belanglosigkeiten bedürfen des rechtlichen Schutzes nicht.

Wenn man herausfinden will, wann und warum sich die Vorstellung vom „geistigen Eigentum" ausgebildet hat, stellt man rasch fest, dass der Begriff für sich genommen wenig besagt.[13] Immer schon denken „Kreative" in rechtlichen Kategorien, wenn sie sich über die Usurpation ihrer Ideen beklagen. Aber erst in der Neuzeit wird das Urheberrecht auch zu einem „Recht"[14], begründet also rechtlich durchsetzbare Ansprüche des Schöpfers. Interessanterweise war dafür nicht ausschlaggebend, dass die individuelle Leistung „Eigentum" des Schöpfers ist, sondern vielmehr, dass das „Sacheigentum" mit einer Leistung oder „Schöpfung" des Individuums gerechtfertigt wurde.

3. Das Plagiat in der Antike: moralisch verwerflich, rechtlich bedenklich

a) Die Ächtung des Plagiierens

Es galt immer schon als anstößig, sich mit fremden Ideen zu schmücken. Schon im Alten Testament, beim Propheten Jeremia (Jer. 23,30–32), lesen wir, dass Gott den falschen Propheten vorwirft, eigene Gedanken als Gottes Wort auszugeben, Gottes Autorität also für eigene Zwecke zu missbrauchen.[15] Jeremia nennt diese Gedanken deshalb „Lügen". Die Lüge ist eine moralische, keine rechtliche Kategorie. Allerdings müssen wir bedenken, dass in einer Kultur wie der altjüdischen Religion und Recht nicht unterschieden werden.

Anders ist es im säkularen römischen Recht. Hier gilt das Plagiat zwar als moralisch verwerflich, rechtliche Folgen zeitigt es aber nicht. Immerhin finden sich Ansätze zur Verrechtlichung in Randgebieten, etwa in folgender Situation: Wer von einem Gönner beauftragt wurde, einem Dritten ein Geschenk zu überreichen und sich dabei selbst als Schenker aufspielte, der beging ein *furtum*, einen Diebstahl (D. 38,5,25, Iav. 6 epist.): Er hat die fremde Wohltat zur eigenen gemacht und dadurch das Wohlwollen des Beschenkten usurpiert.[16] Allerdings kümmert sich der Jurist vor allem um den Aspekt, dass der Dritte den

Schenkgegenstand unterschlagen hat. Das Motiv für diesen Vorwurf der Unterschlagung kommt aber eindeutig daher, dass dem Beschenkten gegenüber der Dritte als Schenker erscheint, nicht der eigentliche Wohltäter. Nur deswegen kann man juristisch überhaupt von einem *furtum*, einer Unterschlagung sprechen; denn eigentlich ist das Geschenk ja dort angekommen, wo es der Schenker haben wollte. Nur dass *er* der Schenker ist, – also der gute Ruf seiner Großzügigkeit – ist nicht zum Beschenkten durchgedrungen. Dieser gute Ruf hat insofern materiellen Wert, als er Anerkennung und vielleicht auch eine Gegenleistung des Beschenkten provozieren sollte.

Deutlicher wird der Vorwurf, um den guten Ruf geprellt zu sein, aber bei einem Nichtjuristen, bei Martial. Seinem Freund Quintianus gegenüber beschwert er sich über einen gewissen Fidentinus („Ehrlichmann"), der seine, des Martial, Gedichte als eigene ausgibt.[17] Ganz überzeugt ist Martial allerdings nicht, ob er von seinen Büchern als „eigenen" sprechen kann, also davon, dass er Eigentümer ihres Inhalts sei. Immerhin hat Fidentinus seine Verse ja verfälscht, und so scheut Martial, sie noch für sich in Anspruch zu nehmen: „Das habe ich nicht geschrieben!" Aber die Vorlage ist Martial, und deshalb greift er zu einem drastischen Bild aus dem Rechtsleben: Als *adsertor* soll Quintianus gegenüber Fidentinus auftreten, also als jemand, der die Freiheit eines vermeintlichen Sklaven gerichtlich einklagt. Hier klingt an, dass Martial seine veröffentlichten Werke mit freigelassenen Sklaven vergleicht. Wenn Fidentinus allerdings darauf beharrt, die Gedichte seien sein Eigentum, soll Quintianus Eigentum des Martial behaupten und sie in seinem Auftrag frei lassen. Hier wiederholt sich das Motiv der Freilassung. Es ist nicht nur ein schönes Bild, die Schöpfungen als in die Freiheit entlassenes Eigentum anzusehen, es steckt auch ein wichtiger sozialer Aspekt dahinter: Ein Freigelassener trägt den Namen des Freilassers, meistens in adjektivischer Form. Claudianus etwa ist der Freigelassene eines Claudius, Ulpianus der Freigelassene eines Ulpius. Quintianus selbst dürfte Freigelassener (eines Quintus) gewesen oder wenigstens der Familie eines Freigelassenen entsprungen sein. Der Name weist also auf den Freilasser und damit auf seine Großzügigkeit hin. Einen Freigelassenen als Sklaven für sich in Anspruch zu nehmen, raubt ihm nicht nur die Freiheit, sondern nimmt ihm mit dem Namen den Hinweis auf den Freilasser – und damit dessen gutes Ansehen. Deswegen nennt Martial den Dritten einen *plagiarius*, einen Sklavenräuber.[18] Das ist kein Vorwurf im strengen rechtlichen Sinn, aber steht diesem doch nahe: Der Plagiarius stiehlt den guten Ruf des Martial.

Solche Ehrverletzungen haben die römischen Juristen allerdings nicht sanktioniert. Die *actio iniuriarium* verschaffte Ansprüche nur bei anderen, gröberen Verletzungen des Ansehens, etwa bei Beleidigung oder Verleumdung.[19] Gleichwohl verfügen wir über zahlreiche Texte aus der römischen Literatur, in denen Autoren einander Plagiate vorwerfen.[20] Vitruv etwa erzählt, dass Aristophanes, als er Preisrichter in einem Dichterwettkampf war, den Preis dem Poeten zusprach, dem vom Publikum am wenigsten applaudiert worden war. Nach einer Begründung gefragt, antwortete er, dass es gelte Schriften, nicht Diebesgut zu prämieren („oportere autem iudicantes non furta sed scripta probare").[21] Cicero lässt in *De finibus* den Peripatetiker M. Pupius Piso den Stoikern vorwerfen, sie hätten sich die aristotelische Lehre zu eigen gemacht wie Diebe, die die Zeichen an der gestohlenen Sache, die an den ursprünglichen Eigentümer erinnern, entfernen, und mit eigenen Zeichen ersetzen, also als eigene ausgeben.[22]

Die beiden Beispiele zeigen, dass das Plagiat in der wissenschaftlichen wie in der literarischen Welt verpönt war, was allerdings nicht erst eine römische Errungenschaft darstellt. Ähnliche echte oder gekünstelte Beschwerden über Plagiatentum finden sich auch bereits in der griechischen Literatur.[23] Dies soll manche sogar bewogen haben, nach Plagiaten zu forschen und die betroffenen Autoren literarisch an den Pranger zu stellen.[24] Aus diesem Grund wiederum wurden Verteidiger auf den Plan gerufen, die betonten, dass man ohne literarische Vorbilder keine gute Literatur produzieren könne. Macrobius etwa verteidigte deshalb Vergil gegen den Vorwurf, griechische Autoren verwendet zu haben.[25] Das reicht bis zu Senecas Feststellung, dass ohnehin alle Philosophen auf den Schultern ihrer Vorgänger stehen und dass sich nur an den Taten zeige, ob man ein echter Philosoph sei.[26]

Richtige Wissenschaft, so erklärt Plinius der Ältere in der Vorrede zur *Naturalis historia*, betreibe nur derjenige, der seine Gewährsleute nennt und nicht deren Gedanken als eigene ausgibt. Für ihn zeugt es von „sklavischem Gemüt und schwachem Geist", wenn jemand von anderen abschreibt, sich also „lieber beim Diebstahl ertappen lässt, anstatt das Geliehene zurückzugeben, wo sich doch schon aus den Zinsen Gewinn ziehen lässt".[27] Das „Geliehene zurückzugeben" bedeutet anzuerkennen, was an fremden Gedanken geliehen ist; schon daraus, also aus den Zinsen des fremden Gedankens, entstehe Mehrwert. Auch Plinius verwendet, wie schon Martial, genuin juristische Terminologie, um auszudrücken, wie verwerflich das Abschreiben ist; er nennt es Diebstahl (*furtum*), den geliehenen Gedanken nennt er *mutuum*, und den eigenen Gewinn *usurae*. Gleichwohl weiß auch Plinius, dass es keine rechtliche Handhabe gegen Abschreiber und *plagiarii* gibt. Darauf kam man im 19. Jahrhundert wieder zurück, als mancher Autor allerdings – gestützt auf eine Verallgemeinerung der Quellen – demjenigen, dessen Schöpfungen er unberechtigt verwendet, lediglich die *actio iniuriarum* geben wollte.[28]

b) Recht an der eigenen Schöpfung?

Zwar gilt es seit alters her als verwerflich, sich in Wissenschaft und Kunst mit fremden Ideen zu schmücken, doch fehlte es an einer rechtlichen Handhabe gegen den Plagiarier. Gleichwohl lassen sich Beispiele finden, in denen die Schöpferleistung auch rechtlich gewürdigt wird. Wenn etwa jemand auf fremder Holztafel oder Leinwand ein Bild gemalt hatte, sprachen die klassischen Juristen das fertige Bild teilweise dem Maler[29], teilweise aber auch dem Eigentümer der Tafel zu.[30] Erst bei Justinian, also in der Spätantike, heißt es, es sei doch lächerlich, das Bild eines berühmten Malers geringer zu schätzen als das Material, auf dem es geschaffen wurde.[31] Ein vergleichbares Indiz für die rechtliche Rücksicht auf ideelle Leistungen bietet die auf Hadrian zurückgehende Regelung des Schatzfundes. Wer auf fremdem Grund einen Schatz findet, erwirbt ihn zur Hälfte. Die andere Hälfte gehört dem Grundeigentümer.[32] Diese sogenannte „Hadrianische Teilung" ist aus verschiedenen Gründen bemerkenswert. Erstens beendet sie wohl eine längere Diskussion über das Recht am Schatz. Ältere antike Quellen, etwa eines der Himmelreichsgleichnisse im Matthäus-Evangelium (Mt. 13,44), legen nahe, dass der Schatz immer dem Eigentümer des Bodens gehöre, in dem er gefunden wurde. Ökonomisch gesehen ist die Lösung ein Kompromiss zwischen Arbeit und Kapital: Die Inventionsleistung des Finders und das Eigentum an Grund und Boden werden gleichbehandelt. Ähnliche Konflikte entstehen heute, wenn Explorationsunternehmen unter großem finanziellen Aufwand nach Rohstoffen suchen, oder wenn Forscher an Universitäten oder in Entwicklungsabteilungen von Unternehmen sogenannte „Zufallserfindungen" (oder „Freie Erfindungen") machen. Auch hier stellt sich jeweils die Frage, ob und wie der Bodeneigentümer oder derjenige, der die Infrastruktur für die Forschung zur Verfügung stellt, am Fund beteiligt wird. Heute gibt es dafür teilweise gesetzliche Regelungen[33] oder die Beteiligten verteilen Risiko und Gewinn vertraglich.

Immer wieder aber kommt es in verschiedenen Lebensbereichen zu Konflikten, die ganz ähnliche Fragen wie der Schatzfund aufwerfen.[34]

Noch einmal muss allerdings betont werden, dass die römischen Regeln zum Malen auf fremder Tafel und zum Schatzfund wenig mit der rechtlichen Anerkennung geistiger Leistung zu tun haben. Am ehesten gilt dies noch für Justinians Stellungnahme zum Malerfall, aber diese Entscheidung ist eine späte Ausnahme.

4. Die Entdeckung der Person: neue Ideen im Mittelalter

Das mittelalterliche Recht bleibt bei den römischen Vorbildern, allerdings zeigt schon deren Kommentierung eine neue Herangehensweise: Unter Heranziehung platonisch-aristotelischer Kategorienlehre wird jede Schöpfung als eine die Sache bestimmende „Form" verstanden, die sich im Material ausprägt. Der Schreiber, Maler oder Handwerker schafft dadurch eine neue Sache, dass er die Idee in eine Form bringt. Dieser, auch der römischen Antike nicht unbekannte Gedanke[35] führt nun allerdings zu einer Vereinheitlichung und Präzisierung der disparaten Quellen[36], die erstmals den ideellen Beitrag eines neuen Werks von seiner materiellen Ausprägung trennt. Dazu kommt, was Theo Kobusch die *Entdeckung der Person* nennt[37]: die Konzentration der spätmittelalterlichen Theologie und Philosophie auf die Person als moralische Größe. Der Mensch als freiwillig handelndes und deswegen auch moralisch verantwortliches Wesen wird zunächst Ausgangspunkt der Moraltheologie und bald auch der Rechtslehre. Das schlägt sich nicht sogleich in neuen Regeln über das Recht an den eigenen Gedanken nieder, keineswegs. Aber in zahlreichen Einzelfällen ist schon im Spätmittelalter bezeugt, dass der Schöpfer als Person in den Vordergrund tritt, sich seines Werkes rühmt und gar darum bemüht ist, sein Werk vor späterer Verfälschung oder Inanspruchnahme zu sichern.[38] Dass das Selbstbewusstsein der Denker, Maler und Dichter des Spätmittelalters und der Frührenaissance sich noch nicht in rechtlicher Münze niederschlug, mag daran liegen, dass man seine eigene Leistung und Kreativität noch in das Gesamtgefüge göttlicher Schöpfung einordnete, die eigene Begabung als „Gottes Gabe" ansah und nicht nach Ruhm und Ehre, sondern nach ewiger Seligkeit strebte.[39]

5. Buchdruck, Reformation, Aufklärung: keine Revolution

Reformation und Frühaufklärung bringen für den Schutz geistiger Leistungen zunächst keine grundlegenden Neuerungen. Zwar wird in der Morallehre, in der politischen Theorie wie auch in der Rechtswissenschaft der transzendentale Bezug zunächst verschwiegen (etwa bei Hugo Grotius), dann ausdrücklich gekappt (etwa bei Thomas Hobbes), wodurch der individualistische, handlungstheoretische Ansatz noch stärker in den Vordergrund tritt. Die konkreten rechtlichen Regeln änderten sich dadurch aber noch nicht. Ideen brauchen Zeit, um sich im konservierenden Recht durchzusetzen.

Viel stärkere Auswirkungen auf das heute so genannte Urheberrecht hat eine technische Errungenschaft: der Buchdruck.[40] Bis in das 15. Jahrhundert hinein wurden Texte durch Abschreiben vervielfältigt. Wegen der dafür erforderlichen Kosten war es selbstverständlich, das geschriebene Werk und nicht seinen Inhalt als Vermögenswert zu behandeln, oder – modern formuliert – den Inhalt mit der geschriebenen Fassung zu identifizieren. Deshalb erwogen die mittelalterlichen Juristen ebenso wie schon die römischen nur, ob das beschriebene Material oder die Schreibleistung selbst wertvoller waren und ob also der Schreiber oder der Eigentümer des Pergaments oder Papiers Eigentümer des Buches würde.[41] Mit dem Buchdruck ändert sich die Situation insofern, als nicht mehr der Schreiber, sondern der Drucker die entscheidende Wertschöpfung leistete: Die Herstellung des Satzes war aufwändig und teuer, und bei jedem Projekt war zunächst ungewiss, ob der Vertrieb des gedruckten Werks erfolgreich sein würde. Hierin liegt die entscheidende ökonomische Änderung: Zu Zeiten handschriftlicher Vervielfältigung beauftragte der „Käufer" des Buchs einen Schreiber, und so übernahm der Schreiber zwar das Insolvenzrisiko des Bestellers[42], aber er trug kein Vertriebsrisiko. Das verlegerische Risiko suchten die Druckereien und Verlage dadurch zu minimieren, dass sie beim Landesherrn ein sogenanntes *privilegium* einholten, ein Sonderrecht zum alleinigen Druck und Vertrieb einer Schrift. Solche Druckprivilegien sind nicht als Frühformen eines Urheberrechts anzusehen, weil es eben nicht um den Schutz der schöpferischen Leistung, sondern um Investitionsschutz ging.[43] Gleichwohl liegt im Privilegienwesen ein wichtiger Ansatz für die Berücksichtigung der Autorleistung: Die publikationswilligen Druckereien und Verlage „kauften" das Manuskript vom Autor.[44] Damit rückte auch die Schöpferleistung des Autors in den Blick, obwohl sich zunächst alles um das „Verlagseigentum", also das Recht des Verlags oder des Druckers am Manuskript und dessen wirtschaftliche Verwertung drehte.[45]

6. Spätes Naturrecht und 19. Jahrhundert: die Anerkennung des „geistigen Eigentums"

Im späten Naturrecht hat sich die Ansicht gefestigt, dass jede Arbeit – geistige wie körperliche – Eigentum begründet. Als Schöpfer dieser Verbindung gilt gemeinhin John Locke[46], der im zweiten Teil seiner *Two Treatises of Government* eine auf Arbeit gegründete Eigentumstheorie entwirft (dort chap. V). Alle Güter dieser Welt, vor allem Grund und Boden, kann man sich nur dadurch aneignen, dass man in sie Arbeit investiert, etwa den vom Baum gefallenen Apfel aufhebt oder einen Acker bestellt. Wer so argumentiert, für den ist es ein recht kurzer Schritt dahin, auch die geistige Arbeit als Form der Eigentumsbegründung anzuerkennen. Die Naturrechtler, deren Sachbegriff umfassend war und die alles als Sache ansahen, „was von der Person unterschieden ist, und zum Gebrauche der Menschen dient" (wie noch heute § 285 ABGB formuliert), waren auch bereit, von „geistigem Eigentum" zu sprechen.[47] Rechtlich kann demnach ein Haus oder ein Pferd genauso zugeordnet werden, wie eine Idee, ein Kunstwerk oder eine sonstige geistige Schöpfung. Es gehört dem, der es gemacht hat. Die alten Lösungen zum Schatzfund oder zum Be- und Verarbeiten fremder Sachen konnten damit plötzlich erklärt werden, die gemeinsame Berechtigung von Stoffeigentümer und Künstler etwa galt nicht mehr als seltsame Ausnahme, sondern als Ausdruck einer Regel.[48]

Die Einsicht, dass der Autor schließlich durch seine Kraft Neues schaffe, entfaltete sich bereits im 18. Jahrhundert und führte nach und nach in allen europäischen Ländern zur Einführung von Urheberrechtsgesetzen. Den Anfang machte – nach überwiegender Meinung[49] – England, wenige Jahre nachdem Locke seine Arbeitstheorie publiziert hatte. Im Statute of Anne (1709)[50] wird das Verlagsrecht neu geregelt, wobei das Gesetz immerhin davon ausgeht, dass der Verlag sein Recht vom Autor erwirbt. Damit rückt der neue Gedanke, dass der Autor als Schöpfer „Eigentümer" seiner Leistung ist, in den Vordergrund. Ob die Koinzidenz mit Lockes Arbeitstheorie die Anerkennung eines „Autorrechts" befeuerte, wird jüngst wieder bezweifelt: Weil man nach der Abschaffung der Zensur nicht mehr

kontrollieren musste, was gedruckt wird, war die Regulierung des Marktes durch Druckprivilegien überflüssig geworden. Autoren und Verlage sollten privatrechtlich vereinbaren,
wer und um wie viel Geld jemand die Schriften eines Autors verlegt.[51]

In Deutschland setzte sich die Auffassung, der Autor verfüge mit dem Verlagsvertrag
über sein eigenes, bei ihm entstandenes Recht, verhältnismäßig spät durch. Die Lehre nä-
herte sich dieser Auffassung Ende des 18. Jahrhunderts an, im frühen 19. Jahrhundert gilt
sie als allgemeine Überzeugung. Schon Fichte unterschied bei der literarischen Produktion
zwischen dem Recht am Inhalt und dem Recht am gedruckten Buch[52], bei Karl Salomo
Zachariä liest man, dass der Schriftsteller Eigentümer seiner Geisteswerke sei[53], und Anton
Bauer nennt ihn schließlich „Eigenthümer seines Geistesproducts".[54] Damit war der geistige Boden für deutsche Urheberrechtsgesetze bereitet.[55] Das erste stammt aus Preußen
(1837)[56], das erste gesamtdeutsche (zunächst als Gesetz des Norddeutschen Bundes beschlossen) stammt von 1871.[57]

7. Fragen an das „geistige Eigentum"

Das alles klingt nach einer schönen Fortschrittsgeschichte: Nachdem man schon seit Jahr-
hunderten ein ideelles Recht des Schöpfers anerkannt hatte, Plagiate demnach als moralisch
verwerflich galten, räumte man später ein, dass man an Ideen auch durchsetzbare und vor
allem handelbare Rechte haben könne. Aber so einfach ist die Sache nicht. Erstens können
wir John Locke nicht die Ehre lassen, die Arbeitswertlehre erfunden und damit die Vorstellung vom „geistigen Eigentum" erst ermöglicht zu haben. Andererseits ist das Miteinander
von Persönlichkeits- und Verwertungsrecht, oder weniger modern formuliert: die Begründung des Vermögensrechts aus der Anerkennung der individuellen Schöpferleistung, nicht
unwidersprochen geblieben.

Zuerst zur Vorgeschichte der Arbeitswertlehre: Arbeit sei die sinnfälligste Möglichkeit,
mit der ein Mensch – wie Kant formulierte – „die bloß-rechtliche Verbindung des Willens
des Subjekts mit jenem Gegenstand" schafft.[58] Noch deutlicher formulierte später Hegel:
Die Besitznahme sei ein Zeichen an der Sache, „dessen Bedeutung sein soll, daß Ich meinen Willen in sie gelegt habe."[59] Diese Konzentration des Eigentumserwerbs, ja des Eigentums als Institut selbst, auf das mit der Sache umgehende Subjekt ist allerdings keine Erfindung der Aufklärung – weder der englischen, noch der deutschen. Wir finden diesen Topos
bereits in der theologischen Diskussion der Hoch- und Spätscholastik. Im sogenannten
„Franziskanischen Armutsstreit", bei dem es vor allem um die Frage ging, ob das biblische
Armutsgebot mit dem Privateigentum vereinbar sei, kam dieser Aspekt wohl das erste Mal
auf: Nicht das Haben einer Sache an sich führt zu Besitz- und Eigentumserwerb, sondern
die Identifizierung der Sache mit dem Wollen des Subjekts. Paolo Grossi sprach insofern
von der „costruzione volontaristica del dominium", die er etwa bei Petrus Johannis Olivi
vorbereitet sah.[60] Nicht durch die Ergreifung einer Sache (etwa des Brots, um es zu essen),
sondern durch den Willen, sie als solche zu haben, was sich auch in ihrer Bearbeitung aus-
drücken kann, wird sie unser Eigentum. Schon im 16. und 17. Jahrhundert – also lange vor
John Locke – argumentierten auch die Drucker und Verlage mit Arbeit und Mühen, die sie
in eine Druckschrift gesteckt hatten.[61] Auch das spricht dafür, dass die geistesgeschichtli-
chen Wurzeln des Aneignens durch Arbeit nicht bei Locke zu suchen sind.

Was aber geschieht nach Locke und der langsamen Aufwertung des „geistigen Eigentums" im 18. Jahrhundert? Während die französische Lehre am Konzept des „droit moral"
festhält, zeigt sich die deutsche Pandektistik (auf den Pandekten gegründete Zivilrechtsleh-

re) des 19. Jahrhunderts reserviert.[62] Eigentum sei nur an körperlichen Gegenständen möglich, weil nur diese auch besessen werden können. Das Schöpferrecht könne als ideelles Recht, wenn überhaupt, nur mit der *actio iniuriarium* geschützt werden. Der technische und wissenschaftliche Aufschwung des 19. Jahrhunderts verlangte aber, diese von der Pandektistik geschaffene dogmatische Lücke zu schließen. Erst gegen Ende des 19. Jahrhunderts, als sich die begrifflichen Fesseln der Pandektistik zu lösen begannen und die internationalen Entwicklungen Stellungnahmen erforderten, gelangen der deutschen Rechtswissenschaft neue Entwürfe. Das „Autorrecht" Josef Kohlers, das Konzept des „Schutzes immaterieller Güter" und Otto von Gierkes Entwurf eines „allgemeinen Persönlichkeitsrechts" boten die begriffliche Grundlage, das Verwertungsrecht des Urhebers einerseits und den Anspruch auf die Anerkennung seiner Leistung andererseits zusammenzuführen. Gleichwohl lässt sich sogar an der Entwicklung des 20. Jahrhunderts ablesen, dass die Anerkennung geistiger Leistung als „Eigentum" oder doch „eigentumsähnliches Recht" nur schleppend gelang.

8. Epilog

Heute steht dieses „geistige Eigentum" nicht als Begriff, sondern als Konzept in der Kritik. Es verhindere die rasche Verbreitung und Verwendung neuer Ideen, hört man etwa von der „Piratenpartei".[63] Doch diese Klage ist nicht neu. Sie wurde schon im 19. Jahrhundert geäußert[64], und in der nationalsozialistischen Zeit wurde gar gelehrt, dass der Urheber sein Recht nur als Treuhänder der „Volksgemeinschaft" ausüben dürfe. Aber genau diese Balance zwischen Allgemeinnützlichkeit und individuellem Vorteil muss nicht nur das Sacheigentum, sondern auch das sogenannte „geistige Eigentum" finden. Nur der Schutz des individuellen Rechts bietet Anreiz, Neues zu denken. Und außerdem sind Urheberrechte von Anfang an so gestaltet, dass sie nach bestimmter Zeit enden und die Schöpfung daher von jedem verwendet und verwertet werden kann. Interessanterweise steht die heutige Internetgeneration meist nur diesen Verwertungsrechten so kritisch gegenüber. Wenn es um die Verletzung des Persönlichkeitsrechts des Urhebers geht, nimmt man genau die umgekehrte Position ein. Tausende Plagiatsjäger widmen sich der Aufgabe, Persönlichkeiten aus Politik und Wissenschaft als „Abschreiber" zu entlarven. Wie verträgt sich das mit den Forderungen nach Liberalisierung des Urheberrechts? Nach unseren Überlegungen über das Verhältnis von Persönlichkeitsschutz und Urheberrecht gibt es dafür eine recht plausible Antwort: Die Anerkennung eines Menschen als Schöpfer, Autor oder Ideengeber fällt leichter, wenn sie nichts kostet.

*

Siglen nach der international üblichen Zitierweise, wie sie etwa für antike Quellen im Index des Thesaurus linguae Latinae empfohlen wird.

---

[1] GOETHE, J. W. v.: *Meteore des literarischen Himmels*. In: Goethe's sämmtliche Werke in vierzig Bänden. Vollständige, neugeordnete Ausgabe. Bd. 40. Stuttgart, Tübingen: Cotta 1840, S. 462.

[2] Das Bild des „Schmückens mit fremden Federn" geht zurück auf eine Fabel des Aesop, überliefert in Phaedr. 1,3: *Graculus superbus et pavo* (*Die arrogante Krähe und der Pfau*).

[3] Gem. § 64 des deutschen Urheberrechtsgesetztes (UrhG) erlischt das Urheberrecht 70 Jahre nach dem Tod des Urhebers.

[4] Genauere Auskunft darüber gibt GAMPER, A.: *Das Plagiatsverbot aus universitätsrechtlicher Sicht* (im vorliegenden Band, S. 41–62).

[5] Parteiprogramm der Piratenpartei (Deutschland), Stand 22. März 2012 (http://wiki. piratenpartei.de/Parteiprogramm#Freies_Kopieren_und_freie_Nutzung): „Daher fordern wir, das nicht-kommerzielle Kopieren, Zugänglichmachen, Speichern und Nutzen von Werken nicht nur zu legalisieren, sondern explizit zu fördern, um die allgemeine Verfügbarkeit von Information, Wissen und Kultur zu verbessern, denn dies stellt eine essentielle Grundvoraussetzung für die soziale, technische und wirtschaftliche Weiterentwicklung unserer Gesellschaft dar." – Es ist allerdings zuzugestehen, dass die Stoßrichtung des Programms weniger die Persönlichkeitsrechte der Urheber, als die traditionelle Praxis der Verwertung von Urheberrechten angreift. Für äußerst problematisch halte ich allerdings die (am 3./4. Dezember 2011 aufgenommene) Ergänzung, wonach Forschungsergebnisse von Einrichtungen, die aus öffentlichen Geldern gespeist werden, regelmäßig öffentlich zugänglich zu machen sind. Diese Frage kann hier allerdings nicht vertieft werden.

[6] Jüngst bekannt geworden sind Patentverletzungen gegenüber dem Volkswagen-Konzern, siehe Handelsblatt vom 27. Juli 2012 – http://www.handelsblatt.com/unternehmen/industrie/affaere-in-wichtigstem-markt-china-klaut-volkswagen-patente/6926720.html (15. März 2013).

[7] Das deutsche UrhG unterscheidet drei Aspekte des Urheberpersönlichkeitsrechts: das Veröffentlichungsrecht (§ 12), die Anerkennung als Urheber (§ 13) und den Schutz vor Entstellung und Veränderung der Schöpfung (§ 14).

[8] Vgl. § 14 UrhG und § 1004 BGB.

[9] Ähnlich schon KOHLER, Josef: *Das Autorrecht*. In: Jherings Jahrbuch (Jena) 18 (1880), S. 78: Auf der „Einzelindividualität beruht alles Einzelrecht und aller Einzelerwerb"; vgl. auch UCHTENHAGEN, Ulrich: *Die Urheberrechts-Systeme der Welt und ihre Verwurzelung in den geistigen Grundlagen des Urheberrechts*. In: Woher kommt das Urheberrecht und wohin geht es? Wurzeln, geschichtlicher Ursprung, geistesgeschichtlicher Hintergrund und Zukunft des Urheberrechts. Hg. von Robert DITTRICH. Wien: Manz 1998, S. 29ff.

[10] Zwar ist diese Formulierung alt (Cicero: *Pro Milone* § 79: „liberae sunt enim nostrae cogitationes"), aber die darin schwingende Freiheitsethik ist ein Produkt der Aufklärung.

[11] Und das heißt: auch strafrechtlich nicht relevant, vgl. D. 48,19,18 (Ulp. 3 ad ed.): „cogitationis poenam nemo patitur".

[12] Vgl. schon C. 1,5,12,12 (in der lateinischen Übersetzung von Paul Krüger): „res enim non tam eorum propriae existimantur qui primi eas invenerunt, quam eorum qui inventis optime utuntur"; dazu kurz FROHNE, Renate: *Die Stichworte ‚Plagiarisme' resp. ‚Plagiat' und ‚Plagiaire' in den Enzyklopädien von P. Bayle und D. Diderot*. In: Dittrich (Anm. 9), S. 24.

[13] Grundsätzlich und materialreich zur Geschichte des Urheberrechts BAPPERT, Walter: *Wege zum Urheberrecht. Die geschichtliche Entwicklung des Urheberrechtsgedankens*. Frankfurt/M.: Klostermann 1962.

[14] Die Literatur zum Urheberrecht seit der frühen Neuzeit ist zahlreich; wichtig etwa (neben BAPPERT, Anm. 13) VOGEL, Martin: *Deutsche Urheber- und Verlagsrechtsgeschichte zwischen 1450 und 1850*. In: Archiv für Geschichte des Buchwesens (Frankfurt) 19 (1978), Sp. 1ff.; GIESEKE, Ludwig: *Vom Privileg zum Urheberrecht*. Göttingen: Schwartz 1995; RIGAMONTI, Cyrill P.: *Geistiges Eigentum als Begriff und Theorie des Urheberrechts*. Baden-Baden: Nomos 2001, und die Sammelbände von DITTRICH (Anm. 9) und WADLE, Elmar: *Historische Studien zum Urheberrecht in Europa. Entwicklungslinien und Grundfragen*. Berlin: Duncker & Humblot 1993 sowie der Hans Thieme gewidmete Band der Zeitschrift UFITA (Archiv für Urheber- und Medienrecht, Bern) 106 (1987).

[15] Dazu etwa FROHNE, Renate: *Ahasver Fritsch und das Urheberrecht*. In: WADLE (Anm. 14), S. 17ff.

[16] Ähnlich D. 47,2,52,16 (Ulp. 37 ad ed.): Wenn A dem B Geld gibt, damit B damit eine Schuld des A bei C begleicht und B das Geld im eigenen Namen an C zahlt, begeht er ein *furtum* am Geld („unterschlägt" es also). Allerdings steht hier – anders als in D. 38,5,25 – der wirtschaftliche Erfolg (oder besser: Misserfolg) des Anvertrauens einer Geldsumme im Vordergrund.

[17] Die Beschwerden über Fidentinus sind zahlreich (vgl. Mart. 1,29; 1,38; 1,53; 1,72 und viele weitere, in denen Fidentinus nicht direkt angesprochen wird). Das hier herangezogene Epigramm ist Mart. 1,52.

[18] Zur juristischen Bedeutung von *plagiarius* vgl. D. 48,15,6 pr.-1 (Call. 6 de cogn.).

[19] Dazu etwa RABER, Fritz: *Grundlagen klassischer Injurienansprüche*. Wien, Köln, Graz: Böhlau 1969, insbes. S. 23ff.

[20] Ausführlich dazu ZIEGLER, Konrat: *Plagiat*. In: RE [Paulys Realencyclopädie der classischen Altertumswissenschaft] Suppl. 1, XL. Stuttgart: Metzler: 1950, Sp. 1956ff.; VISKY, Károly: *Geistige Arbeit und die ,artes liberales' in den Quellen des römischen Rechts*. Budapest: Akadémiai Kialó 1977, S. 104ff. (= K. V.: *Geistiges Eigentum der Verfasser im antiken Rom*. In: UFITA 106 (1987), S. 17ff.; FROHNE, Renate: *Sorgen mit dem Urheberschutz in Antike und Humanismus*. In: UFITA 106 (1987), S. 41ff. und SCHICKERT, Katharina: *Der Schutz literarischer Urheberschaft im Rom der klassischen Antike*. Tübingen: Mohr Siebeck 2005, S. 66ff.

[21] Vitr. 7 praef. 7.

[22] Cic. de fin. 5,74.

[23] Beispiele, insbes. zu Aristophanes, bei SCHICKERT (Anm. 20), S. 66.

[24] Dazu STEMPLINGER, Eduard: *Das Plagiat in der griechischen Literatur*. Leipzig, Berlin: Teubner 1912, S. 6ff.; ENGLÄNDER, Konrad: *Gedanken über Begriff und Erscheinungsformen des musikalischen Plagiats*. In: UFITA (Archiv für Urheber-, Film und Theaterrecht, Berlin) 3 (1930), S. 20f. – Das im März 2011 zur Aufdeckung akademischer Plagiate gegründete „VroniPlag" ist offenbar keine Erfindung des Internetzeitalters.

[25] Macr. sat. 5,1,2ff. oder 519,20; vgl. auch SCHICKERT (Anm. 20), S. 67f.

[26] Sen. epist. 108,39.

[27] Plin. nat. praef. 23: „Obnoxii profecto animi et infelicis ingenii est deprehendi in furto malle quam mutuum reddere, cum praesertim sors fiat ex usura."

[28] Etwa NEUSTETEL, Leopold J.: *Der Büchernachdruck nach Römischem Recht betrachtet*. Heidelberg: Groos 1824, S. 30; diesen Hinweis verdanke ich VOGEL, Martin: Urheberpersönlichkeitsrecht und Verlagsrecht im letzten Drittel des 19. Jahrhunderts. In: WADLE (Anm. 14), S. 197.

[29] Gai. inst. 2,78; D. 41,1,9,3 (Gai. 2 rer. cott.).

[30] D. 6,1,23,3 (Paul. 21 ad ed.); dazu etwa BEHRENDS, Okko: *Das Kunstwerk in der Eigentumsordnung oder: Der Kunstbegriff der vorklassischen Jurisprudenz im Rahmen ihrer Weltdeutung*. In: Gedächtnisschrift für Jörn Eckert. Hg. von Andreas Hoyer [u. a.]. Baden-Baden: Nomos 2008, S. 65ff.

[31] I. 2,1,34: „... sed nobis videtur melius esse tabulam picturae cedere: ridiculum est enim picturam Apellis vel Parrhasii in accessionem vilissimae tabulae cedere ...". Dazu PLISECKA, Anna: *Tabula picta: aspetti giuridici del lavoro pittorico in Roma antica*. Padova: CEDAM 2011; zu sozialgeschichtlichen Aspekten LUCREZI, Francesco: *La tabula picta tra creatore e fruitore*. Napoli: E. Jovene 1984. Zu den aus den römischen Quellen entwickelten Grundsätzen des mittelalterlichen Rechts MADERO, Marta: *Tabula picta. Painting and Writing in Medieval Law*. Pennsylvania: University Press 2010.

[32] I. 2,1,39: „Thensaurus, quae quis in suo loco invenerit, divus Hadrianus naturalem aequitatem secutus ei concessit qui invenerit. Idemque statuit, si quis in sacro aut in religioso loco fortuito casu invenerit, at si quis in alieno loco non data ad hoc opera, sed fortuitu invenerit, dimidium domino soli concessit ...". Dazu etwa KNÜTEL, Rolf: *Von schwimmenden Inseln, wandernden Bäumen, flüchtenden Tieren und verborgenen Schätzen. Zu den Grundlagen einzelner Tatbe-*

stände originären Eigentumserwerbs. In: Rechtsgeschichte und Privatrechtsdogmatik. Hg. von Reinhard Zimmermann. Heidelberg: Müller 1999, S. 569ff.

[33] Etwa in §§ 18f. des (deutschen) Arbeitnehmererfindungsgesetzes.

[34] Erinnert sei etwa an die spektakulären Fälle, in denen jemand auf Flohmärkten oder bei Versteigerungen Preziosen entdeckt, die nur er als solche identifizieren konnte; vgl. Amtsgericht Coburg, NJW (= Neue Juristische Wochenschrift, Frankfurt) 1993, S. 938f. (*Mozart-Autograph*).

[35] Grundlegend noch immer SOKOLOWSKI, Paul: *Die Philosophie im Privatrecht*, Bd. 1: Sachbegriff und Körper in der klassischen Jurisprudenz und der modernen Gesetzgebung. Halle: Niemeyer 1902; neuerdings auch SCHERMAIER, Martin: *Materia. Beiträge zur Frage der Naturphilosophie im klassischen römischen Recht.* Wien, Köln: Böhlau 1992.

[36] Dazu etwa MADERO (Anm. 31), bes. S. 47ff.

[37] KOBUSCH, Theo: *Die Entdeckung der Person. Metaphysik der Freiheit und modernes Menschenbild.* 2. Aufl. Darmstadt: Wiss. Buchges. 1997, bes. S. 23ff., wo er zeigt, dass die Person als moralische Kategorie aus der mittelalterlichen Christologie herrührt.

[38] Zahlreiche Beispiele dafür bringt BAPPERT (Anm. 13), S. 63ff., bes. S. 72ff.; bekannt ist (insbes. in rechtshistorischen Kreisen), wie Eike von Repgow jene verflucht, die seine Rechtssammlung verfälschen sollten (dort S. 87f.).

[39] Ähnlich BAPPERT (Anm. 13), S. 55; Uchtenhagen (Anm. 9), S. 33.

[40] Grundlegend noch immer BAPPERT (Anm. 13), S. 126ff.; jetzt auch GIESEKE (Anm. 14), S. 13ff.

[41] Darüber handelt die Arbeit von MADERO (Anm. 31), dort etwa S. 28ff.

[42] Allerdings auch nur teilweise, weil es – wie auch heute bei umfangreicheren Aufträgen – üblich war, dass der Auftraggeber Vorauszahlungen leistete; vgl. MADERO (Anm. 31), S. 8ff.

[43] Ausführlich dazu BAPPERT (Anm. 13), S. 178ff. und GIESEKE (Anm. 14), S. 56ff.; zu einem späten deutschen Fall des Privilegienschutzes WADLE, Elmar: *Privilegienschutz gegen den Nachdruck um 1800 – Der Fall Artaria contra Götz.* In: WADLE (Anm. 14), S. 33ff.

[44] Dazu etwa BAPPERT (Anm. 13), S. 163ff.

[45] Dazu wieder BAPPERT (Anm. 13), S. 217ff.; GIESEKE (Anm. 14), S. 93ff.; VOGEL, Martin: *Grundzüge der Geschichte des Urheberrechts in Deutschland vom letzten Drittel des 18. Jahrhunderts bis zum preußischen Urheberrechtsgesetz vom 11. Juni 1837.* In: DITTRICH (Anm. 9), S. 119f.

[46] Allgemein SCHWAB, Dieter: *Arbeit und Eigentum.* In: Quaderni Fiorentini per la storia del pensiero giuridico moderno. Bd. 3/4 (1974/75), S. 509ff.; BROCKER, Manfred: *Arbeit und Eigentum. Der Paradigmenwechsel in der neuzeitlichen Eigentumstheorie.* Darmstadt: Wiss. Buchges. 1992, S. 137ff.; bezogen auf das Autorrecht etwa RIGAMONTI (Anm. 14), S. 17ff. und KLIPPEL, Diethelm: *Die Idee des geistigen Eigentums in Naturrecht und Rechtsphilosophie des 19. Jahrhunderts.* In: WADLE (Anm. 14), S. 131. Kritisch jetzt DAMLER, Daniel: *Wildes Recht. Zur Pathogenese des Effektivitätsprinzips in der neuzeitlichen Eigentumslehre.* 2. Aufl. Berlin: Duncker & Humblot 2010, der das „Eigentum aus Arbeit" aus der angelsächsischen Kolonialpraxis geboren sieht.

[47] Paradigmatisch die Schrift von BECKER, Rudolf Zacharias: *Das Eigentumsrecht an Geisteswerken.* Frankfurt/M., Leipzig: o. V. 1789; dazu VOGEL (Anm. 45), S. 124 und ders. (Anm. 14), Sp. 60ff.; weitere Hinweise bei GIESEKE (Anm. 14), S. 115ff. Für die spätere Zeit KLIPPEL (Anm. 46), S. 121ff.

[48] Was sich etwa in § 415 des (österreichischen) ABGB ausdrückt: Wer aus fremdem Stoff eine neue Sache herstellt, erwirbt mit dem Stoffeigentümer Miteigentum an der Sache.

[49] Skeptisch (mit guten Gründen) etwa BAPPERT (Anm. 13), S. 235f.

[50] Vollständiger Titel: *An Act for the Encouragement of Learning, by Vesting the Copies of Printed Books in the Authors or Purchasers of such Copies, during the Times therein mentioned*; dazu CORNISH, William R.: Das „Statute of Anne" (8 Anne c. 19). In: WADLE (Anm. 14), S. 57ff.

[51] CORNISH (Anm. 50), S. 63ff.; ähnlich schon GIESEKE (Anm. 14), S. 138.

[52] FICHTE, Johann Gottlieb: *Beweis der Unrechtmäßigkeit des Büchernachdrucks. Ein Räsonnement und eine Parabel.* In: Berlinische Monatsschrift 21 (1793), S. 443–482; vgl. auch schon KANT, Immanuel: *Von der Unrechtmäßigkeit des Büchernachdrucks.* In: Berlinische Monatsschrift 5 (1785), S. 403–417.

[53] ZACHARIÄ, Karl S.: *Anfangsgründe des philosophischen Privatrechts.* Leipzig: Sommersche Buchhandlung 1804, S. 80.

[54] BAUER, Anton: *Lehrbuch des Naturrechts.* Marburg: Akad. Buchhandlung 1808, S. 185; zahlreiche weitere Hinweise bei KLIPPEL (Anm. 46), S. 125ff.

[55] Zum französischen „droit d'auteur" etwa SCHMIDT-SZALEWSKI, Joanna: *Evolution du droit d'auteur en France.* In: WADLE (Anm. 14), S. 151ff.

[56] Dazu WADLE, Elmar: *Das preußische Urheberrechtsgesetz von 1837 im Spiegel seiner Vorgeschichte.* In: DITTRICH (Anm. 9), S. 55ff.

[57] Dazu etwa VOGEL (Anm. 28), in: WADLE (Anm. 14), S. 194ff.; ders. (Anm. 45), S. 130ff.; RIGAMONTI (Anm. 14), S. 32ff.

[58] KANT, Immanuel: *Metaphysische Anfangsgründe der Rechtslehre. Der Rechtslehre erster Teil: Das Privatrecht, 1. Hauptstück, § 7* (1798). In: Ders.: *Werke in 6 Bänden.* Bd. 4 (Schriften zur Ethik und Religionsphilosophie). Hg. von Wilhelm Weischedel. Darmstadt: Wiss. Buchges. 1956, S. 363.

[59] HEGEL, G. W. F.: *Grundlinien der Philosophie des Rechts* (1820). Hg. von Johannes Hoffmeister. 4. Aufl. Hamburg 1955.

[60] GROSSI, Paolo: *Usus facti. La nozione di proprietà nella inaugurazione dell'età nuova.* In: Quaderni Fiorentini 1 (1972), S. 287ff., bes. 315ff., Wiederabdruck in: GROSSI, Paolo: *Il dominio e le cose. Percezioni medievali e moderne die diritti reali.* Milano: Giuffrè 1992, S. 123ff., bes. 150ff.

[61] Nachweise bei BAPPERT (Anm. 13), S. 218ff.

[62] Vgl. KLIPPEL (Anm. 46), S. 128ff.

[63] Anm. 5.

[64] Vgl. KLIPPEL (Anm. 46), S. 135.

ANNA GAMPER*

Das Plagiatsverbot aus universitätsrechtlicher Sicht

Allgemeines

Der Begriff „Plagiat" findet sich ausdrücklich in keinem einzigen österreichischen Bundesgesetz und auch nicht im – hier zu untersuchenden – Universitätsgesetz 2002 (im Folgenden: UG)[1] verankert. Fehlt auf gesetzlicher Ebene schon der Rechtsbegriff als solcher, so fehlt klarerweise noch mehr die Legaldefinition. Das heißt jedoch nicht, dass sich auf gesetzlicher Ebene keine Regelungen fänden, die an den sowohl in der Rechtswissenschaft als auch in der Rechtsprechung durchaus geläufigen Begriff des Plagiats anknüpften und verschiedene damit in Zusammenhang stehende Rechtsfolgen normierten. Blickt man ins UG, so findet sich schon in § 1 eine Definition, wonach Universitäten Bildungseinrichtungen des öffentlichen Rechts sind, die in Forschung und in forschungsgeleiteter akademischer Lehre auf die Hervorbringung *neuer* wissenschaftlicher Erkenntnisse sowie auf die Erschließung *neuer* Zugänge zu den Künsten ausgerichtet sind. Da es beim Plagiat nicht um Produktion neuartiger wissenschaftlicher Erkenntnisse, sondern immer um Reproduktion geht, steht es im Grunde schon deshalb in Antithese zum Universitätsbegriff. Erschwerend kommt aber hinzu, dass das Plagiat nicht nur einfach Altbekanntes wiederholt – eine in der Wissenschaft ja häufig anzutreffende und auch notwendige und nützliche Sache, sofern sie der weiteren Erschließung von neuem Wissen dient –, sondern dass diese Wiederholung durch eine Person vorgenommen wird, von der die wissenschaftliche Erkenntnis nicht ursprünglich stammt, die aber gleichwohl nicht auf diese Tatsache durch entsprechende Kennzeichnung hinweist.

Relevant ist hier zum einen der studienrechtliche Zusammenhang, die Frage also, welche Rechtsfolgen die unbefugte Verwertung fremden geistigen Eigentums durch Studierende auslöst, die diese bei Abfassung einer schriftlichen Arbeit begehen. Zum anderen ist relevant, wie mit einem durch Wissenschaftler begangenen Plagiat universitätsrechtlich umzugehen ist.

Studienrechtlicher Zusammenhang

Implizite studienrechtliche Plagiatsregelungen finden sich in jenen Bestimmungen[2], die es erfordern, im Hinblick auf Bachelor-, Master- oder Diplomarbeiten bzw. Dissertationen die Bestimmungen des Urheberrechtsgesetzes (im Folgenden: UrhG) zu beachten, und dies nicht nur bei der Bearbeitung des Themas, sondern auch bei der Betreuung der Studierenden. Daraus ergibt sich offenkundig eine zweifache Verpflichtung: Zum einen richtet sie sich an die Studierenden selbst, die ein bestimmtes Thema in der jeweiligen Arbeit bearbeiten und dabei nicht plagiieren sollen. Zum anderen aber verpflichtet diese Bestimmung auch die Betreuer, und zwar wiederum in zweierlei denkmöglicher Auslegung: Erstens haben sie die von ihnen betreuten Studierenden anzuweisen bzw. zu kontrollieren, bei der Abfassung ihrer wissenschaftlichen Arbeiten das Urheberrecht zu beachten, das die Befugnis zur Verwertung von einer entsprechenden Zitierweise mit Quellenangabe (§ 57 UrhG) abhängig macht.[3] Zweitens aber ist aus dieser Bestimmung ableitbar, dass Betreuer selbst das Urheberrecht bei der Betreuung der jeweiligen Arbeit zu beachten haben: Dies impliziert, dass Betreuer wissenschaftlicher Arbeiten von Studierenden diese nicht plagiieren, d. h. geistige Leistungen ihrer Studierenden nicht als ihre eigenen ausgeben dürfen.

An sich eine redundante Ermahnung zur Beachtung bundesgesetzlich ohnehin schon für „Werke wissenschaftlicher Art"[4] bestehender Vorschriften[5], stellen die genannten Bestimmungen des UG jedenfalls außer Zweifel, dass die Regelungen des UrhG auch auf bestimmte Arbeiten Studierender anzuwenden sind. Sollte die Arbeit bereits beurteilt worden sein, ist die Regelung des § 74 Abs. 2 UG anwendbar, wonach unter anderem die Beurteilung einer Prüfung oder wissenschaftlichen Arbeit[6] mit Bescheid für nichtig zu erklären ist, wenn die Beurteilung, insbesondere durch die Verwendung unerlaubter Hilfsmittel, erschlichen wurde. Darunter soll – im Sinne des § 69 AVG – ein vorsätzliches Verhalten zu verstehen sein, das entweder im Vorbringen objektiv falscher Angaben von wesentlicher Bedeutung mit Irreführungsabsicht oder dem Verschweigen wesentlicher Umstände besteht, wobei darauf abgezielt wird, einen für sich günstigen Erfolg zu erlangen.[7] Dazu könnte etwa gehören, in einer wissenschaftlichen Arbeit fremdes Gedankengut plagiiert zu haben, wobei das Verschweigen wesentlicher Umstände darin bestünde, nicht darauf hinzuweisen, dass es sich um fremdes geistiges Eigentum handelt[8], und der günstige Erfolg dadurch erreicht werden soll, mit den fremden Erkenntnissen eine positive Beurteilung zu erzielen. Eine weitere Rechtsfolge ist die Aberkennung des akademischen Grades gem. § 89 UG[9], sollte sich nachträglich ergeben, dass der akademische Grad insbesondere durch gefälschte Zeugnisse erschlichen wurde, wobei auch andere Erschleichungsarten, die sich wohl am § 74 UG zu orientieren haben, in Frage kommen.[10]

Eine Differenzierung in dem Sinne, dass eine Arbeit, die nur teilweise plagiierte, von den erwähnten negativen Rechtsfolgen ausgenommen sein soll, findet sich nicht ausdrücklich;[11] Kriterium muss jedoch die „Eigenständigkeit" der Arbeit sein, die in den Legaldefinitionen zu allen schriftlichen Arbeiten[12] als zwingendes Tatbestandsmerkmal gefordert wird. Sofern das „Teilplagiat" ein Ausmaß erreicht, das diese Eigenständigkeit[13] in Frage stellt, zieht dies meines Erachtens eine negative Beurteilung, Nichtigerklärung oder einen Widerruf und nicht bloß eine etwas schlechtere, allerdings immer noch positive Beurteilung nach sich: Dafür dürfte jedoch weniger eine quantitative als vielmehr qualitative Beurteilung im Vordergrund stehen.[14] Hinzuweisen ist allerdings darauf, dass zumindest § 51 Abs. 2 Z. 8 UG für Diplom- und Masterarbeiten nicht nur eine selbständige, sondern auch methodisch vertretbare Bearbeitung verlangt. Da ein Plagiat aber niemals eine vertretbare Methode darstellen kann, müsste – zumindest dem Wortlaut dieser Bestimmung nach – jedes Plagiat zu einer entsprechend negativen und nicht bloß weniger günstigen[15] Beurteilung führen. Dass die „methodische Vertretbarkeit" *per analogiam*[16] zumindest auch für Dissertationen eingefordert werden kann, wäre wohl zu bejahen, da es nicht im Sinne des Gesetzgebers sein kann, dass an eine Dissertation niedrigere qualitative Anforderungen als an eine weniger anspruchsvolle schriftliche Arbeit gestellt werden.

Während eine solche Rechtsfolge im Zusammenhang mit der Einreichung einer schriftlichen Arbeit zur Beurteilung nicht vom Vorhandensein eines Vorsatzes abhängig wäre, knüpfen die Rechtsfolgen der §§ 74 und 89 UG an das „Erschleichen" und somit an Vorsatz an: Fahrlässig begangene Plagiate fielen somit nicht unter diese Bestimmungen, die ein Durchbrechen der Rechtskraft von Bescheiden eben nur in qualifizierten Fällen zulassen. Allerdings sollte in der Regel davon ausgegangen werden können, dass an den österreichischen Universitäten ein entsprechendes Niveau der Ausbildung im wissenschaftlichen Arbeiten geboten und auch eingefordert wird, sodass normalerweise die Kenntnis der Studierenden über die Unzulässigkeit des Plagiierens vorausgesetzt werden kann.[17]

Insgesamt zeigt sich, dass das UG über das UrhG hinausgehende Sanktionsmöglichkeiten vorsieht, die einem weiteren Regelungszweck des Plagiatsverbots, nämlich dem Erfordernis der Eigenständigkeit des zu einer bestimmten Qualifikation führenden Werks, dienen.[18]

Wissenschaftsrechtlicher Zusammenhang

Auch hinsichtlich eines für die wissenschaftlichen Universitätsangehörigen geltenden Plagiatsverbots macht das UG nur rudimentäre Angaben. Soweit diese die Arbeiten Studierender betreuen, wurde bereits darauf hingewiesen, dass sie selbst auch den Bestimmungen des UrhG unterliegen. Was ihre eigenen wissenschaftlichen Arbeiten anbelangt, finden sich im UG lediglich zwei Bestimmungen, die für ein Plagiatsverbot herangezogen werden können: Zum einen nämlich bestimmt § 106 Abs. 1 UG, dass jeder Universitätsangehörige das Recht hat, eigene wissenschaftliche oder künstlerische Arbeiten selbstständig zu veröffentlichen. Bei der Veröffentlichung von Ergebnissen der Forschung oder der Entwicklung und Erschließung der Künste sind Universitätsangehörige, die einen eigenen wissenschaftlichen oder künstlerischen Beitrag zu dieser Arbeit geleistet haben, als Mitautorinnen oder Mitautoren zu nennen. Was unter einer „eigenen wissenschaftlichen oder künstlerischen Arbeit" oder einem Beitrag dazu zu verstehen sein soll, wird auch in den Materialien nicht näher erläutert. Insbesondere bleibt unklar, welchen Grad der Selbständigkeit ein „eigener Beitrag" zu einer Arbeit aufweisen muss, um eine Mitautorschaft zu begründen. Zum anderen dürften in § 103 Abs. 3 UG insofern implizite Hinweise auf ein Plagiatsverbot verankert sein, als die für eine Habilitation vorgelegten schriftlichen Arbeiten methodisch einwandfrei durchgeführt sein, neue wissenschaftliche Ergebnisse enthalten sowie die wissenschaftliche Beherrschung des Habilitationsfaches und die Fähigkeit zu seiner Förderung beweisen müssen. Daraus ergibt sich ein Plagiatsverbot sogar in mehrfacher Hinsicht: Neue wissenschaftliche Ergebnisse können in einem Plagiat zwangsläufig nicht enthalten sein, da die ursprünglichen Erkenntnisse eben von jemand anderem stammen und, ob ihrerseits veröffentlicht oder nicht[19], jedenfalls chronologisch älteren Datums sind. Weiters kann es nicht als „methodisch einwandfrei" angesehen werden, zu plagiieren, weil es sich dabei um keine anerkannte wissenschaftliche Arbeitsmethode handelt.[20] Schließlich ergeben sich aus einem Plagiat auch nicht (notwendigerweise) die wissenschaftliche Beherrschung des Habilitationsfaches und die Fähigkeit zu seiner Förderung, weil die Erkenntnisse eben nicht vom Habilitationswerber selbst stammen.[21]

Wiederum jedoch stellt sich hier die Frage, ob ein Habilitationsantrag auch dann schon abzuweisen wäre[22], wenn bloß ein Teil der Habilitationsschrift bzw. eine von mehreren eingereichten kleineren Schriften ein Plagiat darstellte, während es sich beim überwiegenden Teil um kein Plagiat handelte; die Überlegung könnte hier sein, dass die eingereichte(n) Schrift(en), wenn sie unter Weglassung des Plagiats eingereicht worden wären, schon *per se* ausgereicht hätten, den Habilitationsantrag positiv zu bescheiden. Meines Erachtens wäre der Antrag jedoch deshalb abzuweisen, weil „*die* vorgelegten schriftlichen Arbeiten", d. h. also wohl alle von ihnen, die erwähnten Kriterien erfüllen müssen. Auch wäre im Größenschluss wohl nicht sachlich rechtfertigbar, warum ein „Teilplagiat" eines Studierenden härter vom UG pönalisiert würde als das Teilplagiat eines die höchste akademische Würde anstrebenden Habilitationswerbers.

Über diese Anknüpfungspunkte hinaus enthält das UG keinerlei Regelung über den universitätsrechtlichen Umgang mit wissenschaftlichen Plagiaten. In Zeiten, in denen Plagiatsfälle in und außerhalb von Österreich traurige Berühmtheit erlangten[23], ist diese Rechtslücke umso problematischer, als auf diese Weise ein „Wildwuchs" an unterschiedlichen Plagiatsregelungen ermöglicht wurde, die in den letzten Jahren an den einzelnen Universitäten erlassen wurden.

Das Plagiatsverbot im Recht und *soft law* der österreichischen Universitäten

Allgemeines

Fast alle öffentlichen Universitäten Österreichs haben Regelungen über den Umgang mit Plagiaten erlassen, die allerdings im Hinblick auf ihre rechtliche Qualität große Unterschiede aufweisen.[24] In verschiedenen Fällen wurden Plagiatsverbote in die Satzungen der Universität aufgenommen, die gem. § 19 UG Verordnungen sind. In anderen Fällen enthalten durch die Universitätsleitung erlassene, im jeweiligen Mitteilungsblatt der Universität kundgemachte Richtlinien über gutes wissenschaftliches Arbeiten derartige Verbotsbestimmungen. Diese sind gegenüber den öffentlich-rechtlich bestellten Universitätsbediensteten wohl als Verwaltungsverordnung zu qualifizieren, wogegen ihre Verbindlichkeit gegenüber den universitären Angestellten im Regelfall über arbeitsvertragliche Klauseln anzunehmen sein wird. In manchen Fällen allerdings finden sich Plagiatsverbote lediglich in Leitfäden und Merkblättern, denen keine unmittelbare Rechtsqualität zugesprochen werden kann und die bestenfalls universitäres *soft law*[25] darstellen. Möglich ist allerdings auch hier, dass diese *Informalia* indirekte Rechtsqualität verliehen bekommen, indem das Erfordernis der Einhaltung dieser Bestimmungen etwa in Arbeitsverträge mit dem wissenschaftlichen Personal aufgenommen wird. Im Folgenden sollen die verschiedenen Regelungen in Fallgruppen geordnet und einander gegenübergestellt werden.

Satzungen

Die Universität Graz erließ einen eigenen Satzungsteil über die „Grundsätze zur Sicherung guter wissenschaftlicher Praxis und zur Vermeidung von Fehlverhalten in der Wissenschaft".[26] In § 1 Z. 2 findet sich eine umfangreiche Regelung über das Verbot von Plagiaten, worunter die „unbefugte Verwertung unter Anmaßung der Urheber/innenschaft" verstanden wird. Im Unterschied zu der als „Ideendiebstahl"[27] bezeichneten Ausbeutung von Forschungsansätzen und Ideen bezieht sich das Plagiat jedenfalls auch auf vollendete Werke.[28]

Um als wissenschaftliches Fehlverhalten qualifiziert zu werden, muss es sich um eine bewusste oder grob fahrlässige Verletzung geistigen Eigentums anderer handeln[29], sodass ein Plagiat bei bloß leichter Fahrlässigkeit ausgeschlossen ist. Betreuern von Studierenden und Nachwuchsforschern wird aufgetragen, diesen die Grundsätze guten wissenschaftlichen Arbeitens zu vermitteln[30], was eine prinzipielle Anwendbarkeit dieser Grundsätze auch auf die Studierenden impliziert. Strikte Ehrlichkeit solle im Hinblick auf die Beiträge von Partnern, Konkurrenten und Vorgängern gewahrt werden.

Vermutetes wissenschaftliches Fehlverhalten kann überdies vor eine universitätsinterne Beschwerdekommission gebracht werden, die den Fall zu prüfen und bei erhärtetem Verdacht dem zur Entscheidung berufenen Organ Empfehlungen zu übermitteln hat.[31] Daran können sich alle möglichen Verfahren anschließen bzw. auch bereits parallel dazu laufen, wie sie in § 6 Abs. 1 des Satzungsteils aufgezählt sind (z. B. universitäre Beratungsgremien, organisationsrechtliche Aufsichtsverfahren, Disziplinarverfahren, arbeits- oder zivilgerichtliche Verfahren oder Strafverfahren).

Darüber hinaus hat die Universität Graz auch noch in einem anderen Satzungsteil, nämlich den Studienrechtlichen Bestimmungen[32], Regelungen über den Umgang mit Plagiaten getroffen: Sowohl hinsichtlich Master- und Diplomarbeiten als auch hinsichtlich Dissertationen werden zunächst die Regelungen des UG wiederholt, wonach die Bestimmungen des UrhG zu beachten seien.[33] Außerdem sei nach Einreichung der Arbeit durch geeignete elektronische Kontrollmaßnahmen zu überprüfen, ob die Arbeit den Regeln und Grundsätzen guter wissenschaftlicher Praxis entspreche und frei von unbefugter Verwertung fremden geistigen Eigentums sei. Sollte sich ergeben, dass die Arbeit fremdes geistiges Eigentum verwertete, ohne es als solches auszuweisen, oder gegen die Regeln der guten wissenschaftlichen Praxis (die die unbefugte Verwertung fremden geistigen Eigentums ebenfalls pönalisieren, sodass es sich im Grunde um eine redundante Bestimmung handelt) verstößt, so werden die bereits in §§ 73, 74 und 89 UG geregelten Rechtsfolgen statuiert.[34]

Auch die Montanuniversität Leoben erließ einen eigenen Satzungsteil über gute wissenschaftliche Praxis[35] und führt in dessen Präambel aus, dass sich Limitierungen der verfassungsrechtlich geschützten Freiheit der Wissenschaft und der Lehre aus anderen Verfassungsgrundsätzen ergäben, auf denen auch der Schutz geistigen Eigentums basiere. Meines Erachtens ist diese Abwägung jedenfalls im Hinblick auf das Plagiatsverbot schon deshalb nicht erforderlich, weil es gerade nicht in den Schutzbereich der Wissenschaftsfreiheit fallen kann, fremdes geistiges Eigentum als eigenes auszugeben.[36]

Weiters werden Wissenschaftler dazu verpflichtet, „alle Anstrengungen zu unternehmen, eigene neue Beobachtungen zu bestätigen, zu reproduzieren und dafür zu sorgen, dass sie nicht als Plagiate interpretiert werden können, wenn es darum geht, frühere Beobachtungen und Erkenntnisse anderer zu bestätigen".[37] Ähnlich wie die Universität Graz weist auch die Montanuniversität Leoben darauf hin, dass die Standards der guten wissenschaftlichen Praxis in der Ausbildung der Studierenden entsprechend zu vermitteln seien. Ebenso wird die Verletzung fremden geistigen Eigentums erst bzw. schon bei grober Fahrlässigkeit als wissenschaftliches Fehlverhalten bezeichnet und sodann in mehrere Varianten differenziert[38], von denen als Plagiat lediglich die unbefugte inhaltliche und/oder textliche Verwertung unter Anmaßung der Autorschaft bezeichnet wird.[39] Teilweise fallen aber auch andere der dort aufgezählten Formen der Verletzung geistigen Eigentums unter das Plagiat, wie etwa die Nichterwähnung früherer besonders relevanter Beobachtungen oder Ergebnisse anderer (die publiziert sein können oder nicht). Spezielle Verfahren der Sanktionierung werden im Gegensatz zur Universität Graz im Satzungsteil der Montanuniversität Leoben allerdings nicht vorgesehen.

Ebenso erließ die Medizinische Universität Innsbruck einen eigenen Satzungsteil über gute wissenschaftliche Praxis[40], in dessen § 8 sie detaillierte Bestimmungen über die Autorschaft festlegt: Letztere begründe sich auf substantiellen Beiträgen zum Forschungsplan und zur Durchführung der Forschungsarbeiten, zur Beschaffung des Datenmaterials oder zur Auswertung der Daten und Interpretation der Ergebnisse; weiters auf die Ausarbeitung des Manuskripts oder dessen kritische Überarbeitung hinsichtlich des intellektuell bedeutsamen Inhalts sowie schließlich die endgültige Zustimmung zur publikationsreifen Version. Alle Personen, die diese Kriterien kumulativ erfüllten, müssten als Autoren genannt werden, und umgekehrt müssten all diejenigen, die als Autoren genannt werden, diese drei Kriterien kumulativ erfüllen. Diese Regelung geht im Wortlaut weit über § 106 Abs. 1 UG hinaus, indem jedenfalls die Ausarbeitung des Manuskripts oder dessen kritische Überarbeitung hinsichtlich des intellektuell bedeutsamen Inhalts Voraussetzung der Autorschaft sein muss[41], was eine bloß formal-redaktionelle Mitautorschaft ausschließt. Bemerkenswert ist die Differenzierung, wonach Personen, die einen Beitrag zu einer Publikation geleistet haben, der sie nicht zur Autorschaft qualifiziert, jedenfalls in den Danksagungen angeführt werden sollen. Damit wird dem Umstand Rechnung getragen, dass es eine nicht-inhaltliche Form der Mitarbeit geben kann, die zwar zu berücksichtigen, jedoch nicht als Autorschaft auszudrücken ist, zumal der „nur" technisch Mitarbeitende selbst wissenschaftliches Fehlverhalten setzte, wenn er als Mitautor einer Veröffentlichung aufschiene, für deren Inhalt er keine Verantwortung trägt. Plagiate sind nach § 8 jedenfalls verboten, da ein Plagiator niemals alle drei Kriterien erfüllen kann, die ihn für eine Autorschaft berechtigen. Auch der Satzungsteil der Medizinischen Universität Innsbruck sieht, unbeschadet anderer Verfahren, ein eigenes Verfahren zur Prüfung wissenschaftlichen Fehlverhaltens vor, indem vier Vertrauenspersonen zu bestellen sind, an die solche Fälle bzw. Vermutungen solcher Fälle heranzutragen sind und die dann einen Bericht an den Rektor erstellen, der die weitere Vorgangsweise zu bestimmen hat.

Richtlinien

In weit höherem Ausmaß haben die Universitäten in eigenen Richtlinien oder Verhaltenscodices über gute wissenschaftliche Praxis Vorschriften geschaffen, die den Umgang mit Plagiaten regeln sollen.

So gab sich die Universität Wien eine Richtlinie „Ombudsstelle der Universität Wien zur Sicherung guter wissenschaftlicher Praxis"[42], in der sich im Wesentlichen dieselben Definitionen zum wissenschaftlichen Fehlverhalten, zur Verletzung geistigen Eigentums fremder Wissenschaftler sowie zum Plagiat finden[43], wie sie in den bereits erwähnten Satzungen getroffen wurden. Auch der Frage der Autorschaft widmet sich die Richtlinie in größerem Ausmaß, woraus klar hervorgeht, dass Mitautorschaft nur bei wesentlicher inhaltlicher Be- und Überarbeitung zulässig ist, während bloß technische oder redaktionelle Unterstützung ebenso wenig wie die Finanzierung eines Vorhabens oder die allgemeine Leitung einer Organisationseinheit, an der die Forschungsarbeit durchgeführt wird, eine Autorschaft bewirken kann.[44] Die Richtlinie verankert aber nicht nur das Recht der Autorschaft, sondern auch das Recht, das Einverständnis, als Autor genannt zu werden, zu verweigern.[45] Letzteres Recht ist wohl nur dann mit dem Verbot der Verletzung geistigen Eigentums kompatibel, wenn das Einverständnis in jenen Fällen verweigert wird, in denen eine Autorschaft tatsächlich nicht vorliegt. Würde ein Autor, aus welchen Gründen auch immer, sein Einverständnis zur Nennung seines Namens nicht geben, obwohl ein inhaltlicher Teil der Arbeit von ihm stammt, würde dies, wie erwähnt, seinen Mitautor ja der Gefahr aussetzen, durch den Verbleib seines eigenen, nunmehr einzig auf der Veröffentlichung aufscheinenden Namens wissenschaftliches Fehlverhalten zu setzen.

Bemerkenswert ist auch die Pflicht (!) „wesentlich" Beitragender, die auf der Veröffentlichung zu Unrecht nicht genannt wurden, sich damit an den Erstautor und sodann an den Leiter der jeweiligen universitären Organisationseinheit zu wenden.[46] Besonders ausführliche Regelungen[47] enthält die Richtlinie über das Verfahren im Falle des Verdachts eines wissenschaftlichen Fehlverhaltens, für das auch eigene Organe (Ombudspersonen, Ständige Kommission) vorgesehen sind. Am Ende entscheidet der Rektor über mögliche rechtliche

Konsequenzen eines festgestellten wissenschaftlichen Fehlverhaltens: Dazu zählen nicht näher definierte „inneruniversitäre Konsequenzen", aber auch die Aberkennung eines akademischen Grades oder Titels, arbeits- und dienst-, zivil- und strafrechtliche Konsequenzen. Wie auch anderswo mitunter vorgesehen, enthält die Richtlinie Regelungen über die Rehabilitation unschuldig Verdächtigter, sie „vor weiteren Benachteiligungen zu schützen" und erforderlichenfalls sogar die Medien davon zu informieren.[48] Inwiefern dadurch unschuldig Verdächtigte wirklich angemessen rehabilitiert werden, ist freilich zweifelhaft. Umgekehrt sind aber auch die „Informanten" vor Benachteiligungen zu schützen, wenn sich die von ihnen erhobenen Vorwürfe nicht als völlig haltlos herausgestellt haben, was offenkundig ein bloßes Denunziantentum durch Konkurrenten verhindern soll.[49]

In § 18 ihres studienrechtlichen Satzungsteils[50] normiert die Universität Wien überdies, dass Studierende an die Regeln der guten wissenschaftlichen Praxis gebunden seien, deren Einhaltung, „insbesondere zur Verhinderung eines Plagiats", zu kontrollieren sei. Während für den Fall der nachträglichen Aufdeckung eines Plagiats die universitätsgesetzlich festgelegten Rechtsfolgen wiederholt werden, sind für den Fall schwerwiegender Nichteinhaltung der Regeln während des Schreibprozesses verschiedene Möglichkeiten normiert, die auch den zwingenden Themen- und Betreuerwechsel einschließen.

Auch die Medizinische Universität Wien erließ Richtlinien zur „Good Scientific Practice – Ethik in Wissenschaft und Forschung"[51], die eine im Vergleich zu den üblichen Plagiatsdefinitionen bemerkenswert weitgehende Definition zum Plagiarismus enthalten, welche sich nicht bloß auf Veröffentlichungen bezieht: Darunter sei das Abschreiben oder die Übernahme von Textpassagen anderer Autoren ohne entsprechende Zitierung, weiters die unvollständige Zitierung der Literaturquellen bei Textpassagen, die in Anlehnung an oder nach Ideen von anderen Autoren verfasst wurden, sowie die unberechtigte Aneignung und Verwendung von Gedanken, Ideen, Forschungsprojektanträgen, Publikationen, Techniken und Daten von anderen Wissenschaftlern ohne entsprechende Zitierung, stets mit dem Ziel, sie als eigene Leistung auszugeben, zu verstehen.[52] Teilweise überlappen sich diese Definitionsgruppen allerdings. Ob es tatsächlich ein Plagiat darstellt, wenn eine (möglicherweise nicht wörtlich, sondern nur paraphrasierend wiedergegebene) Textpassage zwar entsprechend unter dem Namen des Urhebers, jedoch ohne Anführungszeichen, zitiert wird, ist m. E. kritisch zu hinterfragen, da es sich dabei wohl nicht um eine unbefugte Verwertung fremden geistigen Eigentums, sondern lediglich um eine – und auch dies nur unter Umständen – etwas schlampigere[53] Form der Kenntlichmachung des fremden Urhebers handelt; letztere Regelung findet sich jedoch in der Neuauflage[54] dieser Richtlinien nicht mehr.

Die Richtlinien „Good Scientific Practice" der Medizinischen Universität Graz[55] erwähnen das Plagiat ebenfalls als eine Möglichkeit der Verletzung fremden geistigen Eigentums und enthalten ähnlich präzise Regelungen über Mitautorschaft, Autorenreihung und -erklärung wie die der anderen medizinischen Universitäten.

Die Technische Universität Wien erließ einen „Code of Conduct – Regeln zur Sicherung guter wissenschaftlicher Praxis"[56], in dem sich im Wesentlichen dieselbe Definition von Plagiat sowie Bestimmungen zur – nur durch wesentliche inhaltliche Beiträge ermöglichten – Mitautorschaft wie in den oben genannten Fällen finden.[57] Zusätzlich ist normiert, dass Veröffentlichungen, die über neue wissenschaftliche Erkenntnisse berichten, die Ergebnisse und die angewandten Methoden vollständig und nachvollziehbar beschreiben und eigene und fremde Vorarbeiten vollständig und korrekt nachweisen sollen.[58] Auffällig ist auch hier, dass unfreiwillige Nennungen als Mitautor ebenfalls ausgeschlossen sein sollen.

Sehr ähnlich zeigt sich auch die „Richtlinie des Rektorates der Technischen Universität Graz zur Sicherung guter wissenschaftlicher Praxis und zur Vermeidung von Fehlverhalten in der Wissenschaft"[59], die eine eigene Kommission zur Prüfung von Verdachtsfällen einrichtet, ohne gleichwohl andere Verfahren der Sanktionierung von Plagiaten auszuschließen. Entscheidungen trifft allerdings auch hier der Rektor bzw. das Rektorat.[60] Bemerkenswert ist, dass das Plagiat im Rahmen der unbefugten Verwertung unter Anmaßung der Autorschaft der unkorrekten oder unvollständigen Zitierung bzw. der Zitierung ohne Quellenangabe als *aliud* gegenübergestellt und dass die Ausbeutung von Forschungsansätzen und Ideen als „Ideen-Plagiat" bezeichnet wird.[61] Ungewöhnlich detailliert sind auch die dort aufgeführten Empfehlungen zum korrekten Zitieren: Obwohl es sich nur um „Empfehlungen" handeln soll, ist doch der Konnex zum Tatbestand der „unkorrekten oder unvollständigen Zitierung" unübersehbar, sodass es im Extremfall etwa eine unbefugte Verwertung fremden geistigen Eigentums darstellen könnte, auf den Doppelpunkt nach dem „in" bei der Zitierung von Aufsätzen aus einer Zeitschrift zu verzichten; auch Anführungszeichen für Zitate werden für unverzichtbar gehalten.

Dieselbe Plagiatsdefinition sowie das Erfordernis der strikten Ehrlichkeit im Hinblick auf Beiträge von Partnern, Konkurrenten und Vorgängern normieren Pkt. A.1.b sowie Pkt. B der „Richtlinien zur Sicherung der guten wissenschaftlichen Praxis an der Universität für Bodenkultur Wien".[62] Für Fälle wissenschaftlichen Fehlverhaltens werden eine Ombudsstelle sowie eine Untersuchungskommission eingerichtet.[63] Mögliche Reaktionen schließen die Weiterreichung des Verfahrens an das Rektorat sowie die Agentur für wissenschaftliche Integrität ein.[64] Wie in anderen einschlägigen Verfahrensregeln finden sich auch Vorschriften über Vertraulichkeit, mögliche Befangenheiten, Rechte des Beschuldigten sowie den Schutz der Würde und des guten Rufs aller Beteiligten.[65] Dass diese Vorgaben nicht alle gleichermaßen zu verwirklichen sind, weil sich hier Spannungen zwischen verschiedenen Schutzgütern ergeben, liegt auf der Hand.[66]

An der Wirtschaftsuniversität Wien findet sich eine sehr eingehende „Richtlinie der Vizerektorin für Lehre zu Plagiaten, Ghostwriting und damit verbundenen Rechtsfolgen", die ein Plagiatsverbot für die Arbeiten von Studierenden enthält.[67] Sie schließt ausdrücklich auch Seminararbeiten und sonstige schriftliche Arbeiten ein, die als Grundlage für die Beurteilung von Lehrveranstaltungen dienen könnten. In der Richtlinie werden sowohl das Plagiat im studienrechtlichen Sinn als auch das Plagiat im urheberrechtlichen Sinn definiert.[68] In weiterer Folge wird dann – im studienrechtlichen Sinn – zwischen leichten und schweren Plagiatsfällen unterschieden, die je nachdem ein unterschiedliches Vorgehen des Betreuers zur Folge haben sollen: In leichten Fällen solle lediglich ein Verbesserungsauftrag erteilt, in schweren Fällen eine negative Note gegeben (oder eine bereits vergebene Note bzw. ein akademischer Grad widerrufen) oder die Betreuung zurückgelegt werden.[69] Als Beispiel für einen leichten Plagiatsfall gilt etwa die zitatlose oder unvollständig belegte Übernahme einiger weniger Sätze, während ein schwerer Plagiatsfall dann vorliege, wenn größere Teile der Arbeit ein solches Defizit aufwiesen.[70]

Sehr streng sind die Richtlinien der Veterinärmedizinischen Universität Wien über „Good Scientific Practice – Ethik in Wissenschaft und Forschung"[71]: Plagiarismus wird gleich definiert wie in den Richtlinien der Medizinischen Universität Wien und daran folgende bedingungslose Rechtsfolge geknüpft: „Ein nachgewiesenes vorsätzliches Fehlverhalten berechtigt die Veterinärmedizinische Universität Wien, das entsprechende Arbeitsverhältnis fristlos zu beenden."[72] Nun genügt es allerdings für ein Plagiat nach der den Richtlinien zugrundeliegenden Definition[73], dass eine Textpassage zwar unter Nennung des Urhebers zitiert wird, jedoch keine hinweisenden Anführungszeichen verwendet werden. Aus einem solchen Fall eine Berechtigung zur fristlosen Beendigung des Arbeitsverhältnisses abzuleiten, hängt wohl davon ab, ob der Arbeitsvertrag einen entsprechenden Hinweis enthält, was jedenfalls unverhältnismäßig sein dürfte.

Die Richtlinie der Universität Linz zur Sicherung guter wissenschaftlicher Praxis[74] enthält – ebenso wie die „Regeln guter wissenschaftlicher Praxis" der Kunstuniversität Linz[75] – die übliche Definition[76] der Verletzung fremden geistigen Eigentums, zu der auch das Plagiat zählt, und richtet eine Ombudsstelle für gute wissenschaftliche Praxis sowie eine von dieser zu nominierende Fachkommission ein. Bestätigt diese nach Prüfung den Plagiatsverdacht, hat der Rektor geeignete dienstrechtliche Maßnahmen zu ergreifen.[77]

Die Richtlinien des Rektorats der Universität Innsbruck zur Sicherung guter wissenschaftlicher Praxis[78] enthalten großteils die üblichen Definitionen, wobei das Plagiat bemerkenswerter Weise als ebenso eigenständige Kategorie wissenschaftlichen Fehlverhaltens geführt wird wie der Ideendiebstahl oder die Verletzung von geistigem Eigentum an sich.[79] Wesentlich erscheint auch, dass die üble Nachrede in Bezug auf gute wissenschaftliche Praxis als weitere Variante eines solchen Fehlverhaltens geführt wird, was Denunziantentum gegenüber unliebsamen Konkurrenten entgegenwirken soll.[80] Eine Mitautorschaft soll nur bei wesentlichen inhaltlichen Beiträgen zu einer Veröffentlichung zulässig sein.[81] Sowohl eigene als auch fremde Erkenntnisse und Vorarbeiten seien durch Zitate korrekt nachzuweisen, wobei von Anführungszeichen keine ausdrückliche Rede ist.[82] Im Gegensatz zu einigen anderen Universitäten wird keine eigene Ombudsstelle oder Kommission eingerichtet, die Verstöße zu prüfen hat; vielmehr obliegt dies – ebenso wie die allfällige Sanktion – dem Vizerektor für Forschung, im Fall von Diplomarbeiten und Dissertationen zusätzlich auch dem Vizerektor für Lehre.[83]

Der Verhaltenskodex der Universität Klagenfurt zur Sicherung guter wissenschaftlicher Praxis[84] enthält lediglich die übliche Definition des Plagiats, das genauso wie der Ideendiebstahl oder die Anmaßung bzw. unbegründete Annahme wissenschaftlicher Autor- oder Mitautorschaft eine Verletzung geistigen Eigentums darstelle.[85] Ein eigenes Sanktionierungsverfahren ist in diesem Verhaltenskodex nicht vorgesehen.

Schließlich ist noch die Plagiatsrichtlinie der privaten Universität für Gesundheitswissenschaften, Medizinische Informatik und Technik Tirol zu erwähnen[86], die insofern heraussticht, als einerseits auf den Homepages der österreichischen Privatuniversitäten wenig zu Regeln guter wissenschaftlicher Praxis zu finden ist und als sie sich andererseits, im Gegensatz zu den Verhaltenscodices aller anderen Universitäten, spezifisch mit Plagiaten und nicht allgemein mit Formen wissenschaftlichen Fehlverhaltens auseinandersetzt. Zunächst wird dort jedoch lediglich ein längerer Text der Lehrkommission Zürich zitiert, deren offenkundig überschießende Vorstellungen von Plagiat mit übernommen werden: So wird das so genannte Selbstplagiat als eine Art von Plagiat angesehen, was meines Erachtens völlig unzulässig und in einem gänzlich anderen Zusammenhang als dem des Plagiats zu thematisieren ist.[87] Ebenso überschießend sind einige der daran angefügten „Illustrationsbeispiele": Zum einen sind diese insofern schlecht gewählt, als die dafür gewählte Textpassage zumindest ansatzweise den Eindruck erweckt, als müsste Unumstrittenes (z. B. erwiesene historische Ereignisse[88], Rechtsnormen etc.) durch eine wissenschaftliche Meinung dazu erst „belegt" werden.[89] Zum anderen findet sich auch hier die Behauptung, es handle sich um ein Plagiat, wenn „lediglich" die Quelle angegeben sei, jedoch Anführungszeichen fehlten.

Die Richtlinie sieht außerdem unterschiedliche Verfahren vor, sollte eine Arbeit vom zuständigen studienrechtlichen Organ auf einen Plagiatsverdacht geprüft und als Plagiat erwiesen werden: Im Falle schriftlicher Haus- und Seminararbeiten, Bachelor- und Masterarbeiten sowie schriftlicher Promotionsleistungen sei die als Plagiat erwiesene Arbeit mit „Nicht genügend" zu benoten, es bestehe jedoch unter Umständen die Möglichkeit der Wiederholung.[90] Hingegen führe der Nachweis eines Plagiats bei Habilitationen, Berufungs-, Qualifizierungs- und Ernennungsverfahren zum unwiederholbaren negativen Aus-

gang des jeweiligen Verfahrens. Eine Unterscheidung in „leichte" und „schwere" Plagiatsfälle wird dabei nicht vorgenommen.

Informalia

Die Akademie der bildenden Künste Wien erließ einen „Leitfaden Urheberrecht", der unter
anderem der Frage nachgeht, wann eine Miturheberschaft vorliegt.[91] Wissenschaftliche Assistenten, die z. B. Material sammeln, Versuche durchführen, Fußnoten ausarbeiten, Register und Literaturverzeichnisse erstellen, redaktionelle Korrekturen vornehmen etc., seien als
Gehilfen und nicht als Urheber tätig; erst bei Ausarbeitung ganzer Kapitel oder der Erstellung eines druckreifen Manuskripts nach Notizen und einer Gliederung läge eine Miturheberschaft vor[92]; inwiefern etwa intellektuelle Beiträge zu verschiedenen Teilen eines Manuskripts einem „ganzen" Kapitel gleichzustellen wären, bleibt unerwähnt.

Auch die Universität für Musik und darstellende Kunst Wien gibt in einem Informati-
onsblatt über die Rechtsfolgen eines Plagiats in schriftlichen wissenschaftlichen Arbeiten
Aufschluss: Problematisch ist die Definition des Plagiats als eine ungekennzeichnete Übernahme fremder Inhalte „im Kern", „überwiegend" bzw. „in einem erheblichen Umfang".[93]
Sofern diese Übernahme nur in einem kleineren Teil der Arbeit stattfindet, handelt es sich
nämlich wohl ebenso um ein Plagiat, wenn auch die Rechtsfolgen dieser „leichteren" Variante andere sein mögen.

Das Mozarteum Salzburg erließ ein an Studierende gerichtetes Faltblatt, in dem verschiedene Formen des Plagiats unterschieden werden.[94] Es geht von einem weiten Plagiatsbegriff aus, der auch den Ideendiebstahl sowie die Unterlassung von Sekundärzitaten umfasst. Problematisch erscheint das so genannte „Zitatsplagiat", bei dem ein in der
Sekundärliteratur angetroffenes Werk zwar zitiert, eine Angabe zur Fundstelle aus dem Sekundärwerk aber unterlassen wird. Sollte das Sekundärwerk nur Ansporn dazu gegeben haben, das Original nachzuschlagen, um dieses sodann direkt zu zitieren, ist nicht einzusehen,
warum das Sekundärwerk zitiert werden müsste, um ein Plagiat zu vermeiden. Ebenso
überzogen ist es, wenn eine wörtliche Übernahme, die „nur" mit einer Quellenangabe, aber
keinen Anführungszeichen versehen ist, bereits ein Plagiat darstellen soll, da es auch andere
Möglichkeiten als Anführungszeichen gäbe, die entsprechende Kennzeichnung vorzunehmen.

Das Plagiatsverbot in den Verhaltenscodices von
Wissenschaftsgemeinschaften und Wissenschaftsagenturen

Die teilweise wortidentischen Formulierungen in den Plagiatsregelungen der einzelnen
Universitäten gehen darauf zurück, dass es verschiedene „Mustervorlagen" der Standards
guter wissenschaftlicher Praxis gibt, die von nationalen oder internationalen Wissenschaftsgemeinschaften erlassen wurden. Dazu zählt etwa die Denkschrift „Vorschläge zur
Sicherung guter wissenschaftlicher Praxis der Deutschen Forschungsgemeinschaft"[95], deren
Empfehlung 12 zufolge eigene und fremde Vorarbeiten vollständig und korrekt nachzuwei-
sen sind. Weiters wird dort klargestellt, dass Autorschaft nicht bloß auf formalen Beiträgen
beruhen kann, für die als angemessene Formen der Erwähnung vielmehr Fußnoten oder
Danksagungen empfohlen werden. Ganz Ähnliches normiert bereits Punkt 6 der Regeln zur
Sicherung guter wissenschaftlicher Praxis der Max-Planck-Gesellschaft.[96]

Die Richtlinien der österreichischen Rektorenkonferenz zur Sicherung einer guten wissenschaftlichen Praxis[97] gehen auf Plagiate nicht direkt ein, verpflichten aber zu strikter Ehrlichkeit im Hinblick auf die Beiträge von Partnern, Konkurrenten und Vorgängern.[98] Sie verweisen hinsichtlich der sich an Plagiatsverdachtsfälle anschließenden Untersuchungsverfahren auf die Empfehlungen der deutschen Hochschulrektorenkonferenz[99], welche die auch in den einschlägigen Regelungen der österreichischen Universitäten gängigste Definition des Plagiarismus als unbefugte Verwertung fremden geistigen Eigentums unter Anmaßung der Autorschaft geprägt hat, die anderen Kategorien der Verletzung geistigen Eigentums gegenübergestellt wird.

Im Falle technischer und medizinischer Universitäten wird gerne auf international übliche Standards[100] zurückgegriffen. Gemäß der Empfehlung der Kommission vom 11. März 2005 über die Europäische Charta für Forscher und einen Verhaltenskodex für die Einstellung von Forschern[101] müssen Forscher Plagiarismus jedweder Art vermeiden und sich an den Grundsatz des geistigen Eigentums und des gemeinsamen Eigentums von Daten im Fall von Forschung, die unter Betreuung und/oder in Zusammenarbeit mit anderen Forschern durchgeführt wurden, halten.[102]

Auch die Kommission der Österreichischen Agentur für wissenschaftliche Integrität (OEAWI), deren Geschäftsordnung zur Untersuchung von Vorwürfen wissenschaftlichen Fehlverhaltens einen im Wesentlichen der Richtlinie der Universität Wien entsprechenden Anhang enthält[103], hat kürzlich eine Stellungnahme zum Umgang mit Plagiaten abgegeben[104]: Es handle sich dabei um Diebstahl geistigen Eigentums, um die Vortäuschung einer Leistung zum eigenen Vorteil und zum Nachteil des Urhebers, wobei es viele unterschiedliche Formen davon gebe, die auch unterschiedlich bewertet und geahndet würden. In Grenzfällen (sehr geringer Umfang eines Plagiats und plausible Unterstellung eines Mangels an Absicht[105]) sei eine Verwarnung die geeignete Form der Reaktion. In allen in Umfang und erkennbarer Absicht darüber hinausgehenden Fällen seien die Beendigung des Qualifikationsverfahrens und gegebenenfalls die Aberkennung einer mit Hilfe des Plagiats bereits erhaltenen Qualifikation als angemessene Sanktionen international nicht unüblich. Universitäten seien in solchen Fällen jedenfalls gut beraten, strenge Sanktionen gemäß der geltenden Rechtslage zu verhängen.

Bewertung

Zusammenfassend kann konstatiert werden, dass in den letzten fünf bis zehn Jahren jedenfalls an den öffentlichen österreichischen Universitäten ein sehr dichtes Regelwerk entstanden ist, das Plagiate im Studien- und Wissenschaftsbetrieb unterbinden soll. Verdrängt wird dieses Thema also sicherlich nicht. Gleichwohl dürfen verschiedene Probleme nicht übersehen werden, die der jetzigen Regelungslage an den Universitäten anhaften.

Zunächst ist schon problematisch, dass der Plagiatsbegriff an sich von den einzelnen Universitäten unterschiedlich definiert wird. Selbst wenn dem Unterschied zwischen Plagiat im engen und im weiten Sinn deshalb keine große Bedeutung zukommt, weil dasjenige Verhalten, das bisweilen als Plagiat im weiten Sinn angesehen wird, ansonsten regelmäßig in Form anderer Varianten der Verletzung fremden geistigen Eigentums und jedenfalls als wissenschaftliches Fehlverhalten qualifiziert wird, handelt es sich doch um unpräzise Abgrenzungen.

Noch bedeutendere Abgrenzungsprobleme stellen sich hinsichtlich der Kenntlichmachung, der Schuldfrage und des quantitativen Umfangs. So ist etwa fraglich, inwieweit Details bei der Kennzeichnung von Zitaten vorgeschrieben werden sollten: Beispielsweise könnte hier an die Frage der Anführungszeichen oder fachabhängige Unterschiede im Gebrauch wissenschaftlicher Abbreviaturen in Fußnoten gedacht werden.[106] Meines Erachtens griffe eine Homogenisierung dieser Details unnötig weit in die einzelne Wissenschaftskultur und wohl auch Wissenschaftsfreiheit ein.[107] Aus der Sicht guter wissenschaftlicher Praxis kann es nur darum gehen, die unbefugte Verwertung fremden geistigen Eigentums effizient zu verhindern. Welche einzelnen Möglichkeiten des Zitierens für den einzelnen Autor innerhalb seiner Wissenschaft bestehen, um eindeutig außer Zweifel zu stellen, dass er sich auf fremdes geistiges Eigentum bezieht, sollte ihm bzw. seiner Wissenschaftskultur überlassen werden. Insbesondere muss dabei auch berücksichtigt werden, dass unterschiedliche Wissenschaften unterschiedliche Zitierregeln entwickelt haben und auch innerhalb derselben Disziplin oft große Unterschiede zwischen den jeweiligen „national" angewendeten Zitierregeln bestehen. Dass es ganz verschiedene Konstellationen einer Zitierung gibt, denen durch unterschiedliche Instrumente Rechnung getragen werden kann, wird dabei vernachlässigt: abgesehen von Fußnoten und Anführungszeichen, jedenfalls durch den korrekten und am richtigen Ort dargebrachten Hinweis in der Fußnote oder Parenthese[108], darüber hinaus aber – je nachdem, ob nach dem Textzusammenhang überhaupt noch Zweifel an der Urheberschaft übrigbleiben, die durch die Fußnote oder Parenthese nicht geklärt werden können – durch Kursivierung, Einrückung oder, was seltsamerweise nirgendwo aufscheint, durch Einsatz sprachlicher Instrumente der Paraphrasierung, wie Verwendung des Konjunktivs, der indirekten Rede, der Verwendung von Präpositionen wie „laut", „zufolge" oder „gemäß" bzw. Wortfolgen wie „nach Meinung von …".[109] An das bloße Nichtverwenden von Anführungszeichen Rechtsfolgen bis hin zur fristlosen Entlassung zu knüpfen, scheint umso überzogener, als in den meisten der untersuchten Regelungen ein derartiges Erfordernis nicht einmal aufscheint. Bedenkt man, dass von Wissenschaftlern heute großes Engagement in Bezug auf die Teilnahme an interdisziplinären, internationalen und interuniversitären Forschungsprojekten verlangt wird, so erscheinen derartige Vorschriften doppelt riskant: zum einen aus der Sicht eines Forschenden, der die salopperen Standards seiner eigenen Universität anwendet und damit möglicherweise an denen einer anderen Universität „aneckt"[110]; zum anderen aber aus der Sicht der Wissenschaft selbst, der es nicht um exzessive Festlegungen einzelner Zitiertechniken, sondern vielmehr um die allgemeine Regel gehen sollte, dass Bezüge auf fremdes geistiges Eigentum uneingeschränkt offen gelegt werden müssen, welcher Techniken auch immer sich das „korrekte Zitieren" bedienen mag.

Problematisch ist weiters, dass nur in ganz wenigen Verhaltenscodices auf die Frage des Plagiatsumfangs eingegangen wird. Einige wenige Verhaltenscodices begegnen diesem Wertungsproblem durch den Hinweis, dass bei marginalen Fällen eine Verwarnung hinreichend sein soll, wogegen die meisten anderen nicht zwischen den Schweregraden eines Plagiats differenzieren. Aber auch die doch ganz grundsätzliche Frage, ob ein sanktionierbares Plagiat an sich bereits bei Fahrlässigkeit oder erst bei Vorsatz vorliegen soll, wird von den verschiedenen Regelwerken nicht einheitlich beantwortet.

Das aus dem Grundrecht auf Unversehrtheit des Eigentums[111] erfließende Erfordernis des Schutzes von Urheberrechten wird wohl bereits durch das UrhG gewährleistet, wenngleich eine – das Doppelbestrafungsverbot nicht verletzende – universitätsrechtliche Form der Sanktionierung darob nicht ausgeschlossen schiene. Plagiatsverbote können hingegen nicht als Gewährleistung von Wissenschaftsfreiheit angesehen werden, weil ein Plagiat die Wissenschaftsfreiheit des Plagiierten an sich nicht behindert. Umgekehrt greift ein Plagiatsverbot aber, wie erwähnt, auch nicht in die Wissenschaftsfreiheit ein, weil das Plagiieren als wissenschaftlich ja verpöntes Vorgehen nicht in den Schutzbereich dieser Freiheit fällt.

Eine andere grundrechtliche Beurteilung könnte sich hingegen unter dem Gesichtspunkt möglicher universitätsrechtlicher Sanktionen *im Gefolge eines Plagiats* ergeben: Eine negative Rechtsfolge etwa vorzusehen, weil ein Wissenschaftler im Rahmen seiner Wissenschaftskultur und -freiheit keine Anführungszeichen, sondern eine andere, ebenso geeignete Form der Kenntlichmachung fremder Textpassagen verwendet, stellt sicherlich einen unverhältnismäßigen allgemeinen Eingriff in den Schutzbereich der Wissenschaftsfreiheit[112] dar und wäre darüber hinaus – mangels sachlicher Rechtfertigung – gleichheitswidrig. Ebenso sind nach der bestehenden Rechtslage an den meisten Universitäten Verfahrens- und Rechtsschutzmängel ebenso wie Probleme bei der faktischen Rehabilitierung unschuldig des Plagiats bezichtigter Wissenschaftler nicht ausgeschlossen.[113]

So zeigt die genauere Betrachtung beträchtliche Unterschiede, auch wenn es sich bei den bestehenden Vorgaben hinsichtlich ihrer Zielsetzung um gleichartige Regelungen handelt, was schon daran liegt, dass viele von ihnen an den Musterregelungen verschiedener Wissenschaftsgemeinschaften, teils aber auch gegenseitig, Anleihe genommen haben. In manchen Fällen richten sich die Verhaltenscodices jeweils nur an Studierende oder aber Wissenschaftler, was schwierige Analogiefragen aufwirft. Für eine Homogenisierung der Plagiatsregelungen zumindest in den wesentlichen Grundzügen spräche jedenfalls, dass es im Grundsatz keinen Unterschied – weder zwischen Wissenschaftlern und Studierenden noch zwischen einzelnen Fachdisziplinen – geben sollte, was Ehrlichkeit und Integrität im wissenschaftlichen Arbeiten anbelangt; dass die jeweiligen Rechtsfolgen von der Natur der Sache her andersartig sein mögen, ist sachlich sicherlich gerechtfertigt.

Trotz allen Bemühens um ein im Wesenskern homogenes Plagiatsverbot würden jedoch wohl immer Konstellationen weiterbestehen, die für mögliche Plagiatsopfer riskanter als andere sind. Insbesondere geht es dabei um nicht-veröffentlichte Arbeiten, die lediglich einem sehr kleinen Kreis von Lesern faktisch zugänglich sind: Zum einen sind das studentische Arbeiten, die bestenfalls im Rahmen einer Hinterlegung in bestimmten Bibliotheken „veröffentlicht"[114] werden. Wenn Plagiate hier nicht seitens des Betreuers aufgedeckt werden, besteht – Prominente ausgenommen – große Wahrscheinlichkeit, dass dies niemals der Fall sein wird. Problematischer noch könnte das durch den Betreuer einer solchen Arbeit vorgenommene Plagiat sein, der davon ausgehen kann, dass die studentische Arbeit kaum Bekanntheit in der *scientific community* erlangen wird. Zum anderen aber sind Bedenken auch beim meines Erachtens viel zu unkritisch gesehenen Verfahren des *peer-review* angebracht, sofern man unter Plagiat auch die Verletzung unveröffentlichten, aber doch bereits textlich formulierten geistigen Eigentums versteht: Erstens greift dieses Verfahren in die Wissenschaftsfreiheit der einzelnen Forscher ein, die, unter Publikationsdruck stehend, auf diese Weise *de facto* zu inhaltlichen Änderungen entgegen ihren eigenen Vorstellungen gezwungen werden können. Zweitens lässt sich – was sich nicht nur im Zusammenhang formeller Qualifizierungs- und Evaluierungsverfahren als problematisch erweisen könnte – auf diese Weise nicht mehr abschätzen, welche Eigenleistung eine nach dem *peer-review* revidierte Veröffentlichung überhaupt noch enthält. Drittens erhält ein Gutachter auf diese Weise Einblick in eine Arbeit, die noch nicht veröffentlicht ist und – je nachdem, wie sein Urteil ausfällt – möglicherweise auch nie veröffentlicht werden wird. Insbesondere besteht beim *double-blind-peer-review* die Gefahr, dass der dem Urheber ja unbekannte Gutachter eine Verletzung geistigen Eigentums begeht und nicht einmal überführbar ist. Hinzu kommt, dass *peer-review*-Verfahren bekanntlich zu Verzögerungen bei der Veröffentlichung führen, sodass die paradoxe Situation eintreten könnte, dass eine Originalarbeit zum Plagiat erklärt würde, wenn sie Textpassagen enthielte, die inzwischen von einem mit einer eigenen Veröffentlichung zuvorkommenden, in Wahrheit aber plagiierenden Gutachter publiziert worden waren.

Auch wenn es sich bei diesen Beispielen – hoffentlich! – nicht um ein geradezu übliches Vorgehen handelt, indizieren gerade die in den letzten Jahren auffällig verstärkten Bemühungen um Verhaltenscodices der guten wissenschaftlichen Praxis, die ein derartiges Vorgehen in die Schranken weisen sollen, dass es offenbar Bedarf an solchen Regelungen gibt und das Vertrauen auf eine ehrliche Wissenschaftskultur allein nicht als hinreichend angesehen wird.

Zunächst läge es daher an den Universitäten selbst, sich um vollständige, hinreichend bestimmte und grundrechtskonforme Regelungen zu bemühen: Schon auf Grund ihres unstreitigen Rechtscharakters passend erschiene in letzterem Zusammenhang die jeweilige Satzung, in welche diese Maßnahmen der Qualitätssicherung als „erforderliche Ordnungsvorschrift" gem. § 19 Abs. 1 UG aufgenommen werden könnten.[115] Unbeschadet der umstrittenen[116] Reichweite der universitären Satzungsautonomie im Spannungsfeld zum Legalitätsprinzip erschiene es jedoch schon aus Gründen der Einheitlichkeit wünschenswert, dass im UG selbst eine grundsätzliche Regelung des universitären Umgangs mit Plagiaten – sowohl im studien- als auch wissenschaftsrechtlichen Zusammenhang – vorgenommen würde, die das Plagiat nicht nur legaldefiniere, sondern auch mögliche Rechtsfolgen vorsähe, welche im Detail durch die Satzungen auszugestalten wären.

Die aus Sicht der Universitäten wirksamsten Rechtsfolgen sind, außerhalb des Studien- und Habilitationskontexts, im universitären Dienst- und Arbeitsrecht angesiedelt. Als Brücke dorthin bedarf es jedoch universitärer Verfahren, in denen Plagiatsfälle geprüft werden und die gegebenenfalls in mögliche dienst- und arbeitsrechtliche Entscheidungen münden sollen. Derartige Verfahrensregelungen, die im Übrigen auch von der österreichischen[117] und deutschen[118] Rektorenkonferenz empfohlen werden, gibt es bereits – wenngleich in durchaus unterschiedlicher Ausgestaltung – an einigen Universitäten. Eine im UG vorzusehende allgemeine Regelung dahingehend, dass an allen Universitäten entsprechende Prüfverfahren – einschließlich Rechtsschutzmöglichkeiten – installiert und die Prüforgane mit entsprechenden Garantien einer unabhängigen und vertraulichkeitswahrenden Prüftätigkeit ausgestattet werden, stellte ebenfalls eine rechtsstaatliche Verbesserung dar.[119]

Zahlreiche Fälle teils erwiesener, teils nur behaupteter Plagiate haben in den letzten Jahren vermehrt zu Verunsicherungen nicht nur unter Studierenden, sondern auch Wissenschaftlern geführt.[120] Fast bizarr und wissenschaftlich sicherlich nicht wünschenswert muten einige Auswüchse dieser Verunsicherung an, die von Hemmungen Studierender, in ihren wissenschaftlichen Arbeiten überhaupt in einen wissenschaftlichen Dialog einzutreten, ja sich auf eine fremde Meinung beziehen zu *dürfen*, bis hin zur Infragestellung althergebrachter Zitierusancen einzelner Fachdisziplinen reichen. Klarere, vollständigere und einheitlichere Regelungen des UG könnten diese Verunsicherungen nehmen und wissenschaftlicher Integrität gerade im Universitätsrecht jene rechtliche Bedeutung geben, die sie verdient: den *Rang des Gesetzes*.

---

[*] Herzlich danken möchte ich Frau Univ.-Ass. Dr. Maria Bertel sowie Herrn MMag. Dr. Niklas Sonntag für ihre große Unterstützung bei der redaktionellen Bearbeitung dieses Aufsatzes. Alle Internetangaben befinden sich auf dem Stand 14. Januar 2013.

[1] Vgl. auch schon PUTZER, Alexander: *Das wissenschaftliche Literaturplagiat und seine Folgen.* In: zfhr [Zeitschrift für Hochschulrecht, Hochschulmanagement und Hochschulpolitik] (Wien, New York) 5 (2006), H. 6, S. 180ff., sowie hinsichtlich studienrechtlicher Plagiate BRÜNNER, Georg: *Studienrechtliche Konsequenzen von Plagiaten.* In: Die (Rechts-)Stellung von StudentInnen in Österreich. Hg. von Manfred Prisching, Werner Lenz und Werner Hauser. Wien: Verlag

Österreich 2007, S. 203ff., der, anders als der vorliegende Beitrag, auch auf die Rechtslage an Fachhochschulen, Pädagogischen Hochschulen und Privatuniversitäten eingeht.

[2] § 80 Abs. 2, § 81 Abs. 4, § 82 Abs. 2, § 83 Abs. 3 UG.

[3] Ausführlich dazu PUTZER (Anm. 1), S. 177.

[4] § 2 Z. 3 UrhG.

[5] Dazu zählen insbes. §§ 46 und 57 UrhG; vgl. auch BRÜNNER (Anm. 1), S. 207ff. und PUTZER (Anm. 1), S. 177f.

[6] Die Bachelorarbeit zählt nicht zu den „wissenschaftlichen Arbeiten" im Sinne des UG. Fraglich ist, ob sie ebenso wie die – im UG nicht explizit erwähnten – Seminar- und Hausarbeiten, weil an Lehrveranstaltungen gebunden, als Teil der „Prüfung" einer Lehrveranstaltung unter § 74 Abs. 2 UG fällt; dafür BRÜNNER (Anm. 1), S. 216f., der die Nichtigerklärung dabei von der Bedeutung der Arbeit bzw. der in ihr enthaltenen Plagiate für die Prüfungsleistung insgesamt abhängig machen will; dagegen PERTHOLD-STOITZNER, Bettina: *§ 80 UG. In: UG 2.01.* Hg. von Heinz Mayer. Wien: Manz 2012, I.2, die (§ 80 UG I.3) bei der Erschleichung einer Bachelorarbeit statt der Rechtsfolge der Nichtigerklärung der Beurteilung (§ 74 Abs. 2 UG) von einer absoluten Nichtigkeit ausgeht.

[7] Ausführlich NOVAK, Manfred: *Schwindelaktionen bei AHStG-Prüfungen – Relevanz, Kompetenzen, Konsequenzen.* In: Österreichische Juristen-Zeitung (Wien) 51 (1996), H. 14/15, S. 543f.; PERTHOLD-STOITZNER, Bettina: *§ 74 UG.* In: UG 2.01 (Anm. 6), II; PUTZER (Anm. 1), S. 182; BRÜNNER (Anm. 1), S. 212f.

[8] Sollte bereits beim Abfassen der Arbeit ein Plagiatsverdacht auftreten, ist der Betreuer verpflichtet, diesem nachzugehen, ohne jedoch dazu verhalten zu werden, jeder Arbeit von vornherein mit dem Verdacht eines möglichen Plagiats gegenüberzutreten (vgl. VwGH 93/12/0241 26. Juni 1996, VwSlg. 17.804 A/2009); nur vor dem Hintergrund der Einhaltung dieser – nicht allzu strengen – Sorgfaltspflicht ist ein Erschleichen überhaupt möglich.

[9] Dazu ausführlich PERTHOLD-STOITZNER (Anm. 6); BRÜNNER (Anm. 1).

[10] Vgl. PERTHOLD-STOITZNER (Anm. 7) mit Verweisen auf die Judikatur; PUTZER (Anm. 1), S. 183, weist auf weitere Konsequenzen hin, wenn etwa der Widerruf eines akademischen Grades nach Aufdeckung eines Plagiats im dazugehörigen Studium zu einem Widerruf eines höheren akademischen Grades führt, obwohl in dem zu letzterem Grad gehörigen Studium kein wissenschaftliches Fehlverhalten gesetzt wurde.

[11] Der VwGH nimmt ein Erschleichen der Beurteilung etwa dann an, „wenn in Täuschungsabsicht wesentliche Teile der Arbeit ohne entsprechende Hinweise abgeschrieben wurden, wobei Wesentlichkeit dann anzunehmen ist, wenn bei objektiver Betrachtung der Verfasser der Arbeit davon ausgehen musste, dass bei entsprechenden Hinweisen die Arbeit nicht positiv oder zumindest weniger günstig beurteilt worden wäre, entsprechende Hinweise daher zu einem ungünstigeren Ergebnis geführt hätten" (vgl. VwGH 26. September 2011, 2007/10/0145; 22. November 2000, 99/12/0324; VwSlg. 17.804 A/2009).

[12] Problematisch ist die Legaldefinition in § 51 Abs. 2 Z. 13 UG, wonach es sich bei Dissertationen um wissenschaftliche Arbeiten handle, „die anders als die Diplom- und Masterarbeiten dem Nachweis der Befähigung zur selbständigen Bewältigung wissenschaftlicher Fragestellungen dienen", obwohl die Diplom- und Masterarbeiten dies doch jedenfalls auch sollen.

[13] Im Übrigen wäre eine Arbeit auch dann nicht eigenständig, wenn ein Plagiat zwar vermieden worden wäre, die Arbeit im Wesentlichen aber lediglich aus korrekt zitierten und belegten Textpassagen anderer Werke bestünde, vgl. dazu PUTZER (Anm. 1), S. 181.

[14] Ähnlich PUTZER (Anm. 1), S. 184; BRÜNNER (Anm. 1), S. 214 mit Hinweis auf VwSlg. 10.670 A/1982. Urheberrechtliche Rechtsfolgen eines Plagiats ergeben sich hingegen auch ohne diese Differenzierung.

[15] So BRÜNNER (Anm. 1), S. 214.

[16] Zum Analogieschluss vgl. zuletzt etwa VfSlg. 19.282/2010; resümierend GAMPER, Anna: *Regeln der Verfassungsinterpretation*. Wien 2012, S. 168f.; für den Ausschluss der Analogie etwa auf eine Nichtigerklärung (§ 74 Abs. 2 UG) von Bachelorarbeiten vgl. PERTHOLD-STOITZNER (Anm. 7).

[17] Der VwGH hielt fest: Dass eine „seitenweise wörtliche Übereinstimmung der Dissertation mit [... einem bereits veröffentlichten] Werk [...] vernünftiger Weise eine andere Ursache haben könnte als jene, dass der Beschwerdeführer aus [... diesem] Werk [...] wörtlich abgeschrieben hat, zeigt die Beschwerde selbst nicht auf. Wenn der Beschwerdeführer den solcherart übernommenen Text aber nicht als solchen deklarierte, sondern als eigenen ausgab, so kann keinerlei Zweifel an der mit diesem Vorgehen verfolgten Absicht bestehen, durch Vortäuschung von Leistungen eine positive Beurteilung der Dissertation zu erzielen." (VwGH 21. Mai 2008, 2008/10/0020). Dies ist meines Erachtens insofern eine *petitio principii*, als ein Plagiat zumindest theoretisch auch auf fahrlässiger Unkenntnis der Zitierregeln beruhen könnte, ob dies sich nun „seitenweise" auswirkte oder nicht. Dass eine höhere Zahl nicht gekennzeichneter Zitate im Zweifel für Vorsatz spreche, wie BRÜNNER (Anm. 1), S. 213 annimmt, ist meines Erachtens nicht notwendigerweise der Fall, da eine Unkenntnis der Regeln guter wissenschaftlicher Praxis sich zwangsläufig auf die ganze Arbeit auswirken muss. Beizupflichten ist dem VwGH allerdings, wenn er es nicht für unschlüssig hält, dass „die belangte Behörde ihre Auffassung, die Beschwerdeführerin habe in Irreführungsabsicht gehandelt, damit begründet hat, dass in der Dissertation eine Vielzahl von nicht eindeutig als fremd gekennzeichneten Texten erheblichen Umfangs neben einer Menge von ‚annähernd korrekt ausgewiesenen Zitaten und Paragraphen' zu finden sei. Daraus sei ersichtlich, dass die Beschwerdeführerin dort, wo sie den Umfang der wörtlich übernommenen Texte nicht offen gelegt habe, die fremden Texte und die dort zum Ausdruck gebrachte Gedankenführung als eigene Leistungen habe darstellen wollen." (VwSlg. 17.804 A/2009).

[18] Entgegen PUTZER (Anm. 1), S. 180f. ist der universitätsgesetzliche Regelungszweck dabei meines Erachtens schon deshalb kein „anderer" als der des UrhG, weil das UG selbst ja die Beachtung des UrhG einfordert. Auch darüber hinaus ist dem UG kein Hinweis darauf zu entnehmen, dass der Schutz geistigen Eigentums kein Regelungszweck sein sollte. Allerdings tritt zusätzlich zu diesem Aspekt noch der (hauptsächliche) Aspekt hinzu, akademische Titel nur unter der Voraussetzung eigenständig erbrachter Leistungen und darauf ergangener positiver Beurteilungen zu verleihen.

[19] RAINER, J. Michael: *§ 103 UG.* In: UG 2.01 (Anm. 6), V.2.

[20] Darüber hinaus könnte ein Plagiat schon deshalb nicht methodisch einwandfrei sein, weil das plagiierte Werk selbst nicht methodisch einwandfrei war.

[21] Es ergibt sich aber möglicherweise auch das Gegenteil nicht, wenngleich ein plagiierendes Vorgehen nahe legen könnte, dass der Habilitationswerber zu keinen eigenen Erkenntnissen imstande ist.

[22] Zur Möglichkeit der Wiederaufnahme des Verfahrens gem. § 69 AVG im Fall der nachträglichen Aufdeckung des Plagiats vgl. PUTZER (Anm. 1), S. 184.

[23] Bereits 2007 konstatiert dies BRÜNNER (Anm. 1), S. 203.

[24] Einen Überblick über die verschiedenen Regeln der guten wissenschaftlichen Praxis gibt PÖSCHL, Magdalena: *Von der Forschungsethik zum Forschungsrecht: Wie viel Regulierung verträgt die Forschungsfreiheit?* In: Ethik und Recht in der Humanforschung. Hg. von Ulrich H. J. Körtner, Christian Kopetzki und Christiane Druml. Wien: Springer 2010, S. 99ff.; ähnlich auch für Deutschland WAIBLINGER, Julian: *„Plagiat" in der Wissenschaft.* Baden-Baden: Nomos 2012, S. 173ff.

[25] Dazu auch schon MANTL, Wolfgang: *Sicherung wissenschaftlicher Qualität.* In: Res Universitatis. Red. von Manfred Novak. Wien, Graz: Neuer wissenschaftlicher Verlag 2003, S. 199 sowie PÖSCHL (ebda), S. 94f.

[26] Satzungsteil „Grundsätze zur Sicherung guter wissenschaftlicher Praxis und zur Vermeidung von Fehlverhalten in der Wissenschaft", Beschluss des Senates vom 10. März 2004, Mitteilungsblatt der Karl-Franzens-Universität Graz, Studienjahr 2003/2004, 24. März 2004, 12.a Stück, 93.

[27] Darunter wird gem. § 1 Z. 2 die „Ausbeutung von Forschungsansätzen und Ideen, insbes. als Gutachter/in", verstanden.

[28] Eigene Regelungen gelten für wissenschaftliche Veröffentlichungen mit Mitautorschaft, die nur durch den „tatsächlichen wesentlichen Beitrag zur Entstehung der betreffenden Forschungsarbeit" begründet werden könne, was so genannte Ehrenautorschaften ausschließe. Diese Regelung geht insofern über die Bestimmung des § 106 Abs. 1 UG hinaus, als von „wesentlichen" Beiträgen die Rede ist, muss aber wohl in eine ähnliche qualitative und nicht bloß quantitative Richtung ausgelegt werden, sodass also ein eigenständiger inhaltlicher (nicht bloß ganz minimaler) Beitrag Voraussetzung ist, der über bloße, wenn auch möglicherweise großflächig erfolgte formale Redaktionsarbeiten hinausgeht. Eine Anmaßung oder unbegründete Annahme der Mitautorschaft stellt nach dem Satzungsteil zwar eine Verletzung geistigen Eigentums, jedoch kein Plagiat dar.

[29] § 1 vor Z. 1.

[30] § 2 Z. 2.

[31] § 6.

[32] Satzungsteil Studienrechtliche Bestimmungen, geändert mit Beschluss des Senates vom 11. März 2009, Mitteilungsblatt der Karl-Franzens-Universität Graz, Studienjahr 2008/2009, 31. März 2009, 26.c Stück (zuletzt geändert mit Beschluss des Senates vom 29. Juni 2011, Mitteilungsblatt der Karl-Franzens-Universität Graz, Studienjahr 2010/11, 6. Juli 2011, 40.a Stück).

[33] § 26 Abs. 6 und § 27 Abs. 7.

[34] § 26 Abs. 7 und § 27 Abs. 8.

[35] Satzungsteil „Gute wissenschaftliche Praxis" – Beschluss des Senats vom 17. Oktober 2007, Mitteilungsblatt der Montanuniversität Leoben, 24. Oktober 2007, 11. Stück, 1.

[36] So auch schon MANTL (Anm. 25), S. 201f. sowie PÖSCHL (Anm. 24), S. 123.

[37] Präambel lit. b.

[38] Darunter fällt etwa wiederum die Nichtberücksichtigung von Mitarbeitern trotz ihrer Beiträge zu einer Veröffentlichung: Der Begriff des „Beitrags" bleibt hier gänzlich unbestimmt und könnte bei bloßer Wortlautinterpretation auch so verstanden werden, dass jedweder Beitrag zu einer Veröffentlichung, selbst in bloß formal-technischer Hinsicht, zu berücksichtigen wäre; da eine „Berücksichtigung" allerdings nicht notwendigerweise die Mitautorschaft verlangt, könnte sie wohl auch in Form einer Danksagung oder Sternchenfußnote erfolgen, sofern es sich nicht wirklich um wissenschaftliche, d. h. also wohl inhaltsgebundene Autorschaft handelt. Als Fehlverhalten gilt allerdings auch die Inanspruchnahme der (Mit-)Autorschaft eines anderen ohne dessen Einverständnis, was zu einer eigentümlichen Pattsituation führen könnte: Ein Autor, der für eine Veröffentlichung den Namen seines Mitautors ohne dessen Einverständnis in Anspruch nimmt, würde sich eines wissenschaftlichen Fehlverhaltens ebenso schuldig machen, wie wenn er das Werk lediglich unter seinem eigenen Namen veröffentlichte. Auf diese Weise könnte ein Mitautor ein Werk, zu dem er beigetragen hat, niemals veröffentlichen, sofern der andere Mitautor ihm das Einverständnis zur Nennung seines Namens verweigerte, was jedenfalls keiner guten wissenschaftlichen Praxis entsprechen kann.

[39] Pkt. 2.b.

[40] Satzungsteil „Sicherung guter wissenschaftlicher Praxis an der Medizinischen Universität Innsbruck", Beschluss des Senats, Mitteilungsblatt der Medizinischen Universität Innsbruck, Studienjahr 2004/2005, 4. Mai 2005, 27. Stück, 115.

[41] Die Beteiligung muss außerdem so ausreichend sein, dass der Autor öffentlich für „angemessene Teile des Inhalts" die Verantwortung übernehmen kann.

[42] Ombudsstelle der Universität Wien zur Sicherung guter wissenschaftlicher Praxis, Beschluss des Rektorates, Mitteilungsblatt der Universität Wien, Studienjahr 2005/2006, 31. Jänner 2006, 15. Stück, 112.

[43] § 4.

[44] § 2 Abs. 1 und 2.

[45] § 2 Abs. 4.

[46] § 2 Abs. 5.

[47] §§ 10ff.

[48] § 15 Abs. 1 und § 21.

[49] § 15 Abs. 2.

[50] Satzungsteil Studienrecht, Neuverlautbarung mit Beschluss des Senates vom 22. November 2007, Mitteilungsblatt der Universität Wien, Studienjahr 2007/2008, 30. November 2007, 8. Stück (zuletzt geändert mit Beschluss des Senates vom 14. Juni 2012, Mitteilungsblatt der Universität Wien, Studienjahr 2011/12, 15. Juni 2012, 33. Stück).

[51] „Good Scientific Practice – Ethik in Wissenschaft und Forschung. Richtlinien der Medizinischen Universität Wien", abrufbar unter: http://www.meduniwien.ac.at/forschung/fileadmin/HP-Relaunch/drittmittel/GSP_MedUni_Wien_NEU.pdf.

[52] Pkt. 9.2.1.

[53] Der VwGH stellte in VwSlg. 17.804 A/2009 fest: „Die Beschwerdeführerin übersieht dabei, dass sich der Vorwurf hinsichtlich der bei Verfassung ihrer Dissertation eingehaltenen Vorgangsweise – soweit er sich nicht auf den Mangel jeglichen Quellenverweises innerhalb des Textes bezieht – nicht gegen die Art und Weise der Hinweisgestaltung an sich richtet, sondern dagegen, dass mit diesen Hinweisen inhaltlich nicht klar und eindeutig zum Ausdruck gebracht wurde, dass in einem erheblichen Umfang fremde Textpassagen wortwörtlich übernommen wurden: Auf Grund der Quellenverweise könne der Umfang der wörtlichen Übernahmen fremder Texte weder ersehen noch erwartet werden. Diesem Vorwurf kann die Beschwerdeführerin mit dem Hinweis auf die Methode, nach der sie den Hinweis auf Fremdquellen gestaltet habe (Angabe der notwendigsten Informationen: ‚Name des Autors/der Autorin, das Erscheinungsjahr des Textes und eventuelle Seitenangabe') nicht entkräften. Denn diese Art der Hinweisgestaltung sagt nichts über den Umfang aus, in dem der fremde Text übernommen wurde – dass die Beschwerdeführerin ihre Hinweise auch mit Aussagen über den jeweiligen Umfang der übernommenen Texte angereichert hätte, behauptet sie selbst nicht." Daraus kann meines Erachtens jedoch nicht abgeleitet werden, dass das Ausmaß selbst bei wörtlicher Übernahme ausschließlich durch Anführungszeichen gekennzeichnet werden könne; eindeutige Kennzeichnungen könnten etwa auch durch Einrückungen oder Kursivierungen vorgenommen werden.

[54] Die Neuauflage konnte erst in der Fahnenkorrektur dieses Beitrages berücksichtigt werden.

[55] „Richtlinien des Rektorates: ‚Good Scientific Practice'", Beschluss des Rektorates vom 22. November 2005, Mitteilungsblatt der Medizinischen Universität Graz, Studienjahr 2005/2006, 7. Dezember 2005, 7. Stück, 30.

[56] „Code of Conduct – Regeln zur Sicherung guter wissenschaftlicher Praxis", Beschluss des Rektorates vom 23. Oktober 2007, Mitteilungsblatt der Technischen Universität Wien, 21. November 2007, 26. Stück, 257.

[57] § 2 Z. 2 lit. a sowie § 7.

[58] § 7.

[59] „Richtlinie des Rektorates der Technischen Universität Graz zur Sicherung guter wissenschaftlicher Praxis und zur Vermeidung von Fehlverhalten in der Wissenschaft (Commission for Scien-

tific Integrity and Ethics)", Mitteilungsblatt der Technischen Universität Graz, Studienjahr 2008/2009, 1. Oktober 2008, 1. Stück, 2.

[60] § 6 Abs. 5.

[61] Anhang Z. 4.

[62] „Richtlinien zur Sicherung der guten wissenschaftlichen Praxis an der Universität für Bodenkultur Wien", Neufassung der vom Rektorat (18. November 2008) und Senat (29. April 2009) beschlossenen und nun vom Rektorat am 12. Mai 2009 endgültig verabschiedeten Richtlinie, Mitteilungsblatt der Universität für Bodenkultur Wien, Studienjahr 2008/2009, 20. Mai 2009, 36. Stück, 293.

[63] Pkt. D.

[64] Pkt. E.

[65] Pkt. C.

[66] Allgemein zu Spannungen zwischen Regeln guter wissenschaftlicher Praxis und der Wissenschaftsfreiheit PÖSCHL (Anm. 24), S. 113ff.

[67] „Richtlinie der Vizerektorin für Lehre zu Plagiaten, Ghostwriting und damit verbundenen Rechtsfolgen", 21. September 2012, abrufbar unter: http://www.wu.ac.at/academicstaff/info/thesis/plag/plagiatsrl25_09_12.pdf.

[68] Pkt. 2.

[69] Pkt. 3 und 7.

[70] Pkt. 3.

[71] „Good Scientific Practice – Ethik in Wissenschaft und Forschung. Richtlinien der Veterinärmedizinischen Universität Wien", Beschluss des Rektorates vom 24. Mai 2005, abrufbar unter: http://www.vu-wien.ac.at/uploads/media/GoodScientificPractice_01.pdf.

[72] Pkt. 2.7.

[73] Pkt. 2.5.

[74] Richtlinie „Zur Sicherung guter wissenschaftlicher Praxis an der Johannes Kepler Universität Linz", Beschluss des Rektorats vom 10. September 2007, abrufbar unter: http://www.jku.at/wissen/content/e16607/e16332/e16280/e16274/e16273/files140045/RichtliniezurSicherungguterwissenschaftlicherPraxis_2011_ger.pdf.

[75] „Regeln guter wissenschaftlicher Praxis" der Kunstuniversität Linz, unter Verweis auf die Österreichische Agentur für wissenschaftliche Integrität abrufbar unter: http://www.ufg.ac.at/uploads/media/phd_richtlinien_wiss_arbeiten.pdf.

[76] Pkt. III.b.

[77] Pkt. VI. Abs. 12.

[78] „Richtlinien des Rektorats: Sicherung guter wissenschaftlicher Praxis Universität Innsbruck", Mitteilungsblatt der Leopold-Franzens-Universität Innsbruck, Studienjahr 2010/2011, 5. Jänner 2011, 9. Stück, 116.

[79] Pkt. II.2.

[80] Pkt. II.2.

[81] Pkt. III.5.

[82] Pkt. III.5.

[83] Pkt. IV.

[84] Richtlinie des Rektorats „Code of Conduct – Verhaltenskodex der Alpen-Adria-Universität zur Sicherung guter wissenschaftlicher Praxis", Mitteilungsblatt der Alpen-Adria-Universität Klagenfurt, Studienjahr 2008/2009, 5. November 2008, 3. Stück, 19.1.

[85] Grundsatz 2.

[86] Plagiatsrichtlinie UMIT des Senats vom 13. November 2012, abrufbar unter http://www.umit.at/page.cfm?vpath=studien/studienmanagement/formulareinfos#Allgemein.

[87] Vgl. bereits GAMPER, Anna: *Das so genannte „Selbstplagiat" im Lichte des § 103 UG 2002 sowie der „guten wissenschaftlichen Praxis".* In: zfhr (Zeitschrift für Hochschulrecht, Wien) 8 (2009), H. 1, S. 2, sowie VwGH 16. Dezember 1998, 93/12/0139: „Da es bei der Verwendung eigener Werke schon begrifflich nicht in Frage kommt, sich ‚fremde Gedanken, Ideen oder ähnliches auf wissenschaftlichem Gebiet anzueignen und als eigene auszugeben' (vgl. zu ‚plagiieren' Duden, Das Große Wörterbuch der deutschen Sprache, 2002), kann der Beschwerdeführer durch die im zitierten Gutachten gewählte Formulierung in keinem Recht verletzt sein". Widersprüchlich dagegen ROIG, Miguel: *Avoiding plagiarism, self-plagiarism, and other questionable writing practices: A guide to ethical writing.* [o. O., o. J.], S. 16 (http://www.cse.msu.edu/~alex-liu/plagiarism.pdf): „When plagiarism is conceptualized as theft, the notion of self-plagiarism may seem impossible. After all, one might ask: Is it possible to steal from oneself? As Hexam (1999) points out, it is possible to steal from oneself as when one engages in embezzlement or insurance fraud. In writing, self-plagiarism occurs when authors reuse their own previously written work or data in a ‚new' written product without letting the reader know that this material has appeared elsewhere. According to Hexam, ‚[…] the essence of self-plagiarism is [that] the author attempts to deceive the reader'."

[88] ROIG (ebda), S. 42, empfiehlt: „*When in doubt* as to whether a concept or fact is common knowledge, provide a citation", (Hervorhebung der Verfasserin, A. G.).

[89] Um ein von MANTL (Anm. 25), S. 198, so bezeichnetes „unbewusstes" Plagiat handelt es sich, wenn ursprünglich fremde wissenschaftliche Erkenntnisse so internalisiert wurden, dass Wissenschaftler sie für ihre eigenen halten.

[90] Abschnitt 2.

[91] „Leitfaden Urheberrecht Akademie der bildenden Künste Wien" der Vizerektorin für Personal, Ressourcen und Frauenförderung, Mitteilungsblatt der Akademie der bildenden Künste Wien, Studienjahr 2010/2011, 20. Juli 2011, Nr. 33.

[92] Pkt. 5.

[93] „Das Plagiat in schriftlichen wissenschaftlichen Arbeiten und seine akademischen Rechtsfolgen an der Universität für Musik und darstellende Kunst Wien", abrufbar unter: http:// www.mdw.ac.at/upload/MDWeb/stdir/pdf/Das_Plagiat_und_seine_Rechtsfolgen_an_der_MDW.pdf.

[94] „Keine Plagiate an der Universität Mozarteum Salzburg", Initiative der Fachgruppe „Musikwissenschaftliche Lehre", abrufbar unter: http://www.moz.ac.at/apps/app_ck/ckuserfiles/14014/files/Plagiat-Informationsblatt.pdf.

[95] Deutsche Forschungsgemeinschaft (Hg.): *Vorschläge zur Sicherung guter wissenschaftlicher Praxis.* Weinheim 1998, abrufbar unter: http://www.dfg.de/download/pdf/dfg_im_profil/reden_stellungnahmen/download/empfehlung_wiss_praxis_0198.pdf; vgl. dazu auch WAIBLINGER (Anm. 24), S. 168ff.

[96] „Regeln zur Sicherung guter wissenschaftlicher Praxis", beschlossen vom Senat der Max-Planck-Gesellschaft am 24. November 2000, geändert am 20. März 2009, abrufbar unter: http://www.mpg.de/199493/regelnWissPraxis.pdf; vgl. dazu auch WAIBLINGER (Anm. 24), S. 171f.

[97] Richtlinien der österreichischen Rektorenkonferenz zur Sicherung einer guten wissenschaftlichen Praxis, abrufbar unter: https://www.sbg.ac.at/aff/recht/documente/par27/RichtlOesterrRektorenkonferenz.pdf.

[98] Richtlinie 1.

[99] „Zum Umgang mit wissenschaftlichem Fehlverhalten in den Hochschulen", Empfehlung des 185. Plenums der deutschen Hochschulrektorenkonferenz vom 6. Juli 1998, abrufbar unter:

http://www.hrk.de/positionen/gesamtliste-beschluesse/; vgl. dazu auch WAIBLINGER (Anm. 24), S. 172ff.

[100] Vgl. etwa die „uniform requirements for manuscripts submitted to biomedical journals" auf http://www.icmje.org und die „ good laboratory practice" unter: http://www.oecd.org.

[101] Europäische Kommission (Hg.): *Europäische Charta für Forscher – Verhaltenskodex für die Einstellung von Forschern.* Luxemburg 2005, abrufbar unter: http://ec.europa.eu/eracareers/pdf/eur_21620_de-en.pdf.

[102] Einen allgemeinen Überblick über nationales und internationales Forschungsrecht bzw. *soft law* gibt PÖSCHL (Anm. 24), S. 90ff.

[103] Anhang I gem. Punkt 1.8 der Geschäftsordnung der Kommission für wissenschaftliche Integrität zur Untersuchung von Vorwürfen wissenschaftlichen Fehlverhaltens, abrufbar unter: http://www.oeawi.at/downloads/Richtlinien_zur_Untersuchung_von_Vorwuerfen_wissenschaftlichen_Fehlverhaltens.pdf.

[104] Stellungnahme der Kommission für Wissenschaftliche Integrität zum Umgang mit Plagiaten vom April 2011, abrufbar unter: http://www.oeawi.at/downloads/Stellungnahme_Plagiate_April 2011.pdf.

[105] Hier ergibt sich ein gewisser Widerspruch zur voranstehenden Definition des Plagiats als eines (stets von Vorsatz getragenen) „Diebstahls". Als Plagiat hat wohl jede unbefugte Verwertung fremden geistigen Eigentums angesehen zu werden, wogegen die Schuldfrage nur von Relevanz für die Frage der jeweiligen Rechtsfolge sein kann.

[106] Zu Mindeststandards PUTZER (Anm. 1), S. 181.

[107] Dazu BERKA, Walter: *Wissenschaftsfreiheit an staatlichen Universitäten: Zur Freiheit und Verantwortung des Wissenschaftlers.* In: Vom Verfassungsstaat am Scheideweg. Festschrift für Peter Pernthaler. Hg. von Karl Weber und Norbert Wimmer. Wien: Springer 2005, S. 76ff.

[108] Dazu BRÜNNER (Anm. 1), S. 211.

[109] PUTZER (Anm. 1), S. 177 zufolge kann eine Zitierung „*beispielsweise durch Fuß- und Endnoten und die Verwendung von An- und Ausführungszeichen deutlich gemacht werden"* (Hervorhebung der Verfasserin, A. G.); rigoroser BRÜNNER (Anm. 1), S. 210.

[110] Hinsichtlich möglicher Unterschiede in den Standards einzelner Universitäten und denen der Kommission der Agentur für wissenschaftliche Integrität PÖSCHL (Anm. 24), S. 111f.

[111] Dazu etwa GRABENWARTER, Christoph; PABEL, Katharina: *Europäische Menschenrechtskonvention.* 5. Aufl. München: Beck 2012, S. 499; AICHER, Josef: *Verfassungsrechtlicher Eigentumsschutz und Immaterialgüterrechte.* In: Wirtschaftsrecht in Theorie und Praxis. Gedenkschrift für Fritz Schönherr. Hg. von Walter Barfuß [u. a.]. Wien: Manz 1986, S. 4ff.

[112] Dazu allgemein PÖSCHL (Anm. 24), S. 120ff.; BERKA (Anm. 107), S. 76ff. Gem. § 113 UG ist eine Kündigung oder Entlassung dann unwirksam, wenn sie wegen einer „in Forschung oder Lehre vertretenen Auffassung oder Methode" erfolgt.

[113] Einen weiten Eingriffsbegriff vertritt PÖSCHL (Anm. 24), S. 125.

[114] § 86 UG. Zum davon zu unterscheidenden „wissenschaftlichen" Veröffentlichungsbegriff auch GAMPER (Anm. 87), S. 3f.

[115] Die Satzungen haben auch gem. § 14 Abs. 7 und § 19 Abs. 2 Z. 3 UG Regelungen über Evaluierungen zu enthalten, die gem. § 14 UG eng mit der Qualitätssicherung an Universitäten verbunden sind.

[116] Vgl. zuletzt GAMPER, Anna: *Was ist die Satzung der Universität?* In: zfhr 11 (2012), H. 3, S. 107ff.

[117] Richtlinie 7.

[118] Pkt. C.IV.

[119] Zu möglichen Gefahren von mit bestimmten wissenschaftlichen Standards einhergehenden Eingriffen in die Wissenschaftsfreiheit sowie zur Notwendigkeit einer gesetzlichen Grundlage und effizienten Rechtsschutzes allgemein PÖSCHL (Anm. 24), S. 125 und S. 134f.

[120] Vgl. dazu die statistischen Nachweise im Jahresbericht 2011 der Kommission für wissenschaftliche Integrität, abrufbar unter: http://www.oeawi.at/downloads/Jahresbericht-2011.pdf.

WILLIBALD POSCH

Besonderheiten des Plagiats in der Rechtswissenschaft?

Eine deutsche Causa und ihre Folgen

„Auffällig viele windige Dissertationen schrieben Plagiatoren in und über Juristerei". Mit dieser Feststellung beginnt ein kritischer Artikel in SPIEGELONLINE vom 7. September 2011[1] über den „Doktorschwindel bei Juristen", der schon im Titel – *Nassgekämmte Jungdynamiker auf Titeljagd* – den personellen Hintergrund unschwer erkennen lässt. Der Verfasser, Dr. jur. Thomas Darnstädt, sieht in der (dann auch namentlich genannten) Person, die wegen einer plagiativ zustande gekommenen Dissertation von ihrem Amt als deutscher Bundesminister zurücktreten musste, nur „das spektakulärste und auch juristisch gesehen interessanteste Exemplar der eitlen Titel-Jäger". Dabei seien ausgerechnet die Juristen „[g]anz vorn dabei bei der Hatz nach dem akademischen Grad", denn der Dr. jur. werde „immer mehr zum ebenso modischen wie teuren Accessoire jener nassgekämmten Jungdynamiker, die mehr noch als in die Politik, in die Vorstandsetagen von Dax-Unternehmen[2] oder internationale Kanzleien (Neudeutsch: Law-Firms) in den teuren Citylagen deutscher Metropolen drängen".

Dieser polemische Artikel muss im Zusammenhang mit einer Diskussion über „die wissenschaftliche Seriosität der deutschen Jurisprudenz" gesehen werden, die im vergangenen Frühjahr – ausgelöst durch die „Causa zu Guttenberg"[3] – von hochrangigen Vertretern der deutschen Rechtswissenschaft durchaus kontrovers geführt wurde. Schon der erste Beitrag zweier prominenter deutscher Professoren des Verfassungsrechts, der bereits im Titel andeutete, dass es bei Vergabe und Begutachtung von rechtswissenschaftlichen Dissertationen eine „Kultur der Kumpanei" gäbe[4], stieß bei mehreren nicht weniger prominenten Fachkollegen auf Widerspruch: Die deutsche Rechtswissenschaft sei vielmehr „leistungsfähig und vorbildlich" und durch eine „hohe Kultur" ausgezeichnet.[5] Doch da war der Schaden schon einmal angerichtet und war auch schon nachgelegt worden, etwa von Volker Rieble (Professor für Arbeitsrecht und Bürgerliches Recht, Universität München), der „scheinheilige Professoren" anprangerte, die sich zwar aus dem genannten konkreten Anlass über unsauber arbeitende Doktoranden und deren Betreuer alterierten, wenig Verwerfliches aber daran fänden, „Texte ihrer Assistenten als ihre eigenen aus[zu]geben"; Rieble beanstandete, dass „Beschwichtigungsversuche" deutlich zu erkennen seien, „soweit es um den professoralen Plagiarismus geht".[6]

Schon in seinem vor der „Affäre zu Guttenberg" publizierten Buch (*Das Wissenschaftsplagiat – Vom Versagen eines Systems*, 2010) hatte sich Rieble konkret auf Verfehlungen namentlich genannter Professoren insbesondere auch aus juristischen Fakultäten bezogen. Dieses Buch wird offenbar wegen eines anhängigen Rechtsstreits vom Verlag (Vittorio Klostermann) jedoch nicht (mehr) ausgeliefert[7], sodass nur Riebles kritische Bemerkungen zum Thema in der „Süddeutschen Zeitung" vom 31. März 2011 und eine über das Internet abrufbare, einlässliche Rezension von H. Danisch vom 18. Juni 2010[8] berücksichtigt werden können.

Wenn nun Darnstädt unter Berufung auf einen weiteren kritischen Rechtsgelehrten behauptet[9], dass Großkanzleien „ihren hoffnungsvollen Nachwuchs gleich bei Vertragsschluss nicht nur mit einem standesgemäßen Dienst-BMW, sondern auch mit einem Promotionsthema samt Vertrags-Doktorvater einer angesehenen Uni versorgen" würden, scheint derartiges von der Dissertationspraxis an österreichischen rechtswissenschaftlichen Fakultäten nicht berichtet werden zu können – auch wenn es hierzulande, insbesondere von Vertretern mancher „wirtschaftsnaher" Fächer gelten mag, dass diese – so wie der von Darnstädt zitierte „Berliner Staatsrechtsprofessor und Schriftsteller Bernhard Schlink" – es als „schön" empfinden, „wenn man seine dankbaren Doktoranden in Positionen in Wirtschaft und Anwaltschaft weiß und sich auf dieses Netzwerk verlassen kann". Als angenehm mag es vom Betreuer einer Dissertation wohl empfunden werden, wenn sich Doktoranden seiner entsinnen sollten, wenn es einmal um die Abfassung eines lukrativen Gutachtens ginge.

Manche kritische Aussagen zur Praxis bei Vergabe und Beurteilung rechtswissenschaftlicher Dissertationen an deutschen Fakultäten – sollten sie sich denn als zutreffend bestätigen – können für Österreich indes nicht *tel quel* aufrecht erhalten werden.

Es gibt aber auch ganz spezifische Gründe dafür, dass es in Österreich den Betreuerinnen und Betreuern rechtswissenschaftlicher Diplomarbeiten oder Dissertationen mitunter entgangen ist bzw. entgeht, dass die ihnen vorgelegten Arbeiten Ergebnisse einer plagiativen Arbeitsweise sind. Ein Grund ist gewiss in der Geschichte des Studiums der Rechtswissenschaften und seinem früheren Regelabschluss mit dem „dissertationslosen" Doktorgrad zu erblicken.

Das juristische Doktorat in Österreich

In Österreich war die Situation um das juristische Doktorat bis Anfang der 1980er Jahre des vergangenen Jahrhunderts ganz anders gelagert als in Deutschland. Dort erfolgte – wie heute auch noch – der Abschluss des juristischen Vollstudiums durch Ablegung des Zweiten Staatsexamens, mit der die Berechtigung zur Ausübung des Rechtsanwaltsberufs verbunden war bzw. ist und war das Doktorat, das nach Abfassung einer ursprünglich im Durchschnitt eher kurzen und langsam umfänglicher werdenden Dissertation erlangt werden konnte, vielfach nur Dekor. Hingegen wurde hierzulande das Rechtsstudium zumeist mit dem so genannten „Romanum", einer „strengen" mündlichen kommissionellen Prüfung über rechtshistorische Fächer abgeschlossen, die Voraussetzung für die Promotion zum Doktor der Rechtswissenschaften war.

Grundlage für dieses „Doktorats-Schnäppchen" war eine an sich damals schon längst unhaltbar gewordene, rechtliche Regelung des Studiums der Rechtswissenschaften, die noch aus der K.-u.-k.-Monarchie stammte. Galt doch bis zur Neuordnung des rechtswissenschaftlichen Studiums durch das Bundesgesetz vom 2. März 1978 über das Studium der Rechtswissenschaften[10] eine Verordnung des Ministers für Cultus und Unterricht aus dem Jahre 1872[11], die bestimmte, dass zum „Doktor der Rechtswissenschaften" bzw. „Dr. iur." promoviert wurde, wer sein vierjähriges Jus-Studium mit der Absolvierung von drei mündlichen „Staatsprüfungen" und drei ebenfalls mündlichen „Rigorosen" erfolgreich abgeschlossen hatte. Doktor oder Doktorin der Rechtswissenschaften konnte man also werden, ohne je eine größere schriftliche Arbeit verfasst zu haben. Da weder schriftliche Diplomarbeiten noch Dissertationen verlangt wurden, konnte sich das Problem, dass Arbeiten zur Erlangung eines akademischen Grades eingereicht würden, die im Geruche plagiativer Arbeitsweise stünden, in diesem System gar nicht stellen.[12]

Eine Dissertation musste erstmals von jenen Studierenden verfasst werden, die im Studienjahr 1980/81 das Studium der Rechtswissenschaften aufnahmen. Die Anwälte und ihre Standesvertretungen waren damals nicht glücklich, dass es nunmehr möglich geworden war, als Magistra oder Magister iuris Anwältin oder Anwalt zu werden, denn, so wurde argumentiert, die österreichischen Klienten hätten sich daran gewöhnt, ihre Rechtsvertreterinnen und -vertreter mit „Frau oder Herr Doktor" anzusprechen. Viele „Seniorchefs" in Anwaltskanzleien verlangten damals von ihren Konzipientinnen und Konzipienten deshalb, einen Doktortitel zu erwerben, oder bevorzugten ganz offen Interessenten mit Doktortitel „nach altem Recht".[13]

Denn als in den frühen 1980er Jahren erste Dissertationen an den österreichischen rechtswissenschaftlichen Fakultäten eingereicht wurden, sind die Anforderungen an ihre Wissenschaftlichkeit von Fakultät zu Fakultät unterschiedlich streng und insgesamt eher auf einem niederen Niveau angesetzt und erst nach und nach verschärft worden. Zu viele Absolventinnen und Absolventen des Diplomstudiums haben das ihnen – ohne Auflagen – eingeräumte Recht, ein Doktoratsstudium anzuschließen, wahrgenommen; an der Rechtswissenschaftlichen Fakultät der Universität Graz jede(r) Siebente, unter ihnen auch solche, die nur unzulängliche, gerade noch mit „genügend" beurteilte Diplomarbeiten zustande gebracht hatten.

Da es keine Aufnahmebeschränkungen gab und das Doktorat zunächst in einem, später in zwei Jahren zu erwerben war und auch kein Publikationszwang für die Dissertation bestand, war die qualitative Bandbreite der Dissertationen in der frühen Phase des reformierten Studiums sehr breit. Hervorragende Arbeiten, die eher einer Habilitationsschrift entsprachen, im Druck erschienen und oft zitiert wurden und werden, hat es zwar auch gegeben, doch bildeten sie eher die Ausnahme.

Noch heute glauben manche Magistrae und Magistri iuris, dass eine schlampige Abschreibübung mit Auslassungen in den „verwerteten" Quellen, mitunter abweichender Wortwahl und gelegentlichen Variationen der Syntax, ausreichend sein kann, um das Doktorat zu erlangen, das man – wie mitunter noch immer behauptet wird – unbedingt benötige, um als Anwältin bzw. Anwalt reüssieren zu können. Dass an eine Dissertation deutlich höhere Anforderungen als an eine Diplomarbeit zu stellen sind[14] und das Doktoratsstudium eigentlich nur jenen vorbehalten sein sollte, die eine Karriere als akademische Lehrkraft anstreben, wird noch allzu oft ignoriert.

Durch verschärfte inhaltliche Anforderungen, die Einrichtung verbindlicher Doktorandenkollegs und eine Regeldauer von drei Jahren haben sich die Rahmenbedingungen für das Doktoratsstudium aber in den letzten Jahren massiv geändert. Zudem werden die Betreuer von Dissertationen, die selbst eine solche noch nicht verfassen mussten und deren erste (und oft einzige) größere wissenschaftliche Arbeit eine (allenfalls nicht publizierte) Habilitationsschrift war, aus biologischen Gründen immer seltener. Sie stehen zumeist vor der Emeritierung bzw. Pensionierung oder sind bereits im Ruhestand.

Dass sich in dieser aussterbenden Spezies von Universitätslehrern an den rechtswissenschaftlichen Fakultäten durchaus auch solche befanden (möglicherweise auch noch befinden), die es mit dem Zitieren nicht so genau nahmen, ist kein Geheimnis und betrifft vor allem jene Materien des österreichischen Rechts, die, wie das Unternehmens- und Gesellschaftsrecht, nach dem unmittelbaren Vorbild des deutschen Rechts gestaltet sind, da dort der Fundus von Vorlagen um ein Vielfaches größer ist als bei Themen, die spezifische Inhalte des österreichischen Rechts betreffen.

Zudem geben seit einigen Jahren die von den Universitäten allenthalben festgeschriebenen „Grundsätze zur Sicherung wissenschaftlicher Praxis und zur Vermeidung von Fehlverhalten in der Wissenschaft"[15] den jüngeren Universitätslehrern verbindliche Vorgaben und Anleitungen für ihre wissenschaftliche Forschungs- und Publikationstätigkeit.

Die Pflichten des Betreuers rechtswissenschaftlicher Arbeiten

Nach wie vor, und heute mehr denn je, hat die schon vor drei Jahrzehnten, am 9. März 1982, vom Verwaltungsgerichtshof getroffene Festlegung Geltung, der zufolge „der Begutachter [einer Diplomarbeit] bei auftauchendem Plagiatverdacht das Recht und auch die Pflicht [hat], dem Verdacht nachzugehen, er [...] aber nicht die Pflicht [hat], von vornherein mit einem derartigen Verdacht an die Beurteilung jeder Arbeit heranzugehen".[16]

Schon damals sprach der Verwaltungsgerichtshof aus, dass ein „Kandidat [...] einen akademischen Grad [erschleiche], wenn er nach Verfassung einiger einleitender Bemerkungen eine andere Arbeit fast zur Gänze abschreibt, ohne die üblichen Zitierregeln anzuwenden. Es reicht nämlich nicht aus, die abgeschriebene Arbeit in das Quellenverzeichnis aufzunehmen, der Kandidat muß auch redlicherweise alle wesentlichen Zitate aus einer anderen Publikation unter Anführungszeichen setzen oder mit Fußnoten versehen. Dann erkennt der Gutachter nämlich, daß die vorgelegte Arbeit keine selbständige Bearbeitung des Themas darstellt, sondern nur eine Abschreibe- und Adaptierungsarbeit".[17]

Ebenso trifft nach wie vor zu, was Karin Gundel im Jahre 1984 über das Plagiat als „die unerfreulichste Form des Beifalls" in der Zeitschrift „Kriminalistik" unter Zitierung einer Äußerung des ehemaligen Schriftleiters dieser Zeitschrift Bernd Wehner geschrieben hat. Dieser hatte „aus gegebenem Anlass" bereits 1971 „entschuldigend" gemeint, dass man „einen Kopf, so groß wie einen Wassereimer haben [müsse] und eine lückenlose Bibliothek außerdem. Aber selbst dann: wer wollte eine solche Arbeit schaffen, alles und jedes nachzuprüfen, wo und bei wem wären die Grenzen?"[18]

Einen wichtigen Beitrag zur Bewältigung des durch das Internet und seine verbreitete Nutzung verschärften Problems der Aufdeckung von Plagiaten in wissenschaftlichen Diplom- und Hausarbeiten hat sodann in jüngerer Vergangenheit Debora Weber-Wulff[19] geleistet, der es ganz wesentlich darum ging, Lehrkräfte an Fachhochschulen und Universitäten in Deutschland für dieses Problem zu sensibilisieren.[20]

In Österreich sehen sich Betreuerinnen bzw. Betreuer und Beurteilerinnen bzw. Beurteiler rechtswissenschaftlicher Diplomarbeiten und Dissertationen schwierigeren Rahmenbedingungen gegenüber als ihre deutschen Fachkolleginnen und -kollegen. Angesichts des hierzulande noch stärker ausgeprägten Missverhältnisses von Studierenden und Lehrenden sind diesen, im Vergleich zu deutschen Universitätslehrern, erheblich intensiveren Prüfungsverpflichtungen aufgebürdet.[21] Aufgrund des Zwanges, mehrere akademische Abschlussarbeiten im Jahr zu betreuen, haben österreichische Universitätslehrer nur sehr eingeschränkte Möglichkeit, die Betreuung oder Begutachtung von Dissertationen wegen unzureichender Eignung der Kandidatinnen oder Kandidaten abzulehnen. Es fehlen ihnen in höherem Maße als den deutschen Fachkollegen die erforderliche Zeit und die benötigten Mitarbeiter, um bei der Beurteilung von Diplomarbeiten und Dissertationen mehr als nur stichprobenartige Kontrollen von Fußnoten vornehmen zu können. Zudem kann davon, dass es an den österreichischen Universitäten mit juristischem Ausbildungsangebot „lückenlose Fachbibliotheken" gäbe, keine Rede sein.

Zwar ist in Österreich auch von Kandidatinnen und Kandidaten der Rechtswissenschaften eine ehrenwörtliche oder eidesstattliche Erklärung abzugeben, die die Kernaussage enthalten muss, dass die einreichende Person die Diplomarbeit oder Dissertation selbständig verfasst, andere als die angegebenen Quellen nicht benutzt und keine unerlaubten Hilfsmittel eingesetzt habe. Doch darauf, dass diese Erklärung den Tatsachen entspricht, kann man sich als Betreuer nicht verlassen. Denn wenn sich bei Lektüre der Arbeit der Verdacht unseriöser Arbeitsweise einstellt, müsste in Übereinstimmung mit der Auffassung des Verwaltungsgerichtshofes diesem Verdacht nachgegangen werden, wofür nicht selten Zeit und Kapazität fehlen dürften!

Ein gewisses Misstrauen der Universitäten und des Lehrpersonals gegenüber den eingeführten „eidesstattlichen" oder „ehrenwörtlichen" Erklärungen manifestiert sich in der seit einigen Jahren geübten Praxis, alle eingereichten Arbeiten einer Prüfung durch elektronische Kontrollsoftware zu unterziehen. Doch für juristische Arbeiten erweist sich die Anwendung von *Docoloc*, einem Kontrollsystem, das von manchen Universitäten, so auch der Grazer Karl-Franzens-Universität, seit einigen Jahren flächendeckend eingesetzt wird, als wenig aussagekräftig.

Mangels zureichender Verfügbarkeit des ungleich reicheren rechtswissenschaftlichen Schrifttums deutscher Provenienz, das wegen der Verwandtschaft des deutschen mit dem österreichischen Recht und der partiellen Rechtsquellenidentität[22] allenthalben „Vorlagefunktion" haben kann, stehen daher die Chancen *a priori* nicht schlecht, dass „Anleihen" an deutschen Publikationen, die von Studierenden etwa *via* Internet besorgt werden, unentdeckt bleiben.

Mitunter bringen die akademischen Lehrer nicht in ausreichendem Maße die Sensibilität auf, die notwendig ist, um auf Grund von Modifikationen im Ausdruck oder Änderungen in der Zitierweise den Verdacht einer inkorrekten Arbeitsweise ihrer Kandidatinnen bzw. Kandidaten entstehen zu lassen. Doch selbst wenn sich dieser Verdacht einmal ergeben sollte, stehen die erwähnten Hindernisse oft allen detektivischen Bemühungen, ein Plagiat aufzudecken, entgegen.[23]

Waren früher die Rechtsquellen und literarischen Stellungnahmen überschaubar, da nationalen Ursprungs, hat das Problem der Erschleichung akademischer Grade durch Plagiieren vor dem Hintergrund der Entwicklung des Internets und durch die Europäisierung des Rechts eine neue Dimension erlangt, die die Verantwortung der Betreuerinnen und Betreuer von rechtswissenschaftlichen Diplomarbeiten oder Dissertationen immer stärker herausfordert.[24]

Wenn eine Dissertation im Wesentlichen aus einem „Sammelsurium von (fremden) Textpassagen und einigen referierten Entscheidungen besteht, die das Thema nur am Rand betreffen"[25], sollte dies der Betreuerin oder dem Betreuer, bzw. der Gutachterin oder dem Gutachter auffallen und der Approbation einer Diplomarbeit oder Dissertation und der Verleihung des daran geknüpften akademischen Grades entgegenstehen.

Im Fall einer Grazer rechtswissenschaftlichen Dissertation aus der Mitte der 1990er Jahre, mit dem sich auch der Verwaltungsgerichtshof zu befassen hatte, ist die plagiative Arbeitsweise aber zunächst nicht den bestellten Gutachtern, sondern erst einem Kollegen aufgefallen. Aus dem veröffentlichten Sachverhalt des Erkenntnisses des Verwaltungsgerichtshofs vom 22. November 2000[26] geht leider nicht hervor, dass die Professoren Dr. Sch. und Dr. H., die vom damaligen Dekan, einem Rechtshistoriker, zu Erst- und Zweitgutachtern der Dissertation bestimmt worden waren, ebenfalls Vertreter historischer Fächer und daher für die Begutachtung einer Dissertation mit dem Titel *Internationales Versicherungsvertragsrecht – Schwerpunkt Kfz-Schaden* fachlich nicht qualifiziert waren. Dennoch hatten sie sich – aus welchen Gründen immer – für zuständig angesehen, eine Arbeit zu diesem Thema zu beurteilen. Sie benoteten die Arbeit zu einem damals wesentlich durch das österreichische IPR-Gesetz[27] und europäische Richtlinien zum Versicherungs-IPR[28] inhaltlich determinierten kollisionsrechtlichen Thema (zunächst) mit „gut", wobei das Zweitgutachten als ein sogenanntes „Anschlussgutachten" bloß aus zwei Sätzen bestand und das Erstgutachten nicht nur durch Kürze, sondern vor allem durch seine inhaltliche Substanzlosigkeit auffiel.

Dass es sich bei diesem als „Dissertation" eingereichten Machwerk um ein krasses Produkt plagiatorischer Arbeitsweise handelte, das zudem das Thema verfehlte[29], war jedoch für den das Kollisionsrecht an der Fakultät in Lehre und Forschung vertretenden und daher auch für ein Thema aus dem „internationalen Versicherungsvertragsrecht" fachlich zuständigen „Prof. Dr. P." unschwer zu erkennen, ja geradezu augenfällig![30] Wäre diese Arbeit nicht in einer der ersten Nummern der „UNI-Zeit", dem Mitteilungsblatt der Karl-Franzens-Universität, als eine vom Institut für Österreichische Rechtsgeschichte bereits approbierte Dissertation mit vollem Titel angeführt worden und hätte der darüber, dass eine Dissertation über ein an sich in seine Fachzuständigkeit fallendes Thema ohne seine Kenntnis von völlig Fachfremden betreut und beurteilt worden war, einigermaßen erstaunte „Prof. Dr. P." nicht Nachschau gehalten, wäre dieser Fall eines eklatanten Wissenschaftsplagiats unentdeckt und folgenlos geblieben. Die ausständige *Defensio*, die vor unzuständigen Gutachtern abgelegt worden wäre, wäre wohl erfolgreich verlaufen und der Doktorgrad vergeben worden.

Schlussbemerkung

Womit der vielleicht wichtigste Punkt angesprochen ist, der verhindern kann, dass plagiative Arbeitsweise bei rechtswissenschaftlichen Diplomarbeiten und Dissertationen „durchgeht". Da die Erfahrung lehrt, dass Kandidatinnen und Kandidaten ihre ehrenwörtliche Erklärung, wissenschaftlich korrekt gearbeitet zu haben, nicht immer ernst nehmen, sollten Universitätslehrerinnen und -lehrer nur Themen aus ihrem engeren Forschungsbereich zur Betreuung bzw. Begutachtung übernehmen und sich ihrer Lektüre mit angemessen zeitaufwändiger Sorgfalt widmen. Zudem sollte die Zulassung von Magistrae und Magistri iuris zum Doktoratsstudium deutlich selektiver gehandhabt werden, als dies in der Vergangenheit der Fall war.

Die nunmehr eingerichteten Doktoranden-Kollegs und die Dauer des Doktoratsstudiums von drei Jahren weisen insofern den rechten Weg. Dennoch wird auch in Zukunft nicht gänzlich zu verhindern sein, dass sich in rechtswissenschaftlichen Arbeiten, insbesondere in Diplomarbeiten, Passagen finden, hinter denen sich nicht korrekt ausgewiesene Anleihen an Formulierungen verbergen, die fremder Kreativität entspringen. Einen „Sonderfall" im Plagiatsgeschehen bilden rechtswissenschaftliche Diplomarbeiten und Dissertationen aber nicht!

---

[1]   http://www.spiegel.de/unispiegel/heft/0,1518,druck-773856,00.html (15. März 2013); vgl. auch UniSPIEGEL, 4/2011, S. 12, unter dem (entlehnten) Titel *Kultur der Kumpanei*.

[2]   Das sind die 30 umsatzstärksten deutschen Unternehmen, die auf dem Deutschen Aktienindex gelistet sind.

[3]   Im Anschluss an diesen Fall ist auch die rechtswissenschaftliche Dissertation, die Veronica Saß, Tochter eines CSU-Spitzenpolitikers, im Jahr 2008 an der Universität Konstanz eingereicht hatte, in das Visier von „Plagiatjägern" geraten, die umfangreiche Passagen dieser Arbeit auf der Internetplattform „VroniPlag" als Plagiate auswiesen, was zur Aberkennung des Doktortitels

führte. Ihr dagegen erhobenes Rechtsmittel blieb erfolglos. Zuletzt sind der deutschen Forschungsministerin Annette Schavan Plagiatsvorwürfe gemacht worden. Ihr wurde angelastet, in Teilen ihrer im Jahre 1980 eingereichten Dissertation nicht korrekt zitiert und eine plagiative Arbeitsweise verfolgt zu haben. Im Februar 2013 wurde ihr von der Heinrich Heine-Universität Düsseldorf der Doktortitel aberkannt.

⁴ HEINIG, Hans Michael (Professor für Öffentliches Recht, Universität Göttingen) und MÖLLERS, Christoph (Professor für Öffentliches Recht, Humboldt Universität Berlin): *Kultur der Kumpanei* (Frankfurter Allgemeine Zeitung, 23. März 2011).

⁵ HUBER, Peter M. (Professor für Öffentliches Recht und Staatsphilosophie, Universität München) und RADTKE Henning (Professor für Strafrecht, Leibniz Universität Hannover): *Leistungsfähig und vorbildlich* (Frankfurter Allgemeine Zeitung, 6. April 2011; für den ehemaligen und den aktuellen Vorsitzenden des deutschen Juristen-Fakultätentages ist die Behauptung einer „Kultur der Kumpanei" der „ehrenrührigste Vorwurf"); CANARIS, Claus-Wilhelm (Professor emeritus für Privatrecht und Rechtsphilosophie, Universität München) und SCHMIDT, Reimer (Professor emeritus für Öffentliches Recht, Universität Augsburg): *Hohe Kultur* (Frankfurter Allgemeine Zeitung, 6. April 2011).

⁶ http://www.sueddeutsche.de/karriere/plagiate-in-der-wissenschaft-scheinheilige-professoren-1.1079362 (15. März 2013).

⁷ Da die Veröffentlichung des vorliegenden Sammelbandes keineswegs gefährdet werden soll, sieht sich der Verfasser (W. P.) veranlasst, im Zusammenhang mit ihm bekannten Plagiatsfällen, auch solchen, die dem Typus „professoraler Plagiarismus" zuzurechnen wären, auf die an sich wünschenswerte Anführung von Namen zu verzichten und insbes. keine konkreten, plagiativ zustande gekommenen Diplomarbeiten und Dissertationen aus seinem Erfahrungsbereich zu referieren. Es sei denn, dass diese bereits Anlass für gerichtliche Entscheidungen waren, die, wie die vom Verwaltungsgerichtshof am 22. November 2000 entschiedene Rechtssache zu 99/12/0324 über die RIS-Datenbank, dem Rechtsinformationssystem des Bundes (http://www.ris.bka.gv.at/) abrufbar sind, oder anderweitig publiziert wurden.

⁸ http://www.forschungsmafia.de/blog/2010/06/18/buchkritik-volker-rieble-das-wissenschafts-plagiat/ (15. März 2013).

⁹ Darnstädt beruft sich hier auf den Bremer Rechtsprofessor Peter Derleder.

¹⁰ BGBl 1978/140, §§ 12ff.; das Gesetz trat am 1. Oktober 1978 in Kraft.

¹¹ RGBl 1872/57.

¹² „Professoralen Plagiarismus" konnte es freilich geben!

¹³ Nur langsam hat sich die Auffassung durchgesetzt, dass der Abschluss eines post-gradualen Studiums im Ausland mit einem „LLM" oder „MCL" ebenso wertvoll oder gegebenenfalls wichtiger für die Berufsausübung sein könnte als das „Doktorat".

¹⁴ Gemäß dem durch BGBl I 2002/120, zum 1. Januar 2004 in Kraft gesetzten und in der Folge BGBl I 2006/74 in Geltung stehenden § 51 Abs 2 Z. 13 UniversitätsG 2002 sind Dissertationen „anders als die Diplom- und Masterarbeiten", mit denen der Nachweis der Befähigung zur inhaltlich und methodisch vertretbaren Bearbeitung wissenschaftlicher Themen erbracht werden muss, „wissenschaftliche Arbeiten, […] die dem Nachweis der Befähigung zur selbstständigen Bewältigung wissenschaftlicher Fragestellungen dienen".

¹⁵ Vgl. den Beschluss des Senats der Universität Graz vom 10. März 2004, Mitteilungsblatt der Universität Graz, 12.a Stück, 15. Sondernummer vom 24. März 2004.

¹⁶ VwGH 9. März 1982, 81/07/0230; dazu HARTL, Friedrich: *Das Plagiat bei wissenschaftlichen Arbeiten.* In: Österreichische Hochschulzeitung (ÖHZ), Magazin für Wissenschaft und Wirtschaft (Wien), Juni 1984, S. 11.

¹⁷ Zitiert nach ebda. Die juristische Definition des Begriffs „Plagiat" bereitet auch heute noch Probleme (vgl. FRITZSCHE, Jörg; WANKERL, Brigitte: *Das Plagiat im Recht.* In: Plagiate – Ge-

Willibald Posch

fahr für die Wissenschaft? Eine internationale Bestandsaufnahme. Hg. von Thomas Rommel. Berlin [u. a.]: LIT 2011, S. 169).

[18] GUNDEL, Karin: *Kreativitäts,,kriminalität"*. In: Kriminalistik. Unabhängige Zeitschrift für kriminalistische Wissenschaft und Praxis (Heidelberg) 3 (1984), S. 170.

[19] Diese an einer Berliner Fachhochschule lehrende, aus Amerika stammende Professorin darf nicht mit einem österreichischen Plagiatjäger ähnlichen Namens verwechselt werden!

[20] Vgl. insbes. WEBER-WULFF, Debora: *Aufdeckung von Plagiat: Suchen im Internet für Lehrkräfte* (2001/02); http://www.f4.fhtw-berlin.de/~weberwu/papers/plagiat.shtml (15. März 2013).

[21] Während in Deutschland die großen Prüfungen an die Landesjustizprüfungsämter ausgelagert sind und nur an maximal zwei Terminen im Jahr abgehalten werden, schreibt der österreichische Gesetzgeber drei universitäre Prüfungstermine im Semester vor (§ 59 Abs 3 UG 2002).

[22] Wie im früheren Handelsrecht und heutigen „Unternehmensrecht".

[23] Zudem geht es in rechtswissenschaftlichen Arbeiten sehr oft um die Auseinandersetzung mit Gesetzestexten, deren genauer Wortlaut Grundlage wissenschaftlicher Analyse bildet. Wird ein solcher Text in einer Diplomarbeit oder Dissertation wiedergegeben, kann noch kein Plagiat vorliegen. Dieses Argument wird von Betreuern solcher Arbeiten, denen eine unseriöse Arbeitsweise verborgen blieb, mitunter zur Exkulpation bemüht. Mit der Aussage, es könne kein Plagiat vorliegen, da das abgeschriebene Lehrbuch nur den Gesetzestext wiedergebe, wurde auch schon verneint, dass der Grad eines Mag. iur. im Sinne der Judikatur des VwGH erschlichen worden sei!

[24] Ihre Möglichkeiten, Plagiate aufzudecken, sind jedenfalls an Fakultäten mit großen Studierendenzahlen beschränkt, mag auch die Zugänglichkeit von Datenbanken in den letzten Jahren deutlich verbessert worden sein.

[25] Vgl. das Zitat im Erkenntnis des VwGH 99/12/0326 vom 22. November 2000.

[26] In dieser für die Grazer Rechtswissenschaftliche Fakultät und ihren damaligen Dekan wegen zahlreicher Verfahrensfehler nicht gerade ruhmreichen Causa steht hinter dem Aufdecker des Plagiats, im VwGH-Erkenntnis „Univ.-Prof. Dr. P.", der Verfasser dieses Beitrags.

[27] Internationales Privatrechts-Gesetz, BGBl 1978/304.

[28] Die europäischen Richtlinien 88/357/EWG und 90/619/EWG waren mit Wirkung zum 1. Januar 1994 durch das „Bundesgesetz über internationales Versicherungsvertragsrecht für den Europäischen Wirtschaftsraum", BGBl 1993/89, in Österreich umgesetzt worden, blieben aber in der wenig später eingereichten Dissertation unentdeckt und unerwähnt!

[29] Es wurde nämlich vor allem auf die Anknüpfung der Fragen der Schadenersatzhaftung bei internationalen Verkehrsunfällen und das materielle Recht, nicht jedoch auf die Sonderanknüpfung der Versicherungsfragen abgestellt.

[30] Diesen wollte die Kandidatin *in concreto* aber aus wohl leicht durchschaubaren Gründen nicht als Gutachter. Ihrem Wunsch hatte der Dekan ohne Rückfrage beim Fachvertreter und ohne Erforschung ihrer Gründe entsprochen.

PETER J. SCHICK

Mögliche strafrechtliche Folgen des Plagiierens in der Wissenschaft

I. Einleitung und Themenabgrenzung

Um einem weithin „rechtsfremden" Publikum die Scheu vor Juristen zu nehmen, pflege ich einleitend zwei persiflierende Statements zu dieser ganz eigenen Spezies von Menschen vorzutragen:

Ich hab' allein dreyhundert Jahre
Tagtäglich drüber nachgedacht,
Wie man am besten Doctores Juris
Und gar die kleinen Flöhe macht.

Heinrich VI. (der Engländer) soll nach seiner Krönung zu seinen Getreuen gesagt haben: „Das erste, was wir jetzt tun müssen, ist, dass wir alle Rechtsgelehrten umbringen."

Und allsogleich komme ich zu meinem Thema: Ich nenne nämlich die Autoren, die ich zitiert habe, *nicht*: Es ist ja durchaus auch meine Meinung, die damit ausgedrückt wird. Und außerdem will ich mich vielleicht ein wenig mit fremden Federn schmücken, was bei einem Bildungspublikum, wie dem hier anwesenden, höchstens zu einer gewaltigen Blamage führen muss (daher zitiere ich jetzt die Quellen: Heinrich Heine: *Schöpfungslieder*; William Shakespeare: *Heinrich VI.*, 2. Teil).

Ohne Nachweis wären meine einleitenden Aussagen prinzipiell als Plagiate anzusehen; gemäß der Definition, dass ein Plagiat dann vorliegt, wenn jemand ein fremdes Werk als sein eigenes ausgibt, sich also die Urheberschaft anmaßt.

Was wären nun die möglichen rechtlichen Folgen, die mich als Plagiator treffen können?

- Mein Verhalten könnte Anlass zu einer Anzeige bei einem der Uni-Ethik-Komitees oder gar der österreichweiten „Agentur für wissenschaftliche Integrität" (ÖAWI) in Wien sein: wegen Verletzung der *Regeln guter wissenschaftlicher Praxis*, gekleidet in *soft law*-Normen. Diese sind dadurch ausgezeichnet, dass sie nur für spezifische Berufs- und Standesgruppen gültig sind und eine Sanktionierung lediglich aufgrund freiwilliger Unterwerfung erfolgen kann (Selbstbindungscharakter).
- *Rechtliche Folgen* in Form von *zwangsweise durchzusetzenden Sanktionen* erlangen erst Bedeutung, wenn mit dem Plagiat bestimmte negativ bewertete *Zweckbestimmungen* verbunden sind und sich diese Zwecke in Verwendungs- bzw. Verwertungshandlungen dokumentieren:
  - *Erschleichen* einer positiven Beurteilung einer schriftlichen wissenschaftlichen Arbeit durch Einreichen plagiativer Arbeiten;
  - *Universitätsrechtliche Folgen* (vgl. Gamper im vorliegenden Band, S. 41–62);
  - *Nichtigerklärung von Beurteilungen* gemäß § 74 UG 2002;
  - *Widerruf inländischer akademischer Grade*, wenn diese durch gefälschte Zeugnisse erschlichen sind (§ 89 UG 2002).

• Mit dem *Erschleichen* einer positiven Beurteilung, eines akademischen Grades könnte aber bereits ein *strafrechtlicher Tatbestand* erfüllt sein; denn *Erschleichen* beruht immer auf einer „Täuschung". Wir kennen im StGB einige Täuschungstatbestände: die „Täuschung" per se (§ 108 StGB), wenn konkrete Rechte verletzt werden; den „Betrug" (§§ 146ff StGB), wenn eine Vermögensschädigung damit verbunden ist.

Mit dem Einreichen einer abgeschriebenen oder bloß teilweise plagiierenden Diplomarbeit oder Dissertation täusche ich den Gutachter und folglich die zuständige akademische Behörde über meine wissenschaftliche Befähigung, die die Grundlage für die Verleihung eines akademischen Grades bildet. Die Irreführung nach § 108 StGB muss den Irregeführten zu einem Verhalten verleiten, welches ihn oder einen Dritten an konkreten Rechten schädigt (Selbstschädigungsdelikt). Das „Verhalten" des Getäuschten ist in unserem Fall die Approbation der Arbeit bzw. die Verleihung eines akademischen Grades. Aber weder sind die Rechte des Getäuschten, etwa ausschließlich wissenschaftlich korrekte Arbeiten zu approbieren oder akademische Grade an wissenschaftlich sauber arbeitende Studierende zu verleihen, „konkrete Rechte" gem. § 108 StGB; noch haben andere „korrekt Studierende" ein konkretes Recht darauf, bloß mit ihren „sauberen" Arbeiten zu einem positiven Abschluss zu kommen.

Der § 108 StGB ist also äußerst restriktiv gefasst: Einschränkung auf Verletzung konkreter Rechte. Diese Verletzung muss überdies „beabsichtigt" sein; d. h., es muss dem Täter geradezu auf die Verletzung ankommen. Das interessiert den Studierenden aber normalerweise gar nicht. Er will nur seinen positiven Abschluss erlangen. Mit dem *Erschleichen* allein ist zunächst noch kein strafrechtlicher Tatbestand erfüllt.

Wir suchen weiter im StGB etwas außerhalb der Täuschungstatbestände: Die schriftliche wissenschaftliche Arbeit ist *Beweis*(-mittel) der fachlichen Befähigung des/der Kandidaten/Kandidatin. Die Verleihung der akademischen Grade erfolgt in einem *Verwaltungsverfahren* durch die akademischen Behörden (ein Rest an hoheitlicher Tätigkeit der Universitäten), in welchem die schriftliche Arbeit als Beweismittel dient. Die Fälschung eines Beweismittels in einem verwaltungsbehördlichen Verfahren (Herstellung oder Verfälschung) erfüllt den Tatbestand des § 293 StGB im Bereich der Delikte gegen die Rechtspflege und ist mit einer Freiheitsstrafe bis zu einem Jahr zu bestrafen.

Ich selbst habe vor einigen Jahren einen Ghostwriter-Fall zur Anzeige gebracht. Die Staatsanwaltschaft hat dann auch wegen § 293 StGB Anklage erhoben. Die Angeklagten wurden aber wegen Fehlens der subjektiven Tatseite freigesprochen.

II. Das Immaterialgüterstrafrecht

Um tiefer in die strafrechtlichen Gefilde einzudringen, verlassen wir den akademischen Boden und wenden uns der Verwertung wissenschaftlicher Arbeiten außerhalb der Universitäten zu.

1. Wertungshintergründe des Immaterialgüterstrafrechts

Gemäß § 106 UG 2002 – Verwertung von geistigem Eigentum – hat jeder Universitätsangehörige das Recht, eigene wissenschaftliche oder künstlerische Arbeiten selbständig zu veröffentlichen.

Ergänzen wir die weiter oben vorgeschlagene Definition, so ist ein Plagiat „die *bewusste Ausbeutung* eines fremden Werkes ohne Angabe des wahren Urhebers". Im Begriff des

„Ausbeutens" liegt bereits ein gewisser *wirtschaftlicher*, ja sogar *vermögensrechtlicher Aspekt*. „Bewusstes" Ausbeuten deutet auf Vorsatz hin.

„Diebstahl geistigen Eigentums" ist ebenfalls eine treffende Umschreibung des Phänomens des Plagiierens und verweist uns auf eine Parallele zum *Sachenrecht*.

In ihrem Eröffnungsstatement zu diesem Symposium äußert sich die Bundesjustizministerin Beatrix Karl folgendermaßen: Menschen denken bei Eigentum an Haus, Grundstück, Brieftasche. Man muss aber bedenken, dass *geistiges Eigentum* auf kreativen Leistungen beruht, von denen Menschen leben wollen. *Verfassungsrechtler* beziehen daher zu Recht die verfassungsrechtliche Eigentumsgarantie (Art 5 StGG 1867; Art 1 des 1. ZProt zur MRK) auch auf das Immaterialeigentum.

Diebstahl an fremden, beweglichen Sachen ist eines der Kerndelikte unserer Strafrechtsordnung (§ 127 StGB). „Wer einem anderen eine fremde bewegliche Sache mit dem Vorsatz, sich oder einen Dritten unrechtmäßig zu bereichern, wegnimmt, ist zu bestrafen". Ich breche den Gewahrsam eines anderen, begründe an der Sache eigenen Gewahrsam, eigne sie mir dadurch zu. Damit schließe ich den anderen von seinem ursprünglichen Eigentumsrecht aus. Das *Eigentumsrecht* wiederum ist – sachenrechtlich gesehen – die Befugnis mit der Substanz und den Nutzungen einer Sache nach Willkür zu schalten und jeden anderen davon auszuschließen (§ 354 ABGB). „Sache" kann dabei eine körperliche oder unkörperliche sein (§ 292 ABGB). Unkörperliche Sachen sind z. B. das Jagd- und Fischereirecht und alle anderen Rechte, z. B. Urheberrechte, Marken-, Gebrauchsmuster- und Patentrechte.

Eigentum an körperlichen Sachen wird im Kernstrafrecht geschützt: Diebstahl, Veruntreuung, Unterschlagung, dauernde Sachentziehung, unbefugter Gebrauch von Fahrzeugen. Eigentum an immateriellen Gütern – „geistiges Eigentum" – ist in strafrechtlichen Nebengesetzen geschützt: Urheberrechts-, Markenschutz-, Gebrauchsmuster-, Patentgesetz.

Urheber, Erfinder sind geistige Schöpfer eines Werkes. Sie können jeden anderen ausschließen, von ihren Rechten Gebrauch zu machen.

Der Urheber kann aber auch anderen Personen gestatten, sein Werk zu benutzen (Werknutzungsbewilligung) oder einem anderen das ausschließliche Recht dazu einzuräumen (Werknutzungsrecht). Diese Rechte sind *veräußerlich* und damit auch in ihrem *Vermögenswert bezifferbar*. Damit ist die Nähe zur sachen- und vermögensrechtlichen Dimension um ein weiteres Argument begründet.

Die meisten Eingriffe in Urheberrechte sind solche in Verwertungsrechte.

Gerichtliches (im Gegensatz zum verwaltungsrechtlichen) Strafrecht ist *Rechtsgüterschutzstrafrecht* gegen massiv sozialinadäquate Angriffe. Der Rechtsgutscharakter des geistigen Eigentums ist hergestellt über die Parallelität zum sachenrechtlichen Eigentum und über die bezifferbaren (geldwerten) Verwertungsrechte geistigen Eigentums.

Der *primäre Rechtsgüterschutz* geschieht allerdings durch zivilrechtliche Institute: Unterlassungsklage, Schadenersatzforderungen (mit pönalen Elementen), Urteilsveröffentlichung. Der strafrechtliche Schutz dient bloß der Verstärkung dieses Zivilrechtsschutzes durch Sanktionierung von vorsätzlichen Angriffen auf das geistige Eigentum mit Geld- und Freiheitsstrafen.

Bis zum 31. Dezember 2007 war das Befahren der strafprozessualen Schiene mit einer *Privatanklage* probate Vorbereitung eines Zivilprozesses. Man konnte eine strafprozessuale Voruntersuchung beantragen und die notwendigen Beweiserhebungen der Kriminalpolizei oder dem Untersuchungsrichter überantworten, was das Prozesskostenrisiko nicht unbeträchtlich entschärfte. Seit dem Strafprozessreformgesetz 2004, in Kraft getreten am 1. Januar 2008, gibt es keine Voruntersuchung und keinen Untersuchungsrichter mehr. Der Privatankläger kann nur mehr seine Privatanklage unmittelbar bei Gericht einbringen. Die Ermittlungen zur Begründung einer solchen Privatanklage muss der Ankläger selbst veranlassen und auch bezahlen.

Alle strafrechtlichen Immaterialgüterschutzbestimmungen (UrhG, MarkenschutzG, PatentG) sind als Privatanklagedelikte ausgestaltet. Seit Inkrafttreten der StPO-Reform 2004/2008 ist die Attraktivität der Privatanklagen rapide zurückgegangen.

2. Die strafrechtlichen Schutzbestimmungen im Immaterialgüterrecht

a)

Eindeutig gedacht als Verstärkung des zivilrechtlichen Schutzes durch gerichtliche Strafdrohungen bei vorsätzlichen Eingriffen in das Urheberrecht sowie bei Verletzungen urheber- respektive leistungsschutzrechtlicher Ausschließungsgründe – Beispiel: vorsätzliche Verwendung von Werken der Literatur und der Wissenschaft auf eine nur dem Urheber zustehende Verwertungsart – hat der Gesetzgeber die zentrale Strafbestimmung des § 91 UrhG geschaffen.

Die Strafbestimmung enthält *keinen eigenen Tatbestand* (das sind die Strafbarkeitsmerkmale, unter die ein Sachverhalt subsumiert werden muss); den findet man in den Schutzbestimmungen des übrigen Gesetzes: §§ 86 Abs 1, 90b, 90c, 90d UrhG (Blankettstrafnormen). Die Sanktionsdrohung beträgt 6 Monate Freiheitsstrafe oder Geldstrafe bis zu 360 Tagessätzen. In der Regel werden Geldstrafen – seit 1. Januar 2011 nur mehr unbedingt – verhängt.

Bei *gewerbsmäßiger Begehung* sind die Strafdrohungen für die begangenen Eingriffe deutlich erhöht: Freiheitsstrafe bis zu zwei Jahren.

Nicht strafbar sind Eingriffe in Form unbefugter Vervielfältigung oder unbefugten Festhaltens von Vorträgen oder einer Aufführung jeweils zum eigenen Gebrauch oder *unentgeltlich* auf Bestellung zum eigenen Gebrauch eines anderen.

Strafbar macht sich auch der *Inhaber oder Leiter eines Unternehmens*, der einen im Betrieb von einem Bediensteten begangenen Eingriff nicht verhindert. Die strafrechtliche Verantwortung des Unternehmens selbst – gemäß Verbandsverantwortlichkeitsgesetz 2005 – kann hier nicht erörtert werden.

Um vieles gefürchteter – und damit mit einem höheren Präventiveffekt ausgestattet – sind die mit einer strafrechtlichen Verfolgung verbundenen Maßnahmen:

- die Vernichtung bzw. Unbrauchbarmachung von Eingriffsgegenständen und -mitteln (z. B. Raubpressungen von CDs, Druckpressen), egal wem sie gehören;
- die Beschlagnahme (§ 93 UrhG) zur Sicherung der Maßnahmen nach § 92 UrhG auf Antrag des Privatanklägers;
- die Urteilsveröffentlichung, die allerdings auch im Zivilverfahren möglich ist.

b)

Durchaus ähnlich sind die Strafbestimmungen im *Marken- und Gebrauchsmusterschutzrecht* ausgebaut. Eine „eingetragene Marke" gewährt dem Inhaber das ausschließliche Recht, Dritten zu verbieten, ohne seine Zustimmung die Marke im geschäftlichen Verkehr zu benutzen. Eine vorsätzliche Markenschutzverletzung (beispielsweise in medizinwissenschaftlichen Publikationen, die eingetragene Medikamentenbezeichnungen ohne Hinweis auf den bestehenden Schutz verwenden) zieht eine Strafdrohung mit Geldstrafe bis zu 360 Tagessätzen nach sich; bei gewerbsmäßiger Begehung wiederum Freiheitsstrafe bis zu zwei Jahren (§ 60 MSchG, § 35 MuSchG). Es gibt auch hier eine Unternehmerstrafbarkeit und die Möglichkeit der Urteilsveröffentlichung (§ 55 MSchG).

3. Gemeinsamkeiten der Strafbestimmungen in den genannten Gesetzen

a) Einer der vorrangigen Schutzgedanken – im Besonderen des Urheberschutzrechtes – ist der Schutz von *Persönlichkeitsinteressen* des Urhebers eines Werkes. Ein Eingriff in die Schutzsphäre tangiert gewissermaßen auch die „Ehre" des Urhebers. Doch dieser Gedanke spielt für das Urheber*strafrecht* nur eine untergeordnete Rolle. Straftatbestände des Immaterialgüterrechts schützen vorrangig die vermögenswerten Ausschließungs- und Verwertungsrechte.

b) Die Strafbestimmungen des Immaterialgüterrechts sind per se schon wegen der geringfügigen Strafdrohungen eher der *Bagatellstrafbarkeit* zuzuordnen. Ihren eigentlichen Sinn und Zweck gewinnen sie als Verstärkung der zivilrechtlichen Unterlassungs- und Schadenersatzansprüche. Je schärfer aber die *Pönalfunktion* des Schadenersatzrechtes ausgestaltet ist (vgl. die Urteilsveröffentlichung als „Prangerstrafe"), umso geringer wird die Notwendigkeit einer gerichtlichen Strafdrohung.

c) Den Strafbestimmungen des Immaterialgüterrechts fehlt weitgehend die sozialethische Tadelsfunktion, weshalb unter Umständen auch mit dem *Verwaltungsstrafrecht* das Auslangen gefunden werden könnte.

d) Die Strafbestimmungen des Immaterialgüterrechts sind allesamt *Blankettstrafnormen*. Die Deliktsbeschreibung, die zur Sanktion führt, verweist in der Regel auf außerstrafrechtliche Rechtssätze (Schutzgegenstände, Schutzumfang, Angriffsformen). Der Strafrichter muss bei Anwendung dieser Strafnormen auch das gesamte Spektrum des Unternehmensrechts im Auge haben.

e) Zivilrechtliche *Auslegungsmodalitäten* sind weiter gefasst als strafrechtliche. Ist im Strafrecht Analogie zu Ungunsten des Täters streng verboten, können zivilrechtliche Tatbestandsmerkmale durch Analogie und weitestgehende teleologische Interpretation ausgedehnt werden. Das muss der Strafrichter bei Ausfüllung des Blanketts berücksichtigen.

f) Andererseits wird zugunsten des Beschuldigten die strafrechtliche *Irrtumsregelung* entschärft. Ein Irrtum über ein außerstrafrechtliches Rechtsmerkmal gilt als Tatbestandsirrtum, der den Vorsatz ausschließt. Und da es keine fahrlässige Begehungsweise der Immaterialgüterstraftatbestände gibt, führt die Anerkennung eines behaupteten Irrtums immer zur Straffreiheit, was für den Privatankläger wiederum von großem Nachteil ist, trägt doch er bei Freispruch des Angeklagten die volle Last der Verfahrenskosten.

g) Da die Anwendung der Immaterialgüterstrafbestimmungen auch eine gewisse höhere Beanspruchung des Richters bedeutet, wird in allen einschlägigen Gesetzen (UrhG, MSchG, GebrauchsmusterschutzG, PatentG) die ursprünglich für Delikte mit Strafdrohungen dieser Höhe vorgesehene sachliche Zuständigkeit der Bezirksgerichte auf den *Einzelrichter am Landesgericht* festgelegt.

h) Die Erhöhung der Strafdrohung bei gewerbsmäßiger Begehung auf zwei Jahre Freiheitsstrafe sowie die strafrechtliche Verantwortung des Unternehmers für Taten der Bediensteten sind ebenfalls gemeinsame Merkmale aller Immaterialgüterschutzgesetze; ebenso wie die Bestimmungen über Beschlagnahme und Urteilsveröffentlichung.

III. Schlussüberlegungen

Plagiate, die hergestellt werden, um sich selbst mit fremden Federn zu schmücken oder um damit einen akademischen Grad zu erschleichen, rufen keine oder nur eine sehr schwache strafrechtliche Reaktion hervor.

Mit der weiteren Verbreitung eines wissenschaftlichen Werkes über einen Verlag und/oder wenn in diesem Werk Patent- oder Markenschutzverletzungen festgestellt werden können, beginnt der Schutz wirtschaftlicher und unternehmerischer Interessen virulent zu werden. Dort sind dann auch strafrechtliche Schutzmechanismen gerechtfertigt, wenngleich es nicht unbedingt gerichtliches Strafrecht (Kriminalstrafrecht) sein müsste. Verwaltungsübertretungen mit hohen Geldstrafendrohungen genügten auch. Strafnormen sind neben dem Imperativ, den sie aussprechen, auch *Bewertungsnormen*. Durch ihre Existenz beweisen sie den hohen Stellenwert, den die Gesellschaft dem geistigen Eigentum einräumt, auch ohne Nachweis einer entsprechenden Anwendungsdichte. In der Praxis sind Markenstreitigkeiten wie die über Schokolade-Osterhasen häufiger. Dass der OGH dem Schweizer „Riesen" *Lindt* im Rechtsstreit gegen den kleinen *Hauswirth* im Burgenland Recht gegeben hat, ist enttäuschend, zeugt aber von der streng objektiven Beurteilung des Gerichts betreffs Urheberinteressen. Das entspricht dem Grundgedanken der Gesetze insgesamt, wie ihn ein Ahnherr unseres modernen Strafrechts bereits 1813 zum Bayerischen Strafgesetzbuch formulierte: „Die Gerechtigkeit mit der Milde, die Strenge mit der Humanität geschickt zu vereinigen; eine kräftige, jedoch menschlich-gerechte Criminaljustiz zu gründen, die richterliche Willkür ihrer angemaßten Herrschaft zu entsetzen, ohne darum die Vernunft des Richters bloß an todte Buchstaben zu fesseln."

Diese Aussage stammt – wie Wortwahl und Stil vermuten lassen – nicht von mir, und darum zitiere ich, um jedem Plagiatsvorwurf zu entgehen, ordnungsgemäß die Quelle:

FEUERBACH, Paul Johann Anselm von: *Geist des Strafgesetzbuchs von 1813*. In: P. J. A. v. F.: Biographischer Nachlaß, veröffentlicht von seinem Sohn Ludwig Feuerbach. Leipzig 1853. Neudruck der 2. Ausgabe. Aalen: Scientia 1973, S. 213.

GUNTER NITSCHE

Plagiat und Urheberrecht

Das österreichische Wochenmagazin „NEWS" berichtete in seiner Ausgabe Nr. 39 vom 27. September 2012 (S. 32) unter dem Titel *Das Plagiat von Martin Geyer* über die Diplomarbeit, mit welcher der genannte Studierende an einer niederösterreichischen Fachhochschule im Studiengang „Wirtschaftsberatende Berufe" 1998 den akademischen Grad eines „Mag. (FH)" erworben hatte. Die Diplomarbeit trägt den Titel *Krisenmanagement, Krisenerkennung und Sanierung für mittelständische Unternehmungen mit Bezugnahme auf das Unternehmensreorganisationsgesetz.* Sie enthält mindestens 36 nachgewiesene Plagiatpassagen, von denen in der folgenden Synopse einige exemplarisch angeführt werden:

Original[1]	*Diplomarbeit*
Somit ergibt sich der Zusammenhang, dass die Gesamtkapitalrentabilität bei Abnahme der Umsatzrentabilität unverändert bleibt, wenn letztere von einer entsprechenden Steigerung der Umschlagshäufigkeit des Vermögens begleitet ist. […].	So ergibt sich, dass die Gesamtkapitalrentabilität bei Abnahme der Umsatzrentabilität unbeeinträchtigt bleibt, wenn gleichzeitig die Umschlagshäufigkeit des Gesamtkapitals steigt. […].
Die Vermögensstruktur des Unternehmens setzt sich aktivseitig aus dem Anlagevermögen und dem Umlaufvermögen zusammen. Das Sachanlagevermögen gibt Auskunft über die Investitionspolitik, das Finanzanlagevermögen zeigt die Beteiligungen bzw. die Konzernverflechtungsstruktur. Die Vorräte im Umlaufvermögen geben Hinweise auf die Logistik (Lagerhaltung), die Forderungen können als Indikator für potentielle Geldflüsse und Debitorenrisiken aufgefasst werden. Die liquiden Mittel des Umlaufvermögens zeigen die aktuelle Zahlungsfähigkeit. […].	Die Vermögensstruktur einer Unternehmung setzt sich aus dem Anlagevermögen und dem Umlaufvermögen zusammen. Das Sachanlagevermögen gibt Auskunft über die Investitionspolitik, das Finanzanlagevermögen über die Beteiligungsstruktur, die Vorräte im Umlaufvermögen über die Logistik, die Forderungen über potentielle Geldflüsse und die liquiden Mittel über die augenblickliche Zahlungsfähigkeit einer Unternehmung. […].
Die Umsatzrentabilität (Umsatzrendite) stellt den ertragsbezogenen Ast der Return-on-Investment-Analyse dar und zeigt – wie bereits erwähnt – in welchem Umfang eine Umsatzeinheit zum Jahresüberschuss beiträgt. Sie gibt bei genauer Analyse Auskunft über den Verkaufserfolg des Unternehmens, den Erfolg im Rahmen der Materialwirtschaft (Einkauf von Material und sonstigen Leistungen) sowie über die Personalkosten (Einsparungen?), die Abschreibungen (Investitions- und Kapazitätsaspekte) und die Zinsen (Fremdkapitalstruktur).	Die Umsatzrentabilität stellt den ertragsbezogenen Ast der Return-on-Investment-Analyse dar und zeigt, in welchem Umfang eine Umsatzeinheit zum Jahresüberschuss beiträgt. Sie gibt bei genauer Analyse Auskunft über den Verkaufserfolg des Unternehmens, den Erfolg beim Materialeinkauf, den Personalkosten, den Abschreibungen und den Zinsen.

Wie ist urheberrechtlich mit einer solchen weitestgehend wortgleichen Übernahme des Originaltextes in die eigene Arbeit ohne Hinweis auf die Quelle umzugehen? Vermögen die minimalen Änderungen (z. B. „Unternehmung" statt „Unternehmen", „unbeeinträchtigt" statt „unverändert") etwas an dem Plagiatsvorwurf zu ändern? Bevor auf die Frage, was urheberrechtlich unter „Plagiat" zu verstehen ist, näher eingegangen wird, seien dem Thema fünf Aspekte zum Urheberrecht vorangestellt:

1.

Das Urheberrecht gehört – zusammen mit dem Patentrecht – zu den wichtigsten Bereichen des Rechtsschutzes für geistiges Schaffen. Urheber und Erfinder schaffen neues geistiges Eigentum. Das Urheberrecht sichert dem Schöpfer eines Sprachwerkes, eines Werkes der Tonkunst, eines Werkes der bildenden Künste oder eines Werkes der Filmkunst den ihm gebührenden Lohn für seine schöpferische Leistung.

Es ist jedoch nicht die Aufgabe des Urheberrechtsgesetzes (UrhG), allen Ergebnissen schöpferischer geistiger Tätigkeit den weitreichenden Schutz des Gesetzes zu gewähren.[2] Ein „Werk" im Sinn des UrhG liegt nur dann vor, wenn sich das Ergebnis menschlichen Schaffens von der Masse alltäglicher Gebilde, vom Landläufigen, Alltäglichen, üblicherweise Hervorgebrachten abhebt, wenn es somit „Individualität" aufweist.[3] Der Urheber hat für die Schaffung des Werkes, das seine individuelle Handschrift trägt, sein Talent, seine Zeit, seine Mühe und nicht selten auch beträchtliche Kosten aufgewendet. Dafür räumt ihm das Gesetz (§§ 14 bis 18a UrhG) das Verwertungsmonopol ein. Er allein ist berechtigt, über die Veröffentlichung des Werkes zu entscheiden, er allein ist berechtigt, das Werk zu vervielfältigen, also zu kopieren (daher: *copyright*). Urheberrechtsschutz ist im Kern Kopierschutz. Aber der Schutz reicht noch weiter. Der Urheber allein ist berechtigt, sein Werk zu verbreiten, zu senden, öffentlich aufzuführen oder ins Internet zu stellen. Wenn es um die kommerzielle Verwertung geht, hat er allein das Entscheidungsrecht. Er erhält für das von ihm geschaffene Werk den umfassenden Schutz des Gesetzes. Der Urheber hat die durch staatliche Zwangsmittel gesicherte Möglichkeit, jeden anderen vom bestimmungsgemäßen Gebrauch des Werkes auszuschließen. Dazu gehört auch die Untersagung jeder plagiatorischen Nutzung seines Werkes. Es ist eines der Anliegen des UrhG, den Urheber an dem wirtschaftlichen Nutzen zu beteiligen, der aus seinem Werk gezogen werden kann. Folglich wird ihm auch der Anreiz zu weiterer schöpferischer Arbeit geboten.

Das Urheberrecht ist für die Entfaltung der schöpferischen Persönlichkeit und für das kulturelle Leben der Gesellschaft von grundlegender Bedeutung.[4]

2.

Das Urheberrecht gewährt dem Schöpfer auch den Schutz für seine geistigen Interessen, also für seine emotionelle Beziehung zu seinem Werk. Das Urheberpersönlichkeitsrecht (§§ 19 bis 21 UrhG) wird im Wesentlichen durch drei Vorschriften geschützt:

Erstens: Das Recht, die Urheberschaft am eigenen Werk für sich in Anspruch zu nehmen, ist unverzichtbar. Der Journalist, der als Ghostwriter für einen Prominenten das Buch geschrieben hat, das in der Folge unter dem Namen des Prominenten erscheint, mag sich vertraglich verpflichtet haben, seine Urheberschaft keinem Dritten gegenüber offenzulegen. Wenn er es doch tut, kann er daran nicht, insbesondere nicht durch eine Vertragsstrafe, gehindert werden. Weder Curd Jürgens noch Hans Krankl oder Hermann Maier haben die unter ihrem Namen erschienenen Bücher geschrieben. Mit einem Plagiat im urheberrechtlichen Sinn hat das Verfassen von Büchern durch Ghostwriter allerdings nichts zu tun. Denn der wahre Urheber ist mit dieser Nutzung seines Werkes und dem Erscheinen des Buches unter dem Namen des Auftraggebers einverstanden. Der Vorwurf des Plagiats betrifft auch das Verhältnis des Benützers zum Urheber des benützten Werkes.

Zweitens: Der Autor hat das Recht, zu entscheiden, ob das Werk überhaupt veröffentlicht wird. *Veröffentlicht* ist ein Werk erst dann, wenn es mit Einwilligung des Berechtigten der Öffentlichkeit zugänglich gemacht worden ist (§ 8 UrhG). Wenn der Urheber die Bewilligung zur Veröffentlichung erteilt, entscheidet er, ob das Werk unter seinem Namen oder anonym oder unter einem Pseudonym veröffentlicht wird.

Drittens: Ein wichtiges Persönlichkeitsrecht ist der Werkschutz. Der Urheber hat das Recht, sich gegen jede unbefugte Veränderung seines Werkes zur Wehr zu setzen. Der Werkschutz sichert dem Urheber den unveränderten Fortbestand des von ihm geschaffenen Werkes. Zweck des Werkschutzes ist es, zu verhindern, dass der Öffentlichkeit ein anderes Werk präsentiert wird als das, das der Urheber geschaffen hat. Eine Version, die nicht dem Willen des Urhebers entspricht, darf ohne seine Zustimmung nicht der Öffentlichkeit zugänglich gemacht oder zum Zweck der Verbreitung vervielfältigt werden. Auch der Verlag darf beispielsweise an einem Werk der Literatur, an dessen Titel oder an der Urheberbezeichnung keine Kürzungen, Zusätze oder andere Änderungen vornehmen, soweit nicht der Urheber einwilligt. Lediglich Änderungen, die durch die Art oder den Zweck der erlaubten Nutzung des Werkes erforderlich sind, können vom Urheber nicht untersagt werden.

Regisseure haben folglich keineswegs freie Hand, wenn sie durch ihre Regieanweisungen das Bühnenwerk verändern, solange der Urheberrechtsschutz noch aufrecht ist. Beispiele aus der jüngeren Zeit betreffen die mit dem Werk sehr frei umgehende Regie Peter Konwitschnys bei der Aufführung von Emmerich Kálmáns *Csardasfürstin* in Dresden. Die Erben nach Kálmán (1882–1953) hätten die Veränderung der Operette bis zum Ablauf des 31. Dezember 2023 untersagen können. Von den Erben Bert Brechts (1898–1956) ist bekannt, dass sie die Veränderungen der *Dreigroschenoper* durch den Regisseur Hansgünther Heyme verboten. Dieser wollte aus dem Bettlerkönig Peachum einen jüdischen Händler machen. Die Erben von Richard Strauss (1864–1949) verboten die Aushändigung der Noten und des Librettos zur *Salome* an den Regisseur Peter Mussbach, weil sie von diesem eine ähnliche Inszenierung wie die der heftig kritisierten *Götterdämmerung* (1975) befürchteten. Gleiches gilt für die Erben von Franz Lehár (1870–1948). Sie verboten die unzulässige Veränderung der Operette *Die lustige Witwe*. Der Regisseur ließ in die Aufführung Projektionen mit Bildern der Verwüstungen des Ersten Weltkrieges einblenden.[5] Gleiches gilt für die Aufführung der *Lustigen Witwe* unter der Regie von Maurice Béjart in der belgischen Staatsoper in Brüssel.

Belgische Soldaten des Ersten Weltkrieges mit aufgepflanztem Bajonett stürmten auf die Bühne, metzelten imaginäre Gegner nieder, nahmen Deckung und feuerten ins Publikum. Aus dem feudalen Maxim („dort bin ich sehr intim") schob sich die Nachbildung eines Panzerwagens, BJ 1917. Vor dem Panzer blieben Tote und Verwundete inmitten von Ruinen liegen. [...]. Beschwingt walzten Witwe und Danilo über das mit Leichen drapierte Schlachtfeld ihrem heiteren Finale entgegen.[6]

Thomas Bernhard traf in seinem Testament folgende letztwillige Anordnung:

Weder aus dem von mir selbst bei Lebzeiten veröffentlichten, noch aus dem nach meinem Tod gleich wo immer noch vorhandenen Nachlaß darf auf die Dauer des gesetzlichen Urheberrechts innerhalb der Grenzen des österreichischen Staats, wie immer dieser Staat sich kennzeichnet, etwas in welcher Form auch immer von mir verfaßtes Geschriebenes aufgeführt, gedruckt oder auch nur vorgetragen werden. Ausdrücklich betone ich: in aller Zukunft! Nach meinem Tod darf aus meinem eventuell gleich wo vorhandenen literarischen Nachlaß, worunter auch Briefe und Zettel zu verstehen sind, kein Wort mehr veröffentlicht werden.[7]

Hiezu sei angemerkt, dass Thomas Bernhards Halbbruder als Erbe und somit als neuer Urheber in weiterer Folge eine Privatstiftung errichtete, in die er das Werknutzungsrecht an den von Thomas Bernhard verfassten Werken einbrachte, sodass die Verwertungsrechte nunmehr durch den Stiftungsvorstand ausgeübt werden. Als Erbe konnte der Halbbruder nunmehr die vom Erblasser verfügten urheberrechtlichen Beschränkungen, mit denen Thomas Bernhard ihn belastet hatte (§ 709 ABGB), auch wieder aufheben. Thomas Bernhard hätte sein Ziel erreicht, wenn er beispielsweise selbst eine Stiftung errichtet hätte, in die er letztwillig sein Urheberrecht als Legat eingebracht hätte. Dann wäre die Stiftung nach seinem Tod Urheber geworden. Der Stiftungsvorstand wäre dann an die in der Stiftungsurkunde verankerte Beschränkung gebunden gewesen.

Ein aktuelles Thema ist die Textveränderung der von Paula von Preradović gedichteten österreichischen Bundeshymne. Im Zug des Gendering soll es statt „Heimat bist du großer Söhne" nunmehr „Heimat großer Töchter, Söhne" und statt „Brüderchöre" künftig „Jubelchöre" heißen. Das gerichtliche Hauptverfahren zur Klärung der Frage, ob solche Änderungen nach den im redlichen Verkehr geltenden Gewohnheiten und Gebräuchen nicht untersagt werden können, ist noch nicht entschieden.

3.

Gerade in der Literatur, aber auch bei den anderen Werkarten, baut der Schöpfer auf dem Schaffen früherer Generationen auf. Sein Werk vermehrt nun den Kulturbestand des Landes, in dem er lebt. So wie er selbst die Werke anderer benutzt hat, sollen auch andere berechtigt sein, sein Werk zu nutzen. Daraus resultieren Einschränkungen, die jeder Urheber – im Interesse der Allgemeinheit – in Kauf zu nehmen hat. Das Urheberrecht als wichtigster Fall des geistigen Eigentums ist, wie das Eigentum an körperlichen Sachen (insbesondere an Liegenschaften) überhaupt, ein sozial gebundenes Recht. In welcher Weise ist das Individualrecht des Urhebers durch soziale Bindungen eingeschränkt? Der Ausgleich zwischen dem Individualinteresse und dem Interesse der Allgemeinheit erfolgt einerseits durch die freien Werknutzungen, andererseits durch die zeitliche Beschränkung des Urheberrechts.

Nach Artikel 10 der Europäischen Menschenrechtskonvention (EMRK) hat jedermann Anspruch auf freie Meinungsäußerung.[8] Dieses verfassungsrechtlich gewährleistete Recht kann einem urheberrechtlichen Unterlassungsanspruch bei der Benützung eines fremden Werkes entgegenstehen.[9] Die Freiheit der Meinungsäußerung rechtfertigte beispielsweise die Wiedergabe der Titelseite einer Tageszeitung (einschließlich der dort aufscheinenden Karikatur und der Lichtbilder) in einer anderen Zeitschrift, die sich mit der Berichterstattung in der zitierten Tageszeitung kritisch auseinandersetzte. Die Wiedergabe der urheberrechtlich geschützten Werke erfüllte im Anlassfall Belegfunktion und war bei Abwägung der Interessen des Urhebers mit dem Recht auf freie Meinungsäußerung wegen der inhaltlichen Auseinandersetzung mit der Titelseite der zitierten Tageszeitung als zulässig zu beurteilen.

Meinungsfreiheit und Informationsfreiheit bilden wesentliche Grundpfeiler einer demokratischen Gesellschaft. Ähnliches gilt für die Kunstfreiheit (Art 17a Staatsgrundgesetz). Die Parodie als künstlerische Auseinandersetzung mit dem parodierten Werk kann bei Interessenabwägung zwischen dem Schöpfer des parodierten Werkes und dem Urheber der kritischen oder satirischen Parodie gerechtfertigt und folglich kein Plagiat sein.[10]

Dem Spannungsverhältnis mit dem Urheberrecht hat der Gesetzgeber weiters dadurch Rechnung getragen, dass er das absolut geschützte Recht des Schöpfers durch eine Vielzahl freier Werknutzungen (§§ 41 bis 59c UrhG) eingeschränkt hat. Dazu gehören insbesondere die Vervielfältigung zum eigenen und zum privaten Gebrauch, die Berichterstattung über Tagesereignisse, die Tonbandaufnahmen von politischen Reden, der Pressespiegel und das kleine und große Zitat.

Wie jedes geistige Eigentum unterliegt auch das Urheberrecht einer zeitlichen Begrenzung. Unstreitig war immer, dass der Urheberrechtsschutz für die gesamte Lebenszeit des Schöpfers gelten soll. Fraglich war, ob, und wenn ja, wie lange darüber hinaus der Schutz bestehen soll. Das österreichische UrhG 1885 sah – in Übereinstimmung mit der Rechtslage in Deutschland und in den meisten europäischen Ländern – zum Ende des 19. und zu Beginn des 20. Jahrhunderts eine 30-jährige Schutzfrist post mortem auctoris vor. Damit sollte auch die wirtschaftliche Zukunft der nächstfolgenden Generation gesichert werden. 30 Jahre entsprachen damals der durchschnittlichen Lebensdauer, um welche die nächste Generation den Schöpfer überlebt. Nach Ablauf der 30 Jahre, gerechnet immer zum Jahresende, war jeder urheberrechtliche Schutz erloschen. Das Werk war „gemeinfrei" im Sinn der Freiheit jeglicher Nutzung durch die „Allgemeinheit", also durch jedermann, geworden.

Richard Wagner hatte im September 1880, zwei Jahre vor der Uraufführung des *Parsifal*, in einem Brief an König Ludwig II. von Bayern den Wunsch ausgesprochen, dass der König

dieses letzte und heiligste meiner Werke vor dem […] Schicksale einer gemeinen Opern-Karriere bewahren solle. […]. Darum betitle ich den „Parsifal" ein „Bühnenweihfestspiel". […]. So muss ich ihm denn nun eine Bühne zu weihen suchen, und dies kann nur mein einsam dastehendes Bühnenfestspielhaus in Bayreuth sein. Dort darf der „Parsifal" in aller Zukunft einzig und allein aufgeführt werden. Nie soll der „Parsifal" aus irgendeinem anderen Theater dem Publikum zum Amüsement dargeboten werden: und dass dies so geschehe, ist das einzige, was mich beschäftigt und zur Überlegung dazu bestimmt, wie und durch welche Mittel ich diese Bestimmung meines Werkes sichern kann.

Richard Wagner konnte nur befristet etwas dazu tun. Sein *Parsifal*-Verbot für andere Bühnen als Bayreuth war selbstverständlich nur so lange wirksam, wie das Werk unter Urheberrechtsschutz stand. Nach Ablauf der Schutzfrist – damals 30 Jahre nach dem Tod des Komponisten – wurden seine sämtlichen Werke und damit auch der *Parsifal* für Aufführungen auf allen Bühnen der Welt frei.

Parsifal-Verehrer brachten noch im Jahr 1913, also im dreißigsten Jahr nach dem Tod Richard Wagners am 13. Februar 1883, sogar eine Petition im deutschen Reichstag ein. Die Schutzfrist für Wagners letztes Werk sollte verlängert werden. Die Petition war erfolglos. In der Silvesternacht 1913 auf 1914 erlebte die Oper *Parsifal* ihre erste Aufführung außerhalb Bayreuths, und zwar im Gran Teatre del Liceu in Barcelona, genau genommen jedoch nicht erst um Mitternacht, am 1. Jänner 1914, 00:00 Uhr, sondern schon um 23:30 Uhr, als 30 Minuten zu früh.[11]

Was soll mit diesem Beispiel gezeigt werden?

Wenn Werke durch Ablauf der urheberrechtlichen Schutzfrist gemeinfrei werden, kann jedermann mit diesem Werk machen, was er will. Er kann es abschreiben, sich als Autor ausgeben, es bearbeiten, öffentlich aufführen oder ins Internet stellen. Da alle diese Verwertungshandlungen urheberrechtlich ab diesem Zeitpunkt zulässig, also rechtmäßig sind, kommt auch der Vorwurf des Plagiats – urheberrechtlich – nicht in Betracht. Aus urheberrechtlicher Sicht gibt es ein Plagiat nur hinsichtlich solcher Werke, für die die urheberrechtliche Schutzfrist noch nicht abgelaufen ist.

In Österreich wurde – in Übereinstimmung mit fast allen anderen Mitgliedsstaaten der „Revidierten Berner Übereinkunft zum Schutze von Werken der Literatur und der Kunst" aus dem Jahr 1883 – im Jahr 1933 die Schutzfrist auf 50 Jahre verlängert. Das heute noch geltende UrhG 1936 bestimmte ursprünglich die Schutzfrist ebenfalls mit 50 Jahren. In der zweiten Hälfte des vergangenen Jahrhunderts stieg die durchschnittliche Lebenserwartung erheblich an. Seit der Urheberrechtsnovelle 1972 beträgt die Schutzdauer 70 Jahre, jeweils gerechnet ab dem Ende des Kalenderjahres, in welchem das fristauslösende Ereignis stattgefunden hat (§ 60 UrhG).

4.

Für das geistige Eigentum gilt der Grundsatz der „potentiellen Ubiquität". Ist das Werk einmal veröffentlicht worden, kann es weltweit zu unbefugten Vervielfältigungshandlungen, zur Verbreitung, zur Sendung, zur öffentlichen Aufführung oder zur öffentlichen Verfügungstellung im Internet herangezogen werden. Eine Überwachung durch den Urheber selbst ist faktisch unmöglich. Andererseits besteht in der Öffentlichkeit Bedarf an Genehmigungen für öffentliche Aufführungen, wenn bei einem Konzert oder einer Ballveranstaltung Musik gespielt werden soll, wenn in einem Theater ein Bühnenwerk aufgeführt wird oder wenn ein Rundfunkunternehmer Werke senden will. Hier schieben sich im Interesse beider Seiten, sowohl der Urheber als auch der Nutzer, die Verwertungsgesellschaften ein, die mit den Urhebern Wahrnehmungsverträge und mit den Nutzern Gestattungsverträge schließen. Die bekanntesten dieser Verwertungsgesellschaften sind die AKM (Genossenschaft der Autoren, Komponisten und Musikverleger), die Literar-Mechana, die Austro-Mechana, die LSG (Wahrnehmung von Leistungsschutzrechten), der RSV (Rechtsschutzverband) und in Deutschland die GEMA (Gesellschaft für musikalische Aufführungs- und mechanische Vervielfältigungsrechte). Das Vorliegen eines Gestattungsvertrags schließt die plagiatorische Nutzung des Werkes aus.

5.

Wer ein Bild malt oder eine Plastik schafft, spricht den Betrachter unmittelbar an. Wer ein Buch geschrieben hat, benötigt im Regelfall einen Verlag, bei dem das Buch erscheint. Wer ein Bühnenwerk oder ein Werk der Tonkunst geschaffen hat, benötigt Schauspieler und Musiker, die dieses Werk umsetzen. Von Seiten dieser Gruppe wurde schon seit langem die Forderung erhoben, dass sie als Künstler den gleichen urheberrechtlichen Schutz genießen müssten wie die Schöpfer der dramatischen Werke oder der Werke der Tonkunst selbst.

Das ist freilich bei richtiger Sicht ausgeschlossen. Denn Urheberrecht ist im Kern Copyright, also Kopierschutz. Wenn aber Schauspieler und Musiker Schutz in der Form genießen, dass ihre künstlerische Leistung von keinem anderen Schauspieler oder Musiker kopiert werden dürfte, könnte das Werk selbst in kurzer Zeit überhaupt nicht mehr aufgeführt werden. Daher muss der Leistungsschutz, der erst durch die jüngere Gesetzgebung ins UrhG eingeführt wurde, für den ausübenden Künstler anders als der Urheberrechtsschutz für den Schöpfer des Werkes selbst gestaltet sein.

Im II. Hauptstück des UrhG ist geregelt, dass Aufzeichnungen von Sängern, Schauspielern und Musikern bei Opern- und Schauspielaufführungen oder Konzerten mit Mitteln zur wiederholbaren Wiedergabe, sozusagen Vervielfältigungen der Leistung von Schauspielern oder Musikern, nur mit deren Zustimmung erfolgen dürfen. Ausübende Künstler sind *nachschaffende* Künstler. Die Abgrenzung ihrer Leistung von der Leistung anderer Künstler, die vor ihnen dasselbe Stück aufgeführt haben oder nach ihnen aufführen werden, wäre praktisch unmöglich. Daher kann es ein Plagiat an der Leistung eines ausübenden Künstlers nicht geben.

*

Dies vorausgeschickt, soll nun zur spezifischen Bedeutung des Plagiats im Urheberrecht Stellung genommen werden.[12] Der Begriff „Plagiat" hat keinen einheitlichen Begriffsinhalt. „Plagiat" kann in unterschiedlichen Fachgebieten unterschiedliche Bedeutung haben. Die verbindende Klammer ist in allen Fällen die bewusste, rechtswidrige Anmaßung fremder geistiger Leistung. Was aber als geistige Leistung gilt, die sich der Plagiator anmaßt, ist von einer Fachdisziplin zur anderen höchst unterschiedlich. Die Leistung kann eine Idee, eine wissenschaftliche Erkenntnis, eine Erfindung, ein Design oder eine andere Darstellung sein.

Die Ausführungen zum Urheberrecht beanspruchen keinesfalls allgemeine Gültigkeit für alle Fachbereiche. Sie sind auf das Urheberrecht beschränkt. Aus urheberrechtlicher Sicht ist es niemals die fremde Idee, die der Plagiator stiehlt und die er als die seine ausgibt, weil Ideen als solche urheberrechtlich absolut schutzunfähig sind. Urheberrechtlich schutzfähig ist nur die formgewordene Idee. Das ist das Werk als eigentümliche geistige Schöpfung auf dem Gebiet der Literatur, der Tonkunst, der bildenden Künste und der Filmkunst.

Beispiele für urheberrechtlich ungeschützte Ergebnisse schöpferischer geistiger Tätigkeit sind etwa die Gestaltung einer Auslage oder der Schnitt eines Kleidungsstückes. Die künstlerische Form als solche, Stil, Manier oder Technik, mit anderen Worten, die Methode des Schaffens oder die Kunstrichtung sind absolut schutzunfähig.[13] Der „Hundertwasserstil" genießt keinen urheberrechtlichen Schutz.[14] In allen diesen Fällen gibt es aus urheberrechtlicher Sicht nie den Vorwurf des Plagiats.

Im UrhG kommt der Begriff „Plagiat" nicht vor. Das Wort selbst geht bekanntlich auf das lateinische „plagium" („Menschenraub") zurück, wie es Max Rintelen erläutert hat:

So verwahrte sich der römische Epigrammdichter Martial dagegen, dass ein gewisser Fidentinus unveröffentlichte Gedichte Martials als eigene vorlas und unter seinem Namen verbreitete. Martial bezeichnete seine Epigramme bildlich als freigelassene Sklaven und nannte den verbrecherischen Verwerter seiner Epigramme „plagiarius", also „Menschenräuber", eine Bezeichnung, die noch heute in dem urheberrechtlichen Ausdruck „Plagiat" fortwirkt.[15]

Ein Plagiat als bewusste, rechtswidrige Anmaßung der Urheberschaft an einem fremden Werk gibt es nur insoweit, als dieses Werk noch urheberrechtlich geschützt ist. Das ist nach Ablauf der 70-jährigen Schutzfrist nicht mehr der Fall. Zum gegenwärtigen Zeitpunkt hat jeder Urheber, der im Jahr 1942 oder früher verstorben ist, Werke hinterlassen, die seit 1. Jänner 2013, 00:00 Uhr, gemeinfrei geworden sind. Urheberrechtlich kann nunmehr jedermann, weltweit, solche Werke als seine eigenen ausgeben, ohne gegen das Urheberrecht zu verstoßen. Der 1817 geborene bedeutende Rechtshistoriker Theodor Mommsen ist Verfasser eines monumentalen Werkes mit dem Titel *Römisches Staatsrecht*. Er war Professor für alte Geschichte in Berlin und der erste Deutsche, der den Nobelpreis für Literatur erhielt. Das war im Jahr 1902. Dass es studienrechtlich für einen Studenten, der ein Dissertationsstudium betreibt, nicht angeht, das Werk des am 1. November 1903 verstorbenen

Rechtshistorikers Theodor Mommsen abzuschreiben, als sein eigenes auszugeben und als Dissertation einzureichen, bedarf keiner weiteren Begründung. Urheberrechtlich handelt dieser plagiierende Student allerdings nicht rechtswidrig.

Auch das Abschreiben von Gerichtsentscheidungen, mögen sie noch so scharfsinnig formuliert und individuell ausgestaltet sein, stellt urheberrechtlich kein Plagiat dar. Dies gilt auch dann, wenn der Abschreibende den Eindruck erwecken will, er sei selbst Verfasser dieses Textes. Denn freie Werke (§ 7 UrhG) genießen keinen urheberrechtlichen Schutz.

Im Urheberrecht gibt es keine Einschränkung des Begriffes „Plagiat" auf den geistigen Diebstahl an Werken der Literatur. Selbstverständlich können auch Werke der Tonkunst oder Werke der bildenden Künste plagiiert werden. Bekannt ist die angeblich von Eduard Hanslick stammende Kritik an der Oper *Effugit clam* oder *Constanza e Fortezza* des steirischen Komponisten Johann Joseph Fux (1660–1741). Die Kritik wurde pointiert in dem Satz zusammengefasst: „Fux, die hast du ganz gestohlen."

Üblich ist die Bezeichnung „Plagiat" wohl – in Anlehnung an das erwähnte römischrechtliche Vorbild – nur bei literarischen und wissenschaftlichen Werken. Auf letztere beziehen sich die Vorwürfe, die in den letzten Jahren über die Medien an die Öffentlichkeit gelangten. Im Jahr 2004 hatte Elisabeth Niederer, Assistentin für Medienwissenschaft an der Universität Klagenfurt, eine Diplomarbeit mit dem Titel *Wickie und die starken Männer: TV-Kult mit Subtext* verfasst, die zu fast 40 Prozent ohne Belege dem Internet und einigen Büchern entnommen war. Zwei Jahre später wurde Niederer der Akademische Grad aberkannt.[16] Wesentlich aufsehenerregender und folgenschwerer waren die Plagiataffären prominenter Politiker und Politikerinnen. So wurde dem deutschen Ex-Verteidigungsminister Karl-Theodor zu Guttenberg nachgewiesen, dass er in seiner Dissertation umfangreiche Textpassagen anderer Autoren abgeschrieben und mithin die eigene Urheberschaft an diesen Teilen vorgetäuscht hatte. Die Universität Bayreuth entzog ihm am 23. Februar 2011 den Doktorgrad, eine Woche später trat er von allen politischen Funktionen zurück.[17] Gleiches gilt für den ungarischen Ex-Parlaments- und -Staatspräsidenten Pál Schmitt: 180 Seiten seiner 215-seitigen Dissertation stammen ohne Nachweis aus einer Studie des bulgarischen Sportwissenschaftlers Nikolai Georgiew.[18] Die Semmelweis-Universität in Budapest erkannte Schmitt am 29. März 2012 den Doktorgrad ab. Am 2. April erfolgte sein politischer Rücktritt. Zuletzt war es die deutsche Ex-Bundesministerin für Bildung und Forschung Annette Schavan, die zu ungewollter Bekanntheit gelangte. Sie hatte vor 33 Jahren an der Universität Düsseldorf promoviert. Am 5. Februar 2013 entzog ihr der dortige Philosophische Fakultätsrat den Doktorgrad wegen „vorsätzlicher Täuschung" in ihrer Dissertation. Vier Tage später trat sie von ihrem Ministeramt zurück.[19]

Das „Plagiat" als Anmaßung eines fremden urheberrechtlich geschützten Werkes ist einerseits vom Zitat, andererseits von der Bearbeitung abzugrenzen. Das Zitat gilt zusammen mit der Vervielfältigung zum eigenen und zum privaten Gebrauch (§ 42 UrhG) als einer der wichtigsten Fälle freier Werknutzung. Beim Zitat ist gemäß § 46 UrhG zwischen dem kleinen und dem großen Zitat zu unterscheiden. Das kleine Zitat besteht lediglich aus Satzteilen, allenfalls aus einzelnen Sätzen. Unzulässig wäre es, den wesentlichen Inhalt zitierter Werke zu übernehmen. Mathematische Maßstäbe sind hier nicht anzulegen. Die Interessen des Zitierenden, der mit der Übernahme kürzerer Teile eines urheberrechtlich geschützten Werkes erkennbar den Zweck verfolgt, sich im Rahmen seines eigenen Werkes auf das übernommene Werk zu berufen, sind gegen die Interessen des Zitierten abzuwägen, keine Minderung der Absatzchancen für sein eigenes Werk zu erleiden. Jedenfalls ist das kleine Zitat auf kürzere Ausschnitte des zitierten Werkes beschränkt. Der Umfang darf weder absolut noch im Verhältnis zur Größe des zitierten Werkes insgesamt ins Gewicht fallen. Vo-

raussetzung ist bloß, dass das zitierte Werk veröffentlicht wurde. Aus einem nicht veröffentlichten Werk darf ohne Zustimmung des Verfassers überhaupt nichts zitiert werden.
Das große Zitat besteht aus mehreren zusammenhängenden Sätzen oder auch Absätzen. Der Umfang ist nur durch den Zweck beschränkt, als Belegstelle für die Aussagen in der eigenen wissenschaftlichen Arbeit zu dienen. Darüber hinaus muss klar sein, dass diese Stellen einem fremden Werk entnommen sind.

Ein Zitat ist daher immer nur dann anzunehmen, wenn es auch als solches erkannt werden kann; geht hingegen die übernommene Stelle in dem übernehmenden Werk auf, ohne dass sie als Zitat erkennbar gemacht worden wäre, dann liegt kein Zitat, sondern ein Plagiat vor.[20]

Ein Zitat, in dem einzelne Stellen eines veröffentlichten Sprachwerkes angeführt sind, ist nur dann als solches erkennbar, wenn im unmittelbaren Textzusammenhang auf die Eigenschaft als Zitat hingewiesen wird. Diesem Erfordernis ist nicht entsprochen, wenn der Hinweis erst später erfolgt. Fehlt bei der Verwendung von Teilen eines fremden Sprachwerkes ein solcher Hinweis, liegt ein Plagiat vor[21]

Voraussetzung für die Zulässigkeit des großen Zitats ist, dass das zitierende Werk ein wissenschaftliches Werk darstellt und dass das zitierte Werk nicht nur veröffentlicht wurde, sondern auch im Handel erhältlich ist. Zweck des großen Zitates muss die Berufung auf das zitierte Werk als Hilfsmittel für die eigene Darstellung des Zitierenden sein. Notwendig ist eine methodisch geordnete Erarbeitung von Erkenntnissen im Sinn einer wissenschaftlichen Behandlung des Themas in der zitierenden Arbeit. Die Entnahme eines großen Zitats aus einer in der Bibliothek eingestellten, unveröffentlichten Diplomarbeit für Zwecke der eigenen wissenschaftlichen Arbeit ist zwar urheberrechtswidrig (§ 46 UrhG), stellt aber bei entsprechender Quellenangabe kein Plagiat dar.

Eine Bearbeitung im urheberrechtlichen Sinn ist die Änderung der äußeren Form des Originalwerkes. „Bearbeitung" im Sinn des § 5 Abs 1 UrhG liegt nur dann vor, wenn auch der Bearbeiter selbst eine eigene, schöpferische Gestaltungskraft entwickelt. Bei der unfreien Bearbeitung bleibt das Originalwerk auch in der bearbeiteten Version in seinem Kern erhalten.

Die unfreie Bearbeitung hat ein doppeltes Gesicht. Einerseits genießt der Bearbeiter als Schöpfer urheberrechtlichen Schutz. Andererseits bedarf es zur Verwertung der Bearbeitung ausdrücklich der Zustimmung des Schöpfers des Originalwerkes. Liegt ein Plagiat vor, wenn der Bearbeiter diese Zustimmung nicht erteilt? Diese Frage ist zu verneinen. Auch wenn der Bearbeiter zu jeder Art der Verwertung nur dann befugt ist, wenn der Urheber des Originalwerkes oder dessen Rechtsnachfolger zustimmen, er also nur über ein „abhängiges" Urheberrecht verfügt, ist er doch Urheber der Bearbeitung und hat ein eigenes Werk geschaffen. Er täuscht also nicht vor, Schöpfer eines Werkes zu sein, das in Wahrheit ein anderer geschaffen hat. An der urheberrechtlichen Unzulässigkeit jeder eigenmächtigen Verwertungshandlung durch den Bearbeiter ändert die Verneinung des Plagiatsvorwurfes allerdings nichts.

Davon zu unterscheiden ist einerseits die Umgestaltung des fremden Werkes, ohne dass eine neue eigentümliche, geistige Schöpfung entsteht. Dies ist im Eingangsbeispiel der Fall, wenn lediglich der Begriff „Unternehmen" durch „Unternehmung" ersetzt wird und einzelne Sätze des Originalwerkes weggelassen werden.[22] Denn jedes Werk genießt gemäß § 1 Abs 2 UrhG nicht nur als Ganzes, sondern auch in seinen Teilen urheberrechtlichen Schutz. Der eingangs dargestellte Fall der Übernahme des fremden Werkes ist ein „klassisches" Plagiat. Die geringfügigen Abänderungen, die in Wahrheit nur verschleiern sollen, dass aus dem fremden Werk abgeschrieben wurde, ändern daran nichts. Der Plagiator genießt für sein abgeschriebenes Werk auch in der geringfügig modifizierten Form keinerlei urheberrechtlichen Schutz. Er hat kaum eine geistige Leistung, jedenfalls aber keine Schöpfung erbracht.

Andererseits ist die Grenze zur freien Bearbeitung zu ziehen. Bei der freien Bearbeitung bietet das Originalwerk nur die Anregung zur schöpferischen Tätigkeit, es liegt aber keine Nachschöpfung vor. Bei der freien Benützung des Originalwerkes verblassen die Züge des benützten Werkes angesichts der Individualität der neuen Schöpfung. Das fremde Werk ist nicht Werkunterlage, sondern nur Anregung für eigenes Werkschaffen. Die Übereinstimmung mit dem benützten Werk besteht typischerweise im Thema, in der Idee, im Stoff oder in der Problemstellung. Doch sind an die Fälle der freien Benützung fremder Werke strenge Anforderungen zu stellen. Der Fundus an frei benutzbarem Material ist schier unerschöpflich. Für die Abgrenzung der freien Benützung von der unfreien Bearbeitung ist nicht eine zergliedernde Beurteilung vorzunehmen. Vielmehr ist zu prüfen, durch welche objektiven Merkmale die schöpferische Individualität des benützten Werkes bestimmt wird. Unter diesem Aspekt sind die beiden Werke in ihrer Gesamtheit zu vergleichen.

Das Wort „Plagiat" enthält schon in seinem geschichtlichen Ursprung den Vorwurf rechtswidrigen Verhaltens. Der Plagiator beutet bewusst ein fremdes, urheberrechtlich geschütztes Werk aus und unterlässt es vorsätzlich, anzugeben, dass es sich um ein fremdes Werk handelt, welches er verwertet. Der häufigste Fall der Verwertung ist die unbefugte Inanspruchnahme der Urheberschaft an dem fremden Werk durch Vervielfältigung dieses Werkes als Ganzes oder von Teilen davon. Ein eigenes Urheberrecht entsteht für den Plagiator nicht.

An das Plagiat sind im III. Hauptstück des UrhG zivilrechtliche (§§ 81 bis 90d UrhG) und strafrechtliche (§§ 91 bis 93 UrhG) Sanktionen geknüpft. Zivilrechtlich kann Unterlassung in Verbindung mit einer Einstweiligen Verfügung, Beseitigung, Urteilsveröffentlichung, angemessenes Entgelt und Schadenersatz sowie Gewinnherausgabe, Rechnungslegung und Auskunft verlangt werden. Strafrechtlich kann der Plagiator mit einer Freiheitsstrafe bis zu sechs Monaten oder mit Geldstrafe bis zu 360 Tagessätzen bestraft werden. Das Plagiat kann beschlagnahmt und vernichtet werden. Die Straftat ist nur auf Verlangen des Verletzten zu verfolgen.

*

Die Ausführungen haben eines gezeigt: In den vielfältigen Kunst- und Wissenschaftsdisziplinen kommt dem Begriff „Plagiat" unterschiedliche Bedeutung zu. Im urheberrechtlichen Sinn ist „Plagiat" die Übernahme eines fremden Werkes ohne Zustimmung des Schöpfers in der Absicht, sich bewusst und rechtswidrig die Urheberschaft anzumaßen und mit dem Ziel, die eigene Urheberschaft vorzutäuschen. In diesem Sinn setzt das Plagiat" immer Wissen und Wollen, also Vorsatz des Plagiators voraus.

Die Vervielfältigung eines Teiles eines fremden Werkes ohne Bewilligung des Schöpfers ist zwar vor Ablauf der Schutzfrist immer ein Urheberrechtseingriff, auch wenn dem Verletzer ausnahmsweise subjektiv kein Vorwurf gemacht werden kann, beispielsweise dann, wenn die Quellenangabe im Rahmen der Drucklegung der Arbeit unterblieben ist. So etwas könnte auch dem durchschnittlich sorgfältigen Verfasser einer wissenschaftlichen Arbeit einmal unterlaufen. Das „Plagiat" jedoch ist kein „Alltagsversehen", sondern der Diebstahl von fremdem geistigem Eigentum.

[1] SCHWARZECKER, Josef; SPANDL, Friedrich: *Krisenmanagement mit Kennzahlen. Mit Stufenplan zur Sanierung*. 2. aktualisierte Aufl. Wien: Ueberreuter 1996, S. 62.

[2] OGH 23.09.1975 – *Elektrogeräte-Katalog* – In: ÖBl (Österreichische Blätter für Gewerblichen Rechtsschutz und Urheberrecht, Wien) 1976, S. 141.

[3] OGH 02.03.1982 – *Blumenstück* – In: SZ (Entscheidungen des österreichischen Obersten Gerichtshofes in Zivilsachen) 55/25.

[4] OGH 12.06.2001 – *Medienprofessor* – In: MR (Medien und Recht. Zeitschrift für Medien- und Kommunikationsrecht, Wien) 2001, S. 304, mit Anm. SWOBODA und WALTER.

[5] Dazu mein Beitrag *Urheberrecht des Regisseurs?* In: ART Goes LAW. Dialoge zum Wechselspiel von Kunst und Recht. Hg. von Dietmar Pauger. Wien [u. a.]: Böhlau 2005, S. 43–50; hier S. 43 und 45.

[6] DER SPIEGEL, Nr. 1–2 (1964): *Béjart. Über Leichen gewalzt*, S. 64–65, hier S. 64.

[7] HÖLLER, Hans: *Thomas Bernhard*. Reinbek b. Hamburg: Rowohlt 1993 (= rororo Monographien 504), S. 7.

[8] VfGH 29.09.2009, B 367/09 – *T-Shirt Bundeswappen* – ecolex (Fachzeitschrift für Wirtschaftsrecht, Wien) 2010, S. 499.

[9] OGH 12.06.2001 – *Medienprofessor*, SZ (Entscheidungen des österreichischen Obersten Gerichtshofes in Zivilsachen) 74/108 = MR (Medien und Recht. Zeitschrift für Medien- und Kommunikationsrecht, Wien) 2001, S. 304, mit Anm. SWOBODA und WALTER.

[10] OGH 13.07.2010 – *Lieblingshauptfrau* – In: ÖBl (Österreichische Blätter für Gewerblichen Rechtsschutz und Urheberrecht, Wien) 2010, S. 285 = ecolex (Fachzeitschrift für Wirtschaftsrecht, Wien) 2011, S. 57.

[11] Den Hinweis auf den Ablauf des Urheberrechtschutzes für die Oper „Parsifal" verdanke ich dem Anglisten und Wagner-Experten Univ.-Prof. Walter Bernhart.

[12] Vgl. insbes. DITTRICH, Robert: *Österreichisches und internationales Urheberrecht. Große Gesetzesausgabe*. 6. Aufl. Wien: Manz 2012 (Manzsche Große Ausgabe. Bd. 21).

[13] OGH 10.07.1984 – *Mart Stam – Stuhl I* – In: ÖBl (Österreichische Blätter für Gewerblichen Rechtsschutz und Urheberrecht, Wien) 1985, S. 24; OGH 17.12.2002 – *Felsritzbild* – In: MR (Medien und Recht. Zeitschrift für Medien- und Kommunikationsrecht, Wien) 2003, S. 162, mit Anm. WALTER = ecolex (Fachzeitschrift für Wirtschaftsrecht, Wien) 2004, S. 42, mit Anm. SCHUHMACHER.

[14] OGH 19.11.2002 – *Hundertwasserhaus II* – ÖBl (Österreichische Blätter für Gewerblichen Rechtsschutz und Urheberrecht, Wien) 2003, S. 142, mit Anm. GAMMERITH.

[15] RINTELEN, Max: *Urheberrecht und Urhebervertragsrecht*. Wien: Springer 1958, S. 79.

[16] Niederer verfasste eine neue Diplomarbeit und eine Dissertation und ist jetzt FH-Professorin in Fulda mit einer Lehrveranstaltung „Einführung in das wissenschaftliche Arbeiten" (!).

[17] Immerhin gestattete zu Guttenberg der Universität Bayreuth die Veröffentlichung des Gutachtens über die Entziehung des Doktorgrades.

[18] Weitere Seiten der Dissertation sind identisch mit dem Beitrag *The Economics of Sport: The Institution of Modern Sport as an Area of Economic Competition* (Vancouver 1991) des Hamburger Soziologen Klaus Heinemann.

[19] Schavan erhob gegen die Aberkennung ihres Doktorgrades Klage beim Verwaltungsgericht Düsseldorf. Sie verweigerte der Universität Düsseldorf die Zustimmung zur Veröffentlichung des Gutachtens über die Entziehung des Doktorgrades.

[20] OGH 29.09.1987 – *Schneefilm I* – In: MR (Medien und Recht. Zeitschrift für Medien- und Kommunikationsrecht, Wien) 1988, S. 13, mit zustimmender Anm. WALTER.

[21] OGH 10.07.1990 – *Voll Leben und voll Tod* – In: ÖBl (Österreichische Blätter für Gewerblichen Rechtsschutz und Urheberrecht, Wien) 1990, S. 283.

22 Im Anlassfall dienen die geringfügigen Veränderungen lediglich dem Zweck, die Herkunft des plagiierten Textes zu verwischen und damit das Aufdecken des Plagiats über Suchmaschinen zu erschweren. In offenkundiger Eile und wegen des geringen Grades der Sorgfalt übersieht der Plagiator, dass der Inhalt sinnstörend abgeändert wird und dass grobe Grammatikfehler entstehen.

ANNE-KATHRIN REULECKE

„Ein Wunderstern nach dem andern" –
Priorität und Plagiat in Goethes wissenschaftstheoretischen Schriften

> Ich habe mich bisher bei der Methode mit Meh-
> reren zu arbeiten zu wohl befunden, als daß ich
> nicht solche fortsetzen sollte. Ich weiß genau
> wem ich dieses und jenes auf meinem Weg
> schuldig geworden und es soll mir eine Freude
> sein, es künftig öffentlich bekannt zu machen.[1]

Dass die Figur des Plagiats in den Naturwissenschaften in anderer Weise diskutiert wird als in der Literatur, hat mit den spezifischen Konzepten wissenschaftlicher Autorschaft zu tun. Einer Überlegung Michel Foucaults zufolge tauschten im 17. und 18. Jahrhundert literarische und wissenschaftliche Texte die Rollen hinsichtlich der Notwendigkeit, mit einem Autornamen versehen sein zu müssen. Diejenigen Texte, die man als literarische bezeichnete, konnten nach dieser epistemischen Zäsur nur noch mit Kenntnis eines dazugehörigen Autornamens rezipiert werden, während in den Naturlehren und -wissenschaften der Autorname immer mehr zugunsten des verhandelten Sachverhalts und der wissenschaftlichen Aussage in den Hintergrund trat.[2] Nun begann man,

wissenschaftliche Texte als solche zu akzeptieren, in der Anonymität einer etablierten oder immer wieder neu beweisbaren Wahrheit. Ihre Garantie besteht in der Zugehörigkeit zu einem systematischen Ganzen, nicht in einem Verweis auf das Individuum, das sie hervorbrachte. Die Autorfunktion verwischt sich, der Name des Erfinders dient höchstens noch dazu, einem Theorem, einem Satz, einem bemerkenswerten Effekt, einer Eigenschaft, einem Körper, einer Gesamtheit von Elementen, einem Krankheitssyndrom einen Namen zu geben.[3]

In Korrespondenz zu dem neuzeitlichen Diktum, die Wissenschaft habe die objektive Wahrheit zu ermitteln, konnte naturwissenschaftliche Erkenntnis nicht als Wissen behandelt werden, das abhängig und damit geformt von der Person war, die es formulierte. Der Naturforscher musste vielmehr als neutraler Vermittler gelten, der der Natur allgemeine Gesetze ablauschte, gegebenenfalls durch experimentelle Anordnungen ans Licht der Welt brachte und schließlich in Sprache übersetzte.

Doch auch wenn naturwissenschaftliches Wissen immer mehr dem „systematischen Ganzen" der Disziplin zugeschrieben und vom einzelnen Verfasser losgelöst rezipiert wurde, wurde diesem zugleich ein entscheidender symbolischer Besitzanspruch an seinen Erkenntnissen zugesprochen. Diese Erkenntnisse verdankten sich schließlich auch *seinen* besonderen Fragestellungen, seinem Kombinationstalent, seiner Beobachtungsgabe oder Experimentierfähigkeit. So etablierte sich parallel zu dem von Foucault beschriebenen „Verwischen" der wissenschaftlichen Autorfunktion in der Rezeption und im Wissenstransfer ein komplexes System, das Erkenntnisse, Erfindungen und Entdeckungen, wenn auch indirekt, an einzelne Personen band und honorierte, das sich also auf individualisierte, ,namhafte' Subjekte und deren Leistungen bezog. Diese spezifische *ambivalente* Ausformung der Autorschaft in den naturwissenschaftlichen Disziplinen fand ihren Widerhall auch im Umgang mit dem Plagiat und seinem komplementären Phänomen, der Fälschung.

Die wissenschaftstheoretischen Schriften Johann Wolfgang von Goethes – die dessen eigentliche naturwissenschaftliche Forschungsprojekte zur Geologie, Morphologie oder Farbenlehre begleiten – zeigen, wie zentral die Frage der Urheberschaft um 1800 für die Organisation wissenschaftlicher Erkenntnis war. So kreisen sie immer wieder um zwei große Komplexe: Zum einen geht es um die grundlegende epistemologische Frage danach, wie Wissen grundsätzlich entsteht und unter welchen Voraussetzungen der Forscher aus Beobachtungen der Naturphänomene allgemeingültige Erkenntnisse gewinnen kann. Zum anderen wird zur Diskussion gestellt, in welchem Verhältnis der einzelne Forscher, der neue Erkenntnisse erlangt, zu der ihn umgebenden wissenschaftlichen Gemeinschaft steht: inwieweit er von ihr beeinflusst ist oder sich gegen sie behaupten muss.

Bereits in dem frühen Aufsatz *Der Versuch als Vermittler von Objekt und Subjekt* (1793) erörtert Goethe das Verhältnis des Einzelnen zum wissenschaftlichen Kollektiv. Er berichtet davon, dass während seiner Studien zur Farbenlehre seine Gesprächspartner – oftmals sogar wissenschaftlich ungebildete Menschen – Phänomene am Licht oder der Farbe bemerkt hätten, die ihm selbst entgangen waren. Gemeinsame Forschung erweist sich somit als besonders produktiv, zeigt sie doch, dass „das Interesse Mehrerer auf Einen Punkt gerichtet etwas Vorzügliches hervorzubringen im Stande" ist.[4] Von der zweckdienlichen und zu befürwortenden Beeinflussung des Einzelnen durch seine Zeitgenossen leitet Goethe zu dem Gedanken über, dass die Emergenz von Wissen ohnehin nicht an einzelne Subjekte gebunden sei. Vielmehr ist es, modern gesprochen, der wissenschaftliche Diskurs selbst, der Wissen formiert und hervorbringt – und zwar dann, wenn es an der Zeit ist:

Schon ist eine Wissenschaft an und für sich selbst eine so große Masse, daß sie viele Menschen trägt, wenn sie gleich kein Mensch tragen kann. Es lässt sich bemerken, daß die Kenntnisse, gleichsam wie ein eingeschlossenes aber lebendiges Wasser, sich nach und nach zu einem gewissen Niveau erheben, daß die schönsten Entdeckungen nicht sowohl durch Menschen als durch die Zeit gemacht worden, wie denn eben sehr wichtige Dinge zu gleicher Zeit von zweien oder gar mehreren geübten Denkern gemacht worden.[5]

Dass die mit dem schönen physikalischen Bild vom Wissensstand als Wasserstand verbundene Vorstellung allerdings nicht dem allgemeinen Konsens entsprach, wird deutlich durch den Charakter der Gegenrede, der nicht nur die zitierte Passage, sondern den gesamten Aufsatz zum *Versuch als Vermittler* grundiert. Goethe weiß, dass seine Vorstellungen konträr zu den gängigen Praktiken im Wissenschaftsbetrieb stehen und dass die Festlegung, wer wann welche Entdeckung gemacht hat, gleichwohl zu den wichtigsten Koordinaten der wissenschaftlichen Gemeinschaft gehört. Und so sieht er sich in den folgenden Jahren immer wieder aufgefordert, auf die heikle Frage der „Ehre einer Entdeckung"[6] zurückzukommen und diese als Problem zu formulieren. So bezeichnet er 1819 dem Naturphilosophen Christian Nees von Esenbeck gegenüber die Fragen des geistigen Eigentums, der Priorität, des Plagiats „und wie der Greuel alle heißt" als die bedeutsamen „Knoten", die aufgelöst werden müssten, um „Wahrhaftigkeit in die Wissenschaften [zu] bringen".[7]

Die Summa dieser Auseinandersetzungen stellte der 1820 veröffentlichte Text *Meteore des literarischen Himmels* dar, in dem Goethe darlegt, welche Bedeutung die in der Gelehrtenwelt eingeführten Begriffe „Priorität. Antizipation. Präokkupation. Plagiat. Posseß. Usurpation" für ihn haben und in welchem Sinne er „sie künftig brauchen werde". Ihre Klärung erscheint unumgänglich, um sowohl die „Literargeschichte" als auch die „Geschichte der Wissenschaften"[8] verstehen zu können. Anders als in den vorhergehenden Texten und anders auch als in den bekannten Aphorismen, in denen Goethe als Dichter selbstbewusst bekennt, stets von anderen Dichtern vor ihm ‚geerntet‘[9] zu haben, beschreibt er hier das Konfliktpotential der gleichursprünglichen Erkenntnis, die intellektuelle Abhängigkeit von anderen und die Ambivalenz der Nachträglichkeit.

Im zentralen Abschnitt zur „Antizipation" imaginiert Goethe einen jungen Mann – den Prototypen des wissenschaftlichen Entdeckers. Er beschreibt dessen Anspruch, der erste und einzige Urheber seiner wissenschaftlichen Erkenntnisse zu sein, sowie die Kränkung, die sich einstellt, wenn er erkennen muss, dass seine eigenen Entdeckungen bereits von den vorhergehenden Generationen gemacht worden sind. Diese Form des Verdrusses wird in Ermangelung eines treffenden deutschen Wortes mit dem englischen „Mortification" (Kränkung, Demütigung) bezeichnet, denn „es ist eine wahre Ertötung des alten Adams wenn wir unser besonderes Verdienst aufgeben, uns zwar in der ganzen Menschheit selbst hochschätzen, unsere Eigentümlichkeit jedoch als Opfer hinliefern sollen. Man sieht sich unwillig doppelt, man findet sich mit der Menschheit und also mit sich selbst in Rivalität" (S. 446).

Das Beispiel, in dem ein Forscher zu Erkenntnissen gelangt, die schon ein *Vorgänger* formuliert hat, erweist sich noch als vergleichsweise harmlos. Schließlich kann der Einzelne darin wenigstens das Fortwirken eines Einflusses sehen und sich somit in eine Traditionslinie stellen. Wenn jedoch zwei *Zeitgenossen* gleichzeitig und unabhängig voneinander zu ein und derselben Erkenntnis kommen, ist dies weitaus brisanter. Für den dabei entstehenden Konflikt zeigt Goethe denn auch – nun durchgehend die Wir-Form gebrauchend – größtes Verständnis:

Geschieht es aber daß eine solche Entdeckung, über die wir uns im Stillen freuen, durch Mitlebende, die nichts von uns so wie wir von ihnen wissen, aber auf denselben bedeutenden Gedanken geraten, früher in die Welt gefördert wird; so entsteht Mißbehagen, das viel verdrießlicher ist als im vorhergehenden Falle. Denn wenn wir der Vorwelt auch noch zur Not einige Ehre gönnen, weil wir uns späterer Vorzüge zu rühmen haben, so mögen wir den Zeitgenossen nicht gern erlauben, sich einer gleichen genialen Vergünstigung anzumaßen. (S. 446).

Das Problem besteht darin, dass nach den Regeln der *scientific community* für parallel gemachte Entdeckungen kein Eintrag im Symbolischen vorgesehen ist. Das hat damit zu tun, dass nicht die geniale Schöpfung eines neuen Gegenstandes, sondern die möglichst frühe Enthüllung eines bereits gegebenen natürlichen Sachverhaltes ausschlaggebend ist. Nicht die Originalität des Gelehrten selbst, sondern die originär gemachte Erkenntnis zählt. Statt der Urheberschaft, die besonders in den Künsten stark gemacht wird, wird somit die *Priorität* zum Parameter für wissenschaftliche Autorschaft: Anerkennung, Ehre und Ruhm können nur dem zukommen, der als *erster* einen Sachverhalt beschreibt.

Doch mit der Einführung der Kategorie der Priorität geht noch ein weiteres Problem einher. Denn nun steht auch die Möglichkeit im Raum, dass ein Zeitgenosse von den Ideen und Überlegungen eines Kollegen erfährt und sich – im Sinne eines geistigen Diebstahls – die Priorität an diesen neuen Ideen anmaßt. Die Voraussetzung für die potentielle Bemächtigung von Wissen liegt in der Prozesshaftigkeit wissenschaftlicher Erkenntnis selbst; ist es doch von der ersten Idee über Gedanken zur Versuchsanordnung bis hin zum Durchführen des Versuchs, der Formulierung des Ergebnisses und dessen Publikation oftmals ein langer Weg (vgl. S. 447). Als Wissenschaftshistoriker erinnert Goethe an jene Praktiken, die im Laufe der Geschichte entwickelt wurden, um den Anspruch eines Forschers auf die Priorität seines Gedankens zu garantieren und die potenzielle unrechtmäßige Anmaßung, die Okkupation durch andere, abzuwehren.

Goethe erwähnt dabei das Verfahren der Buchstabenrätsel, der „Logogryphen", mit deren Hilfe seit der Renaissance derjenige, der „einen glücklichen folgereichen Gedanken hatte und ihn nicht gleich offenbaren wollte" (S. 447f.), diesen *in* der Veröffentlichung verbergen konnte. Gemeint bei dieser ‚verdeckten Publikation' sind Fälle, wie der Galileo Galileis, der 1610 von einem Vermittler zwei anagrammatisch verschlüsselte Berichte an Kaiser Rudolf II. und an Kepler überbringen ließ, in denen er die bahnbrechenden Entdeckungen des Rings um den Saturn und der Phasen der Venus kundtat und damit die Richtigkeit der kopernikanischen Theorie bewies.[10] Neben den versiegelten Briefen, den „Plis cachetés", die in wissenschaftlichen Akademien hinterlegt werden und eine ähnliche Funktion der ‚verborgenen Veröffentlichung' haben, spricht Goethe schließlich auch juristische Möglichkeiten an, das geistige Eigentum zu sichern, wie die in England entstandenen Patente, „wodurch auf eine gewisse Zeit die Nachbildung irgend eines Erfundenen verboten wird" (S. 448).

Vor dem Hintergrund der erwähnten Prioritätsstreitigkeiten und der vielfältigen Verfahren, „folgenreiche Gedanken" vor Missbrauch zu schützen, ist es bemerkenswert, dass Goethe das Wort ‚Plagiat' selbst nur an einer einzigen Stelle erwähnt. Dies hat damit zu tun, dass für ihn unter den Begriff lediglich wörtliche Abschriften von bereits ausformulierten wissenschaftlichen Abhandlungen fallen:

Plagiat
Nennt man nur die gröbste Art von Okkupation, wozu Kühnheit und Unverschämtheit gehört und auch wohl deshalb eine Zeitlang glücken kann. Wer geschriebene, gedruckte und nicht allzubekannte Werke benutzt und für sein Eigentum ausgibt wird ein Plagiarier genannt. Armseligen Menschen verzeihen wir solche Kniffe, werden sie aber, wie es wohl geschieht, von talentvollen Personen ausgeübt, so erregt es in uns, auch bei fremden Angelegenheiten, ein Missbehagen, weil durch schlechte Mittel Ehre gesucht worden, Ansehn durch niedriges Beginnen. (S. 448).

Für Goethe stellt also das Plagiat im engeren Sinne nur den moralisch inferioren Extremwert einer grundsätzlichen „Okkupation" dar, die subtiler funktioniert und auch weiter verbreitet ist. Interessanter als das relativ leicht nachweisbare und für ihn ohnehin völlig indiskutable wörtliche Plagiat ist daher das weite Feld, in dem Ideen und Thesen zirkulieren, von Anderen aufgegriffen und publiziert werden. Nur hier stellt sich überhaupt die Frage, wann die Übernahme der Gedanken eines Anderen ein „niedriges Beginnen" darstellt und wann sie unerlässlich ist.

Die Argumentation und die Bildlichkeit des *Meteore*-Textes sind bemerkenswert. So erläutert Goethe zunächst, wie gezeigt worden ist, anthropologisch und wissenssoziologisch die immense Bedeutung, die die Priorität für das Forschersubjekt in der Gesellschaft hat. Dabei zeigt er psychologisches Verständnis für die verschiedenen Formen der Kränkung und Gefahren für den Einzelnen, die mit dem Streitigmachen der Priorität durch Dritte einhergehen. Schließlich beschreibt er aus wissenschaftshistorischer Perspektive, wie sich Erfinder und Entdecker vor der Okkupation durch andere geschützt haben. Dann aber wechselt Goethe in das Feld der Wissenschaftstheorie und legt unmissverständlich dar, dass die Kategorie der Priorität, die aus der zeitlichen Vorrangigkeit einer Erkenntnis das Hauptmerkmal für wissenschaftliche Autorschaft ableitet, eigentlich auf einer Fehleinschätzung der Genese von Wissen beruht.

Wie schon im Aufsatz zum *Versuch* wendet sich Goethe auch im *Meteore*-Text nachdrücklich gegen einen „falschen Begriff von Originalität" (S. 448) in den Wissenschaften. So kommt er auf die Überlegung zurück, dass bestimmte Erkenntnisse, die in einem gewissen Moment der Kulturgeschichte auftauchen, nicht auf den Leistungen Einzelner beruhen, sondern vielmehr wissenschaftshistorisch ‚an der Reihe' sind:

Und doch ziehen manchmal gewisse Gesinnungen und Gedanken schon in der Luft umher, so daß mehrere sie erfassen können. Immanet aer sicut anima communis quae omnibus praesto est et qua omnes communicant invicem. Quapropter multi sagaces spiritus ardentes subito ex aëre persentiscunt quod cogitat alter homo. Oder, um weniger mystisch zu reden, gewisse Vorstellungen werden reif durch eine Zeitreihe. Auch in verschiedenen Gärten fallen Früchte zu gleicher Zeit vom Baume. (S. 447).[11]

Da der einzelne Wissenschaftler, wie Goethes Überlegungen suggerieren, bestimmte Gedanken eher passiv aufgreift, dann, wenn sie an der Zeit sind, wird die Kategorie der Priorität hinfällig; agiert doch der Wissenschaftler damit als eine Art Medium, das die „Gesinnungen und Gedanken" abfängt und übersetzt. Damit aber erscheinen die zuvor beschriebenen Prioritätsprobleme, von denen die neuere Wissenschaftsgeschichte geprägt ist, als Missverständnisse, als Missverständnisse über das Erscheinen bzw. die Ankunft von Wissen.

Vor dem Hintergrund der immensen Tragweite der Frage, wie denn tatsächlich neues Wissen entsteht, erstaunt es nicht, dass Goethe genau an dieser Stelle mehrfach die sprachlichen Register wechselt. Zunächst geht er von der eher spröden wissenschaftstheoretischen zu einer metaphorischen Schreibweise über: zu dem Bild von den Ideen, die in der Luft liegen. Dann folgt, gleichsam in einer Geste der Autorisierung des Gesagten, das erste und einzige Zitat des Aufsatzes: ein leicht abgewandelter Satz aus Thomas Campanellas *De sensu rerum* (1620), dessen Einsatz zugleich den Wechsel vom Deutschen zum Lateinischen und damit zur Sprache der Wissenschaften bedeutet. Schließlich wird ein weiteres Bild vorgeschlagen, das die ersten beiden Erklärungsversuche in eine „weniger mystisch[e]" Sprache übersetzen soll. Das Bild vom Obst, das an verschiedenen Orten gleichzeitig reift, löst erneut die wissenschaftliche Entdeckung vom Individuum ab, diesmal indem die Genese von Erkenntnissen naturalisiert wird. Die Aufgabe, die Emergenz von neuem Wissen und die Gleichzeitigkeit von Erkenntnissen zu erklären, erweist sich als so anspruchsvoll, dass es erforderlich wird, in der Bildlichkeit zu variieren. Die mit der Fragestellung verbundene epistemologische Leerstelle ist so erheblich, dass sie nur tastend gefüllt werden kann – mit provisorischen Metaphern und Vergleichen, die, weil sie noch nicht ganz das Richtige treffen, wieder abgelöst werden können.

Ein weiteres Bild stellt die im Titel genannte, aber im Text nicht weiter angesprochene astronomische Metapher der „Meteore des literarischen Himmels" dar. Mit ihr deutet Goethe an, dass das Neue und Fremde in einer Kultur häufig plötzlich und scheinbar aus dem Nichts kommend auftaucht, tatsächlich aber – gemäß seiner Theorie über den tellurischen Ursprung von Meteoriten[12] – der Sphäre der Erde entspringt und sich somit erklären lässt.[13]

Nicht nur die Vielfalt der Bilder, die zum Einsatz kommen, verweist auf ein unsicheres Terrain. Auch das ursprüngliche Anliegen, die genannten Fragestellungen unter den Begriffen „Priorität. Antizipation. Präokkupation. Plagiat. Posseß. Usurpation" (S. 445) lexikalisch abzuhandeln[14], will nicht recht glücken. Zwar ordnet Goethe seinen Text nach diesen Begriffen, die die Zwischenüberschriften bilden. Doch für den Leser wird weder ersichtlich, warum etwa das Beispiel des Kindes, das danach strebt, Neues zu entdecken, ausgerechnet unter dem Begriff „Priorität" abgehandelt wird; noch erschließt sich, warum unter dem Begriff „Posseß" – von dem man annehmen könnte, dass er sich mit der Frage des geistigen Eigentums befasst – die Schulenbildung in wissenschaftlichen Disziplinen und Diskursen, das „wissenschaftliche Gildewesen" (S. 449) thematisiert wird, welches originelle Erkenntnisse unterdrückt. Die lexikalische Ordnung wird irritiert, weil sich die vielfältigen, im Aufsatz angespielten Erklärungsansätze – das anthropologische Narrativ vom forschenden Kind, der wissenschaftssoziologische Diskurs und der wissenstheoretische Exkurs zum Wissen an sich – auf unterschiedlichen Ebenen bewegen und einer einheitlichen definitorisch-denotativen Klärung der Erkenntnis und damit des Plagiats im Wege stehen. Das heißt also: In den Aufsätzen zum *Versuch* und zu den *Meteoren* ist Goethe der Emergenz des Wissens auf der Spur. Dabei kommt er zu Überlegungen, die die Kollektivität in der Forschung betonen und die Bedeutung des einzelnen Subjekts im Wissensprozess relativieren. Als Diskurstheorie *avant la lettre* erweist sich die Vorstellung, dass Entdeckungen durch Menschen und „durch die Zeit" gleichermaßen gemacht werden, dass also ein epistemisches ‚Tableau' gegeben sein muss, auf dem die forschenden Subjekte agieren und das wiederum ihre Erkenntnisse begründet. Zugleich rekurrieren Goethes Texte auf eine akademische Öffentlichkeit, die von gänzlich anderen Voraussetzungen ausgeht und die allergrößten Wert auf die Festlegung der Autorschaft von Entdeckungen oder Erfindungen legt. Goethes Bestandsaufnahme der Gelehrtenrepublik um 1800 macht deutlich, dass in den Naturwissenschaften Autorschaft nicht – wie etwa in der Literatur und den anderen Künsten – an den Akt einer Schöpfung geknüpft wird, sondern an die möglichst *primäre* Entdeckung und Formulierung einer *neuen* Erkenntnis.

Die maßgebliche Kategorie der Priorität führt jedoch – wie Goethe zeigt – zu spezifischen wissenschaftsinternen Konflikten: Neben der sich immer wieder ergebenden und gleichsam tragischen Konstellation der gleichzeitigen Entdeckung und dem darauf folgenden Streit um die Priorität gibt es auch fragwürdige Strategien, wie die Fälle, in denen Wissenschaftler die Erkenntnisse anderer einfach ignorieren oder aber gar die Priorität an fremden Gedanken unrechtmäßig behaupten. Das zuletzt genannte Beispiel, das als unrechtmäßige Okkupation bezeichnet wird, entspricht dem, was man heute ein „Ideenplagiat" nennen würde. Mit dem Begriff des Plagiats selbst bezeichnet Goethe ausschließlich das weniger häufige ‚wörtliche' Plagiat: den geistigen Diebstahl, der in der Anmaßung der Autorschaft am Wortlaut einer wissenschaftlichen Publikation besteht. Aus plagiatstheoretischer Sicht ist aufschlussreich, dass Goethe das wörtliche Plagiat als wissenschaftsethisch indiskutabel weithin vernachlässigt, wohingegen er das Ideenplagiat, wenn auch unter anderem Label, ausführlich beleuchtet. Dieses wird – und das macht Goethes Beitrag so bedeutsam – als *Kehrseite* eines überhöhten Prioritätsgebotes erkannt. Anders gesagt: Das wissenschaftliche Plagiat wird auch als Reaktion, als Versuch des Einzelnen beschrieben, dem von der Gelehrtenwelt erhobenen übermächtigen Gebot der Priorität zu genügen.

Wendet man sich der Schreibweise des Textes *Meteore des literarischen Himmels* zu, so fällt auf, dass er in seiner Bildlichkeit und in Bezug auf die eingeführten Diskurse changiert. Goethe will die Emergenz von Wissen erfassen, kann jedoch nicht auf die eingeführten Bilder aus dem Bereich des Literarischen und Künstlerischen zurückgreifen, die die geistige Produktivität vornehmlich mit der menschlichen Zeugung oder der göttlichen Schöpfung gleichsetzen. Auf der Suche nach adäquateren Bildern für die Entstehung von wissenschaftlichem Wissen springt sein Text – seinerseits den Bilderschatz der Wissenschaften nutzend – zwischen atmosphärischen, botanischen und astronomischen Metaphern hin und her. Die gravierende semantische und wissenstheoretische Vakanz führt auch dazu, dass Goethe das ursprünglich angekündigte Unternehmen, die Begriffe von Priorität, Okkupation und Plagiat definitorisch voneinander abzugrenzen, aufgeben muss. Die Diskurse, die er probehalber ins Spiel bringt, um die Frage nach der Entstehung von Wissen und der Beteiligung der Subjekte zu klären, sind so unterschiedlich gelagert, dass sie einander ins Gehege kommen und die lexigraphische Anlage letztlich unterminieren. Goethes wissenstheoretische Schrift lässt sich somit selbst als produktiv fehlgeschlagener Versuch lesen, den Ort der Subjekte im Prozess der Wissensgenerierung zu systematisieren. Seine Klugheit besteht hingegen darin, die Fragen von Okkupation und Plagiat nicht zu individualisieren und skandalisieren, sondern vor dem Hintergrund einer spezifischen Wissenskultur zu erklären.

---

[1] GOETHE, Johann Wolfgang: *Der Versuch als Vermittler von Objekt und Subjekt* (1793). In: J. W. G.: Zur Naturwissenschaft überhaupt, besonders zur Morphologie. Erfahrung, Betrachtung, Folgerung, durch Lebensereignisse verbunden. Hg. von Hans J. Becker [u. a.]. München: Hanser 1989 (= J. W. G.: Sämtliche Werke nach Epochen seines Schaffens. Münchner Ausgabe [MA]. Hg. von Karl Richter [u. a.]. Bd. 12), S. 684–693, hier: S. 686.

[2] Markantes Zeichen der *scientific revolution* war die Gründung der „Royal Society" 1660 in London. Ihre Mitglieder wandten sich – gemäß dem Motto „nullius in verba" – gegen die traditionelle wissenschaftliche Praxis, die sich primär auf die Schriften der anerkannten Autoritäten berief. Ihr erklärtes Ziel war es dagegen, eine Naturforschung zu fördern, deren Erkenntnisse auf objektiven, selbst durchgeführten und ergebnisoffenen Experimenten beruhten.

[3] FOUCAULT, Michel: *Was ist ein Autor?* [1969]. In: M. F.: Schriften zur Literatur. Hg. von Daniel Defert unter Mitarbeit von Jacques Lagrange. Auswahl und Nachwort von Martin Stingelin. Frankfurt/M.: Suhrkamp 2003, S. 234–270, hier: S. 247.

[4] GOETHE: *Der Versuch als Vermittler von Objekt und Subjekt* (Anm. 1), S. 686.

[5] Ebda, S. 687.

[6] Ebda, S. 686.

[7] Brief an Christian Nees von Esenbeck, 17. Februar 1819. In: Goethes Werke. Hg. im Auftrag der Großherzogin Sophie von Sachsen. Abt. 4: Goethes Briefe. Bd. 31. Weimar: Böhlau 1893 (unveränderter Nachdruck der Ausgabe. Weimar 1999), S. 78.

[8] GOETHE, Johann Wolfgang: *Meteore des literarischen Himmels* (1820). In: MA 12 (Anm. 1), S. 445–450, hier: S. 445. Die im Haupttext folgenden Seitenangaben in Klammern beziehen sich auf diese Ausgabe.

[9] Vgl. GOETHE, Johann Wolfgang: *Johann Peter Eckermann. Gespräche mit Goethe in den letzten Jahren seines Lebens*. Hg. von Heinz Schlaffer. München 1986 (MA 19), Eintrag zum 17. Februar 1832.

[10] Dass Goethe auf diesen Fall anspielt, wird allerdings erst im zweiten Teil des *Meteore*-Textes, dem weggelassenen Part *Erfinden und Entdecken* (1817), deutlich. Dieses erstmals 1833 in Goethes (von Johann Peter Eckermann und Friedrich Wilhelm Riemer herausgegebenen) *nachgelassenen Werken* erschienene Supplement sollte den eher theoretisch gehaltenen *Meteore*-Text um konkrete Fallbeispiele ergänzen und damit die „vielfachen und harten Kontestationen" in Fragen der Priorität, Okkupation und des Plagiat verständlicher machen (MA 11.2: Divan-Jahre 1814–1819. Hg. von Johannes John [u. a.], 1994, S. 525).

[11] „Es existiert, einem gemeinschaftlichen Geist gleichsam, eine Luft, die allen gegenwärtig ist und wodurch alle kommunizieren. Viele scharfsinnige und lebendige Geister nehmen deshalb unmittelbar aus der Luft wahr, was ein andrer Mensch denkt." (MA 12, S. 1058; Übersetzung nach dem Herausgeberkommentar).

[12] Vgl. HOPPE, Günter: *Goethes Ansichten über Meteorite und sein Verhältnis zu dem Physiker Chladni*. In: Goethe Jahrbuch (Wien) 95 (1978), S. 227–240; sowie: *Kommentare der Herausgeber* (MA 11.2), S. 1195f.

[13] An anderer Stelle (*Aphorismen zur Morphologie*) bezeichnet Goethe die großen Entdeckungen seit Mitte des 18. Jahrhunderts als „Wundersterne", die „einer nach dem anderen vor mir aufgehen" (MA 12, S. 264f.).

[14] Auch die Punkte in der Aufzählung des Titels unterstreichen das Anliegen, die Begriffe genau voneinander abzugrenzen.

HARTMUT STEINECKE

Das literarische Plagiat im Zeitalter der Intertextualität
Von E.T.A. Hoffmann bis Helene Hegemann

In E.T.A. Hoffmanns Roman *Lebens-Ansichten des Katers Murr* schildert der Held unter anderem seine Entwicklung zum großen Dichter. Eines seiner ersten Gedichte, das wir kennenlernen, beginnt mit den Zeilen:

> Liebe schwärmt auf allen Wegen,
> Freundschaft bleibt für sich allein,
> Liebe kommt uns rasch entgegen,
> Aufgesucht will Freundschaft sein.[1]

Wenn man dieses Gedicht durch eine Plagiat-Suchmaschine schickt, wird man rasch fündig. In Goethes Singspiel *Claudine von Villa Bella* findet man folgende Verse:

> Liebe schwärmt auf allen Wegen;
> Treue wohnt für sich allein.
> Liebe kommt euch rasch entgegen;
> Aufgesucht will Treue sein.[2]

Die ersten wissenschaftlichen Kommentatoren E.T.A. Hoffmanns benötigten keine Suchmaschine. Sie konnten sich auf ihr bildungsbürgerliches Gedächtnis verlassen. Und sie reagierten indigniert: Ein Plagiat liege hier vor. Noch in der zweiten Hälfte des 20. Jahrhunderts wurde dies in der Forschung so gesehen, ja präzisiert. Sogar ein wichtiges Merkmal der neueren Plagiatsdefinition treffe zu: eine leichte Veränderung, zwei Wörter zwar nur, aber doch eine deutliche Verschleierung. Da insbesondere Schriftsteller in der Plagiatsdiskussion oft argumentierten, sie hätten die Vorlage zu etwas Wertvollerem, mithin Eigenem gemacht, versuchte die Goethephilologie durch subtile Interpretation zu zeigen, dass der Kater Goethe keineswegs übertroffen habe. Ich zitiere Herman Meyers Standardwerk *Das Zitat in der Erzählkunst* (1961): „Durch die sprachliche Verflachung (bleiben statt wohnen) verliert die Strophe viel von ihrem zarten Schmelz, wie sie durch die Änderung von ‚Treue' in ‚Freundschaft' um ihren innigen Sinn gebracht wird." Meyers Urteil: Da „dies Goethezitat" nicht „ausdrücklich als solches kenntlich gemacht" sei, könne man den Verfasser „einen Plagiator" nennen.[3]

Den „Verfasser" – aber wer ist das? Der Kater, gewiss; aber Hoffmann hat ihm bei der Abfassung seiner Lebensansichten die Pfote geführt. Kann sich Hoffmann aus der Verantwortung für das Plagiat stehlen, indem er den Text dem Kater zuschiebt? Also einem Tier, das die Kunst und die Wissenschaft durch die Nachahmung der Menschen lernt? Wir erfahren: Mit geschlossenen Augen krallt er sich im wahrsten Sinne des Wortes ein beliebiges Buch aus der Bibliothek, liest es durch, „mochte es einen Inhalt haben wie es wollte. Durch diese Art zu studieren gewann mein Geist diejenige Biegsamkeit und Mannigfaltigkeit, mein Wissen den bunten glänzenden Reichtum, den die Nachwelt an mir bewundern wird."

Der Kater macht sich die ganze Bibliothek zu Eigen – kann man das Plagiat schelten? Hoffmann, der als Herausgeber der Kater-Memoiren auftritt, tut dies. In eingeklammerten Anmerkungen und Randglossen im Text sowie Fußnoten weist er mehrfach auf die verschwiegene Herkunft von griffigen Kater-Passagen hin, mahnt ihn: „Murr! – Murr! schon wieder ein Plagiat!" Oder: „Murr, es tut mir leid, daß du dich so oft mit fremden Federn schmückst."[4]

Die neuere Hoffmann-Forschung bezichtigt weder Murr noch seinen Erfinder des Plagiats, sondern rühmt das artistische Spiel mit dem Phänomen des Plagiats[5] – nicht „Plagiarism", sondern „Playgiarism". (In Klammern sei vermerkt, dass ich dieses schöne Wortspiel nicht erfunden habe, aber auch nicht nachzuweisen gedenke – wie lange nach seiner Prägung bleibt ein Neologismus nachweispflichtig?)

Das Verfahren Hoffmanns also: ein virtuoses Spiel mit den Begriffen von Autorschaft, Genie, Original, ein Spiel, in dem ältere Literatur zitiert, variiert, parodiert wird; ein Spiel, in das sich Hoffmann immer wieder selbst einbezieht, viele Masken der Anonymität und des Pseudonyms annimmt, kein Werk unter seinem bürgerlichen Namen Ernst Theodor Wilhelm Hoffmann veröffentlicht. Die Wahl der Abkürzungen E.T.A. und die Erfindung des A. machten diese Kunstfigur unverwechselbar.

Was ist geschehen, seit 1961 Herman Meyer sein Werk veröffentlichte, aus dessen „Kater Murr"-Kapitel ich zitierte? Die Antwort lautet: Die Entdeckung der Intertextualität oder richtiger gesagt: die Wiederentdeckung eines alten Verfahrens, dem die französische Poststrukturalistin Julia Kristeva 1967 einen griffigen Namen gab.

Wie alt? – Darüber kann man streiten. Aber Einigkeit besteht darüber, dass der mit Edward Young und in Deutschland mit dem Sturm und Drang beginnende Kult des Originalgenies seinen Höhepunkt in der Romantik fand. E.T.A. Hoffmann trug dazu bei und er parodierte, er dekonstruierte dieses Künstlerbild zugleich. Das gelingt ihm besonders genial in dem Doppelroman von Kater Murr und Kapellmeister Johannes Kreisler. Die Dekonstruktivisten erhoben den Kater geradezu zur Verkörperung der Intertextualität, so zum Beispiel die bedeutende Pariser Derrida-Schülerin Sarah Kofman, die 1984 das Buch *Autobiogriffures. Du chat Murr d'Hoffmann* veröffentlichte. Es geht um Schrift, Autorschaft, Text, also um Grundfragen des Poststrukturalismus und Dekonstruktivismus. Ein zentrales Kapitel ist überschrieben „Das Plagiat". Hier heißt es unter anderem: „Die Plagiate des Katers machen aus seiner Schrift eine Zitatenschrift, die parodistisch den Zitatcharakter jeder Schrift hervorkehrt, das fundamentale Fehlen jeder Urheberschaft."[6]

Über 150 Jahre lang wurde der Kater Murr als einer der frechsten Plagiatoren der Literaturgeschichte beschimpft und verspottet – nun gilt er als das gefeierte Wappentier der Intertextualität. Viel bliebe zu sagen, aber ich schließe den Abschnitt mit der Aneignung eines Lieblingszitats von Hoffmann, das er natürlich nie nachweist: „Sapienti sat."

In den knapp 200 Jahren seit dem Erscheinen von Hoffmanns Roman gab es zahlreiche Plagiatsfälle und Plagiatsdiskussionen; sie waren meistens moralisch akzentuiert – Stichwort: geistiges Eigentum. Seit der Einführung von Copyright-Gesetzen erhielten die Skandale zusätzlich eine juristische Dimension. Auch diejenigen, die de facto schamlos abschrieben, und ihre juristischen Berater zitierten dabei gerne – und das in diesem Fall mit genauer Quellenangabe – prominente Schriftsteller, die sich zu freizügigem Umgang mit Vorlagen bekannt hatten, z. B. Goethe („Was da ist, das ist mein"), Heine („nichts ist törichter als dieser Vorwurf des Plagiats [...] der Dichter darf überall zugreifen, wo er Material zu den Werken findet"), Brecht („grundsätzliche Laxheit in Fragen des geistigen Eigentums").[7] Dass Verlage im 20. Jahrhundert in Kenntnis der Gesetzeslage die Dinge nicht so leger sahen, zeigt sich darin, dass etwa der Theaterverlag von Brechts *Dreigroschenoper* den Übersetzer der Gedichte François Villons, die Brecht für seine berühmten Songs ausgebeutet hatte, stillschweigend an den Tantiemen beteiligte.

Die Unbekümmertheit von Schriftstellern, sowie Entwicklungen in der Moderne, die Integration von Fremdmaterialien zur Kunstform machten – Stichwörter: Montage, Collage – wurden von den Anhängern der Intertextualität, von Dekonstruktivismus und Postmoderne theoretisch untermauert. Dabei ergab sich eine Zweiteilung der Forschung und mithin der Diskussion. Die Poststrukturalisten führten das globale Begriffsverständnis Kristevas (jeder Text sei letztlich intertextuell) weiter aus (Jacques Derrida, Harold Bloom); andere – etwa Strukturalisten und Hermeneutiker (Gérard Genette, Ulrich Broich) – setzten ein wesentlich engeres Verständnis dagegen, das sich (im Mikrobereich) auf erkennbare, aber nicht notwendigerweise markierte Bezüge, wie Zitate oder Anspielungen, beschränkt (zu den nicht markierten Bezügen würde das Plagiat gehören).

Seit den 1970/80er Jahren bereiteten diese Theoretiker, insbesondere die Anhänger des globalen Intertextualitätsbegriffs, mit ihrem Verständnis von Text und Autor den theoretischen Boden vor für die mit der Verbreitung des Internets im neuen Jahrtausend aufkommenden Diskussionen um geistiges Eigentum und um die freie Zugänglichkeit von allem, was im Netz steht. Das brachte und bringt bekanntlich Konflikte mit professionellen Vermarktern von Musik und Filmen, aber auch von Texten. Fragen des literarischen Plagiats schienen davon nur am Rande betroffen zu sein, da es hierbei meistens um Textteile und deren Einfügung in ein anderes Ganzes ging. Zudem war und ist für die Netzgemeinde selbstverständlich, dass Blogs keinerlei Nutzungsbeschränkungen unterliegen.

2009 erschien (Jahrzehnte nach entsprechenden Werken für die englische und französische Literatur) die erste deutsche Literaturgeschichte des Plagiats von Philipp Theisohn. Nach der Schilderung der letzten großen literarischen Skandale der 1990er Jahre kommt der Verfasser im Abschlusskapitel „Copy/Paste: Das Plagiat als digitaler Schatten" zu einer Art Nachruf auf das Plagiat, das im Computerzeitalter kaum noch möglich sei, weil das Netz „ein plagiarischer Raum" schlechthin sei. Denn hier dominiere das „Sampling-Verfahren": „Die Widerstandslosigkeit des Materials" wirke geradezu „als Beflügelung der Plagiautorschaft [...]. In der Welt des Samples mag sich ein jeder mit den Federn des anderen schmücken".[8] So das abschließende Wort 2009.

Kurze Zeit später, am 18. Januar 2010, erschien der Roman *Axolotl Roadkill* der 17-jährigen Helene Hegemann; am gleichen Tag stand im „Spiegel" (nach wie vor dem einflussreichsten Magazin Deutschlands) ein begeisterter Artikel unter dem Titel *Das Wunderkind der Boheme* (Tobias Rapp). Noch in der gleichen Woche folgten die Feuilletons der „Frankfurter Allgemeinen Zeitung" (Mara Delius, Maxim Biller) und der „Süddeutschen Zeitung" (Georg Diez). Die Kritiker rühmten fast unisono die Geschichte eines 16-jährigen verwahrlosten Wohlstandskinds im Berliner Drogen- und Sexmilieu als „phänomenal", „große, unvergessliche Literatur", als den „Roman ihrer Generation", den „großen Coming-of-age-Roman der Nullerjahre".[9] Das Buch, Startauflage 50.000, schoss an die Spitze der Bestsellerlisten.

In die allgemeine Begeisterung platzte der Begriff, den man in der Internetgeneration endgültig ad acta gelegt glaubte: Plagiat. Ein Blogger wies am 5. Februar 2010 unter der Zeile „alles–nur–geklaut" darauf hin, dass es große Übereinstimmungen einiger Textpassagen mit dem Roman *Strobo* des Bloggers Airen gebe.

Der „Fall Hegemann" führte zur umfangreichsten Plagiatsdiskussion in der deutschen Literatur der letzten 20 Jahre, und das heißt auch: seit dem Aufkommen des Internets. Die sofort einsetzende, überaus lebhafte Kontroverse wurde noch dadurch verschärft, dass bekannt wurde: Die Verfasserin war keine naive Herumtreiberin, die sich ihren Lebensfrust von der Seele schreiben wollte, sondern eine, trotz ihrer Jugend, literatur- und medienerfahrene Kennerin des Kulturbetriebs (und ihr Vater ein bekannter Dramaturg). Die Plagiatsdebatte verband sich daher von Beginn an mit einer Diskussion über Authentizität unter dem übergeordneten Stichwort „Echtheit".

Hegemann selbst betonte zu Recht, sie habe die erzählte Geschichte nie als ihre eigene ausgegeben: „Das ist ja kein Tagebuch oder ein aus Überdruck entstandener Bekenntnisroman." Sie gab – nach anfänglichem Zögern – zu, sie habe den Blog und den Roman Airens benutzt, darüber hinaus eine ganze Reihe weiterer Fremdtexte. Der „Entstehungsprozess", so erklärte sie kühl, habe „mit diesem Jahrzehnt und den Vorgehensweisen dieses Jahrzehnts" zu tun, „also mit der Ablösung von diesem ganzen Urheberrechtsexzess durch das Recht zum Kopieren und zur Transformation".[10] Die Diskussion konzentrierte sich natürlich auf die Frage, ob es das hier eingeforderte Recht (bereits) gebe.

Der Verlag versuchte hingegen, Hegemanns Einstellung in seiner Presseerklärung vom 19. Februar 2010 wissenschaftlich zu adeln: „Dieser Roman folgt in Passagen dem ästhetischen Prinzip der Intertextualität". Allerdings unterlief der Verlag diese Verteidigungslinie durch sein juristisches Handeln: Er erwarb nachträglich die Abdruckrechte von Airen, entschädigte ihn und wies in Neuauflagen auf dessen Anteil hin. Verfasserin und Verlag gaben sozusagen die Basis und die Stichworte für die Diskussion der Literaturkritiker; über 100 Beiträge erschienen von Februar bis April 2010 in deutschen Feuilletons, allein 27 in den drei wichtigsten, der „Frankfurter Allgemeinen Zeitung", der „Süddeutschen Zeitung" sowie der „ZEIT".

In der Frage Intertextualität oder Plagiat gingen die Ansichten selbst bei angesehenen Kritikern und in den führenden Feuilletons weit auseinander. Jürgen Graf argumentierte in der „ZEIT" (17. Februar 2010) unter dem Titel *Literatur an den Grenzen des Copyrights*: Hegemann „zeigt offen, dass sie im Sinne einer Montageästhetik aus fremden Texten kopiert, nur gibt sie nicht an, an welchen Stellen und aus welchen Texten dies geschieht. Doch dies hat noch kaum ein Montageautor jemals getan, insbesondere nicht die Vielgerühmten unter ihnen. Bei den Großen der Literatur gilt das verschleierte Zitat als Kunst, warum also ist es ausgerechnet bei Helene Hegemann ein Plagiat?" Die Kritikerin der „Furche", Heidi Lexe, nannte eine solche Argumentation „eine Intellektualisierung des Abschreibens" (25. Februar 2010). Philipp Theisohn forderte in der „Neuen Zürcher Zeitung" unter der Überschrift *Nennt das Kind beim Namen*: „Hier wurde ohne irgendwelche poetologischen Hintergedanken ein wenig Fremdtext kopiert. Kein Intertext, keine Materialästhetik – Plagiat. Was denn sonst." (25. Februar 2010).

Doch so einfach liegen die Dinge nicht. Denn Hegemann hat ihr Verfahren punktuell thematisiert. Bereits auf der ersten Seite beschreibt die Ich-Erzählerin ihren Zustand: Sie werde von so vielen Gedanken umschwirrt, dass sie ihre „eigenen Gedanken gar nicht mehr von den fremden unterscheiden" könne.[11] Und wenige Seiten später gibt sie ein Gespräch im Anschluss an einen englischen Satz wieder: „Ist das von dir?" Die Antwort: „Ich bediene mich überall, wo ich Inspiration finde und beflügelt werde, Mifti. Filme, Musik, Bücher, Gemälde, Wurstlyrik, Fotos, Gespräche, Träume [...], weil meine Arbeit und mein Diebstahl authentisch werden, sobald etwas meine Seele berührt. Es ist egal, woher ich die Dinge nehme, wichtig ist, wohin ich sie trage." Dieses schön formulierte, nichtsdestoweniger recht unverfrorene Bekenntnis (einer Romanfigur!) zum geistigen Diebstahl, der sich in Authentizität verwandelt, lässt die jugendliche Protagonistin insistieren: „Es ist also nicht von dir?" Die Antwort: „Nein. Von so 'nem Blogger."[12]

Es gibt also zumindest Ansätze zur Selbstreflexion. Dass Hegemann die Plagiatsdiskussion kennt, deutet sie an, wenn sie ihrem Roman eine Danksagung beigibt, in der sie sich vor allem bei Kathy Acker bedankt; diese amerikanische Autorin hatte offen den „Plagiarismus" propagiert und in Urheberrechtsprozessen verteidigt.[13]

Einige zentrale Fragen beim Umgang mit Fremdtexten sind: Wurden die Fremdtexte integriert, oder bleiben die Bruchstellen erkennbar? Haben die Fremdtexte eine Funktion? Wird mit den Begriffen Autorschaft, Originalität, Nachahmung, Plagiat gespielt, werden sie parodiert, dekonstruiert? All das kann man allenfalls ansatzweise erkennen. Die Übernahmen von Airen sind zudem so zahlreich, dass man da schon von Ausbeutung – sei es aus Bequemlichkeit, Unachtsamkeit oder Vorsatz – sprechen kann.

Allerdings geht Hegemann mit diesem peinlichen Faktum im Nachhinein nicht ungeschickt um. Der mit „Quellennachweis" überschriebene Anhang ab der vierten Auflage vom März 2010 beginnt mit dem Abdruck aller verwendeten 21 Airen-Stellen, ihrem eigenen Text gegenübergestellt. Aber dann ironisiert oder parodiert Hegemann das Verfahren, wenn sie unter „weitere private Quellen" auch die „verfremdete Wiedergabe einer privaten Korrespondenz" anführt oder „modifizierte Leserkommentare" im Internet oder gar „Inspirationen ohne genaue Quellentextkenntnis".[14]

Was hatte und hat die Plagiatsdiskussion mit der literarischen Qualität des Werkes zu tun? Niemand behauptete, dass diese sich durch die Aufnahme der „plagiierten" Sätze erhöht hätte. Dennoch hatte der Plagiatsvorwurf wesentliche Auswirkungen auf die Wahrnehmung des Romans. Kaum ein Kritiker rühmte den Roman noch so enthusiastisch wie vor den Enthüllungen. Das zeigt, dass trotz aller poststrukturalistischen Theorien die Bekanntheit der Autorin offensichtlich noch immer Einfluss auf die Bewertung eines Werkes ausübt. Die enttäuschten Anhänger eines nun in der Tat überholten Authentizitätsbegriffs sprachen dem Text Echtheit und Originalität ab und sahen in den Plagiaten einen eindeutigen Beleg dafür. Die Verteidiger und Fürsprecher Hegemanns und des Romans hingegen, die autobiographische Bezüge als irrelevant abtaten, waren nun auch eher bereit, die Erklärung „Intertextualität" zu akzeptieren.

Diese Konfrontation führte auch in zentralen Einzelheiten zu extrem entgegengesetzten Urteilen. Schwärmten die einen von einem Deutsch, „das es noch nie gab", „verführerisch und individuell", gar von einem „Hegemann-Sound" (Biller), so bezeichneten andere ihre Sprache als „unbeholfen und dumm" (Uwe Wittstock)[15], fanden den „Fick- und Kotzjargon" „nervtötend".

Ich halte den Roman für recht mittelmäßig; Strukturen sind kaum erkennbar, Stereotypen und Klischees häufig, die Sprache ohne größere Differenzierungen, auch als fingierter Originalton einer 16-Jährigen von schwer erträglicher Monotonie zwischen Jargon und altklugen Sprüchen.

Allerdings: Zum Lebensumkreis der Protagonistin gehört auch das selbstverständliche Einverleiben von Fremdtexten aller Art. Aber dennoch ist Mifti keine literarische Schwester des Katers Murr, nicht einmal eine Stiefschwester. Denn Murr und sein Flickenteppich von Zitaten und Plagiaten haben eine wesentliche Funktion im Roman; von den Versatzstücken, die Mifti sich aneignet, kann man das nicht sagen. Es geht also nicht primär darum, ob Hegemann intertextuelle Verfahren anwendet (zumal einige Experten, wie oben vermerkt, auch das Plagiieren darunter subsumieren), sondern um die Diskussion, ob und in welchem Maße aus diesen Verfahren ein literarisches Instrument oder gar ein Kunstmittel wird: eine bewusste Verwendung, eine Reflexion des Verfahrens, ein artistischer oder spielerischer Umgang damit, als Hommage oder Parodie der früheren Texte mit dem Ziel, diesen eine Funktion im eigenen Text zu geben. All das ist in *Axolotl Roadkill* kaum ansatzweise zu erkennen.[16]

Aus dem Abstand von zwei Jahren kann man sagen: „Der größte Fall eines literarischen Plagiats im neuen Jahrtausend" schrumpft zu einer Groteske und zu einer Fußnote in der Literaturgeschichte. Er wirkt wie eine Realsatire auf das literarische Leben, in der nicht nur Autorin und Verlag, sondern auch, ja in erster Linie, führende Journale, Feuilletons, Kritiker willig mitspielten. Mit ein wenig Zynismus könnte man feststellen: In diesem Spektakel wurde kaum einer beschädigt (außer einigen Kritikern und Kommentatoren, die sich selbst beschädigten). Die Autorin wird berühmt (*Axolotl Roadkill* ist mittlerweile in 15 Sprachen übersetzt), Airen erhält eine Neuauflage seines zuvor völlig unbeachteten Romans (und ist nun als Urheber „von originellen Wortschöpfungen"[17] wie ‚Technoplastizität' und ‚Vaselintitten' anerkannt), der Verlag verdient Millionen, und das Feuilleton hat ein dankbares Thema, bei dem jeder auch ohne große Sachkenntnis mitreden kann.

Daher eignet sich das literarische Plagiat nicht nur für eine wissenschaftliche oder juristische Diskussion, sondern auch prächtig als literarisches Motiv, wie viele vergnügliche Werke von E.T.A. Hoffmann und Wilhelm Hauff über Arno Schmidt und Italo Calvino bis Georges Perec und Umberto Eco zeigen. Aber das ist ein anderes, viel erfreulicheres Kapitel in der Geschichte des literarischen Plagiats im Zeitalter der Intertextualität.[18]

---

[1] HOFFMANN, E.T.A.: *Lebens-Ansichten des Katers Murr*. In: E.T.A. H.: Sämtliche Werke. Hg. von Hartmut Steinecke und Wulf Segebrecht. Bd. 5. Frankfurt/M.: Deutscher Klassiker Verlag 1992, S. 91.

[2] GOETHE, Johann Wolfgang: *Claudine von Villa Bella* (2. Fassung 1788). In: J. W. G.: Dramen. 1776-1790. Hg. von Dieter Borchmeyer (= J. W. G.: Sämtliche Werke. Hg. von Friedmar Apel [u. a.]. Bd. 5). Frankfurt/M.: Deutscher Klassiker Verlag 1988, S. 675.

[3] MEYER, Herman: *Das Zitat in der Erzählkunst. Zur Geschichte und Poetik des europäischen Romans*. 2. Aufl. Stuttgart: Metzler 1967, S. 127, 126.

[4] HOFFMANN (Anm. 1), S. 70, 361, 428f.

[5] Zu HOFFMANNS Zitatverwendung, vor allem in *Kater Murr*, gibt es eine umfangreiche neuere Forschungsliteratur, u. a. vom Verf. (H. St.): *Artistik und Unterhaltsamkeit. Neue Schreibarten in der deutschen Literatur von E.T.A. Hoffmann bis Heinrich Heine*. Berlin 1998 (dort wird auch das Eingangsbeispiel ausführlich analysiert und in Kontexte gestellt).

[6] KOFMAN, Sarah: *Schreiben wie eine Katze ... Zu E.T.A. Hoffmanns „Lebens-Ansichten des Katers Murr"*. Wien [u. a.]: Böhlau 1985, S. 105.

[7] GOETHE zu Eckermann, 18. Januar 1825; HEINE, Heinrich: *Über die Französische Bühne*, 6. Brief (1837); BRECHT, Bertolt: *Eine Erklärung* (5. Mai 1928). – Die ausgabenunabhängige Zitierung ist in einem essayistischen Beitrag erlaubt, aber für den Wissenschaftler, der gerne schöne Zitate aus der Forschungsliteratur übernimmt (was noch nicht ganz als Plagiat gilt), etwas ärgerlich, weil er nun doch noch selbst suchen muss. – Die beste Gesamtdarstellung der Geschichte des literarischen Plagiats in Deutschland gibt THEISOHN, Philipp: *Plagiat. Eine unoriginelle Literaturgeschichte*. Stuttgart: Kröner 2009 [mit Bibliographie]; eine sehr gute Analyse stammt von REULECKE, Anne-Kathrin: *Ohne Anführungszeichen. Literatur und Plagiat*. In: A.-K. R. (Hg.): *Fälschungen. Zu Autorschaft und Beweis in Wissenschaft und Künsten*. Frankfurt/M.: Suhrkamp 2006, S. 265–290.

[8] THEISOHN (Anm. 7), S. 518ff., Zitate S. 529, 536. Im letzten Satz zitiert Theisohn BURCKHARDT, Martin: *Unter Strom*. In: M. B.: Vom Geist der Maschine. Eine Geschichte kultureller Umbrüche. Frankfurt/M., New York: Campus 1999, S. 222–245.

[9] Diese und die folgenden Zitate aus der Tagespresse sind entnommen der Zusammenstellung in dem Beitrag von SCHUCHTER, Veronika: *Der Fall Hegemann. Analyse einer Debatte* (7. Mai

2010), http://www.uibk.ac.at/literaturkritik/zeitschrift/769111.html sowie dem Wikipedia-Eintrag *„Helene Hegemann"* (15. März 2013).

[10] Süddeutsche Zeitung, 8. Februar 2010.

[11] HEGEMANN, Helene: *Axolotl Roadkill.* Berlin: Ullstein 2010; zit. nach der 4. Aufl., März 2010, S. 8f.

[12] Ebda, S. 13f.

[13] Ebda, S. 208. – Siehe dazu auch ACKER, Kathy: *Ultra light – last minute – ex+pop-literatur.* Hg. und übers. von Almuth Carstens. Berlin: Merve 1990.

[14] HEGEMANN (Anm. 11), S. 203–208.

[15] Die Welt, 17. März 2010 (also nach Aufdeckung des Plagiats).

[16] SCHUCHTER (Anm. 9) verurteilt „das relative plumpe, in jedem Fall aber unnötige Kopieren von Fremdtext", vermeidet jedoch den Begriff „Plagiat". Aber auch den der „Intertextualität" hält sie für unpassend, „da weder ein innovativer Umgang mit dem übernommenen Material noch eine tatsächliche Transformation stattgefunden hat"; „der üble Nachgeschmack" bleibe, „dass sich hier jemand mit fremden Federn schmücken wollte". – Interessant ist auch der Artikel von LÖHR, Eckart, einem vehementen Anhänger der Postmoderne: *Helene Hegemann „Axolotl Roadkill" und die überforderte Literaturkritik* (15. Februar 2010); sowie die anschließende Diskussion mit Thomas Anz; dabei wird auch der oben zitierte Dialog (ungenau) zitiert; http://www.literaturkritik.de/public/online_abo/forum/forumfaden.php?rootID=120 (15. März 2013).

[17] SCHUCHTER (Anm. 9); hoffentlich ironisch gemeint.

[18] Nach Abschluss des Grazer Symposiums erschien der Essay *Literarisches Eigentum. Zur Ethik geistiger Arbeit im digitalen Zeitalter* von Philipp THEISOHN (Stuttgart: Kröner 2012). Er analysiert wissenschaftliches wie literarisches Plagiat der Gegenwart als Zeichen zunehmender Ablösung von Texten von ihren Verfassern. Dabei ordnet er auch den Fall Hegemann überzeugend in diesen globalen Prozess ein: eine Romanwelt aus unterschiedlichen Textbausteinen, eine Ich-Figur, die fremdbestimmt lebt, sowie eine Autorin, die, paradoxerweise, außerhalb des Werkes, im literarischen Leben, als Persönlichkeit mit individuellen Eigenheiten und Fähigkeiten agiert.

CHRISTINE IVANOVIĆ

Zwischen mimetischem Vermögen und mimetischem Begehren
Die gegen Paul Celan erhobenen Plagiatsvorwürfe und ihre Folgen

Die Natur erzeugt Ähnlichkeiten. Man braucht nur an die Mimikry zu denken. Die höchste Fähigkeit im Produzieren von Ähnlichkeiten aber hat der Mensch. Die Gabe, Ähnlichkeiten zu sehen, die er besitzt, ist nichts als ein Rudiment des ehemals gewaltigen Zwanges, ähnlich zu werden und sich zu verhalten. Vielleicht besitzt er keine höhere Funktion, die nicht entscheidend durch mimetisches Vermögen mitbedingt ist.[1]

Walter Benjamin stellte diese Überlegungen an den Beginn seiner 1933 entworfenen *Lehre vom Ähnlichen*, in der er Ansätze zu einer neuen Sprachtheorie skizziert. Ähnlichkeiten wahrzunehmen und im eigenen Verhalten zu produzieren, wertet Benjamin nicht als Mangel an Originalität oder gar als Usurpation fremden Eigentums, sondern als eine den Menschen auszeichnende unwillentliche Fähigkeit („Rudiment eines gewaltigen Zwanges"). Im mimetischen Vermögen erkennt er schließlich die conditio sine qua non für die Ausbildung der Sprache als eines „Kanons unsinnlicher Ähnlichkeiten". Nur aufgrund dieser Ähnlichkeitsfunktion sei sprachliche Kommunikation überhaupt möglich.

Knapp dreißig Jahre später entwickelte René Girard eine andere mimetische Theorie, in der er anhand von Analysen literarischer Texte das mimetische Begehren („le désir mimétique") als grundlegende Antriebskraft des Menschen im sozialen Gefüge beschreibt.[2] Dieses grundsätzliche Begehren nach dem Anderen, das sich als eine komplexe Form der Nachahmung artikuliert, steht nach Girard in unmittelbarem Zusammenhang mit den Mechanismen der für den Fortbestand einer Gesellschaft notwendigen Bannung von Gewalt, wie sie im Schema des „Sündenbocks" zum Ausdruck komme.[3]

Beide Ansätze, die selbst nicht auf das Phänomen Plagiat eingehen, markieren auf überraschende Weise die Pole einer jahrzehntelang öffentlich geführten Auseinandersetzung um die Gedichte Paul Celans, in der Ähnlichkeiten und Nachahmung im Zusammenhang eines Plagiatsvorwurfs anhaltend und mit schwerwiegenden Folgen diskutiert wurden. Ich verweise auf sie als Modelle zur Erklärung von Mechanismen, die als grundlegende menschliche Verhaltensweisen gelten können. Als Modelle erscheinen sie mir geeignet, die Argumentationsstruktur, die Dynamik und die Kontinuität der gegen Celan erhobenen Vorwürfe besser verstehen zu können. Der Hinweis auf das „mimetische Vermögen" ermöglicht es einerseits, den gegen Celan erhobenen Plagiatsvorwurf, der Teil einer Grundsatzdebatte zur poetologischen Neubestimmung der deutschsprachigen Lyrik der Nachkriegszeit wurde, als eklatante Fehleinschätzung im Bezug auf die seiner Lyrik zugrunde liegenden Poetik zu bewerten. In Verbindung mit der „Sündenbock"-Theorie erlaubt es Girards Modell des „mimetischen Begehrens" andererseits, die Gründe für die über alle Plausibilität hinaus über Jahre hinweg immer wieder von neuem erhobenen Vorwürfe nicht nur im Privatinteresse von deren Initiatorin zu verorten, sondern in der Plagiatsaffäre den Effekt einer klassischen Bewältigungsstrategie zu erkennen, in der sich ein ganzes Kollektiv von Kritikern einig war. Die Ambivalenz von öffentlicher Anschuldigung und gleichzeitiger Anerkennung, die die Rezeption Celans zu dessen Lebzeiten bestimmte, verweist überraschend deutlich auf das von Girard im selben Zeitraum elaborierte Modell. Der Plagiatsvorwurf, so die hier vertretene These, war nur der ebenso wohlfeile wie wirkungsmächtige Vorwand für eine viel tiefer liegende Problemkonstellation, die innerhalb der unter dem Bann der Gewalttaten stehenden deutschen Gesellschaft stillschweigend verhandelt werden musste. Er hatte für den Menschen Celan fatale Folgen. Positiver einzuschätzen sind demgegenüber die aus der Debatte resultierenden Konsequenzen für seine Dichtung. Um dies in aller Kürze darzulegen, werde ich im Folgenden knapp die wichtigsten Aspekte der sogenannten „Goll-Affäre" rekonstruieren, deren Argumentation schematisch darlegen und deren Folgen skizzieren. Bei der Zusammenfassung der Fakten berufe ich mich durchgehend auf die minutiöse Rekonstruktion, die Barbara Wiedemann in einer umfangreichen Dokumentation vorgelegt hat.[4]

1. Rekonstruktion der sogenannten „Goll-Affäre"

Nach seinem Debüt beim Treffen der *Gruppe 47* im Mai 1952 in Niendorf an der Ostsee konnte Paul Celan noch im selben Jahr seinen ersten Gedichtband *Mohn und Gedächtnis* in Deutschland publizieren. Dieser Band fand schnell überregionale Aufmerksamkeit. Der in Amerika tätige Germanist Richard Exner machte die mit der Herausgabe der Werke Yvan Golls beschäftigte Witwe des Dichters, Claire Goll, bereits im August 1953 auf „Ähnlichkeiten" in der Diktion der Gedichte Celans und Golls aufmerksam. Diese „Ähnlichkeiten" wirkten prekär, weil sie auf die persönliche Bekanntschaft zwischen den beiden Autoren zurückgeführt werden konnten. Die Witwe Golls griff den Hinweis auf und sorgte für eine über Jahrzehnte hinweg immer wieder von neuem entzündete öffentliche Debatte um die Abhängigkeit der Gedichte Celans von der Lyrik Yvan Golls, an der sich Literaturkritiker, Autoren und Fachwissenschaftler beteiligten.

Celan hatte Goll erstmals am 6. November 1949 in Paris aufgesucht und ein Exemplar seines 1948 in Wien erschienenen (zu diesem Zeitpunkt bereits aus dem Handel zurückgezogenen) Gedichtbands *Der Sand aus den Urnen* geschenkt. Bis zu Golls Tod wenige Monate später (am 27. Februar 1950) pflegte Celan freundschaftlichen Kontakt zum Ehepaar Goll. Yvan Goll selbst erlebte in diesen letzten Monaten seines Lebens noch einmal eine dichterisch produktive Schaffensphase, in der er wieder Gedichte auf Deutsch verfasste (vgl. besonders den Zyklus *Traumkraut* 1951 posthum). Nach seinem Tod bat Golls Witwe Celan um rasche Übersetzung der auf Französisch geschriebenen Gedichte ihres Mannes ins Deutsche. Die von Celan angefertigten Übertragungen (drei französische Gedichtbände) wurden von ihr resp. vom Verlag als mangelhaft abgelehnt, die Übersetzungsmanuskripte erhielt Celan nicht wieder ausgehändigt. Sie wurden aber offensichtlich für die von Claire Goll vorbereitete spätere deutschsprachige Edition der Werke Golls verwendet (Einzelausgaben erschienen 1952, 1956 und 1960). Die Auseinandersetzung um die Übersetzungen führte zum Zerwürfnis zwischen Celan und Claire Goll. Den Hinweis Exners auf „Ähnlichkeiten" der Gedichte Golls und Celans aufgreifend, äußerte Claire Goll einen Plagiatsverdacht zuerst im privaten Kreis gegenüber Vertretern des Literaturbetriebs, die dann ihrerseits in Rezensionen oder anderen Stellungnahmen zur Lyrik Celans schnell explizit einen Plagiatsvorwurf formulierten und diesen zum Gegenstand einer öffentlichen Debatte machten. Claire Goll publizierte schließlich selbst in der Münchener Studentenzeitschrift „Baubudenpoet" einen von ihr namentlich gezeichneten Artikel, in dem sie Celan als Plagiator bezeichnete. Da Celan im selben Jahr (1960) der Büchnerpreis zugesprochen worden war, sah sich die preisgebende Darmstädter Akademie für Sprache und Dichtung gezwungen, ein Gutachten einzuholen, um die Vorwürfe zu prüfen. Mit der Erstellung des Gutachtens beauftragte man allerdings kein Mitglied der Akademie und auch keinen der anerkannten Fachvertreter, sondern den damaligen Hilfsassistenten von Fritz Martini, Reinhard Döhl, der zur Gruppe um Max Bense gehörte, selbst konkrete Poesie verfasste und der Lyrik Celans keineswegs uneingeschränkt positiv gegenüberstand. Celan wurde durch Döhls Gutachten von den Vorwürfen entlastet.[5] Döhl verwies dabei explizit auf Textmanipulationen, mit denen die Plagiatsvorwürfe gestützt worden waren, und bezeichnete die Plagiatsdebatte als Versuch einer „öffentlichen Erledigung". Nichtsdestoweniger wurden Vorbehalte gegenüber Werk und Person Celans – auch von Döhl selbst – wie auch Plagiatsvorwürfe mit immer neuen Beispielen und Belegen parallel dazu und in der Zeit danach weiterhin öffentlich diskutiert. Die den Plagiatsvorwurf begleitenden Schlussfolgerungen, d. h. die daraus abgeleiteten moralischen und ästhetischen Werturteile in Bezug auf Person und Werk Celans, wurden in den Folgejahren teilweise sogar noch verschärft formuliert. Bis heute ist die Diskussion um diese vermeintlichen Plagiate Teil der wissenschaftlichen Debatte um Celan.

In ihrer Dokumentation gliedert Barbara Wiedemann die Geschichte des Plagiatsvorwurfs, der sich bis 1960 zur „Affäre" ausgeweitet hatte, in mehrere Phasen: die persönliche Begegnung von Yvan und Claire Goll mit Celan (1949–1952); die gezielten Angriffe auf Celan, die Claire Goll zunächst über Dritte lancierte (1953–1959); die auf die Publikation des Artikels von Claire Goll folgende „Presse-Kampagne" (1960–1962) und schließlich die „Nachwirkungen und Folgen", wobei die Zeit bis zu Celans Freitod im April 1970 von der Phase eines „polemischen Aufflackerns nach Celans Tod" unterschieden wird.

En détail zeigt Wiedemann auf, dass Celan in keinem Fall ein Plagiat der Gedichte Golls nachgewiesen werden kann. Sie belegt auch, wo Claire Goll Entstehungsdaten bewusst fingiert und wo sie – meist auf dem Umweg über Übersetzungen – in den Wortlaut der Gedichte Golls eingegriffen hat, um den Anschein von Plagiaten entstehen zu lassen. Anhand der von Wiedemann präsentierten Dokumente lassen sich vor allem aber, und das erscheint mir im vorliegenden Zusammenhang von eigentlichem Interesse zu sein, die Argumentationsschemata der in die Debatte einbezogenen Personen nachvollziehen. Im Rückblick erweist sich der ganze Vorgang als paradigmatisch für die Epoche. Der von Claire Goll erhobene Plagiatsvorwurf konnte sich, so die hier vertretene These, unter den spezifischen Bedingtheiten der in diesem Zeitraum verfassten und verhandelten Literatur zu einer jahrzehntelang diskutierten Affäre ausweiten, in der sich viele der maßgeblichen Akteure im damaligen Literaturbetrieb zu Wort meldeten: eine Affäre, die den Lyrikbegriff der Epoche beeinflusste, die Dichtung Celans veränderte und letztlich für den Menschen Celan selbst fatale Folgen hatte – ein, wie es scheint, klassischer Fall für die erwähnte „Sündenbock"-Theorie.

2. Argumentationsschemata

Anhand von Wiedemanns Dokumentation lassen sich folgende Vorwürfe resp. Argumentationslinien erkennen:

1. *Vertrauensbruch*: Die persönliche Bekanntschaft Celans mit Yvan Goll ist ein maßgeblicher Ausgangspunkt für den Plagiatsvorwurf. Denn dieser erhält durch den mit dem Plagiat verbundenen Vertrauensbruch den Akzent des Verrats am Freund, eines moralisch höchst verwerflichen Verhaltens gegenüber dem todkranken Dichter.

2. *Vorsätzlicher Betrug*: Im Gegensatz zu den Gedichten von Rilke, Trakl oder Benn, die in der Debatte immer wieder zum Vergleich herangezogen werden, gelten diejenigen von

Yvan Goll nicht im selben Maße als kanonische Texte, auf welchen die moderne resp. die Nachkriegslyrik aufbaute. Der vergleichsweise geringere Bekanntheitsgrad der Gedichte Golls im Bewusstsein der zeitgenössischen Leser ermöglichte es Celan, auf dessen Texte zurückzugreifen, ohne dass diese Bezugnahmen ihrer Herkunft nach hätten identifiziert werden können. Celans Vorgangsweise stelle demnach eine Form vorsätzlichen Betrugs dar.

3. *Epigonalität statt Originalität*: Was als neu und originär bei Celan erscheine, sei in Wahrheit bereits von Goll vorgezeichnet gewesen. Mit diesem Argument wird, ausgehend vom vorgeblichen Nachweis punktueller „Übernahmen" einzelner dichterischer Wendungen hinaus, die Originalität von Celans Lyrik generell in Frage gestellt. Celan, der sich die originären Bildschöpfungen anderer angeeignet haben soll, könne diese Bilder nur mehr epigonal gebrauchen und produziere somit selbst nur Bilder von zweifelhafter Dignität und Qualität.

4. *Plädoyer für die Aufwertung der Lyrik Yvan Golls*: Bei vielen der an der Debatte Beteiligten zielte der Plagiatsvorwurf mit der Infragestellung der Dignität von Celans Lyrik auf die Aufwertung der Gedichte Yvan Golls, die bisher trotz der ihr zugeschriebenen ästhetischen Qualitäten nur eine vergleichsweise geringe Beachtung gefunden hätten. Insbesondere Claire Goll war unaufhörlich bemüht, mit dem gegen Celan erhobenen Plagiatsvorwurf das Werk ihres Mannes ins Blickfeld der literarischen Öffentlichkeit zu rücken, vor allem jeweils dann, wenn ein neuer Gedichtband von Celan erschienen war (*Mohn und Gedächtnis*, 1952; *Von Schwelle zu Schwelle*, 1955; *Sprachgitter*, 1959).

5. *Infragestellung des Wahrheitsgehalts von Celans Dichtung*: Mit der Originalität wird schließlich auch die Authentizität von Celans Gedichten mit ihren vermeintlich „gestohlenen" Bildern und Metaphern in Frage gestellt, mithin der Wahrheitsgehalt seiner Dichtung überhaupt angezweifelt (stereotyp erscheint hier die von Claire Goll in die Debatte eingebrachte Infragestellung des Todes resp. der Ermordung von Celans Eltern im Kontext des Holocaust). Die Diskreditierung der ästhetischen Verfahren Celans (die als Betrug gebrandmarkt werden) geht Hand in Hand mit dem zeitgenössischen Plädoyer für eine wirklichkeitsbezogene Ästhetik. Dieser Wirklichkeitsbezug vor allem, so wird mehrheitlich argumentiert, ermangle den Gedichten Celans. Implizit artikuliert diese Argumentation die Ablehnung einer fundierten Auseinandersetzung mit der Ästhetik des Celanschen Gedichts.

6. *Eliminierung einer anderen Stimme*: Während es einer der offenkundigen Antriebe der Witwe Golls war, die Publizität der Gedichte Celans für die Vermarktung der fast vergessenen Werke Yvan Golls zu nutzen, fällt auf, dass sich zahlreiche Vertreter des Literaturbetriebs – Kritiker, Literaturwissenschaftler, Autoren – auch unabhängig von Claire Golls Interventionen bereitwillig an der Debatte beteiligten. Ihnen ging es allem Anschein nach um die Unterdrückung einer dichterischen Stimme, die eine in der deutschsprachigen Nachkriegsliteratur bisher kaum vertretene Ästhetik der europäischen Moderne repräsentierte. Vor allem aber wurde Celan unterstellt, eine aus der Lyrik dieser Epoche nach allgemeinem Verständnis ausgeschlossene historische Erfahrung zum Ausdruck zu bringen. Adornos berühmtes, auf die Möglichkeiten von Lyrik nach Auschwitz bezogenes Diktum wurde umgehend als „Auschwitz-Verdikt" über die zeitgenössische Lyrik verhängt. So konnten beispielsweise die seit dem Zweiten Weltkrieg entstandenen Gedichte von Nelly Sachs in der Bundesrepublik erst 1957 erscheinen; ihre Bände *In den Wohnungen des Todes* und *Sternverdunkelung* waren 1949 nur in Ost-Berlin und in Amsterdam gedruckt worden.

Zur umfassenden Denunzierung Celans nutzten offenkundig viele an der Debatte beteiligte Autoren und Kritiker den von Claire Goll erhobenen Plagiatsvorwurf und vermehrten ihn um zahllose weitere Plagiatsfunde aus allen Teilen der Weltliteratur. Damit wurden nicht mehr ein oder mehrere auf die Lyrik Yvan Golls bezogene Einzelfälle, singuläre Übernahmen eines einzigartigen dichterischen Bilds oder einer spezifischen Formulierung diskutiert, sondern – auf der Basis solcher massiven „Plagiatsfunde" – die Dignität der Dichtung Celans grundsätzlich und, das ist zu betonen, kontinuierlich in Frage gestellt.

7. *Meisterplagiator:* Celan, der als Dichter der *Todesfuge* berühmt geworden war, sieht sich als „Meisterplagiator" diffamiert (so soll ihn der DDR-Lyriker Georg Maurer erstmals 1956 auf einer Lyrikdiskussion in Ostberlin bezeichnet haben); der Begriff geistert seither durch die Debatte. Maurer selbst hat sich davon jedoch explizit distanziert.[6] Diese Vorwürfe reichen weit über den Tod Celans hinaus bis in die Gegenwart. Die Debatte um die Goll-Plagiate lässt dessen Texte schließlich ganz hinter sich und kulminiert in einer 1972 neu entfachten Plagiatsdebatte, die sich nun explizit auf das paradigmatische Gedicht Celans, die *Todesfuge*, bezieht. 1970 hatte die in Rumänien auf Deutsch erscheinende Zeitschrift „Neue Literatur" unter dem Titel *Er* erstmals ein Gedicht von Immanuel Weissglas, einem Jugendfreund Celans, publiziert, das deutliche Parallelen zur *Todesfuge* aufweist. In einem zwei Jahre später in der einflussreichen Literaturzeitschrift „Akzente" veröffentlichten Beitrag erhob der Germanist Heinrich Stiehler dann den Plagiatsvorwurf[7], der seither aus keiner Diskussion der *Todesfuge* mehr wegzudenken ist. Bis heute ist nicht geklärt, welches der beiden Gedichte – *Todesfuge* oder *Er* – zuerst entstanden ist. Ebenfalls nicht geklärt ist, warum Weissglas angesichts der Berühmtheit von Celans *Todesfuge* bis zu diesem Zeitpunkt nie öffentlich auf sein Gedicht aufmerksam gemacht hatte. Er selbst sprach auf Befragen Stiehlers bezeichnenderweise auch nicht von Plagiat, sondern verwies nur auf den einst unter den jungen Czernowitzer Dichtern üblichen freundschaftlichen Austausch: „Es kam so", wurde Weissglas zitiert, „wir sprachen Verse vor uns hin, die zu Gedichten gerannen".[8] Die Publikation von *Er* und die vor allem nach 1989 sich daran anschließende Debatte steht unübersehbar – nicht unähnlich der Debatte um die „Abhängigkeit" Celans von Yvan Goll – im Kontext des Versuchs einer Profilierung der jahrzehntelang wenig beachteten deutschsprachigen Literatur aus Rumänien. Dieser Versuch zielte darauf ab, Celan als den *ungerechterweise* glücklicheren Autor darzustellen, dessen Texte frühzeitig Anerkennung im westlichen Literaturbetrieb gefunden hätten, wohingegen die nicht weniger wertvollen Texte seiner weniger glücklichen Landsleute kaum wahrgenommen, geschweige denn gedruckt worden wären. Beispielhaft für diese jüngeren Profilierungsversuche, an denen sich auch Wolf Biermann auf unrühmliche Weise beteiligte[9], sei hier auf den rumänischen Germanisten George Guţu verwiesen, der die Plagiatsdebatte in wissenschaftlich befremdlicher Argumentation noch einmal aufgriff und nachzuweisen versuchte, in welch großem Ausmaß Celans Werk der kaum bekannten reichen Literaturlandschaft Rumäniens verpflichtet sei und inwiefern seine Anerkennung den anderen Autoren seiner Generation gar zum Schaden gereicht habe.[10] Die Argumentationsstrukturen wiederholen sich: auch hier ein, wie es scheint, klassischer Fall für die „Sündenbock"-Theorie.

3. Abschätzung der Folgen

Der bald nach dem Erscheinen seines ersten Gedichtbands in Deutschland erhobene Plagiatsvorwurf hatte auch für Celan selbst fatale Folgen. Man muss kaum spekulieren, ob die schwerwiegende psychische Erkrankung, derentwegen er sich seit 1963 mehrfach in klinische Behandlung begeben musste und die schließlich seinen Selbstmord im April 1970 mitbedingte, durch die ihm im Kontext der Plagiatsaffäre entgegengebrachten Anfeindungen beeinflusst worden war. Die schweren Verletzungen, die diese Vorwürfe dem Dichter und den ihm Nahestehenden zugefügt haben, sind weder ahndbar noch wieder gutzumachen. Angesichts dieser Umstände scheint es notwendig, den Effekt der Plagiatsaffäre um Celan auch auf anderen Ebenen zu betrachten.

Der Plagiatsvorwurf wirkte nämlich nicht allein auf die früher verfassten Texte. Er hatte nachhaltige Folgen auch für die Produktion von Celans weiterem, viel umfangreicherem Gedichtwerk und prägte frühzeitig die Schemata der Rezeption, den „Umgang" der Kritiker mit allen seinen Gedichten, deren einzelne Elemente nach ihrer Herkunft befragt werden. Indem man die Lyrik Celans auf die anderen Texten entnommenen Bestandteile zurückzuführen suchte, konnte man ihren Autor als Kompilator im besten, als Dieb im schlimmsten Fall bloßstellen. Den Schlusspunkt dieser mit antisemitischen Stereotypen durchsetzten Argumentation bildete die gänzliche Annihilierung von Celans Gedichten als Replikation ihrer „Quellen" – mit der unübersehbaren Zielvorstellung, diese Vorlagen, ob sie nun von Goll oder aus der rumäniendeutschen Literatur stammen, als die eigentlich wertvollen Zeugnisse auszuweisen.

Das literarhistorische wie ästhetische Unverständnis auch renommierter Literaturwissenschaftler erstaunt weniger, wenn man die Auseinandersetzung um die Lyrik Celans als Stellvertreterdiskussion im Sinne der „Sündenbock"-Theorie ernst nimmt. Die folgenschwere Leichtfertigkeit im Umgang mit Celan und seinem Werk äußerte sich in der mangelnden Prüfung des Sachverhalts (Datierungsfragen, Publikationsorte, Zuverlässigkeit des Textstands bei Übersetzungen) und in bedenkenlosen ästhetischen Pauschalverdikten einschließlich der Verkennung dessen, was sonst als literarische Traditionsbildung durchweg anerkannt und den Zeitgenossen Celans auch mehrheitlich problemlos zugestanden wurde (man ziehe zum Vergleich nur den Umgang mit den Gedichten Ingeborg Bachmanns heran).

Celan selbst hat den Vorgang als antisemitischen Angriff aufgefasst. In den unbelegten, die Argumentation konturierenden Vorwürfen des Diebstahls, der mangelnden Originalität, ja Authentizität nahm Celan das Wiederaufleben antisemitischer Stereotypen wahr, in der Leugnung des Realitätsgehalts seiner Dichtung die „Auschwitzlüge", in der unaufhörlichen Anfeindung den Versuch, die „Endlösung" abermals an ihm und seinem Gedicht zu vollziehen. Im Erfahrungsraum des Holocaust war es nicht möglich, die Plagiatsaffäre ohne diesen Kontext zu verstehen, zumal die einschlägigen Metaphern, deren Wirklichkeitsbezug in Frage gestellt wurde, gerade jene waren, in denen Celan das historische Geschehen anzusprechen versucht hatte („Ihr mahlt in den Mühlen des Todes das weiße Mehl der Verheißung", heißt es unmissverständlich in dem Gedicht *Spät und Tief* aus dem Zyklus „Mohn und Gedächtnis").

Angesichts dessen fällt es schwer, den Effekt der Plagiatsaffäre noch auf einer anderen Ebene anzusprechen. 1973 erschien in England die wichtige Studie *The Anxiety of Influence* von Harold Bloom, in der versucht wurde, die Herausbildung literarischer Tradition und das Dilemma „originären" Schaffens neu zu beleuchten und literarhistorisch anders zu systematisieren. Bloom argumentiert, dass die unumgängliche Notwendigkeit, an die literarische Tradition anzuknüpfen, im Konflikt stehe zwischen der Angst vor dem Plagiatsvorwurf und der gleichzeitigen Erfordernis, sich als Originalgenie bewähren zu müssen. Dieses Spannungsverhältnis entbinde – unter nicht auszuhaltendem Druck – eine künstlerische Produktivität sui generis.

Für Celans dichterisches Werk hatte – so Harold Bloom – die Plagiatsaffäre in engster Verbindung mit ihren fatalen Auswirkungen einen in mehrfacher Hinsicht produktiven Effekt, und zwar auf folgenden Ebenen:

1. *Datierungen*: Insofern die Frage der Datierung bei den gegen ihn erhobenen Plagiatsvorwürfen eine wesentliche Rolle spielte, begann Celan alle seine Aufzeichnungen aufzubewahren und seine Gedichtentwürfe, aber auch Lektüren sorgfältig zu datieren und zu archivieren. Celan hinterließ infolgedessen einen unvergleichlichen Bestand an Materialien, die seine Texte zumindest heute besser zu verstehen helfen.

2. *Intertextualität*: Seit dem Aufkommen des Plagiatsvorwurfs setzte sich Celan in neuer Form mit literarischen Traditionen auseinander und entwickelte eine Vielfalt dezidierter Verfahren des markierten Umgangs mit anderen Texten oder Diskursen – Verfahren, die sich nur zum Teil als Intertextualität beschreiben lassen und die poetische Qualität seines Spätwerks maßgeblich bedingen.

3. *Thematisierung der Verunglimpfung*: Die verschiedenen Phasen der Anschuldigungen und Verunglimpfungen seines Werkes und seiner Person sind vielfach Gegenstand seiner nach 1953 entstandenen Gedichte. Angesichts des sensibel wahrgenommenen Zusammenhangs mit antisemitischen Stereotypen sind diese Texte (viele von ihnen wurden von ihm selbst nicht publiziert) oft erschütternde Zeugnisse dessen, was ich als Postholocaust bezeichnen möchte. Sie lassen im Abstand eines halben Jahrhunderts erkennen, inwiefern Autoren wie Celan versucht haben, nach dem Holocaust weiterzuleben; wie sie bereit waren, in und mit ihrem Werk über den historischen Bruch hinweg das kulturelle Erbe der europäischen Moderne aufzunehmen – und wie sie von den Überbleibseln antisemitischen Denkens (und Agierens) gegen ihren Willen eingeholt werden.

4. *Solidarisierung mit den verfemten Dichtern Europas*: Diese Erfahrungen und Erkenntnisse konturierten Celans Beschäftigung mit anderen Literaturen, bestimmten in zunehmendem Maße die Auswahl der von ihm übersetzten Gedichte, ja prägten die Art und Weise des Übersetzens selbst: Celans gesamte dichterische Arbeit wird so zum Zeugnis einer kulturellen Gegengeschichte, in der sich das Selbstverständnis der europäischen Moderne – die Fähigkeit zur Anerkennung oder die Bereitschaft zur Diffamierung des Anderen – widerspiegelt.

5. *Poetik*: Die Anfeindungen stehen auch im Zentrum der poetologischen Texte Celans (Preisreden), in denen er sich mit den Vorwürfen auseinandersetzt, ohne jedoch explizit Stellung zu ihnen zu nehmen. Celans spezifische Art und Weise, den Wirklichkeitsbezug, aber auch den dialogischen Charakter seiner Gedichte zu beschreiben, steht zweifellos im Kontext der gegen ihn erhobenen Vorwürfe. Sie entbinden somit mittelbar eine neue Poetik.

6. *Sprachliche Reduktion*: Die Zurückweisung der in Celans früher Dichtung bevorzugten poetischen Technik, insbesondere sein Gebrauch von Bildern und Metaphern, der die Tradition der europäischen modernen Dichtung des Expressionismus und Surrealismus auf die Spitze treibt, führt zu einer erheblichen Veränderung seiner poetischen Sprache (er selbst nennt sie eine „grauere Sprache"). Celan erarbeitet sich unter dem Druck der Vorwürfe eine Poetik sui generis, die nun Originalität in einem ganz anderen Sinne beanspruchen will. Einen Höhepunkt dieser anderen, „graueren" Sprache stellt das im Zentrum der Plagiatsaffäre entstandene Langgedicht *Engführung* dar (dessen zahlreiche, von Demokrit bis Dante, von Hölderlin bis Aleksandr Blok reichende intertextuelle Anspielungen keiner der zeitgenössischen Plagiatssucher indizieren konnte). *Engführung* ist eines der wenigen Gedichte Celans aus der Zeit der „Goll-Affäre", das von den Plagiatsanschuldigungen unberührt blieb; es ist zugleich eines der ganz großen Zeugnisse deutschsprachiger Lyrik im 20. Jahrhundert.

Dass es heute immer noch bei einzelnen Fachvertretern oder Autoren Versuche gibt, Celan des Plagiats zu beschuldigen, unterstreicht nur die beunruhigende Beobachtung, dass

Christine Ivanović

hier ein Dichter und sein Werk Opfer eines mimetischen Begehrens wurden, das die Mimesis selbst zum Vorwurf erhebt. Das Plagiat impliziert vorsätzliche und betrügerische Aneignung fremden geistigen Eigentums mit dem Ziel, sich dadurch selbst Anerkennung zu verschaffen. Es scheint, dass die gegen Celan erhobenen Vorwürfe das Begehren verraten, das ihnen zugrunde liegt. Die fatalen Folgen des daraus resultierenden Umgangs mit Celan sind nicht aufzuheben. Nicht aufzuheben sind aber auch seine Gedichte, die dagegen stehen und die sich auch weiterhin als beständig erweisen werden.

1   BENJAMIN, Walter: *Gesammelte Schriften*. Bd. II,1: Aufsätze, Essays, Vorträge. Hg. von Rolf Tiedemann und Hermann Schweppenhäuser. Frankfurt/M.: Suhrkamp 1991, S. 210.

2   GIRARD, René: *Mensonge romantique et vérité romanesque*. Paris: Grasset 1961.

3   Vgl. auch GIRARD, René: *Le Bouc émissaire*. Paris: Grasset 1982.

4   WIEDEMANN, Barbara: *Paul Celan – Die Goll-Affäre. Dokumente einer ,Infamie'*. Frankfurt/M.: Suhrkamp 2000; vgl. auch CELAN, Paul: *Die Gedichte*. Kommentierte Gesamtausgabe in einem Band. Hg. von Barbara Wiedemann. Frankfurt/M.: Suhrkamp 2003.

5   DÖHL, Reinhard: *Geschichte und Kritik eines Angriffs. Zu den Behauptungen gegen Paul Celan*. In: Jahrbuch der Deutschen Akademie für Sprache und Dichtung (Göttingen) 1960, S. 101–132.

6   MAURER, Georg: *Meisterplagiator?* [Leserbrief]. In: Die Welt (Hamburg), 31. Dezember 1960, S. 56.

7   STIEHLER, Heinrich: *Die Zeit der Todesfuge. Zu den Anfängen Paul Celans*. In: Akzente. Zeitschrift für Literatur (München) 15 (1972), H. 1, S. 1–40.

8   Ebda.

9   BIERMANN, Wolf: *Die Füße des Dichters. Wolf Biermann zum Tod des jüdischen Dichters Moses Rosenkranz*. In: Der Spiegel, 26. Mai 2003 – http://www.spiegel.de/spiegel/print/d-27232508.html (15. März 2013); vgl. auch BIERMANN, Wolf: *Über Deutschland. Unter Deutschen*. Essays. Köln: Kiepenheuer & Witsch 2002.

10 GUȚU, George: *Paul Celan – zwischen Intertextualität und Plagiat oder interreferentielle Kreativität*. In: Trans. Internet-Zeitschrift für Kulturwissenschaften 15 (2004) – http://www.inst.at/trans/15Nr/03_6/gutu15.htm (15. März 2013).

ROBERTA MAIERHOFER

„Auf den Schultern des Scheinriesen"
Das Plagiat als Simulacrum

Das Titelzitat meines Beitrags ist Michael Endes Kinderbuch *Jim Knopf und Lukas der Lokomotivführer* entnommen.[1] Die Protagonisten Jim Knopf und Lukas der Lokomotivführer treffen auf ihren Reisen Herrn Tur Tur, der ein Scheinriese ist. Ein Scheinriese erscheint aus der Ferne riesengroß, und je näher man kommt, umso kleiner wird er. Wenn man dann ganz nahe bei ihm ist, erscheint er so groß wie ein normaler Mensch. Ähnlich verhält es sich gegenwärtig mit dem Plagiat. Die Entfernung zum wissenschaftlichen Arbeiten bedingt, wie aufgeregt oder unaufgeregt man sich der Sache nähert, wie man mit der Frage von Zitaten, Quellenhinweisen und der Tatsache umgeht, „auf den Schultern" anderer zu stehen – das Um und Auf jeder Wissenschaft. Wenn bereits bei zehnjährigen Kindern – wie bei meiner Tochter vor ein paar Jahren – Plagiate mit ernster und sorgenvoller Miene konstatiert werden („es ist etwas sehr Ernstes vorgefallen"), dann hat das Plagiat den ehrenrührigen Platz eines kriminellen Vorfalls und einer strengen moralischen Verfehlung bereits im Kindesalter zugewiesen bekommen.

Dieser naive Zugang zum Thema verfälscht und verflacht jedoch viele Fragen. Unter der Prämisse des „Diebstahls von geistigem Eigentum" erlangen ja auch Ideen und Gedanken Objektstatus und Gegenständlichkeit. Wenn es nur um das Zitieren ginge, dann wäre dem leicht Abhilfe zu schaffen, indem eine Fußnote, ein Verweis angebracht wird. Doch meist steckt mehr dahinter. Oft geht es – vor allem in der deutschsprachigen Wissenschaftslandschaft – um die Frage nach Originalität, Genialität und darum, der oder die Erste zu sein. Es geht um die Anforderung – besonders in den Geistes- und Sozialwissenschaften –, etwas Neues, noch nie Dagewesenes zu schaffen. Im poststrukturalistischen Sinn kann man von der vergeblichen Suche nach der Quelle und dem Ursprung einer Idee sprechen. Verloren geht bei einem solchen Zugang zum Thema die Auseinandersetzung mit der Welt, mit Ideen und Konzepten, mit denen wir uns ernsthaft beschäftigen wollen. Form gewinnt gegen Inhalt.

Bereits die Definition des Begriffs „Plagiat" stellt sich als problematisch dar. So verweist etwa Gerhard Reichmann auf mehrere Definitionen[2]:

- unrechtmäßige Nachahmung und Veröffentlichung eines von einem anderen geschaffenen künstlerischen oder wissenschaftlichen Werkes (*Duden*, 1982);
- widerrechtliche Übernahme und Verbreitung von fremdem geistigem Eigentum (*Meyers Enzyklopädisches Lexikon*, 1976);
- Ausgeben fremder geistiger Leistung als eigene (Roland Schimmel[3]);
- Plagiate als beabsichtigte direkte oder indirekte Übernahme fremder Inhalte (Sebastian Sattler[4]);
- unbefugte Übernahme fremden Geistesgutes bzw. „Diebstahl" geistigen Eigentums (Gerhard Fröhlich[5]);
- Ausweisung fremden geistigen Eigentums als eigenes (Stefan Weber[6]).

Reichmanns Auflistung zeigt bereits deutlich das Problem auf, nämlich die Heterogenität und die Ungenauigkeit der Definitionen. Auf die vagen und divergierenden Begriffsbestimmungen des Plagiats spielt auch mein Titel mit dem „Scheinriesen" an.

Anknüpfend an die letzte Definition des Plagiats möchte ich mich nun mit der Frage befassen, was in der Wissenschaft als fremdes oder eigenes Eigentum, als Original oder Fälschung zu gelten habe. Die Frage bezieht sich auf Anforderungen an das Werk, bei der Plagiatsdebatte werden jedoch meist Anforderungen an die Person diskutiert. Bei der Aufdeckung von wissenschaftlichen Plagiaten geht es oft weniger um den Schutz geistigen Eigentums als um die generelle Frage nach Anstand, Moral und persönlicher Integrität. Aus juristischer Sicht wird ja immer wieder darauf hingewiesen, dass es sich beim „Plagiat" um keinen Rechtsbegriff handelt, der in einem Bundes- oder einem Universitätsgesetz verankert wäre. Meist wird daher auch in diesem Zusammenhang von „guter wissenschaftlicher Praxis" gesprochen, also einem Usus, der auf moralischen, ethischen, selbstverantworteten Grundsätzen beruht. In den öffentlich debattierten Plagiatsfällen geht es zwar um Schuld und Unschuld, aber diese Schuld ist eine moralische und keine rechtliche, die gesetzlich geahndet werden könnte. So fragt sich z. B. Peter Illetschko im Zusammenhang mit dem infolge einer Plagiatsaffäre erfolgten Rücktritt des ungarischen Präsidenten Pál Schmitt, ob wir uns nicht grundsätzlich in einer „Anständigkeitskrise" befinden, und zitiert den Sozialwissenschaftler Herbert Gottweis: „Es scheint so, dass viele Menschen nicht mehr wissen, was richtig und falsch ist." Die Antwort auf diese Anständigkeitskrise – so Illetschko – gebe der Ethikunterricht. Der aus diesem Anlass ebenfalls zitierte Religionspädagoge und Erziehungswissenschaftler der Universität Salzburg, Anton Bucher, geht sogar einen Schritt weiter und postuliert: „Glückliche Kinder sind moralischer."[7]

Bei der Dokumentation des Plagiatsverdachts in der Dissertation Annette Schavans zitierte die „Welt Online" am 9. Mai 2012 den Landesvorsitzenden der Jungen Union Baden-Württembergs, der daran erinnerte, dass Schavan dem damaligen Verteidigungsminister Karl-Theodor zu Guttenberg mit ihrer Kritik an den Plagiaten in dessen Dissertation den „Todeskuss" gegeben habe: „Annette Schavan hat sich in vergleichbaren Fällen schon öffentlich geschämt, da hat die Partei noch Geschlossenheit geübt." Deshalb liege die „moralische Messlatte" für die Bildungs- und Wissenschaftsministerin nun besonders hoch: „Darunter kann und darf sie jetzt nicht so einfach hindurchtanzen". Wer die Maßstäbe so hoch ansetze, „bei dem muss schon jede Fußnote in einer Dissertation stimmen. Auch ein bisschen schummeln geht da nicht".[8] Schavan hatte damals in einem Interview über Guttenberg gesagt, sie schäme sich als Wissenschaftlerin für dessen Plagiieren „nicht nur heimlich". Unmittelbar darauf war ihr Regierungskollege zurückgetreten. Kaum zwei Jahre später ereilte Schavan das gleiche Schicksal. Am 5. Februar 2013 wurde ihr von der Universität Düsseldorf der Doktortitel aberkannt, am 9. Februar trat sie von ihrem Ministeramt zurück.

Verwandte Themenbereiche im Umfeld des Plagiats, die meist ignoriert werden, sind einerseits das Phänomen der „Kryptomnesie" und andererseits die gängige Praxis bekannter Autoren und Autorinnen, nicht als schreibende Individuen in Erscheinung zu treten, sondern diese Aufgabe anderen zu überlassen und als „eingetragene Marke" Werke zu publizieren. In seinem Werk *Psychiatrie und Okkultismus: Zur Psychologie und Pathologie okkulter Phänomene, Kryptomnesie, manische Verstimmung* benennt C. G. Jung bereits im Titel dieses Phänomen, das aus dem Griechischen kommt und „vergessene Erinnerung" oder „verstecktes Gedächtnis" bedeutet. Kryptomnesie verweist auf die gutgläubige und falsche Annahme einer Person, Schöpfer oder Schöpferin einer Idee zu sein. Die betreffende Person übernimmt im Unterbewusstsein Gedanken und Ideen anderer und vergisst, woher diese stammen. Plagiat und Kryptomnesie werden oft so unterschieden, dass bei Plagiaten bewusst Vertuschungs- oder gar Täuschungsabsichten unternommen werden.[9] Bei der Betrachtung der vielen Plagiatsfälle im Umfeld der Politik hat man jedoch manchmal das Gefühl, dass auch hier solche Anstrengungen oft ausgeblieben sind.

Wenn ein Autor oder eine Autorin zu einer Marke wird, wie das Beispiel der Krimireihe *Die drei Fragezeichen* zeigt, dann geht es nicht um Diebstahl geistigen Eigentums, sondern um dessen rechtmäßigen Verkauf. Die Frage nach Originalität und Übereinstimmung des Buchautornamens mit der tatsächlichen Person des Autors wird dadurch irrelevant. Die erwähnte Reihe wurde Anfang der 1960er Jahre von dem Journalisten und Schriftsteller Robert Arthur geschrieben, der den berühmten Namen Alfred Hitchcocks verwendete. Irrtümlich wurde deshalb eine Zeit lang angenommen, dass Hitchcock selbst der Herausgeber bzw. Autor der Serie sei. Tatsächlich hatte Arthur lediglich die Lizenz erworben, Hitchcocks Namen zu verwenden. Die reale Person Hitchcock war für die Serie nie als Autor oder Herausgeber tätig. Ebenso verhält es sich mit der beliebten Kinderbuchserie *Fünf Freunde*, deren erste 21 Bände von Enid Blyton geschrieben wurden. Die Bände 22 und 23 wurden von Brigitte Blobel verfasst, die zunächst als Übersetzerin geführt wurde. Diese zwei Bände wurden ohne Genehmigung des englischen Urheberrecht-Inhabers veröffentlicht, deswegen mussten die Bücher aus lizenzrechtlichen Gründen wieder vom Markt genommen werden und begründeten unter deutschen Enid-Blyton-Sammlern den Mythos sogenannter „Geisterbände". Die Bände gelten heute als Raritäten: *Fünf Freunde auf der verbotenen Insel* (1977), *Fünf Freunde und der blaue Diamant* (1979). Nach Beilegung des Rechtsstreits wurden noch viele weitere ‚legale' Bände unter dem Namen Blyton veröffentlicht.

Ein verwandtes Thema ist auch das Ghostwriting, das ebenfalls im Zusammenhang mit wissenschaftlicher Integrität diskutiert werden müsste. Was im universitären Bereich verboten ist, gilt bei Autobiographien berühmter Persönlichkeiten als selbstverständlich, so dass oft in der Öffentlichkeit die Grenzen zwischen den Bereichen fließend sind. Wenn auf der Webseite von Dr. Rainer Hastedt, der selbstbewusst seine Dienste für wissenschaftliches Ghostwriting anbietet, darauf hingewiesen wird, dass man „höchstens von mittelmäßigen Hochschullehrern" erwarten kann, dass sie zu hundert Prozent ihre Publikationen selber schreiben, dann entbehrt das nicht einer gewissen Ironie. Auch der Umstand, dass ich beim Aufrufen der Internetseite der Plattform *Initiative Transparente Wissenschaft* am 8. März 2012 mit einer Google-Anzeige von Ghostwriting für Dissertationen konfrontiert wurde, zeigt eine ironische Verknüpfung der Themen.

In der Zwischenzeit ist das Aufdecken von Plagiaten beinahe ein Volkssport geworden. Die am 6. März 2011 gegründete Plattform *Initiative Transparente Wissenschaft* beschäftigt sich mit Vorwürfen wissenschaftlichen Fehlverhaltens nicht auf der Basis einer Überprüfung der wissenschaftlichen Qualität, sondern mit dem Ziel des Öffentlichen-Zur-Schau-Stellens bekannter Personen vor allem aus der Politik: „Sie vereint jene Kräfte, die für eine ehrliche, transparente Bearbeitung von Anschuldigungen und Verdachtsfällen stehen – dies auch mit Hilfe von Methoden, die das Internet ermöglicht." Unter dem Motto „Jeder kann sich beteiligen" werden auf Plattformen in „Blockwartmanier" alle aufgefordert, Plagiatsvermutungen anzuzeigen: „Hier können Beiträge aller Art frei veröffentlicht werden – von Plagiatsverdachtsfällen bis zu Dokumenten im Sinne eines Wikileaks für die Wissenschaft."[10]

In seiner Kritik des Zeichens (Fetischismus, Simulacrum) erklärt Jean Baudrillard, dass Oberfläche und Erscheinung täuschende, in Versuchung führende, mystifizierende Manifestationen einer darunter liegenden Realität sind: eine Verfremdung der menschlichen Existenz. In seinem Buch *America* (1989) geht Baudrillard davon aus, dass das Aufbrechen der großen Narrative und die Fragmentierung der Existenz das gesellschaftliche Denken in eine neue Richtung gelenkt habe. Die Hyperrealität sei das Abbild von etwas, das es in der Realität gar nicht gebe, sondern sein eigenes Simulacrum sei oder das überhöhte, idealisierte, den Vorstellungen eines Künstlers entsprechende Bild eines wirklich existierenden Objekts. Simulation sei keine Nachahmung, keine Reproduktion des Realen. Es sei vielmehr ein Zusammenfallen des Scheinbaren mit dem Realen, des Wahren mit dem Falschen.[11] Es komme somit zu einem Verschwinden der Grenzen zwischen wahr und falsch, zwischen Fiktion und Realität. Es entstehe das Hyperreale.

Disneyland wird als Imaginäres hingestellt, um den Anschein zu erwecken, alles Übrige sei real. Los Angeles und ganz Amerika, die es umgeben, sind bereits nicht mehr real, sondern gehören der Ordnung des Hyperrealen und der Simulation an. Es geht nicht mehr um die falsche Repräsentation der Realität (Ideologie), sondern darum, zu kaschieren, dass das Reale nicht mehr das Reale ist, um auf diese Weise das Realitätsprinzip zu retten. Das Imaginäre von Disneyland ist weder wahr noch falsch, es ist eine Dissuasionsmaschine, eine Inszenierung zur Wiederbelebung der Fiktion des Realen. Daher die Debilität dieses Imaginären, sein infantiles Degenerieren. Unsere Welt möchte kindlich sein, um den Anschein zu erwecken, die Erwachsenen stünden draußen in der realen Welt. Man will verbergen, dass die wirkliche Infantilität überall ist und dass die Erwachsenen selbst hier Kind spielen, um ihre reale Infantilität als Illusion erscheinen zu lassen.[12]

Baudrillard verweist somit auf die Metareferenz und Intermedialität, wenn er über Hyperrealität spricht:

Heutzutage funktioniert die Abstraktion nicht mehr nach dem Muster der Karte, des Duplikats, des Spiegels und des Begriffs. Auch bezieht sich die Simulation nicht mehr auf ein Territorium, ein referentielles Wesen oder auf eine Substanz. Vielmehr bedient sie sich verschiedener Modelle zur Generierung eines Realen ohne Ursprung oder Realität, d. h. eines Hyperrealen. Das Territorium ist der Karte nicht mehr vorgelagert, auch überlebt es sie nicht mehr. Von nun an ist es umgekehrt: (PRÄZESSION DER SIMULAKRA:) Die Karte ist dem Territorium vorgelagert, ja sie bringt es hervor. Um auf die Fabel zurückzukommen, müßte man sagen, daß die Überreste des Territoriums allmählich Ausdehnung und Umfang der Karte annehmen. Nicht die Karte, sondern Spuren des Realen leben hier und da in den Wüsten weiter, nicht in den Wüsten des REICHES, sondern in unserer Wüste, in der Wüste des Realen selbst.[13]

Anthony Grafton hat in seiner 1997 erschienenen Schrift *The Footnote: A Curious History* (dt. unter dem bezeichnenden Titel *Die tragischen Ursprünge der deutschen Fußnote*, 1998, Hervorhebung R. M.) das Narrativ und das Konstrukt in den Mittelpunkt seiner Betrachtung gestellt. Graftons Auseinandersetzung mit dem, was er als „den Inbegriff langweiliger Wissenschaft" und als „einen Geheim-Code trockener akademischer Gelehrsamkeit" indiziert, ist eine Auseinandersetzung mit der Konvention und bezieht sich auch darauf, dass die wissenschaftliche Praxis, der Verweis auf Quellen ein Konstrukt, ein Narrativ sei, das es zu dekonstruieren gilt. Diese Konvention des Zitierens begründe erst den Akt der Wissenschaft:

Indem sie dies tut, kennzeichnet sie überdies das betreffende historische Werk als Arbeit eines Profis. Wie das hochtourige Sirren des Zahnarztbohrers, so versichert auch das leise Gemurmel der Fußnote auf der Buchseite des Historikers begütigend: die Langweile, die sie dem Leser zumutet, ist, wie der Schmerz, den der Bohrer zufügt, nichts Willkürliches, sondern gezielt und Teil jener Kosten, die die Segnungen der modernen Wissenschaft und Technologie mit sich bringen.[14]

Grafton erklärt, dass die Einführung der Konvention der Fußnote eine „Geschichte" sei: „Die Fußnote ist weder simpel noch so verlässlich, wie viele Historiker glauben. Es ist aber das Geschöpf einer vielgestaltigen und begabten Gruppe von Leuten, zu der nahezu ebenso viele Philosophen wie Historiker gehörten."[15]

Auch heute noch müssen die Argumente von Historikern auf ihren Fußnoten vorwärts schreiten oder rückwärts tapern. […] Sie müssen all die Quellen prüfen, die für die Lösung eines Problems relevant sind, und daraus eine neue Geschichte oder einen neuen Gedankengang konstruieren. Die Fußnote belegt, dass beide Aufgaben ausgeführt wurden.[16]

Plagiate sind keine neuen Vorkommnisse. Aber Plagiate in Abschlussarbeiten können minimiert werden, wenn wir als diejenigen, die Wissenschaft vermitteln, diese Aufgabe verantwortungsbewusst wahrnehmen. Der Soziologe und Vorsitzende der Kommission für wissenschaftliche Integrität, Peter Weingart, meint in einem Interview[17], dass die Wissenschaft – im Vergleich etwa zur Politik oder zur Wirtschaft – nach wie vor jener Bereich der Gesellschaft sei, in dem es die wenigsten Fälle von Fehlverhalten geben dürfte. Er führt es darauf zurück, dass Wissenschaft nun einmal auf Vertrauen und gegenseitiger Kritik beruhe. Je besser wir die Arbeiten nicht nur unserer Studierenden kennen, sondern auch die Publikationen aus dem betreffenden Themengebiet, desto besser können wir auch die Qualität einer Arbeit beurteilen. Wenn wir forschungsgeleitete Lehre ernst nehmen, dann ist es unsere Aufgabe, die Konventionen des wissenschaftlichen Verweisens unseren Studierenden unaufgeregt näher zu bringen: als eine Selbstverständlichkeit der Anerkennung sowohl großer wie auch kleinerer Leistungen. Wir sitzen immer auf Schultern anderer, manchmal jedoch auch auf Schultern von „Scheinriesen".

---

[1] ENDE, Michael: *Jim Knopf und Lukas der Lokomotivführer*. Stuttgart: Thienemann 1960.

[2] REICHMANN, Gerhard: http://www.uibk.ac.at/ulb/bibliothekartag_11/programm-und-vortraege/ praesentationsfolien_donnerstag/reichmann_plagiate.pdf (15. März 2013).

[3] SCHIMMEL, Roland: *Juristische Prüfungsarbeiten. Von der hohen Kunst des kaltblütigen Plagiats*. In: Legal Tribune Online (Köln) – http://www.lto.de/recht/studium-referendariat/s/ juristische-pruefungsarbeiten-von-der-hohen-kunst-des-kaltbluetigen-plagiats/ (15. März 2013).

[4] SATTLER, Sebastian: *Plagiate in Hausarbeiten. Erklärungsmodelle mit Hilfe der Rational Choice Theorie*. Hamburg: Kovač 2007.

[5] FRÖHLICH, Gerhard: *Plagiate und unethische Autorenschaften*. In: Information – Wissenschaft & Praxis. Organ der deutschen Gesellschaft für Informationswissenschaft und Informationspraxis (Wiesbaden) 57 (2006), H. 2, S. 81–89.

[6] WEBER, Stefan: *Das Google-Copy-Paste-Syndrom: Wie Netzplagiate Ausbildung und Wissen gefährden*. Hannover: Heise 2009.

[7] ILLETSCHKO, Peter: *Was gut und was schlecht ist*. In: Der Standard (Wien), 4. April 2012.

[8] http://schavanplag.wordpress.com/category/quelle (15. März 2013).

[9] JUNG, C. G.: *Psychiatrie und Okkultismus: Zur Psychologie und Pathologie okkulter Phänomene, Kryptomnesie, manische Verstimmung*. Olten [u. a.]: Walter 1973.

[10] http://de.antiplagaustria.wikia.com/wiki/Forum (15. März 2013).

[11] BAUDRILLARD, Jean: *Die Präzession der Simulakra*. In: J. B.: Die Agonie des Realen. Berlin: Merve 1978, S. 7–69, hier: S. 25f.

[12] BAUDRILLARD, Jean: *Ramses oder die jungfräuliche Wiederauferstehung*. In: J. B.: Die Agonie des Realen. Berlin: Merve 1978, S. 16–26, hier: S. 25.

[13] Ebda, S. 7f.

[14] GRAFTON, Anthony: *Die tragischen Ursprünge der deutschen Fußnote*. München: Deutscher Taschenbuchverlag 1998, S. 16f.

[15] Ebda, S. 8.

[16] Ebda, S. 16.

[17] Interview vom 22. September 2010 (*Wissenschaftler müssen wahrhaftig kommunizieren*). http://www.spektrum.de/alias/interview/wissenschaftler-muessen-wahrhaftig-kommunizieren/ 1046636 (15. März 2013).

AKIO OGAWA

Der Begriff „Plagiat" aus vergleichender sprach-
und kulturwissenschaftlicher Perspektive

1. Vorbemerkung

Offenbar ist der Begriff des Plagiats von Gesellschaft zu Gesellschaft, von Wissenschaft zu Wissenschaft und von Kultur zu Kultur unterschiedlich auszulegen. Während derjenige, der ein Plagiat beging (Plagiator), in Europa ursprünglich „Menschenräuber" bedeutete und dementsprechend unter Strafe gestellt wurde, besteht das japanische Pendent „Hyoo-setsu" aus den zwei Bedeutungskomponenten „flink (erwischen)" für „hyoo" und „heimlich stehlen" für „setsu". Inwieweit sich das „Hyoosetsu" inhaltlich mit dem Plagiat vergleichen lässt, ist unklar. Klar ist jedoch, dass es sich bei „Hyoosetsu" in vielen Fällen um eine gewisse Gleichsetzung bzw. Vermischung „privaten und öffentlichen Besitzes" handelt (Hayashi 1933/2000), die zur Tradition Japans gehört. Dies deutet darauf hin, dass das „Hyoosetsu" – von unverkennbaren „Plagiat"-Fällen abgesehen – nicht im gleichen Ausmaß unter Strafe zu stellen ist wie in Europa.

Im vorliegenden Beitrag geht es um eine recht weit gefasste Interpretation des „Plagiat"-Begriffs. Der Thematisierung kontrastiv-sprach(wissenschaft)licher Aspekte des Deutschen und des Japanischen sollen noch einige Überlegungen vorangestellt werden, die sich auf den spezifischen soziokulturellen Hintergrund Japans beziehen.

2. Soziokulturelle Aspekte des Plagiat-Begriffs in Japan

Um etwas zu „plagiieren", muss man es (kennen)gelernt haben. Dazu liefert bereits ein kurzer Blick auf die Etymologie des Wortes „lernen" einen interessanten Ausgangspunkt. Im Deutschen gehört das Wort zur Bedeutungsgruppe „leisten", was ursprünglich „einer Spur nachgehen" hieß. So basiert „lernen" auf der Bedeutung „einen Weg zurücklegen und dabei Wissen erlangen" (vgl. Kluge 2002).

Das Moment des „Einen-Weg-Zurücklegens" zeigt sich nun – buchstäblich im doppelten Sinne – noch viel anschaulicher im Japanischen. Es lautet „manabu" („lernen") und ist eng verwandt mit „maneru" („nachahmen") (vgl. Shinmura 2006). In Gesellschaft, Wissenschaft und Kultur (und gar in der „Subkultur") in Japan war und ist das Nachahmen flächendeckend keineswegs eine Untugend, sondern eher das Gegenteil. In der japanischen Tradition gibt es im Künstlerischen und Schöpferischen unterschiedliche Wertauffassungen: Sobald ein Sohn z. B. in eine Kabuki-Familie hinein geboren wurde, ist seine Laufbahn fest erblich dazu determiniert, die vorgegebenen Fertigkeiten „nachzuahmen". Dies gilt nicht nur für das Theater, sondern generell für alle künstlerischen und schöpferischen Bereiche. Ein typisches Beispiel stellt das Genre des Kurzgedichtes („Haiku", „Tanka") dar. Dort ist einerseits vorgeschrieben, die Anfangsphrase („Makurakotoba") unverändert zu übernehmen (also quasi nachzuahmen); andererseits muss bei hintereinander vorgelesenen Kurzgedichten („Renga") eine inhaltlich homogene Staffelung stattfinden (man muss somit der Spur nachgehen).

Im (sub)kulturellen Bereich ist das Modische ein markantes Phänomen: Wenn eine bestimmte Kleidungsfarbe als „modisch" angesagt gilt (man weiß nicht, wer das bestimmt), wird sie rasant, getreu und auf weite Strecken nachgeahmt. Nicht zu vergessen die berühmt-berüchtigte „Uniform"-Kultur, die bis heute noch üblich ist.

Auch in Wissenschaft, Bildung und Erziehung ist die „Tugend" des Nachahmens noch immer großgeschrieben: Auswendiglernen ist in fast allen akademischen Institutionen (vor allem in Schulen, Universitäten) ein typisches Beispiel.

Außerdem: In fast allen Branchen gesellschaftlichen, wissenschaftlichen, sportlichen und kulturellen Lebens ist „nusumu", d. h. „stehlen, rauben" gang und gäbe. Man bekommt ständig die „Tugend" zu hören, man solle das „stehlen" (und so sich zu eigen machen), was als musterhaft gilt.

Somit stellt sich die grundlegende Frage, ob man denn alles zu seinen Gunsten „plagiieren" darf. Natürlich nicht alles, aber das allemal, *was man sinnlich wahrnehmen kann* und dessen Übernahme bzw. Weitergabe dem andern, insbesondere dem „Urheber" nicht schadet. So wird z. B. das Abschreiben aus einem Text ohne richtiges Zitierverfahren – wie in den meisten Kulturstaaten der Welt – selbstverständlich geahndet und bestraft, wobei die Frage dahin gestellt sei, wie hart dies geschieht.

Das sinnlich Wahrnehmbare darf und *soll* (eventuell sogar) „plagiiert" werden, das sinnlich nicht Wahrnehmbare dagegen generell nicht. Aus diesem Ansatz heraus werde ich im Folgenden auf das Sprach(wissenschaft)liche eingehen.

3. Sprach(wissenschaft)liche Aspekte

Wie andere empfinden oder was sie meinen, wird von Sprache zu Sprache, von Kultur zu Kultur unterschiedlich ausgedrückt. Im Japanischen z. B. kann das, was andere empfinden, nicht in der gleichen Art und Weise versprachlicht werden wie im Deutschen: Wenn man z. B. – wörtlich aus dem Deutschen übersetzt – im Japanischen sagen würde: „Er ist traurig" oder „Ihm ist kalt", dann könnte dies befremdend wirken und als „Plagiat" im übertragenen Sinne einer ungehörigen Aneignung verstanden werden. Denn innere, psychische oder physische Zustände und Empfindungen anderer (unmittelbarer Gegenüber oder Dritter) lassen sich von außen nur erahnen und können nicht authentisch erfasst und sprachlich identisch wiedergegeben werden. Erforderlich sind daher in solchen Fällen umschreibende Formulierungen. Im Gegensatz dazu können und müssen die Äußerungen anderer (das sinnlich Wahrnehmbare!) getreu wiedergegeben werden. Das Japanische verwendet hierzu ausschließlich die direkte Rede. Alles andere könnte wohl wiederum als „Plagiat" im ebenso weiten Sinne aufgefasst werden. Vielleicht gibt es deshalb im Japanischen keine indirekte Rede.

Im Folgenden werde ich eine Auswahl sprachlich prägnanter Phänomene besprechen und anhand dieser einige kultursemiotische und soziokulturelle Unterschiede sowie allenfalls auch universale Gemeinsamkeiten der beiden Sprachen aufzeigen.

3.1. *Versprachlichung der Empfindungen anderer*

Wie oben angedeutet, kann man nicht (oder nicht exakt) wissen, in welchem psychischen oder physischen Zustand sich andere Menschen (Gegenüber oder Dritte) in einer bestimmten Situation befinden. Dessen war sich schon Ludwig Wittgenstein in seiner Sprachphilosophie bewusst:

Was heißt es denn: wissen, wer Schmerzen hat? Es heißt, z. B., wissen, welcher Mensch in diesem Zimmer Schmerzen hat: also, der dort sitzt, oder der in der Ecke steht, der Lange mit den blonden Haaren dort etc. – Worauf will ich hinaus? Darauf, daß es sehr verschiedene Kriterien der ‚Identität‘ der Person gibt.
Nun, welches ist es, das mich bestimmt, zu sagen, „ich" habe Schmerzen? Gar keins. (Wittgenstein, S. 404)

Im Deutschen (und in einer Reihe anderer europäischer Sprachen) ist der betreffende Unterschied zwischen dem Selbst und dem Anderen vom Satzbau her weitgehend aufgehoben, d. h., dass unabhängig von grammatischen Personen das gleiche Paradigma verwendbar ist, so z. B. in den Aussagen:

Ich bin traurig. / Du bist traurig. / Er ist traurig.
Ich will unbedingt nach Graz reisen. / Du willst unbedingt nach Graz reisen. / Er will unbedingt nach Graz reisen.

Allerdings sollte man diese Umstände nicht als absolut, sondern durchweg als relativ auffassen und noch weiter differenzieren. Im Falle der zweiten (und auch der dritten) Person finden sich z. B. Varianten kombiniert mit Intonationen, Abtönungspartikel(n) mitten im Satz und/oder an seinem Ende: „Du bist traurig?", „Du bist ja traurig", „Du bist doch traurig, gell?" (im süddeutsch-österreichischen Sprachraum usw.).
    Im Japanischen *muss* der zur Debatte stehende Unterschied strikt grammatisch erfolgen:

(Watashi-wa) *kanashii.*
„Ich bin traurig."
Anata-wa *kanashi-souda.*
„Du siehst traurig aus."
Kare-wa *kanashi-n-deiru.*
„Er wirkt traurig."

Was man sieht, lässt sich als solches versprachlichen. Deshalb sind z. B. Handlungen, welche man distinkt sehen (oder hören oder ganz allgemein eben wahrnehmen) kann, von der grammatischen Person unabhängig beschreibbar. Daher sind die folgenden Verbalformen in allen Fällen identisch:

Watashi-wa ima gohan-o *tabete-iru.*
„Ich esse gerade."
Anata-wa ima gohan-o *tabete-iru.*
„Du isst gerade."
Kare-wa im gohan-o *tabete-iru.*
„Er isst gerade."

Was nicht unmittelbar zu sehen ist, kann und muss mithilfe zusätzlicher sprachlicher Mittel „sichtbar" gemacht werden, wie in den obigen Sätzen: „Du siehst traurig aus." (Anata-wa kanashi-souda.) und „Er wirkt traurig." (Kare-wa kanashi-n-deiru.). Die Beschreibung solcher äußeren Umstände bzw. Handlungen lässt ja keineswegs mit Sicherheit erkennen, in welchen psychischen oder physischen Zuständen sich der/die betreffende Person tatsächlich befindet. Das Urteil darüber muss der Sprecher somit offen lassen bzw. dem Hörer überlassen oder auf diese Weise einfach weitergeben. Auf den diesbezüglichen Sprachtypenunterschied vor einem weiteren kultursemiotischen bzw. soziokulturellen Hintergrund werde ich später noch zurückkommen; hier sei vorerst nur auf die Dichotomie: „Sprecherverantwortlichkeit" versus „Hörerverantwortlichkeit" hingewiesen (Hinds 1986, Ikegami 2000). Es geht also um die Frage, ob der Sprecher möglichst klar formulieren soll, was er meint, oder ob der Hörer sich so gut wie möglich bemühen soll, zu verstehen, was der Sprecher meint.

Wenn es im Deutschen eine Rolle spielt, inwieweit der Sprecher von den psychischen oder physischen Zuständen eines Dritten überzeugt ist, dann gehört dies zur Frage der „Stellungnahme" des Sprechers selbst. Wenn man im Deutschen sagt: „Er ist traurig", dann nimmt man zugleich Stellung, man bekundet nämlich die Überzeugung, dass er wirklich traurig ist/sei. Diese Überzeugung garantiert aber nicht, dass dem tatsächlich so ist. Sie könnte daher – im Kontext des Japanischen – als eine Art „Plagiat" aufgefasst werden (das durch inadäquate Versprachlichung den ursprünglichen Sinn des „Menschenraubs" zum „Raub eines der seelischen Aspekte" eines anderen Menschen umdeutet; selbstverständlich würde eine solche Aussage nicht geahndet).

3.2. Versprachlichung von Aussagen anderer

In der Moderne versteht man unter „Plagiat" generell den „Diebstahl geistigen Eigentums anderer". Insofern sind die oben behandelten sprachlichen Phänomene für die Plagiatsdiskussion zwar nicht von zentraler Bedeutung. Sie können aber die zitierte knappe Definition dadurch erweitern, dass sie auch auf die „sprachliche Übernahme geistiger/verbaler Tätigkeiten anderer" angewandt wird. Dies sei aus einem anderen Blickwinkel durch Heranziehung der sogenannten „indirekten Rede" erläutert:

Der Tatverdächtige sagt ‚er war gestern den ganzen Tag zu Hause.
er ist gestern den ganzen Tag zu Hause gewesen.
er sei gestern den ganzen Tag zu Hause gewesen.
er wäre gestern den ganzen Tag zu Hause gewesen.

Karl Bühler, einer der einflussreichsten Sprachpsychologen des 20. Jahrhunderts, unterscheidet zwischen „Zeig-" und „Symbolfeld" (was Konrad Ehlich und Angelika Redder in ihrer Sprachtheorie weiter präzisiert haben). Ein Paradebeispiel dafür ist die Dichotomie „direkte vs. indirekte Rede": Die direkte Rede operiert auf dem Zeigfeld, wo man direkt auf das Gesagte hinweist, die indirekte Rede bewegt sich auf dem Symbolfeld, wo man das Gesagte in den Prozess der Versinnbildlichung einbezieht.

Eine ganze Reihe von Sprachphänomenen, die im Deutschen auf dem Symbolfeld angesiedelt sind, befindet sich im Japanischen auf dem Zeigfeld (vgl. Tanaka 2011). Das Symbolfeld beherbergt die Darstellung eines Sachverhalts unter Bezugnahme auf die Sprechereinstellung („Assertion"; „Distanzierung als neutrale Einstellung dem Gesagten gegenüber", oder auch Glaube, Überzeugung, Vermutung, Zweifel etc.). Das Zeigfeld hingegen schließt die Sprechereinstellung bzw. diese Art der Sprechereinstellung grundsätzlich aus.

Diese Erläuterungen stimmen nun mit der oben erwähnten, kultursemiotisch bzw. soziokulturell zu erweiternden Generalisierung überein: Sprecherverantwortlichkeit vs. Hörerverantwortlichkeit. In einem System, in dem die Hörerverantwortlichkeit dominiert, bezieht der Sprecher keine Stellung dazu, ob das von ihm Dargestellte glaubwürdig oder zweifelhaft ist. Das Recht zu einem solchen Urteil ist dem Hörer vorbehalten, da sonst das Gegenüber hinsichtlich seiner Meinungsbildung quasi von vornherein plagiiert würde. Und dementsprechend wäre der/die Dritte, also die „besprochene Person", gleichsam nachträglich plagiiert. Aber wohlgemerkt: Dies gilt, wenn überhaupt, nur für das japanische Sprach- und kultursemiotische System als Plagiat, nicht aber für das deutsche. Im Deutschen wird in den hier behandelten Teilbereichen, d. h. in den Psycho- oder Physio-Prädikaten und in der indirekten Rede eine Stellungnahme des Sprechers bereits mit involviert.

Zusammenfassend kann man sagen: Im Gegensatz zum Deutschen, welches eine Stellungnahme zum Wahrgenommenen erfordert (vgl. Bühler 1932/1984, Ehlich 1979, Redder 2010), ist das Japanische eine Sprache, die sich an der Wahrnehmung als solcher orientiert (vgl. Tokieda 1950, Tanaka 2011). Im Deutschen dient eine solche Stellungnahme dazu, um sich einerseits „mit dem Gegenüber auseinanderzusetzen" und andererseits sogenannte „Sprechakte" im Sinne der Sprachphilosophen bzw. -pragmatiker John L. Austin und John Searle durchführen oder aber auch (Ehlich sowie Redder zufolge) „sprachlich handeln" zu können. Im Japanischen fehlt es weitgehend an solchen Prinzipien, dafür aber fungieren andere Mechanismen zwischen Sprecher und Hörer, wie ich sie oben zu exemplifizieren versucht habe.

4. Schlussbemerkung

Wie bereits angedeutet, lässt sich das sinnlich Wahrnehmbare im japanischen Kontext legitim „plagiieren". Schwer plagiierbar ist infolgedessen das, was der Sprecher nicht direkt sehen, hören oder fühlen kann: Empfindungen anderer und indirekte Wiedergabe von Aussagen ebenfalls anderer typischerweise.

Bei näherer Betrachtung wird es gewiss Bereiche geben, in denen die Grenzen zwischen Nicht-Plagiat und Plagiat fließend sind, hier erneut unter Rekurs auf die eingangs erwähnte Gleichsetzung bzw. Vermischung privaten (d. h. sprecherbezogenen) und öffentlichen (d. h. nicht-sprecherbezogenen) Besitzes. Diese Umstände werden sich wohl durch eine fremde Sicht am deutlichsten herausstellen: das Deutsche aus japanischer oder das Japanische aus deutscher Perspektive beispielsweise. Sprachliche, kultursemiotische und sich darin widerspiegelnde soziokulturelle Verschiedenheiten geben Anlass dazu, bestimmte Grenzfälle des Plagiats zu beleuchten und somit dessen enge Begriffsbestimmung – vor allem aus inter- und transkultureller Perspektive – zu erweitern, was hier mit Schwerpunkt auf dem Sprach(wissenschaft)lichen nur ansatzweise gezeigt werden konnte.

Selbst wenn ich nun davon überzeugt wäre, dass sich die Leserinnen und Leser mit diesem bescheidenen Beitrag vorerst zufrieden geben, dürfte ich im Japanischen nur sagen: „Sie scheinen zufrieden zu sein." Im Deutschen aber würde ich die Hoffnung aussprechen, dass Sie zufrieden *sind*!

*

BÜHLER, Karl: *Sprachtheorie. Die Darstellungsfunktion der Sprache*. Stuttgart: Fischer 1934/1982.

EHLICH, Konrad: *Verwendungen der Deixis beim sprachlichen Handeln: linguistisch-philologische Untersuchungen zum hebräischen deiktischen System*. Frankfurt/M.: Peter Lang 1979.

HAYASHI, Tatsuo: *Iwayuru Hyoosetsu [Das sogenannte Plagiat]*. Tokyo: Heibonsha 1933/2000.

HINDS, John: *Situation vs. Person Focus*. Tokyo: Kuroshio 1986.

IKEGAMI, Yoshihiko: *Nihon-go-ron eno shoutai [Vorlesungen über die japanische Sprache]*. Tokyo: Kodansha 2000.

KLUGE, Friedrich: *Etymologisches Wörterbuch der deutschen Sprache*. Berlin: de Gruyter 2002.

OGAWA, Akio: *Wie fest sind die Rituale der „Fashions of Speaking"? Ein deutsch-japanischer Vergleich aus sprachtypologischer Perspektive.* In: Rituale des Verstehens, Verstehen der Rituale. Hg. von der Japanischen Gesellschaft für Germanistik. München: iudicium 2006, S. 166–176.

OGAWA, Akio: *Wie weit kann Sprachwissenschaft interdisziplinär sein?* In: Wie alles sich zum Ganzen webt. Festschrift für Yoshito Takahashi zum 65. Geburtstag. Hg. von Akio Ogawa, Kazuhiko Tamura und Dieter Trauden. Tübingen: Stauffenburg 2010, S. 143–154.

REDDER, Angelika: *Prozeduale Mittel der Diskurs- oder Textkonnektivität und das Verständigungshandeln.* In: Grammatik und sprachliches Handeln. Hg. von der Japanischen Gesellschaft für Germanistik. München: iudicium 2010, S. 45–67.

SHINMURA, Izuru (Hg.): *Koojien [Großes Wörterbuch der japanischen Sprache].* Tokyo: Iwanamishoten 2006.

TANAKA, Shin: *Deixis und Anaphorik.* Referenzstrategien in Text, Satz und Wort. Berlin: de Gruyter 2011.

TOKIEDA, Motoki: *Nihon-Bunpo. Kougo-hen [Japanische Grammatik. Gesprochene Sprache].* Kokyo: Iwanami 1950.

WITTGENSTEIN, Ludwig: *Philosophische Untersuchungen.* Darmstadt: Wiss. Buchges. 1953.

GÖTZ POCHAT

Die Kunst der Fälschung – die geraubte Aura

Die Idee der Schönheit

Bis gegen Ende des 19. Jahrhunderts war es üblich, paradigmatische Kunstwerke zur Vervollkommnung der künstlerischen Ausbildung zu kopieren. In den Akademien wurde den berühmten antiken Plastiken besondere Aufmerksamkeit geschenkt, hätten sie doch, wie Giovanni Pietro Bellori in seiner Rede *L'Idea del Pittore, dello Scultore e dell'Architetto* vor der Accademia di San Luca 1664 feststellt, die Idee der Schönheit in unvergänglicher Form zur Anschauung gebracht. Die Nachahmung oder Aneignung dieser *idea* war demnach nicht als ein Defizit künstlerischer Imagination zu verstehen, sondern zeugte vielmehr von dem Geschmack und der ästhetischen Urteilskraft des Künstlers. Über die antiken Vorbilder hinaus, unter denen der *Apoll von Belvedere* und der *Laokoon* herausragen, wurden auch Werke zeitgenössischer Meister, die manchmal bereits zu Lebzeiten mit dem Epitheton „klassisch" bedacht wurden, ebenfalls zur Nachahmung empfohlen.

Abb. 1
Apoll von Belvedere, ca. 350–320 v. Chr. (römische Kopie), Vatikanische Museen

Viele Maler, die kaum alle Aufträge der Potentaten und der kirchlichen Würdenträger erfüllen konnten, haben die Mitarbeit von Kollegen und Gehilfen in ihren Werkstätten in Anspruch genommen (so etwa Leonardo, Raffael, Tizian und Tintoretto, Rubens und Ingres). Wiewohl die Auftraggeber sehr wohl Eigenhändigkeit einforderten, wurde die Maßgabe nicht immer eingehalten – insbesondere bei der Ausführung jener Teile eines Gemäldes, die nicht im Zentrum des Interesses standen, wie Kleidung, Hintergrundlandschaft und Versatzstücke. In der *bottega* Tintorettos waren Künstler aus den nördlichen Ländern (die sog. *oltramontani*) tätig, die sich als Spezialisten, etwa für Landschaften, hervortaten und so für die Ausführung der Hintergründe in vielen der großformatigen Gemälde verantwortlich zeichneten. Umgekehrt hat der erste Spezialist auf dem Gebiet der Landschaftsmalerei, der

Antwerpener Maler Joachim Patinir, zu Beginn des 16. Jahrhunderts, sich nicht selten die Mitarbeit bekannter Meister, allen voran Quentin Massys, gesichert, als es galt, Figuren in das landschaftliche Panorama einzufügen. Bei diesen Eingriffen handelt es sich um Kooperation, aber das fertige Werk firmierte doch unter dem Namen jenes Meisters, der den Hauptpart ausgeführt hatte.

Was die antike Plastik betrifft, ist davon auszugehen, dass die anfangs erwähnte klassizistische Doktrin maßgeblich war: Die einmaligen Meisterwerke der in den antiken Quellen erwähnten Bildhauer und Bronzegießer aus der klassischen Periode in Griechenland und der Zeit danach blieben im Prinzip sakrosankt; auch in jenen Fällen, wo das erwähnte Original verlorengegangen war, galten römische Kopien, die überhaupt das Gros der uns bekannten griechischen Plastiken geliefert haben, als vorbildlich.

Allerdings gab es auch in Rom Kopien oder nachempfundene Plastiken, die nicht nur wegen des klassischen Stils, sondern auf Grund ihres Alters begehrte Sammelobjekte waren. So wissen Plinius der Ältere und Quintilian von Skulpturen zu berichten, die durch Zuschreibungen oder gar Signaturen als Werke etwa von Praxiteles auf den Kunstmarkt gelangten. Ein schönes Beispiel für den vorgetäuschten Alterswert einer Bronzeplastik aus hellenistischer Zeit wird uns von Nils Büttner in einem Artikel in der „Frankfurter Allgemeinen Zeitung" vor Augen geführt (*Wer's glaubt wird selig oder Wer's macht, profitiert*, 29. September 2012). Der sogenannte *Apoll von Piombino* wird nach jüngeren Untersuchungen auf 150 bis 50 v. Chr. datiert.

Abb. 2
Apoll von Piombino, ca. 150–50 v. Chr. (römisch, frühes 5. Jh. vortäuschend), Louvre, Paris

Dem Stil nach gehört der geradansichtige Jüngling mit der schwachen organischen Durchbildung des Rumpfes aber ins frühe 5. Jahrhundert. Es handelt sich vermutlich um eine Plastik, der ein hohes, fast archaisch anmutendes Alter verliehen wurde – offenbar in betrügerischer Absicht, denn eine altertümliche Weihe-Inschrift wurde ebenfalls hinzugefügt. Der Name des richtigen Urhebers, eines Bronzegießers aus hellenistischer Zeit, wurde auf einem Plättchen im Inneren der Plastik gefunden.

Appropriation gestern und heute

Eine mit der Kopie verwandte, aber nicht gleichzusetzende künstlerische Gestaltungsmöglichkeit ist die *Appropriation*, die Aneignung bestimmter Stilmerkmale und Gestaltungsprinzipien im Rahmen des eigenen Kunstschaffens. Die ganze Kunstentwicklung kann eigentlich als ein fortschreitender Prozess der Appropriation gesehen werden, in dem verschiedene stilistische *Modi* zum Tragen kommen. Unterschiedlich bleibt freilich der Grad der Abhängigkeit und Vereinnahmung – in manchen Epochen und Schulen orientieren sich die Künstler stärker an ihren Vorgängern, in anderen lassen sie sich nur entfernt von stilistischen Vorgaben beeinflussen. Als Beispiel sei hier auf den sogenannten „Antinous", den Geliebten Kaiser Hadrians, verwiesen, von dem Ganzfiguren und Büsten überliefert sind, die vollkommen dem griechischen Stilideal entsprachen und somit den Klassizismus im zweiten nachchristlichen Jahrhundert nachhaltig prägten. Unzählige Kopien wurden im ganzen Römischen Reich verbreitet und trugen so zu dem gültigen, normativen Stilideal bei. Im späten 18. Jahrhundert griffen die Klassizisten wie Antonio Canova, Bertel Thorvaldsen u. a. den Stil in Reinform wieder auf, ohne dass man von bloßer Kopiertätigkeit oder von künstlerischer Unselbständigkeit sprechen könnte.

Mit der Appropriation eines antikisierenden Stils haben die Künstler in der Renaissance und im Barock ihre Virtuosität unter Beweis gestellt (so z. B. Michelangelo oder Gian Lorenzo Bernini). In seinen Jugendjahren hatte der Erstgenannte für Pierfrancesco de' Medici einen „schlafenden Amor" angefertigt. Der so reich Beschenkte meinte, wenn man die Plastik in die Erde vergrabe, würde sie nach der „Neuentdeckung" für ein antikes Werk gehalten werden (Vasari 1908, S. 148). Durch Vermittlung eines gewissen Baldassarre del Milanese sei die Plastik laut Vasari nach Rom gebracht und in einem Garten vergraben worden, um dann als ein antikes Fundstück an Kardinal Raffaele Riario für 200 Dukaten verkauft zu werden. Nachdem der Betrug aufgedeckt worden war, sei der Amor in den Besitz von Cesare Borgia (Valentino) gelangt und später, 1502, an Isabella d'Este in Mantua verschenkt worden. Jene hielt ihn immer noch für antik; später vertrat Isabella die Ansicht, dass der Cupido auch als „moderne" Plastik unvergleichlich sei. Nicht immer waren Künstler die Fälscher, sondern vielmehr ihre Mittelsmänner, die durch Umbenennung oder Verschleierung der Herkunft eines Werkes eine Wertsteigerung herbeizuführen suchten.

Bei den Neuschöpfungen haben wir es also mit Werken zu tun, die bekannte, oft „klassisch" anmutende Themen und paradigmatische Werke zum Ausgangspunkt der eigenen Gestaltung und künstlerischen Umformung aufgreifen. Als einschlägiges Beispiel sei hier Tizians *Bacchanal auf Andros* genannt, das für das *camerino* von Alfonso d'Este um 1523 ausgeführt wurde (heute im Prado).

Abb. 3
Tizian, *Das Bacchanal auf Andros*,
ca. 1523, Prado, Madrid

Abb. 4
P. P. Rubens, *Das Bacchanal auf Andros*,
1628/1629, Nationalmuseum, Stockholm

Peter Paul Rubens, der das Gemälde bei einem Spanienaufenthalt wohl gesehen und studiert hatte, nahm sich des Themas 1628/29 an und verlieh seinem Gemälde, das sich heute im Nationalmuseum in Stockholm befindet, barocke Vitalität und Ausdruckskraft.

Giorgiones *Concert champêtre* von 1508 im Louvre (von vielen Kunsthistorikern für ein Werk Tizians gehalten) hat zu einer Kette von Nachschöpfungen geführt. Édouard Manets Variante *Le déjeuner sur l'herbe* von 1861 löste infolge der Darstellung nackter Frauen, die sehr realistisch anmuteten, einen Skandal aus.

Abb. 5
Giorgione, *Concert champêtre*, ca. 1508, Louvre, Paris

Abb. 6
Édouard Manet, *Le déjeuner sur l'herbe*, 1861, Musée d'Orsay, Paris

Als Picasso hundert Jahre später das Thema erneut aufgriff, war das Publikum indes vorbereitet. Als provokant wurde allenfalls die eigenmächtige Übertragung der „klassischen" Figuren in das eigene dekonstruktive Idiom empfunden.

Abb. 7
Pablo Picasso, *Le déjeuner sur l'herbe*, 1960, Musée nationale Picasso, Paris

In beiden Fällen kann man von einschlägiger Appropriation sprechen, die übrigens auch in der Konzeptkunst und der Kunstszene der Gegenwart noch stärker Usus geworden ist, wie aus den Ausführungen Peter Weibels hervorgeht (vgl. Römer 2001).

Künstler haben praktisch immer Anregungen von früheren Meistern oder Zeitgenossen empfangen. Picasso ist in dieser Hinsicht berühmt-berüchtigt, denn sobald die Kollegen erfuhren, dass sein Besuch bevorstand, sollen sie versucht haben, rasch die eigenen Werke in Sicherheit zu bringen. Besonders stark scheint die gegenseitige Beeinflussung in der klassischen Moderne gewesen zu sein (so bei den Fauves, Kubisten, den *Brücke*-Malern, Futuristen, Surrealisten und Mitgliedern der *Cobra*-Gruppe). In früheren Zeiten haben die vielen gattungsspezifisch ausgerichteten Schulen und die großen Werkstätten die Tradition aufrecht erhalten und Stile kontinuierlich gefestigt. Herausragende Künstler haben sich früherer Meisterwerke bedient, ohne ihren eigenen Stil zu verleugnen. Die starke künstlerische Persönlichkeit setzte sich eben, allen tatsächlichen Anleihen und Ähnlichkeiten zum Trotz, unverkennbar durch. Gerade dieser Umstand trennt die Werke der Meister von jenen der Kopisten und Fälscher, die immer darauf aus sind, die Spuren des eigenen Tuns zu verwischen, die *Differenz* unkenntlich zu machen.

Kopien in der frühen Neuzeit

Selbst bekannte Maler fanden sich dazu bereit, den Wünschen der Auftraggeber durch Kopiertätigkeit nachzukommen. Das bekannte Porträt von Leo X. mit den Kardinalnepoten, Giulio de' Medici und Luigi de' Rossi wurde von Raffael um 1518 ausgeführt; es befindet sich heute in den Uffizien. Federico II. Gonzaga wollte liebend gerne das Gemälde für seine Sammlung in Mantua erwerben, und Papst Clemens VII. hatte ihm dies sogar in Aussicht gestellt, sobald eine Kopie davon angefertigt würde. Das Versprechen wurde jedoch nicht eingelöst. Vielmehr hat Andrea del Sarto, der bedeutendste Nachfolger Raffaels, eine Kopie des Porträts angefertigt, die nach Mantua geschickt wurde und den Markgrafen entzückte, der es für das Original hielt (das Werk befindet sich heute im Museo Nazionale di Capodimonte, Neapel). Eine weitere Kopie von Raffaels Gemälde wurde von Ottaviano de' Medici 1537 bestellt; sie gelangte später nach England.

Zu dieser Zeit wurden so viele gute Kopien nach Meisterwerken gefertigt, dass es im Nachhinein schwierig ist, sie überhaupt als solche zu erkennen. Von Raffaels Porträt des Papstes Julius II. um 1512, das sich in S. Maria del Popolo befand, existieren zwei gute Kopien: In den Uffizien (zeitweise Giulio Romano zugeschrieben) befindet sich die wohl beste Kopie, die zweite in der Sammlung der Medici im Palazzo Pitti. Letztere dürfte 1546 der Herzog von Urbino bei Tizian in Auftrag gegeben haben. Als das Porträt 1631 nach Florenz gelangte, wurde es im Inventar zunächst 1691 Raffael und dann 1694 Tizian zugeschrieben. Die Urheberschaft ist bis heute nicht geklärt.

Signaturen, Kopien und Fälschungen

Die Beglaubigung eines Werkes durch die *Signatur* des Urhebers lässt sich, wie erwähnt, bis in die Antike zurückverfolgen, obwohl es sich dabei eher um Ausnahmen handelt. Es ging in diesen Fällen aber sehr wohl um Authentizität, sprich Nachruhm, zuweilen auch um einen vorgetäuschten Alterswert. Auch im Mittelalter tauchen Signaturen gelegentlich auf (Bischof Bernward von Hildesheim, Antelami in Parma, Gislebertus in Autun etc.). Die häufig auftretenden Steinmetzzeichen am Gemäuer der Kirchen haben seit romanischer Zeit wohl in erster Linie dazu gedient, die Mitwirkung in der Bauhütte zu belegen. Bei seiner Arbeit übernahm der Steinmetz auch die Verantwortung für den behauenen Block.

Zum Schutz des eigenen, als geistiges Eigentum angesehenen Werkes vor Verbreitung und Manipulation durch Dritte hat Albrecht Dürer als einer der Ersten begonnen, seine Druckgraphiken ab 1498 mit dem eigenen Monogramm zu versehen, und im Jahr 1506 gar einen Prozess gegen den Kupferstecher Marcantonio Raimondi angestrengt, der nicht weniger als 74 seiner Blätter kopiert hatte. Um 1511 wurde die unautorisierte Ausgabe von Dürers Holzschnittbüchern durch ein kaiserliches Privileg verboten (vgl. Büttner). Zur gleichen Zeit hatte Raffael in Zusammenarbeit mit besagtem Raimondi graphische Blätter mit berühmten Szenen zum Verkauf angeboten.

In dem Maße, wie einige Künstler als „Unternehmer", vor allem im Bereich der Graphik, einen wachsenden Kreis von Abnehmern zufrieden zu stellen suchten, kam verstärkt die Gefahr unautorisierter Blätter und Fälschungen auf. Der Bekanntheitsgrad des Urhebers stand quasi im reziproken Verhältnis zur Fälschung. Hier sei der in Nürnberg tätige Hans Hoffmann (geb. um 1530) erwähnt: Kaiser Rudolf II. war ein großer Bewunderer Dürers, und diesen Umstand hat Hoffmann weidlich ausgenutzt. In der Nürnberger Sammlung Imhof bekam er Zugang zu einer Reihe von Zeichnungen und Aquarellen des Meisters. Bei seinen Nachahmungen handelt es sich sowohl um Kopien als auch um stilistisch nachempfundene Arbeiten. Der Kaiser dürfte düpiert worden sein – zumindest berief er Hoffmann an den Hof in Prag. Zu den bekanntesten Werken gehört das Aquarell mit dem Feldhasen, das er mit 1528 (dem Todesjahr Dürers) datierte und mit dessen Monogramm versah – eine recht grobe Nachahmung des berühmten Hasen von Dürer in der Albertina aus dem Jahr 1502.

Abb. 8
Hans Hoffmann, *Feldhase*, 1528 (mit Dürers
Monogramm), Staatliche Museen, Berlin

Abb. 9
Albrecht Dürer, *Feldhase*, 1502
Albertina, Wien

Zu den beliebtesten Malern dieser Zeit, die immer wieder kopiert wurden, gehört Hieronymus Bosch (mehr als dreißig Kopien seines *Antonius*-Triptychons im Prado sind zu verzeichnen), und viele Gemälde, die als Fälschungen einzustufen sind, wurden mit einer falschen Signatur versehen, wie von Felipe de Guevara 1560 beglaubigt (vgl. Büttner).

Die wachsende Bedeutung der *Signatur* als Echtheitszeichen für den Kunstmarkt lässt sich am Beispiel von Pieter Bruegel dem Älteren und dem Jüngeren belegen. Letzterer hat viele Gemälde des Vaters kopiert, die später verloren gegangen sind. Manche gängige Themen hat der Maler nach Stil und Inhalt der 1560er Jahre selbst ersonnen, und zwar so erfolgreich, dass seine Gemälde am heimischen Kunstmarkt höher im Kurs standen als die des Vaters. Um die Originale von Pieter Bruegel dem Älteren mit größerem Gewinn verkaufen zu können, wurde von den Händlern zuweilen die Signatur „P. Bruegel" in jene des Sohnes „P. Brueg*h*el" geändert; als weitere Komplikation kommt hinzu, dass der ältere Bruegel in den 1550er Jahren seinen Namenszug ebenfalls mit einem „h" versehen hatte. Auch im Bereich der Graphik fielen Werke von Pieter Bruegel dem Älteren Schwindlern zum Opfer, denn der Kupferstich *Die großen Fische fressen die kleinen* wurde nachträglich mit der falschen Signatur „Hieronymus Bos" versehen (so auch von Büttner vermerkt).

Abb. 10
Pieter Bruegel d. Ä., *Die großen Fische fressen die kleinen*, 1556 (Signatur „Hieronymus Bos")

131

Original, Kopie und Nachschöpfung

Das komplexe Feld von Original, Kopie und Fälschung war 1973/1974 Gegenstand einer Ausstellung im Louvre. Die Typen, deren Grenzen sich manchmal verwischen, wurden dabei folgendermaßen definiert:

- Original – vom Urheber zur Gänze ausgeführtes Werk;
- Original unter Mitwirkung der Werkstatt, vom Meister firmiert;
- Originalkopie (oder Replik) – eine Kopie, ausgeführt unter Mitwirkung und Aufsicht des Urhebers. Die Replik wurde meistens gleich im Anschluss an das Original ausgeführt.

Als Beispiel sei hier das wieder aktualisierte Porträt der *Mona Lisa*, ein „doppeltes Lischen" angeführt, das sich im Prado befindet. Details, die beim Original im Louvre heute nicht mehr sichtbar, aber aus früheren Abbildungen bekannt sind, wie ein Dorf im Mittelgrund rechts, lassen darauf schließen, dass es sich bei der Replik um eine Werkstattarbeit handelt, die ebendort etwa um 1505 entstand. Als Ausführende werden Francesco Melzi oder Salaì genannt.

Es gibt kaum ein Werk, das so oft kopiert wurde wie die *Mona Lisa*. Dies gilt sowohl für die populäre Verbreitung des Porträts als auch für Kopien zu Studienzwecken. In den letzten Jahrzehnten des vorigen Jahrhunderts hat ein professioneller Kopist im Louvre, Antonio Bin, mehr als 300 Exemplare der *Mona Lisa* angefertigt!

Abb. 11
Antonio Bin mit *Mona Lisa* und anderen Kopien

Subversive Neuschöpfungen der Schönen, wie etwa das Bild von Marcel Duchamp aus dem Jahr 1919 sowie spätere Varianten, kommen noch zur Sprache. Auch Andy Warhol hat die Ikone in einer Serie von Silkscreens verewigt – ein klassischer Fall von Appropriation.

Auch wenn die Autorschaft eines Werkes seit dem 15. Jahrhundert zuweilen explizit bekundet wird (Künstler, Jahr, „im Alter von", „fecit" etc.) hat sich der Begriff des *Originals* erst seit der Mitte des 19. Jahrhunderts eingebürgert. (Dementsprechend werden authentische handgeschriebene Manuskripte, die ebenfalls seit dem 15. Jahrhundert Sammelobjekte der Humanisten waren, als „Autographen" betitelt. 1830 wurde das erste auf Autographen spezialisierte Antiquariat J. A. Stargardt in Berlin gegründet). Möglicherweise ist der Begriff des Originals als eine Spätfolge des Geniekultes zu sehen, der in der Präromantik einsetzt und im 19. Jahrhundert bekanntlich Konjunktur hatte.

Der zuvor erwähnte Antonio Bin war ein angesehener Kopist im Louvre, der für ein zahlungskräftiges Publikum Kopien einschlägiger Meisterwerke malte. Desgleichen ist Mike Bidlo als ein stupender Nachahmer einzustufen, der, in New York ansässig, sich auf die klassische Moderne spezialisierte. Allerdings handelt es sich bei ihm nicht nur um Kopien bekannter Gemälde, sondern zuweilen um ganze Ensembles, die einen berühmten Maler in der ganzen Breite seines Schaffens repräsentieren. Über Jackson Pollock, Aleksandr Ročenko und Henri Matisse hinaus hat Bidlo in seinem Bild *Das Atelier Picassos* eine Reihe von dessen bekannten Gemälden aus unterschiedlichen Schaffensperioden vorgestellt. In Los Angeles entstand eine Kopie von *Guernica* in voller Größe. Über dieses monumentale Werk hinaus hat der Maler die berühmte *Factory* von Andy Warhol als Installation zu neuem Leben erweckt.

Abb. 12
Mike Bidlo, *Das Atelier Picassos*

Unter diesen erfolgreichen, öffentlich auftretenden Kopisten und Nachahmern ist auch der Franzose Jacques Bidaud (oder: Vido) zu nennen, der nicht einzelne Werke kopierte, sondern vielmehr den Gestaltungsprinzipien einschlägiger Maler nachging und „nachschaffend" Variationen eines Themas, etwa „im Stil von" Fernand Léger, Picasso, Nicolas de Staël u. a. ausführte. Manchmal suchte der zweifelsohne begabte Maler, der ursprünglich Mathematiker und Chemiker und dementsprechend analytisch veranlagt war, stilistische „Verbesserungen" vorzunehmen.

Worin unterscheidet sich nun Originalität von künstlerischer Nachschöpfung? Wo setzt die „echte" Appropriation eines Werkes ein und wann endet das Nachschöpferische „im Stil von"? Ich denke, dass die bewusste Markierung und Hervorhebung der *Differenz* zwischen dem eigenen und dem originären Werk als entscheidendes Kriterium zu gelten hat. Das Original wird nicht seiner *Aura* beraubt; vielmehr wirkt es in der Nachschöpfung nach, wird Teil einer künstlerischen Strategie. Kopien und Fälschungen hingegen leben von der Einebnung und Verschleierung der Autorschaft durch den Nachahmer. Dies gilt auch für die öffentlich zur Schau gestellte Kopiertätigkeit, wiewohl man den Installationen eines Bidlo doch Eigenständigkeit zuerkennen darf, die in diesem Fall dem überraschenden Effekt der Kombinatorik zu verdanken ist.

Fälschungen und Fälscher im 20. Jahrhundert

Bei den Fälschungen liegen unterschiedliche Formen und Vorgehensweisen vor:

- die genaue Imitation eines Werkes;
- ein Stückwerk aus unterschiedlichen Zitaten;
- die „Erfindung" eines Werkes „im Stil von" (urheberrechtlich liegt hier kaum eine strafrechtlich zu belangende Handlung vor – allerdings käme es mittels einer Signatur zu einer Vortäuschung falscher Tatsachen);
- die nicht autorisierte Hinzufügung einer Signatur, um Sammler und Publikum zu täuschen.

Die Liste der Fälscher in der Neuzeit ist so lang wie die der Meister. Aber erst mit dem 19. Jahrhundert, als die Eigenhändigkeit des Originals als Garant für einen hohen Verkaufswert galt, trieb die Fälschertätigkeit am Kunstmarkt verstärkt ihre Blüten. Die mehr oder weniger legendären Schilderungen vom Erfolg und Fall berühmter Fälscher stammen hauptsächlich aus dem 20. Jahrhundert.

Der 1976 auf Ibiza verstorbene Elmyr de Hory (Elemér Hoffmann) gehört ohne Zweifel zu den erfolgreichsten Fälschern der klassischen Moderne, wobei es sich bei ihm mehr um „Nachschöpfungen" bekannter Meister als um exakte Nachahmungen bestimmter Gemälde handelt. Von Paul Cézanne, Kees van Dongen, Juan Miró und Pablo Picasso reicht das breite Spektrum des über die Jahre zu Reichtum gelangten Malers, der mehr als 2000 Gemälde durch den Mittelsmann Fernand le Gros, dem 1979 der Prozess gemacht wurde, vertrieben hat.

Abb. 13
Elmyr de Hory, Porträt im Stil Kees van Dongens

Nicht weniger wichtig als die Werke selbst sind für die Fälscher die Hehler, die den Kontakt zu den Galerien und den Sammlern herstellen. Nicht selten wurden ihrerseits ganze Konvolute bestellt. Hory hat auch großen Wert auf *fiktive* Verkäufer der von ihm angefertigten Gemälde gelegt, wobei klingende Namen wie Bodin, Dory-Butin, Baron de Hory und Baron Herzog ersonnen wurden.

Auffallend niedrig fällt zumeist das Strafmaß für entlarvte Fälscher aus, meist geringer als jenes der Mittelsmänner – meist nur ein bis zwei Jahre auf Bewährung. Der Engländer Tom Keating, der in den Jahren 1956 bis 1976 nicht weniger als 2000 Gemälde und Zeichnungen alter und neuer Meister angefertigt hatte, wurde wegen seines Gesundheitszustandes nur auf Bewährung verurteilt und trat danach als beliebter Star und Kunstexperte im Fernsehen auf.

Auf spektakuläre Weise berühmt – nicht zuletzt durch die Umstände seiner Enttarnung – wurde der Niederländer Han van Meegeren. Nach einer akademischen Ausbildung und dem errungenen Ersten Preis am Kunstinstitut zu Delft, gelang es dem Maler infolge seiner konventionellen Malweise nicht, in der Moderne Fuß zu fassen. Sein Wandel zum Fälscher dürfte sich aus innerer Entrüstung und Rachsucht vollzogen haben. So hat Meegeren mit Erfolg holländische Altmeister in seinen zum Teil aus Zitaten bestehenden Gemälden gefälscht: Pieter de Hooch, Gerard Terborch und Frans Hals. Zu Ruhm gelangte der Maler durch eine Neuschöpfung im Stil von Jan Vermeer, *Die Jünger von Emmaus*, wobei für das Motiv und die Anlage der Komposition nicht der Holländer, sondern Caravaggio Pate stand. 1937 wurde das Gemälde von dem Kunsthistoriker Paul Coremans und dem Kunstsammler Daniel Georg van Beuningen beglaubigt und sein Wert auf 500.000 Gulden geschätzt. Während der deutschen Okkupation Hollands hat Hermann Göring, der ein Bewunderer Vermeers war, das besagte Gemälde erworben. Nach dem Krieg wurde van Meegeren wegen Kollaboration mit dem Feind und des Verkaufs nationalen Eigentums vor Gericht gestellt. Er gestand, dass er den Nazis eine Fälschung „untergejubelt" habe. Als Beweis musste Meegeren anschließend in einer Einzelzelle ein Gemälde im altmeisterlichen Stil ausführen. Nach einem Jahr ist der so zu Ruhm gekommene Fälscher aus der Haft entlassen worden und kurz darauf gestorben.

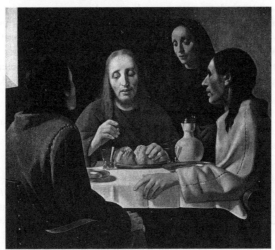

Abb. 14
Han van Meegeren, *Die Jünger von Emmaus*, 1937

Wer nach einigen Jahrzehnten die gefälschten Gemälde betrachtet, kann nicht umhin, Stilbrüche und große qualitative Unterschiede festzustellen, über die viele Experten offensichtlich hinweggesehen haben. Dies mag zum Teil dem impliziten Wunsch geschuldet sein, ein bis dato unbekanntes Meisterwerk dem Publikum bekannt gemacht zu haben. Auch das Geschick der handwerklichen Ausführung ist hierbei zu bedenken: Alte Leinwände, Keilrahmen, Pinsel etc. wurden selbstverständlich benutzt und ließen an der Echtheit keinen Zweifel aufkommen. Van Meegeren hat in London sogar zwei Kilo von dem kostbaren Ultramarin (geriebenes Lapislazuli) aufgetrieben.

Wie am Fall van Meegeren ersichtlich, sind es nicht immer die Kunstsachverständigen, die einer Fälschung auf die Schliche kommen. Äußere Umstände oder auch die Disposition der Protagonisten selbst können zur Enttarnung führen. Das war bei Lothar Malskat der

Fall, der sehr, *zu* erfolgreich als Entdecker und Restaurator der mittelalterlichen Fresken im Dom zu Schleswig 1937 und vor allem nach dem Krieg in der Marienkirche in Lübeck in Erscheinung trat. Malskat arbeitete unter der Leitung des Restaurators Dietrich Fey, der 1951 nach den erfolgreich durchgeführten Restaurierungen in der Marienkirche hohe Ehrungen empfing. Malskat fühlte sich übergangen – war er es doch, der mit Hilfe des Buchs *Geschichte der Wandmalerei* die gotischen Fresken in der Kirche nicht nur frei gelegt, sondern sie, auf das Ansinnen Feys hin, zum größeren Teil neu erfunden hatte! Im Dom zu Schleswig hat Malskat einen Truthahn dargestellt, der freilich erst um 1550 von den Spaniern nach Europa gebracht wurde. Darüber hinaus war er der Schöpfer von weiteren rund 600 Fälschungen mittelalterlicher Werke. So ließ Malskat die „Bombe platzen" und bekam im Prozess 1954/55 eine 18-monatige Freiheitsstrafe, während Fey als Drahtzieher eine 20-monatige erhielt.

Zu den erfolgreichsten, aber weniger bekannten Fälschern in Deutschland nach dem Krieg zählt der zunächst in Berlin tätige Edgar Mrugalla, der 1983 aus Mangel an Beweisen freigesprochen und sieben Jahre später zu zwei Jahren auf Bewährung verurteilt wurde. Mrugalla hat nicht weniger als 2400 Fälschungen angefertigt – Gemälde, Zeichnungen, Radierungen nach modernen Künstlern wie Lesser Ury, Otto Dill, Emil Nolde und Max Beckmann. Zu seinen „gelungensten" Arbeiten gehören die fotomechanisch abgelichteten und dann nachgearbeiteten Radierungen von Picasso. Signaturen wurden nach den Fotografien in *Kindlers Malerlexikon* angefertigt. Als der Schwindel aufflog, konnte sich Mrugalla durch Kooperation mit den Kriminalisten mildernde Umstände verschaffen. So erstellte er eine komplette Werkliste aus den Jahren 1975 bis 1986, die Namen der Auftraggeber und Abnehmer inbegriffen. Opulente „Bestellungen" seitens einschlägig bekannter Kunsthändler waren darin zu verzeichnen. Von dem großen Umsatz versickerte das meiste Geld in dunkle Kanäle.

Vertrieb von Fälschungen

Für eine gelungene Fälschung bedarf es sowohl eines stilistisch überzeugenden Werkes, sei es imitativ oder nachempfunden, als auch einer glaubwürdigen *Provenienz*. Der Verkauf wird meist von einem eingeweihten Hehler eingefädelt, der die Verbindung zur Umwelt herstellt und das Geschäftliche regelt. Auf dem heutigen Kunstmarkt erweist sich nicht zuletzt die erwähnte Provenienz von besonderer Bedeutung – so wird für das jeweilige Werk eine *fiktive Genealogie* erstellt, die auch der Prüfung gewiefter Kunsthändler und Auktionshäuser standhalten muss. Dennoch war es gerade die Provenienz, die zur Aufdeckung des großen Kunstskandals 2011 geführt hat.

Im Fälscherprozess gegen den Maler Wolfgang Beltracchi im September 2011 trat auch der ebenfalls verurteilte Hehler Otto Schulte-Kellinghaus auf. Als Provenienz vieler Fälschungen hatte jener den Namen seines Großvaters, des Bäckermeisters Knops, angeführt, der angeblich eine große Kunstsammlung aufgebaut hatte. Dieser Sammlung entstammten „Werke" von Max Ernst, die Beltracchi nachempfindend geschaffen hatte und von Kellinghaus in den Kunstmarkt geschleust wurden. Über die imaginäre „Sammlung Knops" hinaus gab es noch eine zweite, in Kunsthändlerkreisen bereits renommierte Sammlung, nämlich die des 1993 verstorbenen Werner Jäger. Dieser war der Großvater der mit dem Maler verheirateten Helene Beltracchi. Somit gab es zwei fiktive Sammlungen, auf die der umtriebige Maler mit seiner reichhaltigen Produktion überzeugend zurückgreifen konnte, wenn es um Fragen der Provenienz ging.

Im Prozess gegen Beltracchi standen nur jene Werke zur Debatte, die nach dem Sterbedatum Werner Jägers im Jahr 1993 in den Kunsthandel gelangt waren. 2006 wurde im Kunsthaus Lempertz das Gemälde *Rotes Bild mit Pferden* (1914) von Heinrich Campendonk, einem Mitglied des *Blauen Reiters*, für 2,4 Millionen Euro versteigert. Bei einer nachträglichen chemischen Analyse stellte sich heraus, dass Titanweiß verwendet worden war, das zur Zeit der Entstehung noch nicht zur Verfügung stand. Acht Gutachter wurden von Seiten des Käufers bzw. des Kunsthauses damit beauftragt, die Frage, ob das Auktionshaus seiner Sorgfaltspflicht nachgekommen war, zu klären.

Am 1. September 2012 gelangte das Landgericht Köln zu dem Urteil, dass der Klage stattgegeben werde und 2,88 Millionen Euro (inklusive Aufgeld) zu entrichten seien (Andreas Rossmann, „Frankfurter Allgemeine Zeitung", 28. September 2012). Beim Oberlandesgericht Köln wurde Berufung eingelegt.

Wie Niklas Maak in seinem Artikel *Wolfgang Beltracchi ist überall* in der „Frankfurter Allgemeinen Zeitung" vom 21. Januar 2012 berichtet, dürfte die „fruchtbare" Zusammenarbeit zwischen dem begabten Maler und Schulte-Kellinghaus schon lange vor 1993 bestanden haben. In Paris lebte vor dem Ersten Weltkrieg die Malerin Marie Laurencin, die einen nachkubistischen Stil pflegte, mit Picasso und Georges Braque befreundet und eine Zeitlang mit Guillaume Apollinaire liiert war. Zu ihren Verehrern gehörte der Kunsthändler Alfred Flechtheim, der die Werke der Malerin 1921 in seiner Kunstgalerie ausstellte. Was war natürlicher, als dass Laurencin ihren langjährigen Gönner porträtierte? In einem umfangreichen Katalog von Daniel Marchesseau ist das Gesamtoeuvre der Malerin aufgearbeitet worden; das besagte Porträt wird mit 1912/13 datiert. Laurencins Malerei hat besonders in Japan Furore gemacht. Ein Museum mit mehr als 500 ihrer Werke wurde ihr zu Ehren in Nagano eingerichtet, wo auch das Porträt von Flechtheim 1989 Eingang fand. Dessen Provenienz las sich so: „Sammlung Alfred Flechtheim, Berlin-Düsseldorf; Privatsammlung Krefeld um 1920; und schließlich Otto Schulte-Kellinghaus 1988". Durch die Nennung des Letzteren setzte bei den späteren Erhebungen nach 2006 der Erdrutsch ein. Auch die Sammlung in Nagano wurde in die Untersuchungen einbezogen. Da das Museum zum Zeitpunkt des erwähnten Artikels der „Frankfurter Allgemeinen Zeitung" geschlossen wurde, erhärtete sich der Verdacht, dass auch andere Werke von Laurencin, die aus dem Pinsel Beltracchis stammen, ihren Weg dorthin gefunden haben könnten. Die Verbindung des Malers zu Kellinghaus bestand offensichtlich bereits in den 1980er Jahren.

Abb. 15
Wolfgang Beltracchi, *Porträt Alfred Flechtheim* – als Werk Marie Laurencins 1912/13 ausgegeben

Die Problematik „guter" Kunstfälschungen wird im Fall Beltracchis virulent: Die Grenze zwischen dem Original eines bekannten Malers und einem im Stil und Inhalt überzeugenden, nachempfundenen Gemälde ist fließend. Ein Sammler mag auch an Letzterem seine Freude haben und dürfte sich ungern als Betrogener bloßstellen. Der Kunsthändler wiederum, der sich im Nachhinein womöglich als Betrogener erkennt, dürfte sich hüten, an die Öffentlichkeit zu treten und dadurch seine Existenz zu gefährden. Es ist anzunehmen, dass jene 14 Werke, um die es im Fälscherprozess in Köln ging, nur die Spitze eines Eisberges bilden; die beträchtlichen Summen, die bereits geflossen sein dürften, befinden sich wohl in sicherer Verwahrung und harren günstigerer Zeiten.

Vom Schmierzettel zum auratischen Kunstwerk

Max Weiler reinigte seine Pinsel auf Papierfetzen und benutzte sie zu Farbproben. Diese unbewusste Hinterlassenschaft diente in den 1960er Jahren als Ausgangspunkt für großformatige informelle Bilder auf Papier. Eine Dokumentation dieser Vorgehensweise erfolgte 2010 in der Ausstellung *Max Weiler – Die Natur der Malerei* im Essl Museum, Klosterneuburg, sowie im Oktober 2011 in der Albertina: *Max Weiler – Der Zeichner*. In einem Artikel im „Standard" vom 1. Oktober 2011 hat Olga Kronsteiner auf das Geschäft mit den „Schmierzetteln" Weilers, das um 2001, einige Jahre nach dem Tod des Künstlers einsetzte, aufmerksam gemacht. 2004 wurden einige angebotene Blätter vom Auktionshaus Kinsky selbst als Fälschungen entlarvt. Problematisch erwies sich aus kriminalistischer und juristischer Sicht der Tatbestand der Fälschung, denn ursprünglich dürften die Blätter ohne Signatur als Werke Weilers verkauft worden sein. Ein Jahr später wurden die Blätter vom Eigentümer, diesmal Wolfdietrich Hassfurther, angeboten; die Signaturen im Katalog allerdings als „Bezeichnet, datiert von fremder? Hand" charakterisiert. Nach Intervention von Kinsky wurden die Blätter erneut aus dem Verkehr gezogen.

Bei dem im „Standard" abgedruckten Blatt seien sogar blaue und rote Farbflecken in kompositorischer, wenn auch „plumper" Absicht hinzugefügt worden. Jene seien nach Edelbert Köb „in ihrer Gesetztheit" und „Absichtlichkeit deutlich von den freien, zufälligen und liquiden Formbildungen" des ursprünglichen Blattes unterschieden (Kronsteiner 2011). Weiler selbst hat diesen Blättern zunächst keine Bedeutung beigemessen, sie aber Freunden und Klienten als Souvenirs geschenkt. Dennoch hat er aus ihnen Inspiration geschöpft und sie mit der Zeit sogar an den Anfang des Schaffensprozesses gesetzt, was auch Thema der Ausstellung im Essl Museum war. Wie auch immer: Der Künstler hat gerade das Zufällige und Absichtslose vorerst gering geschätzt; von Köb werden diese Kriterien aber als entscheidend für die Authentizität und den ästhetischen Wert der unbearbeiteten Blätter ins Feld geführt. Die Ambivalenz, betreffend Intention und ästhetisches Urteil, lässt sich hier nicht von der Hand weisen.

Um nun, aus der Sicht des Kunsthändlers, der Authentizität und der *Aura* dieser Blätter nachzuhelfen, wurden Signatur und Datum hinzugefügt. Blätter, die wirklich aus dem Atelier Weilers stammen, können nicht als Fälschungen im eigentlichen Sinn gelten; aber mittels Signatur und Datum wurde dem Künstler eine Wertschätzung derselben untergeschoben, die er, zumindest am Anfang, nicht vertrat. Hier bewegt man sich allerdings auf dem schwankenden Boden von Vermutungen. Betrügerisch wird der Tatbestand wohl erst, wenn durch eine vorgetäuschte Beglaubigung, eben die Signatur, der Marktwert des Blattes von Null ins Tausendfache gesteigert wird. Ein besserer Beleg für die Kontextabhängigkeit des Werturteils unserer Tage lässt sich kaum erbringen: Der Reziprozität von Geldwert und auratischer Wirkung wird dadurch Tür und Tor geöffnet.

Die Aura des Kunstwerks

Der Unterschied zwischen einem originären Kunstwerk und einer Fälschung mag im rein konzeptuellen Bereich liegen: im „Raub", eigentlich der Usurpation der Aura und der Übertragung derselben auf ein Werk, das nicht authentisch ist, sondern nur vortäuscht, es zu sein. Die Aura ist eng mit der physischen Beschaffenheit eines Werkes, seiner Präsenz und Ausstrahlung verwoben (Susanne K. Langer spricht vom Schein, *semblance*, 1942). Der Kunstmarkt richtet seinen Blick auf die beglaubigte Urheberschaft, die *Signatur* und *Provenienz* des Werkes, die mindestens ebenso wichtig sind wie seine Qualität. Das Publikum sucht die Aura in der einmaligen Begegnung mit dem Künstler, der durch das Werk zu ihnen spricht; oder es fühlt sich von dem Gesamtkunstwerk, wie etwa einer paläolithischen Höhle oder der Sixtinischen Kapelle, von der Stimmung und dem *genius loci* entrückt. Was ist aber mit dem Duplikat der Höhle in Lascaux? Sie erfüllt nicht Walter Benjamins Kriterien eines Originals, aber die Besuchermassen strömen dennoch hin. Nicht das originäre Objekt generiert in diesem Fall die auratische Wirkung, sondern die Reproduktion, welche die *Imagination* der Besucher anstachelt. Die Aura wird von der öffentlichen Meinung generiert, sie ist nicht mehr *objekt-* sondern *kontextabhängig*.

Eine zentrale Rolle spielt in diesem Zusammenhang Walter Benjamins 1935 im Pariser Exil verfasster und in Deutschland erst 1955 erschienener Aufsatz *Das Kunstwerk im Zeitalter seiner technischen Reproduzierbarkeit*. Seither ist der Begriff der „Aura" zu einem festen Bestandteil der zeitgenössischen Ästhetik geworden, der auch für den Fragenkomplex Original – Fälschung – Kunstmarkt – Kunstwert wichtige Aufschlüsse gewährt und deshalb hier kurz umrissen werden soll. Benjamins zentrale Thesen lauten:

* Im Kunstwerk zeige sich dessen *einmaliges Dasein*. Dem stehe das vervielfältigte Produkt, die *Reproduktion,* entgegen.
* Die *Echtheit* eines Kunstwerks *entziehe sich der Reproduzierbarkeit*.
* Die *Autorität* des Werkes beherrsche das *Hier und Jetzt*.
* Die Reproduktion eines Originals führe zur *Entwertung* von dessen Einmaligkeit.

Diese Feststellungen lassen auf eine konventionelle Kunstauffassung schließen, die manche Tendenzen der Moderne ausklammert und wenig geeignet erscheint, die spätere Entwicklung der Kunst zu charakterisieren. Gattungsspezifische Eigenschaften und Grenzüberschreitungen entziehen sich den vorgebrachten engen definitorischen Grenzen: Die Reproduktionsgraphik etwa reicht bis in die frühe Neuzeit zurück, aber nichts deutet darauf hin, dass die Aura eines Stiches dabei Schaden leidet, solange der Zustand des Druckes der Vorstellung des Urhebers und der späteren Sachkundigen entspricht. Dies gilt auch für die Lithographie oder den Siebdruck. In diesen Werken trägt die *Signatur* entscheidend zur Auratisierung bei. Problematisch erscheint aus heutiger Sicht auch die Forderung nach *Einmaligkeit*, wenn man die Fotografie in Betracht zieht, die sich gerade einer unerhörten Wertschätzung erfreut und entsprechende Preise erzielt. Diese Entwicklung konnte freilich in den 1930er Jahren nicht vorhergesehen werden, ebenso wenig wie die spätere Instrumentalisierung der Reproduktionsgrafik in den 1960er Jahren. Mit den neueren Tendenzen in der Fotografie der 1920er und 1930er Jahre war Benjamin gut vertraut. Zu den Fotografien des von ihm bewunderten Eugène Atget meinte er, sie trügen zur „Reinigung der Atmosphäre einer Verfallsperiode" bei; und seine Fotos von Städteansichten ohne Menschen würden den „Verlust des Kultwertes" und die „Entfremdung von Mensch und Umwelt" sichtbar machen. Es geht also hier in erster Linie um die Aufdeckung gesellschaftlicher Zustände, nicht um „reine Kunst" und ästhetische Werte.

Die Werbegrafik in der Pop-Kunst der 1960er Jahre, die als Widerspiegelung der Konsumgesellschaft gilt, hat Andy Warhol in den Status der „Kunst" erhoben. Insbesondere seine seriell hergestellten Siebdrucke haben einen *Kultstatus* mit entsprechender Aura erlangt. Zur Mona Lisa von 1963 heißt es von ihm: „Thirty are better than one".

Abb. 16
Andy Warhol, *Mona Lisa*, Siebdruck, 1963

Bei Roy Lichtenstein kam es bekanntlich zu einer artifiziellen *Vortäuschung* von Reproduktionstechnik, sodass die Werke den Wert hochkarätiger Unikate erhielten. Bei anderen Kunstgattungen wie Film, Tanz und darstellender Kunst greifen die von Benjamin aufgestellten strengen Kriterien auch nicht – obwohl er selber infolge gesellschaftlicher Veränderungen neue Formen der Rezeption im Entstehen begriffen sieht: eine „Veränderung der Sichtweise", die zu einer *Entwertung* der Einmaligkeit als künstlerisches Kriterium und zur Untergrabung der Aura führe.

Wiewohl der Begriff somit die späteren Umstände nicht adäquat widerspiegelt, bleibt das Phänomen der Aura bestehen, d. h., sie verdankt offensichtlich ihre Existenz nicht ausschließlich jenen Bedingungen, die Benjamin für die traditionelle Kunst ins Feld führte. Folgende Kriterien seien nach Benjamin für diese maßgebend:

- *Echtheit* im Sinn von *einmalig tradierbare materielle Dauer*;
- ein *handgefertigtes* Produkt, das *geschichtliche Zeugenschaft* impliziere;
- das Kunstwerk als Glied in der kontinuierlichen *Tradition* (nicht viel anders als George Kubler es in seinem 1962 erschienenen Essay *The Shape of Time* dargestellt hat; bei ihm wirkt allerdings die Anonymität des Urhebers einer Auratisierung entgegen).

Dass ich trotz mancher Einwände auf Benjamins Begriff der Aura und ihre Voraussetzungen rekurriere, hängt mit dem Umstand zusammen, dass gerade die aufgeworfene Frage nach Original und Fälschung sowie die auf Materialität und Gestaltqualität beruhende Aura sich mit Benjamins Definition und Kunstanschauung der originären Kunst und deren Fälschung decken. Die Fälschungen verletzen eben mutwillig jene Kriterien der Echtheit und Einmaligkeit, die er ins Feld führt, täuschen jene aber vor.

Mit dem „Verfall der Aura" im Reproduktionszeitalter gehe die „Liquidierung des Traditionswerks am Kulturerbe" einher. Gesellschaftskritisch vorausschauend spricht Benjamin von der „Veränderung der kollektiven Sehweise", in deren Verlauf auch die Aura verloren gehe. Dies gilt ebenso für jene ästhetischen Werte, die ihr zugrunde liegen. Diese Werte gelten ohne Zweifel für die ältere traditionsgebundene Kunst sowie für jene der klassischen Moderne, die eben Gegenstand von Fälschungen geworden sind. Die Frage steht nun im Raum, ob die Aura der originären Werke durch die Fälschungen obsolet geworden ist oder wer nun was von wem geraubt hat.

Der Kultwert – objektive Affirmation und subjektive Provokation

Der entscheidende Schritt von der objektiv vorliegenden „Einmaligkeit der Gestalt" zur kontextabhängigen „Zuschreibung des Kunstwertes" wurde durch Duchamp im zweiten Jahrzehnt des 20. Jahrhunderts bewerkstelligt. Benjamin wäre mit solch einer Transformation der Aura wohl nicht glücklich gewesen, vermutlich auch nicht mit der späteren Kunstentwicklung in Richtung der Konzeptkunst. Für das echte Kunstwerk im Sinne Benjamins sind *Einmaligkeit, materielle* Dauer und *traditionelle Bindung* unabdingbar. Die „reine Kunst" leiste einen „Schönheitsdienst" an der Gesellschaft, sie stehe für eine Ästhetik des *l'art pour l'art*. Die Reproduktion – flüchtig und wiederholbar – entspreche diesen Kriterien nicht, sondern erfülle nur eine soziale Funktion.

Der Kultwert der Kunst, zeitlich und örtlich fixiert, wird zu Beginn des 20. Jahrhunderts unterminiert. Die Infragestellung der Kunst und des Kunstbetriebs (vgl. Duchamp) führe nach Benjamin zum „Sprachverfall" und zur „Vernichtung der Aura". Im Gegensatz zur naturgemäß konformistischen Ausrichtung der Kunstfälschungen suchen Duchamp, die Dadaisten und etliche Nachfolger gezielt die Normverletzung, den Skandal und die Unterminierung der Schönheit, sprich der „Aura". Was die dadurch ausgelöste „Kränkung" betrifft, man denke an Duchamps *Mona Lisa mit dem Schnurrbart* aus dem Jahr 1919 und das anstößige Buchstabenrätsel darunter, bildet immer noch die Aura des Originals eine *Voraussetzung* für das Gelingen der Provokation.

Abb. 17
Marcel Duchamp, *Mona Lisa mit Schnurrbart*, 1919, Büro des KP-Chefs, Paris

Im ominösen *Pissoir* von 1917, das übrigens verschollen ist, wird das Einmalige, Echte und von Hand Gefertigte geradezu lächerlich gemacht. Seinen Status erhält das Objekt durch die Platzierung auf dem Sockel, den Zuspruch des Publikums sowie last but not least, durch die bestellte Hinzufügung der *Signatur* des Urhebers. (Das parodistische Element dieser letzten Aktion wird später von Dalí aufgegriffen, der in einer Stunde hunderte weiße Blätter signierte, die er dann teuer verkaufen konnte). Die Einmaligkeit bezieht sich nunmehr auf die *Aktion* selbst, deren Aura aus der Symbiose mit der Person des Ausführenden erwächst – man denke an die späteren Aktionen eines Joseph Beuys.

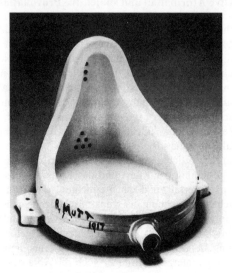

Abb. 18
Marcel Duchamp, *Pissoir*, 1917 (verschollen)

In der Pop-Art der 1960er Jahre, die ebenfalls ein dankbares Ziel von Kunstfälschungen bietet, gründet sich der *Ausstellungswert* in erster Linie auf den *Kultwert* der Objekte, die im gesellschaftlichen Kontext einen auratischen Charakter erhalten.

Die veruntreute Aura

Man könnte meinen, damit wäre der Kunstfälschung endgültig der Boden entzogen worden. Aber das Bedürfnis des Menschen nach Kult und Verehrung führt zu einer unerwarteten Wiedererweckung des Materiellen und der Aura. Der Wiener „Standard" vom 5. Mai 2012 berichtet von der Versteigerung von Edvard Munchs vierter Variante *Der Schrei* aus dem Jahr 1895 bei Sothebys in New York, die den Besitzer für rund 120 Millionen Dollar wechselte. In der Zeitung wird auch die „Hitliste" der 13 „teuersten Kunstwerke der Welt" präsentiert, angeführt von Cézannes *Kartenspieler* für 250 Millionen Dollar, Jackson Pollocks *No 5* für 140 Millionen Dollar und Gustav Klimts *Adele Bloch-Bauer I* für 135 Millionen Dollar. Der Kultwert hat sich in der heutigen globalisierten Welt zu einer Apotheose des reinen *Geldwertes* gewandelt. *Mit dem Geldwert wächst die Berühmtheit und mit ihr die Aura.* Sie läuft dabei paradoxerweise Gefahr, in die Unsichtbarkeit zu führen, wie das Porträt von *Dr. Gachet* von Vincent van Gogh, das im Jahr 1990 für 82,5 Millionen Dollar versteigert wurde und nun sein Dasein in einem japanischen Tresor fristet. Auf diesen Zug des ungehemmten Kommerzes in Kombination mit dem tatsächlichen Materialwert sind einige Künstler unserer Tage aufgesprungen – allen voran Damien Hirst, dessen mit Platin über-zogener *Totenschädel*, genannt „For the Love of God", mit 8601 Diamanten bestückt, 2007 für 50 Millionen Pfund erworben wurde.

Abb. 19
Damien Hirst, *For the Love of God*, 2007, White Cube Gallery, London

Für die Kunstfälscher stellt die Aura, so wie sie von Benjamin beschrieben wurde, ein ho-hes Gut dar, denn erst sie verleiht dem Werk und dem Urheber jenen Status, der ein einträg-liches Geschäft verspricht. Im wörtlichen Sinn „geraubt" kann die Aura eigentlich nicht werden – allenfalls durch Fälschung oder Plagiierung usurpiert, die früher oder später als solche entlarvt werden. Der Vergleich der Fälschung mit dem Original fördert meist mehr oder weniger große Qualitätsunterschiede an den Tag, ungeachtet des Umstands, dass vor-erst auch die Nachahmung im originären Glanz erstrahlt, der erst nach der Entlarvung ver-blasst. Die vorgetäuschte Aura ist, wie die Kunstfälschung überhaupt, als Diebstahl geisti-gen Eigentums einzustufen, als eine Verletzung der Integrität des Urhebers. Allerdings tun sich dabei, wie beschrieben, Unschärferelationen auf, gerade wenn es um stilistische An-gleichungen oder eine verdeckte Appropriation geht. Im letzten Fall bleibt das Original (und mit ihm die Aura) unbeschädigt, denn das nachgeschaffene Kunstwerk lebt von der Bekanntheit des Originals und der Erkennbarkeit zumindest des Motivs. Zu einem eigentli-chen Raub oder einer *Veruntreuung* der ästhetisch und moralisch verklärten Aura in der bildenden Kunst ist es erst im Laufe des 20. Jahrhunderts gekommen, als Paradigmen wie Einmaligkeit, Echtheit und Schönheit zunächst von der Wiederholbarkeit, dem Nicht-Authentischen und einer provokanten Ästhetik des Obszönen oder Hässlichen außer Kraft gesetzt wurden, um schlussendlich in einen grenzenlosen, materiellen Fetischismus einzu-münden, bei dem der *Geldwert* als Maßstab des Kultwertes und als Garant für die Be-rühmtheit des Urhebers gehandelt wird.

Um das goldene Kalb des Kunstwerks, das auch die Gestalt eines in Formalin eingelegten Haies annehmen kann, scharen sich die Kunstsachverständigen und die ganze Kunstwelt. Man kann sich fragen, ob hier nicht eine neue Form der Kunstfälschung vorliegt, bei der einer breiten Öffentlichkeit fragwürdige Wertmaßstäbe vorgespiegelt werden. Dies zielt auf den Konsens des Publikums, das nunmehr sein Auge auf eine Aura richtet, die nichts mehr mit den ursprünglichen Kriterien des Kunstwerks zu tun hat, sondern quasi selbstbezüglich dem Kontext der öffentlichen Meinung entspringt. Wir leben heute nicht nur im Zeitalter der Reproduktion, sondern auch in jener der globalen Rezeption. Die beworbenen Künstler erreichen einen omnipräsenten Bekanntheitsgrad, der entscheidend zur Auratisierung ihrer Werke beiträgt und der vom Kunsthandel mit aberwitzigen Preisen beglaubigt und bestärkt wird.

Benjamin stand der Entwicklung der Kunst im Zeitalter seiner Reproduzierbarkeit kritisch gegenüber und prognostizierte gar den „Verfall der Aura". Er hätte sich aber kaum träumen lassen, dass die Aura in der Folgezeit mit einem monetären Heiligenschein verwechselt werden würde, der in aller Welt für Staunen sorgt.

*

AHRENS, Klaus; HANDLÖGTEN, Günter: *Echtes Geld für falsche Kunst.* Remchingen: Maulwurf 1992.

ARNAU, Frank: *Kunst der Fälscher, Fälscher der Kunst. Dreitausend Jahre Betrug mit Antiquitäten.* Düsseldorf: Econ 1959.

Ausstellungskatalog: *Echt Falsch.* Hg. von Madeleine Argenzon und Estelle Lemaire. Villa Stuck, München, 16. Mai bis 18. August 1991. Milano: Mondadori 1991.

BENJAMIN, Walter: *Das Kunstwerk im Zeitalter seiner technischen Reproduzierbarkeit* (fr. 1936, dt. 1955). In: W. B.: Gesammelte Schriften. Bd. I,2. Hg. von Rolf Tiedemann und Hermann Schweppenhäuser. Frankfurt/M.: Suhrkamp 1974.

BRÄNDLE, Stefan: *Doppeltes Lischen im Louvre.* In: Der Standard (Wien), 29. März 2012.

BÜTTNER, Nils: *Wer's glaubt, wird selig oder Wer's macht, profitiert.* In: Frankfurter Allgemeine Zeitung, 29. September 2012.

HENNEFELD, Claudia: *Sozialhistorische Aspekte der Kunstfälschung am Beispiel des Fälschers Han van Meegeren* (Dipl. Arbeit). Graz 2002.

KRONSTEINER, Olga: *Gepimptes Schmierpapier.* In: Der Standard (Wien), Album A 5, 1. Oktober 2011.

KRONSTEINER, Olga: *Smarte Verbeugung vor einer Ikone.* In: Der Standard (Wien), 5. Mai 2012.

KUBLER, George: *The Shape of Time.* New Haven [u. a]: Yale University Press 1962.

LANGER, Susanne K.: *Philosophy in a New Key. A Study in the Symbolism of Reason, Rite, and Art.* Cambridge/MA: Harvard University Press 1942.

MAAK, Niklas: *Wolfgang Beltracchi ist überall.* In: Frankfurter Allgemeine Zeitung, 21. Januar 2012.

REITZ, Manfred: *Große Kunstfälschungen.* Frankfurt/M. [u. a.]: Insel 1993.

RÖMER, Stefan: *Künstlerische Strategien des Fake. Kritik von Original und Fälschung.* Köln: DuMont 2001.

ROSSMANN, Andreas: *Was ist ein ordentlicher Auktionator?* In: Frankfurter Allgemeine Zeitung, 28. September 2012.

VASARI, Giorgio: *Le Vite de' più eccellenti pittori, scultori e archi tettori nella redazioni del 1550 e 1568.* Bd. 7. Hg. von G. Milanesi. Firenze: Sansoni Editore 1973 (Nachdruck).

*

Abbildungsnachweise

PETER REVERS

Plagiate in der Musik
Urheberrechtsverstöße und/oder Grenzfälle

Im Schlusskapitel seiner *Geschichten vom Herrn Keuner* entwirft Bert Brecht eine geradezu provokant neuartige Perspektive des Originals:

> Heute, beklagte sich Herr Keuner, gibt es unzählige, die sich öffentlich rühmen, ganz allein große
> Bücher verfassen zu können, und dies wird allgemein gebilligt. Der chinesische Philosoph
> Dschuang Dsi verfaßte noch im Mannesalter ein Buch von hunderttausend Wörtern, das zu neun
> Zehnteln aus Zitaten bestand. Solche Bücher können bei uns nicht mehr geschrieben werden, da der
> Geist fehlt. Infolgedessen werden Gedanken nur in eigener Werkstatt hergestellt, indem sich der
> faul vorkommt, der nicht genug davon fertigbringt. Freilich gibt es dann auch keinen Gedanken, der
> übernommen werden, und auch keine Formulierung eines Gedankens, die zitiert werden könnte.
> Wie wenig brauchen diese alle zu ihrer Tätigkeit! Ein Federhalter und etwas Papier ist das einzige,
> was sie vorzeigen können. Und ohne jede Hilfe, nur mit dem kümmerlichen Material, das ein ein-
> zelner auf seinen Armen herbeischaffen kann, errichten sie ihre Hütten! Größere Gebäude kennen
> sie nicht, als solche, die ein einziger zu bauen imstande ist![1]

Brechts Text aus dem Jahre 1929, mit dem er „das für das neuzeitliche Kunstverständnis
konstitutive Denkmuster des autonomen, individuellen Schöpfungsprozesses"[2] kritisiert,
wirft einige grundsätzliche Fragen auf, denn kreatives Arbeiten, das nicht auf präexistente
Erkenntnisse zurückgreift und nicht in einen Diskurs mit diesen tritt, scheint demzufolge zu
einer Hermetik zu tendieren, die umfassende gedankliche Gebäude von vornherein ausschließt. Nun könnte man freilich argumentieren, dass das, was Brecht zur Sprache bringt,
ohnehin gängiger Usus in seriösen wissenschaftlichen Abhandlungen ist. Niemand würde
in Abrede stellen, dass diese die Quellen, auf denen ihre Erkenntnisse aufbauen, eingehend
und kritisch reflektieren, dass selbstverständlich die relevanten Quellen präzise angeführt
und damit der Argumentationsgang nachvollzieh- und überprüfbar wird. Freilich bleibt damit ein entscheidender Teil des kreativen Prozesses unberücksichtigt, der vor allem im Bereich der performativen Künste von entscheidender Bedeutung ist. In der modernen Kreati-
vitätsforschung wird die Unterscheidung zwischen Original und Kopie (und wir könnten in
weiterer Perspektive auch sagen: zwischen dem urheberrechtlich Geschützten und dem Plagiat) durchaus differenziert beurteilt. Laut dem Konstanzer Literaturwissenschaftler
Thomas Weitin etwa war noch im 18. Jahrhundert die Frage der Urheberschaft für Juristen
und Literaten eine „ungewohnte Vorstellung. […] Wie sollte sich der Geist des Autors als
Träger des Besitzanspruchs am Werk in demselben nachweisen lassen? Wie war die Ver-
letzung seines Anspruchs konkret festzustellen?"[3] In der Tat – und dies gilt in besonderem
Maße für die Musik – war es etwa gang und gäbe, dass Meistern wie Haydn und Mozart
Werke weniger bekannter Komponisten unterschoben wurden (oft um bessere Verkaufs-
zahlen zu erreichen). Und Mozart wäre vermutlich kaum auf die Idee gekommen, mit den
Bearbeitungen von Sonatensätzen anderer Komponisten für die Klavierkonzerte seiner
Kindheit und Jugend (KV 37 und 39–41) einen Urheberrechtsverstoß begangen zu haben.

Lernen am Vorbild (und dies implizierte den Transfer bereits komponierter Werke in eine andere Besetzung oder Gattung) gehörte zu den Selbstverständlichkeiten im Erlernen profunder Kompositionstechnik. Die Kategorie „Echtheit zweifelhaft und/oder unbeglaubigt" schließlich durchzieht Haydns Werkverzeichnis wie ein roter Faden. Mit Nachdruck verweist etwa der renommierte Haydn-Forscher Ludwig Finscher auf diesen Umstand:

> [...] in der Regel liegt für Werke, die Haydn zugeschrieben werden, keine Beglaubigung vor; nicht für die Kindersinfonie [...], die Bläserpartiten über den Choral *St. Antonii* (Hob. II 45a), über den Brahms seine Haydn-Variationen geschrieben hat, [...] und Hunderte von weiteren, meist unbedeutenden Sinfonien, Streichquartetten, Streichtrios und anderen Werken.[4]

Diese Situation hat sich erst im Laufe des 19. bzw. frühen 20. Jahrhunderts nachhaltig gewandelt. Für den deutschsprachigen Raum war es vor allem das preußische *Gesetz zum Schutz des Eigentums in Werken der Wissenschaft und Kunst in Nachdruck und Nachbildung* (1837), das nicht nur erstmals eine Kodifizierung des Urheberrechts für musikalische Werke vorgenommen, sondern darüber hinaus den im Urheberrecht „bis heute maßgebliche[n] Begriff des musikalischen Werks"[5] etabliert hat. Wie Thomas Weitin feststellt, steht dieser in engem Zusammenhang mit dem Geniebegriff:

> Erst mit dem Genie entsteht die Idee der Eigentümlichkeit im Sinne einer sozialen Identität. Sie ist es, die Originalität auf Seiten des Künstlers wie seines Werkes bezeichnet und daher geistigen Besitz als das Eigentum des Eigentümlichen begründen kann.[6]

Diese Auffassung hat sich freilich nicht in allen Ländern in gleichem Maße behauptet: Während z. B. im anglo-amerikanischen Bereich das Prinzip der *Public Domain*, d. h. die Übergabe eines Werkes in die Gemeinfreiheit und damit in den öffentlichen Besitz, eine durchaus gängige Verfahrensweise darstellt, so ist das kontinental-europäische Urheberrecht, das vom Werk als „geistiger und kreativer Ausdruck des Individuums" geprägt ist[7], diesbezüglich wesentlich restriktiver. Freilich ist eine derartige Auffassung im Zeitalter von Internet und *YouTube* bereits reichlich durchlöchert. Wenngleich die *Public Domain* in keinem ursächlichen Zusammenhang mit dem Problem des Plagiierens steht (da es ja dort vornehmlich um die Frage der Rechteverwertung geht), hat sie gleichwohl Konsequenzen, mit denen auch der Bereich der Musik in immer stärkerem Maße konfrontiert ist. Denn mit der rapid wachsenden digitalen Kultur läuft auch das Original Gefahr, bis zur Unkenntlichkeit nivelliert und somit gleichsam per se zur „Public Domain" zu werden. Die erwähnten signifikanten Unterschiede zwischen dem anglo-amerikanischen und dem kontinental-europäischen Urheberrecht wurden zwar durch die *Revidierte Berner Übereinkunft* (1908) im Sinne einer international übergreifenden Vereinbarung entschärft, ohne dass damit aber auch ein international gültiges Urheberrecht etabliert worden wäre.

Für sämtliche Varianten des internationalen Urheberrechts spielt freilich der – in jüngerer Zeit durchaus kontrovers diskutierte – Begriff des „geistigen Eigentums" eine entscheidende Rolle, denn mit ihm steht und fällt auch die Kategorie des Plagiats. Definiert man Plagiat – wie dies Richard A. Posner in besonders scharfer, in mancher Hinsicht wohl überspitzter Form getan hat – als „geistigen Betrug", so öffnet sich damit gleichsam eine „Büchse der Pandora", die in letzter Konsequenz kaum lösbare Probleme mit sich bringt. Posner qualifiziert das Plagiat wie folgt:

> Plagiarism is a species of intellectual fraud. It consists of unauthorized copying that the copier claims (whether explicitly or implicitly, and whether deliberately or carelessly) is original with him and the claim causes the copier's audience to behave otherwise than it would if it knew the truth.[8]

Ohne auf die Details von Posners Argumentation eingehen zu können, ergeben sich – wie ich meine – einige für die Musik weit reichende Konsequenzen. Ich möchte dies an einigen wenigen Fallbeispielen dokumentieren.

Seit den späten 1960er Jahren spielen in der Musik kompositorische Zitattechniken eine bedeutende Rolle. In Überwindung der von Theodor W. Adorno proklamierten „Tendenz des Materials", also einem kompositorischen Materialverständnis, das geprägt ist von permanenter Erneuerung und immer weiter reichender klanglicher Differenzierung, wurde musikgeschichtliches Material selbst (vorab in Form von bereits komponierten Werken) zur zentralen Materialbasis des kreativen Schaffens. Vor allem seit den späten 1960er Jahren sind Werke entstanden, die wesentlich geprägt sind von einer „Technik der Assimilation und paraphrasierenden Transformation der vorgegebenen melodischen Strukturen in komplexe Zusammenhänge".[9] Beispielhaft ist etwa der polystilistische 3. Satz der 1968 komponierten *Sinfonia* des 1925 geborenen und 2003 verstorbenen italienischen Komponisten Luciano Berio. Als „Bauskelett" liegt diesem das Scherzo von Gustav Mahlers 2. Symphonie zugrunde, „das mit zahlreichen weiteren musikgeschichtlichen Referenzen ‚ausgefüllt' wird".[10] Der Autor verwendet somit zwar fremdes (wenngleich in den überwiegenden Fällen erkennbares) Material, seine Verwendung aber „markiert es als das Eigene des Autors".[11] Berios freier Umgang „mit vorgegebenen Materialien und deren Montage"[12] wird dabei in einer radikalen Konsequenz umgesetzt. Neben und über dem erwähnten Mahlerschen Scherzosatz, der bisweilen deutlich hörbar, bisweilen nur subkutan wahrnehmbar ist, „lagert Berio eine Schicht von musikalischen Zitaten aus Werken von Johann Sebastian Bach bis Pierre Boulez und Karlheinz Stockhausen, einschließlich eines [...] ‚Platzhalters', an dessen in der Partitur exakt vermerkter Stelle eine beliebige Stelle aus einem anderen Werk des jeweiligen Konzertprogramms gespielt werden soll."[13] Durch komplexe Textverschachtelungen (hauptsächlich aus Samuel Becketts Roman *The Unnamable* und Fragmenten aus James Joyces *Ulysses* sowie mit Studentenparolen, Werktiteln und musikalischen Vortragsbezeichnungen) schafft Berio gleichsam eine klingende Realisierung von Umberto Ecos Konzept der „opera aperta", somit des Kunstwerks „als einer grundsätzlich mehrdeutigen Botschaft". Für Berio selbst ist der dritte Satz von Mahlers 2. Symphonie ein „Gefäß, in dessen Wänden Zitate und Anspielungen entwickelt und transformiert werden"[14], und die Zitate insgesamt sind „musikalische Mythen" in einer frei assoziativen, von Traumwelten bestimmten Aura. Berios *Sinfonia* verändert somit radikal das traditionelle Verständnis von Kunst als im emphatischen Sinne originäre kreative Handlung. Insofern bilden die Zitate „Archetypen", die im Laufe eines Stückes permanent transformiert werden und die Hörer gleichsam auffordern, beständig „Beziehungen zwischen verschiedenen Elementen zu entdecken und zu erzeugen."[15] Ohne hier auf nähere Details eingehen zu können, wird deutlich, dass im strengen Sinne diese künstlerische Konzeption mit dem Schutz des geistigen Eigentums inkompatibel ist. Berio weist weder in der Partitur noch etwa in einem Begleittext die einzelnen Zitate aus (was im Übrigen – hätte er dies getan – der Lesbarkeit der Partitur kaum zuträglich gewesen wäre). In gewisser Weise stehen sich hier also zwei Rechtsprinzipien (in kaum vereinbarer Weise) gegenüber: der Schutz des geistigen Eigentums einerseits, der Primat der Freiheit der Kunst andererseits.

Oft allzu pauschal unter die Kategorie der „Zitatenkomposition", die nur einen Bereich seines vielfältigen Schaffens darstellt, wurde auch der deutsche Komponist Bernd Alois Zimmermann (1918–1970) subsumiert. Allerdings stellt seine zwischen 1962 und 1967 entstandene *Musique pour les soupers du Roi Ubu* (nach Alfred Jarry) eine grotesk-satirisch geprägte, reine Zitatenkomposition dar. Die Collage musikalischer Zitate ist dabei explizit gesellschaftskritisch begründet. Zimmermann erläutert dies wie folgt:

Zur Verdeutlichung unserer disproportionierten geistigen und kulturellen Situation werden musikalische Collagen heiterster bis härtester Note (in des Wortes Bedeutung) angewandt: ein reines Collagenstück, grundiert von Tänzen des 16. und 17. Jahrhunderts, durchsetzt mit Zitaten älterer und zeitgenössischer Komponisten. [...] scheinbar ein gewaltiger Ulk, für den jedoch, der dahinter zu hören vermag, ein warnendes Sinngedicht, makaber und komisch zugleich.[16]

Zimmermanns als „Ballet noir" charakterisierte *Roi Ubu*-Musik ist gleichsam ein imaginäres Theater, eine kabarettistisch scharfe Abrechnung, in der die Zitate nur in sekundärer Weise die jeweiligen Komponisten repräsentieren. Im letzten Teil von *Roi Ubu*, dem *Hirnzerquetschungsmarsch*, hat die Kombination eines Zitats von Karlheinz Stockhausens 1961 komponiertem *Klavierstück IX*, in dem ein und derselbe Akkord 280mal angeschlagen wird, mit Wagners *Walkürenritt* und dem 4. Satz (*Gang zum Richtplatz*) aus Hector Berlioz' *Symphonie fantastique*, weniger musikhistorischen Verweischarakter, sondern stellt eine apokalyptische Schreckensvision dar, die in der spezifischen Dramaturgie der übereinander geschichteten Zitatebenen besondere Eindringlichkeit erfährt.

Auch dieses Beispiel macht deutlich, dass im Bereich der Musik die äußerst sensible (und nicht immer leicht auszulotende) Grauzone zwischen Plagiat und künstlerisch intendiertem Zitatcharakter grundsätzliche Fragen aufwirft, innerhalb deren der spezifische Kontext, in dem das übernommene Material aufscheint, Priorität gegenüber diesem selbst hat: es sei denn, man würde (zugunsten einer konsequenten Anwendung des Urheberrechtsschutzes) kompositorische Entwicklungen, die sich durch eine Fülle ähnlich gelagerter Beispiele belegen ließen, in den Bereich fragwürdiger Legitimität abdrängen wollen.

Die Frage des Plagiats hängt freilich auch mit der jeweils konkreten Verwendung des übernommenen Materials zusammen. Als ich vor nunmehr fast 20 Jahren beauftragt wurde, in einem urheberrechtlichen Verfahren zwischen dem renommierten deutschen Musikverlag Schott und einer Werbeagentur, die für eine österreichische Brauerei eine TV-Werbung produziert hatte, ein Gutachten zu erstellen, zeigte sich die Problematik der Kriterien, ob und inwieweit ein Plagiat vorliegt, in aller Deutlichkeit. Dies war umso mehr von Brisanz, als es – wie in solchen Fällen üblich – um einen nicht unbeträchtlichen Streitwert ging. Dem bekannten deutschen Komponisten der Werbemusik wurde seitens des SchottVerlags die Plagiierung des Beginns von Carl Orffs meist aufgeführtem Werk, der *Carmina Burana*, zum Vorwurf gemacht. In der Tat ist eine deutliche Affinität zur Vorlage unverkennbar. Doch worin liegt diese Affinität begründet und was bildete das eigentliche musikalische Substrat, das Anlass zum Plagiatsvorwurf gab? Vergleicht man die beiden Beispiele, so ist offenkundig, dass sie in melodischer Hinsicht nicht identisch sind, und auch die Harmonik lässt durchaus (wenn auch weniger beträchtliche) Unterschiede erkennen. Trotzdem ist der Bezug zu Orffs Werk evident und – wie viele Versuche etwa mit Musikstudierenden ergeben haben – bereits nach dem ersten Hören eine diesbezügliche Assoziation geradezu zwingend. Unzweifelhaft übernimmt die Werbemusik die Rhythmik von Orffs *O Fortuna*, vor allem ihren musikalischen Gestus und ihre monumentale Klanglichkeit. Es gehört selbstverständlich zu den bekannten Strategien von Werbemusiken, an klar identifizierbaren „Vorlagen" möglichst elegant „vorbei" zu komponieren, d. h. gerade so viel an musikalischen Elementen abzuändern, dass der Vorwurf einer 1:1-Kopie entkräftet werden kann. Andererseits besteht – soweit ich das als Nicht-Jurist zu beurteilen vermag – die Tendenz, den urheberrechtlichen Schutz von Werken besonders dann streng auszulegen, wenn die tatsächlich oder scheinbar plagiierte Vorlage einen besonders hohen Bekanntheitsgrad reklamieren kann. De facto erfolgt die Lösung der Streitfrage „Plagiat oder Nicht-Plagiat?" in solchen Fällen im Zuge eines Vergleichs zwischen den Streitparteien (dies war auch in der vorliegenden Causa der Fall).

Die hier vorgeführten Fallbeispiele machen meines Erachtens deutlich, dass die Antwort, ob ein Plagiat vorliegt oder nicht, vermutlich nicht allein aufgrund einer klar definierbaren Schnittmenge zwischen übernommenem fremden geistigen Eigentum und dem künstlerischen Eigenanteil bestimmt werden kann, sondern stets den Kontext im Blickfeld haben muss, innerhalb dessen die Verwendung des Fremdmaterials erfolgt. Dies kann – wie im Falle von Berio oder Zimmermann – z. B. dadurch geschehen, dass die (zum Großteil) durchaus bekannten Zitatebenen in einer völlig neuartigen Weise miteinander in Beziehung gesetzt und damit durchaus innovative Bezugsfelder und Lesarten tradierten Materials eröffnet werden. Zweifellos fehlt diese künstlerische Intention im Falle der Werbemusik: Sie ist eine – in offenkundiger Anspielung an Orff – gekonnt komponierte Abweichung von der Vorlage, die allerdings in keiner anderen Weise Eigenständigkeit beanspruchen kann, als in eben diesem Aspekt – nämlich der allenfalls graduellen Abweichung von Orffs *Carmina Burana.*

Zuletzt kommen wir zu einer möglichen Lösungsperspektive, die Malte-Christian Gruber wie folgt umrissen hat:

Jede gesellschaftliche Teilrationalität, etwa der Kunst, der Literatur, der Wissenschaft oder auch der Wirtschaft, erzeugt ihre eigenen (Qualitäts-)Vorstellungen davon, welche Nachahmung noch als Ausdruck künstlerischer Freiheit oder intellektueller Kreativität einen ästhetischen, wissenschaftlichen oder wirtschaftlichen Mehrwert verspricht.[17]

Freilich enthebt uns auch dies nicht des Problems, dass sich die Plagiatsfrage in der Musik meist in einem letztlich diffusen Bereich bewegt, der in ganz besonderem Maße juristisches Feingefühl und subtiles Einfühlungsvermögen in Prozesse künstlerischer Produktion voraussetzt. Eine eindeutige Definition des musikalischen Plagiats (und somit eine konzise Grundlage für die Judikatur) wird hier wohl noch längere Zeit Utopie bleiben:

Das musikalische Plagiat bleibt eine Grauzone und dadurch werden Musiker als Rechtssuchende weitgehend der Hoffnung und dem Glauben an die Sensibilität der im Einzelfall mit der Entscheidung betrauten Richter und Gutachter überlassen. Coram iudice et in alto mari sumus in manu Dei.[18]

---

[1] BRECHT, Bertolt: *Herr Keuner und die Originalität.* In: B. B.: Werke. Große kommentierte Berliner und Frankfurter Ausgabe. Hg. von Werner Hecht [u. a.]. Bd. 18 (Prosa 3). Berlin: Aufbau 1995, S. 18.

[2] *Brecht-Handbuch.* Hg. von Jan Knopf. Bd. 3: Prosa, Filme, Drehbücher. Stuttgart: Metzler 2002, S. 136.

[3] WEITIN, Thomas: *Eigentümlich genial.* In: Der Standard (Wien), 27./28. Februar 2010; hier zitiert nach: GEHLEN, Dirk van: *Mashup – Lob der Kopie.* Berlin: Suhrkamp 2011, S. 102.

[4] FINSCHER, Ludwig: *Haydn, Joseph.* In: Die Musik in Geschichte und Gegenwart 2, Personenteil, Bd. 8, Kassel: Bärenreiter 2002, Sp. 1072.

[5] DÖHL, Frédéric: *Substantially similar? Das Plagiat aus der Sicht des Verhältnisses von Musik und Recht.* In: Plagiate. Fälschungen, Imitate und andere Strategien aus zweiter Hand. Beiträge zur Rechts-, Gesellschafts- und Kulturkritik. Hg. von Jochen Bung, Malte-Christian Gruber und Sebastian Kühn. Berlin: trafo 2011, S. 202.

[6] WEITIN: *Eigentümlich genial* (Anm. 3).

[7] KRÄMER, Sebastian M.: *Gemein-Freiheit. Vorboten einer freien digitalen Kultur.* Südwestdeutscher Rundfunk, 2. November 2009; http://www.swr.de/swr2/programm/sendungen/wissen/-/id= 5420028/property=download/nid=660374/1tkzzzs/swr2-wissen-20091102.pdf (15. März 2013).

8   POSNER, Richard A.: *The little book of Plagiarism.* New York: Pantheon 2007, S. 106.

9   RATHERT, Wolfgang: *Charles Ives.* Darmstadt: Wiss. Buchges. 1989, S. 100.

10 NOLLER, Joachim: *Berio, Luciano: 2. Zu Einzelwerken.* In: Die Musik in Geschichte und Gegenwart 2, Personenteil, Bd. 2. 2. neu bearb. Aufl. Kassel, Stuttgart: Bärenreiter, Metzler 1999, Sp. 1301.

11 ACKERMANN, Kathrin: *Fälschung und Plagiat als Motiv in der zeitgenössischen Literatur.* Heidelberg: Winter 1992, S. 17.

12 BORIO, Gianmario: *Berio, Luciano: 1. Allgemeine Aspekte.* In: Die Musik in Geschichte und Gegenwart (Anm. 10), Sp. 1299.

13 BANDUR, Markus: „*I prefer a wake*". *Berios Sinfonia, Joyces Finnegans Wake und Ecos Poetik des ‚offenen Kunstwerks'.* In: Luciano Berio. Hg. von Ulrich Tadday. München: Text und Kritik 2005, S. 107.

14 Ebda, S. 108.

15 MISCH, Imke: *Von der Vergangenheit zur Gegenwart – Geschichtsbewusstsein im Schaffen Luciano Berios.* In: Ebda, S. 10.

16 ZIMMERMANN, Bernd Alois: *Intervall und Zeit.* Hg. von Christof Bitter. Mainz: Schott 1974, S. 110.

17 GRUBER, Malte-Christian: *Anfechtungen des Plagiats: Herausforderung des Rechts am „Geistigen Eigentum".* In: Plagiate. Fälschungen, Imitate und andere Strategien aus zweiter Hand (Anm. 5), S. 105.

18 DÖHL: *Substantially similar?* (Anm. 5).

KATHARINA SCHERKE

Das Plagiat als eine Form abweichenden Verhaltens
Einige soziologische Anmerkungen zum Wissenschaftsbetrieb

1. Einleitung

Im Folgenden möchte ich zunächst skizzieren, was in der Soziologie gemeinhin unter *abweichendem Verhalten* verstanden wird, um sodann zu prüfen, inwiefern die Betrachtung des Plagiierens unter dem Blickwinkel des abweichenden Verhaltens zum besseren Verständnis dieser Verhaltensweise beitragen kann.

Abweichendes Verhalten liegt gemäß üblichen soziologischen Definitionen dann vor, „wenn sich aus dem Vergleich einer bestimmten Verhaltensweise mit einer korrespondierenden Verhaltensanforderung keine Übereinstimmung ergibt" und für diese fehlende Übereinstimmung „eine Bereitschaft zu negativen Sanktionen besteht".[1] Kriminelles Verhalten (etwa ein Autodiebstahl) stellt nur ein – wenn auch besonders typisches – Beispiel abweichenden Verhaltens dar, da dabei gegen *gesetzlich festgelegte* Verhaltensanforderungen bzw. -verbote verstoßen wird. Es gibt daneben jedoch eine ganze Bandbreite anderer Verhaltensweisen, die Verstöße gegen weniger explizit vorgegebene Verhaltensanforderungen darstellen und ebenso unter den Terminus *abweichendes Verhalten* fallen (etwa die Missachtung bestimmter Höflichkeitsregeln, die als Normbruch betrachtet werden kann und häufig Sanktionen – zumindest informeller Art – nach sich zieht). Die Definition eines Verhaltens als abweichend kann nur unter Bezug auf die im Hintergrund als gültig angenommenen Normen erfolgen, d. h., aus dem Verhalten allein lässt sich nicht dessen abweichender oder konformer Charakter bestimmen; dies ist erst nach einer Verbindung des Verhaltens mit einem bestimmten gesellschaftlichen Kontext möglich. Zu beachten ist dabei, dass in verschiedenen Kulturen und zu verschiedenen Zeiten unterschiedliche Normen Geltung haben können. Ein und dasselbe Verhalten kann daher – abhängig vom jeweiligen kulturellen und historischen Kontext – einmal als konform und einmal als abweichend bezeichnet werden.[2]

Beschäftigt man sich aus soziologischer Sicht mit abweichendem Verhalten, so ist außerdem die bereits auf Émile Durkheim zurückgehende Überzeugung zu beachten, dass prinzipiell jegliches Verhalten erklärungsbedürftig ist, d. h., sowohl das von Normen abweichende als auch das konforme Verhalten und sein Zustandekommen zählen zum Gegenstandsbereich der Soziologie. Durch das Studium des Abweichenden kann man oftmals aber einen besonders guten Einblick in jene sozialen Prozesse bekommen, die auch beim Zustandekommen konformen Verhaltens eine Rolle spielen. Auf das Plagiieren bezogen heißt dies, dass dessen Analyse auch geeignet ist, einen Eindruck ‚normaler' wissenschaftlicher Praxis zu liefern (oder was in bestimmten Kontexten dafür gehalten wird).

Folgende Begriffe sind im Zusammenhang mit der Analyse abweichenden Verhaltens relevant: Als *Normsender* werden jene bezeichnet, die die Möglichkeit haben, Normen zu setzen. Wir werden später sehen, dass es im Hinblick auf Plagiate keineswegs eindeutig ist, wer in diesem Bereich als verantwortlicher Normsender betrachtet werden kann. *Norm-*

adressaten sind diejenigen, die eine Norm befolgen sollen. Normsender und -adressaten können identisch sein, müssen es aber nicht. Das Strafrecht gilt beispielsweise für die gesamte Bevölkerung, unter bestimmten Voraussetzungen also auch für die an der Gesetzgebung Beteiligten selbst. Andere Normen gelten nur für einen bestimmten Bevölkerungsteil. Beispielsweise besagt eine an Kinder gerichtete Erziehungsnorm, dass Kinder nicht mit Feuer hantieren sollen; Erwachsene, d. h. diejenigen, die diese Norm aufstellen, unterliegen ihr jedoch nicht. Die Definition eines Verhaltens als abweichend hängt häufig außerdem davon ab, ob eine *Sanktionierung einer Normübertretung* erfolgt. Die Bandbreite möglicher Sanktionen reicht dabei von informellen Sanktionen, etwa dem Ausschluss aus dem sozialen Verkehr, bis hin zu gerichtlich festgelegten Strafmaßen. Sanktionen können zwar erst nach der eigentlichen Normübertretung gesetzt werden, sie bieten aber einen gewissen Abschreckungswert (*angedrohte Sanktionierung*). In diesem Zusammenhang ist die *Sanktionswahrscheinlichkeit* von Bedeutung, d. h. die von einem potentiellen Normübertreter subjektiv empfundene Wahrscheinlichkeit, für eine Übertretung wirklich bestraft zu werden. Wichtig hierbei ist die *tatsächliche Sanktionsbereitschaft* einer Gemeinschaft, d. h. die Bereitschaft, die (Straf-)Verfolgung potentieller Normbrecher aufzunehmen. Bei den meisten Normen kann man von einem *Toleranzbereich* ausgehen, d. h., Menschen haben einen gewissen Verhaltensspielraum, innerhalb dessen sie sich mehr oder weniger norm-konform verhalten können. Erst jenseits dieses Toleranzbereiches erfolgen Sanktionen.[3]

2. Einige soziologische Theorien abweichenden Verhaltens und ihre Implikationen für die Analyse des Plagiierens

Von den verschiedenen Erklärungsansätzen abweichenden Verhaltens möchte ich im Folgenden zwei herausgreifen und für die Analyse des Plagiierens verwenden, nämlich die *Anomietheorie* und den *Labeling-Approach*.

Im Prinzip kann man die verschiedenen Ansätze im Bereich der Soziologie abweichenden Verhaltens in *ätiologische Theorien* und in *interaktionistische Theorien* unterteilen. Ätiologische Theorien versuchen, Ursachen für das Zustandekommen abweichenden Verhaltens zu finden, während sich interaktionistische Theorien mit den Prozessen der Normsetzung und -anwendung beschäftigen, die erst zur Etikettierung eines Verhaltens als abweichend führen.

Zu den ätiologischen Theorien gehört die Anomietheorie. Der Begriff Anomie bezeichnet einen Zustand der Regellosigkeit oder Orientierungslosigkeit und wurde von Durkheim zur Erklärung sozialer Desintegrationserscheinungen im Zusammenhang mit der wachsenden Arbeitsteilung eingeführt.[4] Auf Durkheim geht auch die Feststellung zurück, dass Abweichung eine ‚normale‘ gesellschaftliche Erscheinung sei und sich in jeder Gesellschaft finden lasse – wenn auch in unterschiedlichem Ausmaß. Unter bestimmten Umständen könne Abweichung positive Konsequenzen für eine Gemeinschaft (ein soziales System) haben. Ob das Ausmaß der Abweichung dysfunktional für eine Gesellschaft sei oder nicht, könne daher nur anhand vergleichender Studien verschiedener Gesellschaften festgestellt werden.[5]

In Fortsetzung der Durkheimschen Überlegungen hat Robert K. Merton eine detaillierte Typologie abweichenden Verhaltens erstellt. Gesellschaftliche Anomie ist seiner Sichtweise zufolge das Ergebnis des Auseinanderklaffens von allgemeinverbindlichen gesellschaftlichen Zielen und der sozialstrukturell unterschiedlichen Verteilung der legitimen Mittel, mit denen diese Ziele erreicht werden können. Ergebnis dieses Auseinanderklaffens ist die Desorientierung des Einzelnen, der eine (zumeist individuelle) Anpassungslösung suchen muss.

Folgende Anpassungstypen wurden von Merton idealtypisch skizziert: Von *Konformität* spricht Merton, wenn sowohl die gesellschaftlich allgemein verbreiteten Ziele als auch die Mittel, mit denen diese erreicht werden können, vom betroffenen Individuum akzeptiert werden und diese auch zugänglich sind. Der Anpassungstyp der *Innovation* liegt vor, wenn ein Individuum zwar die gesellschaftlich allgemein verbreiteten Ziele erreichen will, ihr oder ihm jedoch die dazu notwendigen und allgemein akzeptierten, d. h. legalen, Mittel fehlen. Wenn das Ziel also Reichtum ist, wäre ein legaler Weg, diesen zu erreichen, einer gut bezahlten Arbeit nachzugehen. Ist aus unterschiedlichen Gründen der Zugang zu dem legalen Mittel, Reichtum zu erhalten, versperrt (etwa durch mangelhafte Ausbildung und entsprechend schlechte Arbeitsmarktchancen), können unter Umständen andere Wege zur Erreichung des Ziels eingeschlagen werden, etwa Raub oder Diebstahl. Merton hat durch die Bezeichnung dieses Anpassungstyps als ‚Innovation' versucht, eine Entstigmatisierung abweichenden Verhaltens vorzunehmen und es somit einer systematischen Analyse zuzuführen. Die Aufmerksamkeit sollte zudem weniger auf die TäterInnen gelenkt werden als auf die möglichen, im gesellschaftlichen Umfeld der TäterInnen liegenden Gründe für ihr abweichendes/kriminelles Verhalten. Die weiteren von Merton beschriebenen Anpassungstypen sind der *Ritualismus*, der *Soziale Rückzug* und die *Rebellion*. Beim Anpassungstyp *Ritualismus* spielt das gesellschaftlich allgemein verbreitete Ziel keine Rolle mehr für das Individuum, jedoch führt es nach wie vor jene Handlungen aus, die ursprünglich der Zielerreichung dienen sollten. *Sozialer Rückzug* liegt dann vor, wenn weder die gesellschaftlich allgemein verbreiteten Ziele noch die dazu erforderlichen und akzeptierten Mittel vom Individuum beachtet werden. Dieser Typus ähnelt dem Typus der *Rebellion*, bei dem ebenfalls die vorhandenen Ziele und Mittel abgelehnt werden, diese jedoch durch andere Ziele und Mittel ersetzt werden sollen.[6]

Im Zusammenhang mit dem Plagiat ist vor allem der Typus der *Innovation* interessant, wie ich nun zeigen möchte.[7] Ein Plagiat stellt eine unrechtmäßige Verwendung der Gedanken anderer dar, d. h. deren Abdruck oder Wiedergabe ohne Angabe der Quelle oder der UrheberInnen. Der Duden beschreibt es folgendermaßen: „unrechtmäßige Aneignung von Gedanken, Ideen o. Ä. eines anderen auf künstlerischem oder wissenschaftlichem Gebiet und ihre Veröffentlichung; Diebstahl geistigen Eigentums".[8]

Jedoch ist das Vorliegen eines Plagiats keineswegs so einfach festzustellen. Vor allem bei *nicht wörtlichen* Zitaten eines Textes lässt sich die unrechtmäßige Verwendung der Gedanken anderer mitunter nur sehr schwer nachweisen. Letztlich muss man hier auf die Redlichkeit der WissenschaftlerInnen vertrauen, die meist die einzigen sind, die feststellen können, welche der eigenen Ideen von Ideen anderer geprägt wurden. Das Offenlegen der eigenen Lektüre- und Rezeptionsvorgänge in Form von Zitaten und Querverweisen und damit die Markierung dessen, was der genuin eigene neue Beitrag zu einem Thema ist, gehören ganz offenbar zu den implizit und explizit an WissenschaftlerInnen herangetragenen Verhaltensanforderungen. Dies wirft allgemein die Frage auf, welche Werthaltungen und Normen im Wissenschaftssystem Gültigkeit haben und wie es um die Möglichkeiten ihrer Einhaltung bzw. Missachtung steht.

Merton hat bereits 1942 in seinem Beitrag *Science and Technology in a Democratic Order* das sogenannte *Ethos der Wissenschaft* beschrieben, das die aus seiner Sicht im Wissenschaftssystem als gültig erachteten Normen enthält.[9] Im Detail zählen zum Ethos der Wissenschaft folgende Prinzipien: *Universalismus, Kommunalismus, Uneigennützigkeit* und *organisierter Skeptizismus*. Diese vier Prinzipien würden das reibungslose Funktionieren wissenschaftlicher Forschung garantieren und letztlich die Basis für den wissenschaftlichen Fortschritt bilden. Bei diesen Normen handelt es sich allerdings um Idealvorstellungen, die in der Praxis aus unterschiedlichen Gründen nicht eingehalten werden (können). Von vielen WissenschaftlerInnen werden diese Prinzipien jedoch zumindest nach außen vertreten und zur Legitimation ihres Tuns eingesetzt. Letztlich prägen sie – trotz wissenschaftssoziologischer Studien, die die Nichtbeachtung dieser Prinzipien aufgezeigt haben – auch heute noch das öffentliche Bild von Wissenschaft.

Universalismus beschreibt die Haltung, wissenschaftliche Ideen unabhängig von der Person desjenigen, der sie geäußert hat, zu beurteilen, d. h., Herkunft, Alter oder Geschlecht dürften keine Rolle bei der Bewertung vorgebrachter wissenschaftlicher Ideen spielen. *Blind peer review* und andere im Rahmen der Evaluierung wissenschaftlicher Leistungen übliche Vorgangsweisen beweisen, dass dieses Prinzip offenbar nicht automatisch funktioniert, sondern es spezieller Praktiken der Anonymisierung bedarf, um die geforderte Unvoreingenommenheit sicherzustellen. *Kommunalismus* beschreibt die Haltung, dass im Interesse des wissenschaftlichen Fortschritts alle Ergebnisse anderen WissenschaftlerInnen zugänglich gemacht werden müssen, damit eine daran anknüpfende Weiterarbeit gewährleistet ist. Bereits die Möglichkeit, den Zugriff auf Dissertationen für eine bestimmte Zeit sperren zu lassen, beweist, dass auch diese Haltung in der Praxis keineswegs durchgängig beachtet wird. Ein Blick in die Praktiken der modernen pharmazeutischen (Auftrags-)Forschung, bei der gerade die Geheimhaltung oberstes Gebot ist, belegt zusätzlich die häufige Nichtbeachtung dieses Prinzips. Das *Prinzip der Uneigennützigkeit* zielt auf die Haltung ab, dass für WissenschaftlerInnen nicht ihre persönliche Karriere die Hauptmotivation für ihre Aktivitäten (etwa die Wahl ihrer Forschungsthemen) sein sollte, sondern das Streben, dem Fortschritt der Wissenschaft dienen zu können. Auch dieses Prinzip lässt sich in der Praxis nicht immer umsetzen, denn auch WissenschaftlerInnen müssen von etwas leben, und nur wenige können sich leisten, ihre Arbeit nicht *auch* nach den Möglichkeiten des akademischen Arbeitsmarktes auszurichten. *Organisierter Skeptizismus* bezieht sich schließlich auf die Forderung, eine systematische und faire Überprüfung aller vorgelegten wissenschaftlichen Ergebnisse vorzunehmen. Auch für die Umsetzung dieses Prinzips gibt es in der Praxis einige Hindernisse. Man bedenke allein das mittlerweile exponentielle Wachstum des Wissenschaftsbetriebs, das es für einzelne WissenschaftlerInnen unmöglich macht, sämtliche Publikationen in einem Fachgebiet zu überblicken, geschweige denn einer systematischen Überprüfung zu unterziehen.

Bereits diese kurzen Bemerkungen sollten zeigen, dass es eine ganze Reihe von Normen im Wissenschaftsbetrieb gibt, von denen in der Praxis mehr oder weniger regelmäßig abgewichen und bei denen das Abweichen nur selten aufgedeckt bzw. mit entsprechenden Sanktionen geahndet wird. Im Zusammenhang mit dem Plagiieren bzw. dem Aufdecken von Plagiaten müssen diese Merkmale wissenschaftlicher Praxis mitbedacht werden.

Daraus ergibt sich eine Reihe von Fragen, wenn man anomietheoretische Überlegungen zur Erklärung des Plagiierens anwenden möchte. Zunächst ist zu fragen, was die Ziele eines Plagiators/einer Plagiatorin sind. Publikationen dienen der Verbreitung wissenschaftlicher Erkenntnisse, daneben jedoch auch der Erreichung wissenschaftlichen Ansehens. Wissenschaftliche Erkenntnisse zu verbreiten und damit zum eigenen Ruhm beizutragen, kann man als allgemein verbreitete Ziele in der wissenschaftlichen Gemeinschaft betrachten (wenn auch letzteres bereits ansatzweise im Widerspruch zu Mertons Prinzip der Uneigennützigkeit steht), und diese dürften auch von PlagiatorInnen anerkannt werden. Wie sieht es jedoch mit den legalen Mitteln aus, diese Ziele zu erreichen? Welches sind die allgemein akzeptierten und damit legalen Mittel, um zu wissenschaftlichen Erkenntnissen und damit zu entsprechendem Erfolg zu gelangen? Verallgemeinernd (ohne Berücksichtigung fachspezifischer Besonderheiten) kann man sagen, dass für Publikationen ein gewisses Maß an

Intelligenz, Ideenreichtum und Zeit benötigt wird. Als weitere Voraussetzung ist das Wissen um die üblichen Praktiken des Publizierens (inklusive des korrekten Zitierens) zu berücksichtigen. In allen angegebenen Punkten sind Umstände denkbar, die das Zurückgreifen auf Texte anderer als Lösung erscheinen lassen, um eigene Unzulänglichkeiten bzw. strukturelle Nachteile im Hinblick auf den Zugang zu den erforderlichen legalen Mitteln auszugleichen.

Betrachtet man etwa die Rahmenbedingungen des heutigen Wissenschaftssystems, dann wird deutlich, dass vorrangig die Quantität von Publikationen (entsprechende Qualität vorausgesetzt) mit wissenschaftlichen Karrierefortschritten belohnt wird. Publikationen bzw. deren notwendige Anzahl erfordern jedoch Zeit, die viele WissenschaftlerInnen angesichts weiterer neuer Aufgaben im durch *new public management* gekennzeichneten Wissenschaftsbetrieb oft nur schwer aufbringen können. Ein von vielen gewählter legaler Ausweg aus diesen strukturellen Zwängen ist die Mehrarbeit, die bis zur Selbstausbeutung reichen kann. Andere denkbare Wege wären jedoch zum Beispiel, Publikationen von anderen schreiben zu lassen (Ghostwriting) oder die Gedanken anderer als die eigenen auszugeben und zu veröffentlichen (Plagiat). Beide Strategien entsprechen dem von Merton als Innovation bezeichneten Anpassungstyp an strukturelle Zwänge. Wie häufig dieser Anpassungstyp allerdings gewählt wird, hängt u. a. von der eingeschätzten Sanktionswahrscheinlichkeit für diese Verhaltensweisen ab.

Im Hinblick auf Plagiate ergibt sich jedoch noch eine Reihe weiterer Probleme. Dazu gehören zum Beispiel Zielkonflikte für potentielle PlagiatorInnen: Ein implizit im Wissenschaftsbetrieb vorhandenes Ziel kann nämlich damit umschrieben werden, wissenschaftlichen Neuwert und damit Einzigartigkeit der eigenen Arbeiten anzustreben. Gleichzeitig besteht aber die oben bereits skizzierte Forderung, auf den Arbeiten anderer aufzubauen, den Stand der Forschung zu rezipieren und aufbauend auf diesen zum wissenschaftlichen Fortschritt beizutragen. Es ist also denkbar, dass potentielle PlagiatorInnen lediglich in der Darstellung ihrer Erkenntnisse dem einen Prinzip stilistisch stärker Rechnung getragen haben als dem anderen. Die Grenze zwischen bewusster unrechtmäßiger Aneignung der Gedanken anderer und der inhaltlichen Anlehnung an andere Arbeiten ist – wie oben bereits beschrieben – gerade bei nicht wörtlichen Zitaten nicht immer eindeutig festgelegt. Aufgrund dieser Unklarheit können AutorInnen, die unter Zeitdruck stehen und den Neuwert der Publikation betonen wollen, zu PlagiatorInnen werden.

Ein anderes Problem stellt die mangelnde Kenntnis der Norm selbst dar. Anders ausgedrückt: Wer den legalen Weg nicht kennt, kann ihn auch nicht richtig befolgen. Im Wissenschaftssystem mit seinen oftmals nicht kodifizierten Normen ist dies eine nicht zu unterschätzende Gefahr. Insbesondere bei Studierenden stellt die fehlende Vorbildung diesbezüglich ein nicht geringes Problem dar. Im Zeitalter des Internets, in dem ,copy and paste' leicht umsetzbar ist und eine allgemeine Zugänglichkeit zu Texten aller Art besteht, muss die Norm, Texte anderer als solche auszuweisen, erst erlernt werden. Im Unterschied zu früher geht es hierbei nicht nur um den Besuch von Einführungskursen für das wissenschaftliche Arbeiten, sondern vor allem darum, die Selbstverständlichkeit der Verfügbarkeit von Texten und der freien Bedienung an diesen zu überprüfen und durch eine Haltung zu ersetzen, die den oben geschilderten wissenschaftlichen Prinzipien entspricht. Nicht selten fehlt es an entsprechendem Unrechtsbewusstsein im Hinblick auf die Verwendung fremder Texte, was eine andere Ausgangslage darstellt als jene, die – wie oben geschildert – unter Zeitdruck erfolgt, aber in prinzipieller Kenntnis der Unrechtmäßigkeit des eigenen Vorgehens. In beiden Fällen spielt allerdings die Frage der *tatsächlichen Sanktionsbereitschaft* der *scientific community* eine wichtige Rolle dafür, ob die abweichende Praxis als solche vom Individuum erkannt bzw. fortgesetzt wird. Dies soll im Folgenden anhand des *Labeling-Approach* näher diskutiert werden.

Der *Labeling-Approach* gehört zu den interaktionistischen Ansätzen. Abweichung wird als Zuschreibung des Labels bzw. Etiketts ‚deviant' zu bestimmten Verhaltensweisen im Rahmen der Interaktion betrachtet. Frank Tannenbaum, einer der Begründer der Labeling-Theorien, schrieb hierzu 1938: „The young delinquent becomes bad, because he is defined as bad."[10] Im Labeling-Approach erfolgt kein Versuch, die Ursachen von Kriminalität oder Abweichung zu erklären (etwa wie in der Anomietheorie durch das Auseinanderklaffen gesellschaftlich akzeptierter Ziele und der sozialstrukturell unterschiedlichen Verteilung der zur Verfügung stehenden Mittel, um diese zu erreichen). Relevant für den Labeling-Approach ist lediglich die Analyse der Normsetzungs- und Normanwendungsprozesse und ihrer Folgen für den Einzelnen. Es geht hierbei häufig darum, das Wirksamwerden von Vorurteilen und Voreingenommenheiten unterschiedlicher Art auf Seiten der Normkontrollierenden in den Blick zu nehmen: etwa die unterschiedliche Anwendung ein und derselben Norm auf verschiedene Personen(gruppen). Hierzu gehört auch die Analyse des Deutungsspielraumes, den die meisten Normen gestatten, und des Umgangs damit in verschiedenen Situationen. Im Zentrum stehen dabei die interaktiven Aushandlungsprozesse zwischen den Normkontrollierenden und den NormadressatInnen und die dabei wirksamen Machtungleichgewichte. Außerdem werden die Konsequenzen einer Etikettierung als ‚deviant' für die Einzelnen analysiert (etwa jene Prozesse, die zur Entwicklung einer ‚kriminellen Karriere' im Anschluss an eine erstmalige Verurteilung beitragen).[11]

Überträgt man diesen Ansatz auf das Plagiieren, so wäre etwa näher zu analysieren, ob bei bestimmten Personen eine schärfere Kontrolle der Normbeachtung stattfindet als bei anderen bzw. welche sozialen Prozesse bei der Überprüfung korrekten Zitierens und allfälliger Sanktionierungen von Normübertretungen in diesem Bereich stattfinden. Einmal mehr wird hier die Frage der Eindeutigkeit der Normen im Bereich des Plagiats aufgeworfen. Es gibt, wie oben bereits erwähnt, keine allgemeingültigen Regeln dafür, wie etwa mit inhaltlichen (nicht wörtlichen) Textübernahmen umzugehen ist. Ausgehend von diesem durch die Vagheit der Normen entstehenden Deutungsspielraum, ist eine ganze Reihe von Ansatzpunkten für Voreingenommenheiten bei der Normkontrolle denkbar. Mertons Prinzipien des *Universalismus* und des *organisierten Skeptizismus* kommen häufig nicht in dem Ausmaß in einer wissenschaftlichen Gemeinschaft zum Tragen, wie es dem Idealtyp dieser Normen entsprechen würde. Das Wirksamwerden eines *Matthäus-Effektes* kann auch im Bereich der Plagiatskontrolle bzw. der Möglichkeit, sich dieser zu entziehen, nicht ausgeschlossen werden. Unter *Matthäus-Effekt* verstand Merton den sich quasi selbst verstärkenden Bekanntheitsgrad bereits renommierter WissenschaftlerInnen, der dadurch zustande kommt, dass deren Werke häufiger zitiert werden und sich somit ihr Stellenwert für eine wissenschaftliche Gemeinschaft automatisch weiter steigert. Gepaart ist dieser Effekt häufig mit einer weniger starken Prüfung der von ihnen vorgebrachten Thesen.[12] Gleiches ist für die Frage der Plagiatskontrolle – insbesondere im Hinblick auf nicht-wörtliche Zitate – anzunehmen. Man betrachte etwa die Werke mancher heute als bedeutend geltender AutorInnen: Pierre Bourdieu beispielsweise ging äußerst sparsam mit Querverweisen und Zitaten um. In seinen Werken findet sich jedoch eine ganze Reihe von Bezügen zu Vergleichsautoren, deren Gedanken sich indirekt in diesen Werken widerspiegeln und deren Kenntnis vermutet werden kann (etwa Max Weber, Nobert Elias oder Antonio Gramsci). Bourdieu wurde meines Wissens dennoch niemals des Plagiates bezichtigt. Dies mag an der Originalität seiner Weiterentwicklung der Vorgängerthesen liegen, an der hin und wieder vorgenommenen Erwähnung anderer Autoren, die als ausreichend empfunden wurde, oder auch an seiner Stellung im Wissenschaftsbetrieb, die eine Schutzfunktion gegenüber einem Plagiatsverdacht darstellt.

Ohne diese Punkte hier endgültig klären zu können, lässt sich aus diesem Beispiel die Frage ableiten, wer es sich leisten kann, zu plagiieren. Die Wahrscheinlichkeit, dass ein Plagiat geahndet wird, ist – so meine These – unterschiedlich hoch: abhängig von der Stellung eines Autors oder einer Autorin im wissenschaftlichen Feld. Hinzu kommen die Schwierigkeiten des eindeutigen Plagiatsnachweises. Nicht nur die Uneindeutigkeit der Normen im Hinblick auf nicht-wörtliche Zitate erschwert diesen Nachweis (wie im Bourdieu-Beispiel oben), auch das exponentielle Wachstum des wissenschaftlichen Feldes[13] trägt zu der generell geringen Sanktionswahrscheinlichkeit bei. Im Hinblick auf die Kontrolle des wissenschaftlichen Nachwuchses werden an verschiedenen Universitäten bereits Plagiatsüberprüfungssoftware-Produkte verwendet, um zumindest unrechtmäßige Übernahmen aus im Internet verfügbaren Texten aufspüren zu können. Im Hinblick auf wissenschaftliche Publikationen verlassen sich hingegen Verlage häufig auf die schriftlich abzugebenden Erklärungen der AutorInnen, dass es sich beim eingereichten Beitrag um einen eigenen Originalbeitrag handle, ohne dass dies – zumindest offiziell – einer vergleichbaren systematischen Kontrolle unterzogen würde. Eine prinzipiell höhere Skepsis gegenüber den AspirantInnen für eine wissenschaftliche Laufbahn kann aus diesem Vergleich unterschiedlicher Praktiken abgeleitet werden. Bekanntheit bzw. eine bereits erfolgte Positionierung im wissenschaftlichen Feld schützt also bis zu einem gewissen Grad vor Plagiatsverdacht.

Bekanntheit kann jedoch in manchen Fällen gerade auch den Anreiz bieten, mögliches Fehlverhalten der Person aufzudecken. Einige der in letzter Zeit in der Öffentlichkeit ausgiebig diskutierten Plagiatsaffären können als Beispiele für diesen Effekt herangezogen werden. Die Prominenz der entsprechenden Personen bildete hier den Angelpunkt für die systematische Plagiatsüberprüfung. Interessanterweise hatten die betroffenen Personen ihre Prominenz jedoch zumeist nicht ihren wissenschaftlichen Leistungen zu verdanken. Das (Fehl-)Verhalten gegenüber den Normen des Wissenschaftsbetriebs wird mitunter gerne herangezogen, um als Gradmesser für bestimmte, auch in anderen Systemen geforderte Persönlichkeitseigenschaften zu dienen. Es war in diesen Fällen jedoch nicht vorrangig der *organisierte Skeptizismus* der wissenschaftlichen Gemeinschaft, der zur Aufdeckung des Plagiats führte, sondern der von außen an dieses System herangetragene Plagiatsverdacht. Die Sanktionswahrscheinlichkeit für hauptberufliche wissenschaftliche AkteurInnen dürfte ausgehend von diesen Affären nicht erhöht worden sein.

3. Zusammenfassung

Ich habe zu zeigen versucht, dass die Normen für die Verfassung wissenschaftlicher Texte und des Umgangs mit dem Gedankengut anderer zum Teil widersprüchlich sind bzw. in ihrer Anwendung eine Reihe von Problemen auftreten. Durch den Wandel des Wissenschaftssystems kommen noch weitere Problemlagen hinzu: Solange die wissenschaftliche Gemeinschaft noch aus Face-to-Face-Beziehungen bestand, d. h. aus einer überschaubaren Anzahl von AkteurInnen, die ihre Publikationen wechselseitig wahrnahmen, waren die Aufdeckungsmöglichkeiten für ein Plagiat wesentlich größer. Durch das exponentielle Wachstum des Wissenschaftsbetriebs und seiner Ausdifferenzierung in eine Vielzahl von Spezialgebieten wird die Kontrolle des Werkes anderer zusehends schwieriger bis unmöglich. Dem Vertrauen in die Wirksamkeit des wissenschaftlichen Ethos als Garant für normkonformes Verhalten der wissenschaftlichen AkteurInnen kommt unter diesen Bedingungen besondere Bedeutung zu. Wo dieses Vertrauen fehlt, sind Kontrollmaßnahmen unvermeidbar. Jedoch zeigt sich, dass diese – abgesehen von ihrer eingeschränkten Wirksamkeit – mitunter nur auf bestimmte Personen angewendet werden. Studierende unterliegen diesbezüglich einer systematischeren Kontrolle. Daneben sind auch außerhalb des Wissenschaftsbetriebs Tätige einer erhöhten Aufmerksamkeit ausgesetzt. Die Wahrscheinlichkeit, im Falle eines Plagiats entdeckt zu werden, dürfte andererseits für viele andere AkteurInnen im Wissenschaftsbetrieb nach wie vor gering sein.

Das aus meiner Sicht wirksamste Mittel gegen Normverstöße in der Wissenschaft ist daher eine entsprechende (Re-)Aktivierung des wissenschaftlichen Ethos, d. h. der Selbstkontrolle durch die WissenschaftlerInnen. Hierzu gehört auch eine Normverdeutlichung durch einen entsprechenden Diskurs über das Thema, der sich mit den geänderten Rahmenbedingungen des Wissenschaftssystems befassen muss. Insbesondere Studierenden müssen die Prinzipien wissenschaftlichen Arbeitens und Regeln für den Umgang mit Texten anderer heute oftmals erst nahegebracht werden, nachdem – nicht zuletzt aufgrund der neuen Medien – die unbegrenzte Verfügbarkeit von Texten eine Grundhaltung des ‚copy and paste‘ schon vor Beginn des Studiums geschaffen und gefördert hat.

Normsender im Hinblick auf den korrekten Umgang mit Texten anderer kann einerseits die wissenschaftliche Gemeinschaft selbst sein, die eine Reihe von zumeist impliziten Regeln und Erwartungen an ihre Mitglieder richtet (von denen einige als *Ethos der Wissenschaft* von Merton umschrieben wurden). Normverdeutlichung kann daher vor allem von der wissenschaftlichen Gemeinschaft ausgehen, die sich angesichts des Wandels des Wissenschaftssystems immer wieder neu über als gültig zu betrachtende Regeln verständigen muss. Allerdings weist der heutige Wissenschaftsbetrieb eine hochgradige Spezialisierung auf, weshalb nicht mehr von einzelnen homogenen Gruppen ausgegangen werden kann. Außerdem ist häufig nicht explizit geregelt, wer die verantwortlichen AkteurInnen innerhalb einer wissenschaftlichen Gemeinschaft sind, die die Initiative zu einer entsprechenden Normdiskussion ergreifen können (so sind derartige Initiativen sowohl von Präsidiumsmitgliedern in Fachgesellschaften als auch von ZeitschriftenherausgeberInnen oder anderweitig im Fach prominenten Personen denkbar). Andererseits gibt es mittlerweile eigens für den Zweck der Normkontrolle gegründete Agenturen, etwa die „Österreichische Agentur für wissenschaftliche Integrität", die ebenfalls als Normsender auftreten können.[14] Diese existieren parallel zu den oben genannten AkteurInnen wissenschaftlicher Gemeinschaften. Die Aufsplitterung des Wissenschaftsbetriebs in zahlreiche Spezialfelder und das Vorhandensein neuer Institutionen der Normkontrolle – d. h. die Existenz einer Vielzahl von Normsendern in diesem Bereich – tragen nicht zur Übersichtlichkeit der entsprechenden Normvorgaben bei. Will man den Diskurs über das wissenschaftliche Ethos intensivieren, muss daher gewährleistet sein, dass AkteurInnen der unterschiedlichen Bereiche gemeinsam daran beteiligt werden.

Normadressaten sind alle WissenschaftlerInnen (inklusive der AspirantInnen einer wissenschaftlichen Laufbahn), aber auch andere StudienabsolventInnen und nicht (mehr) in der Wissenschaft tätige AkteuerInnen. Die Überlappung gesellschaftlicher Teilbereiche ist bei den Normverdeutlichungsdiskussionen rund um das Plagiat mit zu beachten.

Im Hinblick auf die Sanktionierung im Falle eines Plagiats ist festzuhalten: Die *angedrohte Sanktionierung*, d. h. der moralische Druck, nicht abschreiben zu dürfen, ist innerhalb des wissenschaftlichen Systems immer noch hoch. Allerdings sind in vielen Fällen die konkreten Konsequenzen im Falle eines Fehlverhaltens unklar. Sie reichen von sozialer Ächtung in der wissenschaftlichen Gemeinschaft bis hin zur gerichtlichen Verfolgung bei Urheberrechtsklagen. Gleichzeitig ist die *Sanktionswahrscheinlichkeit* aber eher gering, trotz vieler prominenter Beispiele besonders aus der Politik. Angesichts des exponentiellen Wachstums der Wissenschaft ist eine flächendeckende Kontrolle schwer durchzuführen, und in den prominenten Plagiatsfällen bestand ein von außerhalb des Wissenschaftssystems kommendes Interesse an der Prüfung der entsprechenden wissenschaftlichen Arbeiten. Die *tatsächliche Sanktionsbereitschaft* ist als ambivalent einzustufen; einem immer noch zumindest der Öffentlichkeit gegenüber ausgeprägten Ethos der Wissenschaft stehen die Schwierigkeiten und Mühen der tatsächlichen Plagiatskontrolle und eine daher letztlich geringe Aufdeckungswahrscheinlichkeit gegenüber.

---

[1] LAMNEK, Siegfried: *Theorien abweichenden Verhaltens*. 6. Aufl. München: Fink 1996, S. 53.

[2] Sehr anschaulich wird dies in ebda, S. 31–33, anhand des Beispiels sexueller Praktiken beschrieben, die je nach nationalem Kontext entweder als strafbar gelten oder nicht.

[3] Vgl. ebda, S. 16–29.

[4] Vgl. DURKHEIM, Émile: *Über die Teilung der sozialen Arbeit* (dt. von Ludwig Schmidts). Frankfurt/M.: Suhrkamp 1977.

[5] Vgl. DURKHEIM, Émile: *Die Regeln der soziologischen Methode*. Hg. und eingeleitet von René König. 4., revidierte Aufl. Neuwied, Berlin: Luchterhand 1976, S. 141–154.

[6] Vgl. MERTON, Robert K.: *Social Theory and Social Structure. Toward the Codification of Theory and Research*. Glencoe: Free Press 1951, S. 133ff.; LAMNEK (Anm. 1), S. 114–124.

[7] Auch der Typus des *Sozialen Rückzugs* wäre für die Analyse einiger in den letzten Jahren aufgedeckter Plagiatsaffären geeignet. Man denke etwa an den Fall Guttenberg u. a.: Betrachtet man Wissenschaft und Politik als zwei getrennte soziale Systeme, so war Guttenberg als Politiker nicht mehr Teil des wissenschaftlichen Systems; man könnte also sagen, er habe sich von den in diesem System gültigen Zielen (etwa eine wissenschaftliche Laufbahn einzuschlagen) zurückgezogen. Auch die innerhalb des wissenschaftlichen Systems als gültig erachteten Mittel, eine wissenschaftliche Karriere einzuschlagen (eigenständige Publikationen hervorzubringen), wurden von ihm offenbar nicht uneingeschränkt geteilt. Dennoch kam es auch im Hinblick auf sein politisches Amt zu Rücktrittsaufforderungen nach Aufdeckung der Plagiatsaffäre. Die Verzahnung beider Systeme wird dabei deutlich. Die Normen des wissenschaftlichen Systems werden von anderen Systemen mitunter übernommen und deren Einhaltung somit als Gradmesser für bestimmte, auch in diesen Systemen geforderte Persönlichkeitseigenschaften herangezogen.

[8] Duden-online: http://www.duden.de/rechtschreibung/Plagiat#Bedeutung; http://www.duden.de/rechtschreibung/Plagiat (15. März 2013).

[9] MERTON publizierte seine Gedanken zum Ethos der Wissenschaft 1942 in dem Aufsatz *Science and Technology in a Democratic Order*, der später mehrfach, z. T. leicht überarbeitet, unter dem Titel *The Normative Structure of Science* wieder abgedruckt wurde, z. B. in seinem Band *Social Research and the Practicing Professions*. Cambridge: Abe Books 1982, S. 3–16.

[10] TANNENBAUM, Frank, zit. nach: LAMNEK (Anm. 1), S. 219.

[11] Vgl. ebda, S. 219–236.

[12] Vgl. MERTON, Robert K.: *Der Matthäus-Effekt in der Wissenschaft*. In: Entwicklung und Wandel von Forschungsinteressen. Hg. von R. K. M. Frankfurt/M.: Suhrkamp 1985, S. 147–171.

[13] Vgl. SOLLA PRICE, Derek de: *Little Science, Big Science. Von der Studierstube zur Großforschung*. Frankfurt/M.: Suhrkamp 1974.

[14] Vgl. http://www.oeawi.at/ (15. März 2013).

WERNER LENZ

Abschreiben? Nein, zitieren!
Variationen zum Thema Plagiat

Raub als Schwäche

Ein Plagiat gilt im wissenschaftlichen Bereich als Raub oder Diebstahl geistigen Eigentums. Es ist eine Aneignung, meist eines schriftlichen Produkts, das, indem der ursprüngliche Autor ungenannt bleibt, als eigene Leistung ausgegeben wird. Zu den Grundsätzen wissenschaftlichen Arbeitens gehört es – und sollte von Anfang an im Studium vermittelt werden –, die von anderen übernommenen Äußerungen als Zitate zu kennzeichnen und auf die jeweiligen AutorInnen zu verweisen.

Meine ersten Erfahrungen Mitte der 1980er Jahre mit der Entdeckung eines Plagiats in einer wissenschaftlichen Qualifikationsarbeit waren ernüchternd. Der Betreuer war dem Plagiator gewogen, und es begannen umständliche Diskussionen: War es ein Versehen, eine Unachtsamkeit, kam es einmal oder öfters vor, welchen Umfang hatten die plagiierten Stellen, lag überhaupt ein Plagiat vor oder handelte es sich um Intrige oder Missgunst? Die ganze Bandbreite möglicher Abwehrhaltungen wurde in Stellung gebracht und der Aufzeiger des Plagiats nach Möglichkeit diskreditiert – seine eigenen Arbeiten wurden im Hinblick auf „unsaubere" Stellen untersucht.

Heute erreichen vermutete Plagiate sogar mediale Aufmerksamkeit – insbesondere wenn es sich bei potentiellen PlagiatorInnen um Personen mit einem öffentlichen Amt handelt. Darunter waren zuletzt ein deutscher Verteidigungsminister, eine deutsche Forschungsministerin, ein österreichischer Wissenschaftsminister und ein ungarischer Staatspräsident. In solchen und ähnlichen Fällen setzt die betroffene Universität eine Kommission ein, um die Vorwürfe zu klären.

Diese medial kommentierten Ereignisse zeigen Räuber geistigen Eigentums, die die Schwäche hatten, – zumindest in Teilen – kein eigenes geistiges Produkt hervorzubringen. Ich frage mich, ob dieses Aneignen geistigen Eigentums nicht nur die Folge individueller Anmaßung, sondern auch die Konsequenz einer wissenschaftlichen Kultur ist, die das „Aneignen", „Übernehmen", das „Unterwerfen" unter das Denken anderer fördert? Dieser Ansicht möchte ich etwas nachgehen.

Schrebergärten

Im wissenschaftlichen Bereich finden sich Gruppen mit engen Zugehörigkeiten. Wir sprechen von „Schulen", die sich bestimmten Theorien, Methoden oder Überzeugungen zurechnen, wir spotten über wissenschaftliche „Schrebergärten", die sich innerhalb von Fakultäten und Instituten formieren. Die daraus resultierenden Bindungen erzeugen Abhängigkeiten bei ihren Mitgliedern, verlangen Unterwerfung unter gemeinsame Vorstellungen und verstoßen Abweichler als „Nestbeschmutzer" oder als unwissenschaftlich.

Der Positivismusstreit über Methoden und Werturteile in den Sozialwissenschaften (vgl. Adorno 1993) ist ein Beispiel, wie ideologische Auffassungen auch die wissenschaftliche Kooperation beeinflussten. In der Pädagogik geschah Ähnliches, indem man sich als Geisteswissenschaftler, kritischer Erziehungswissenschaftler, Angehöriger der Kritischen Theorie, als Verfechter quantitativer oder qualitativer Methoden bezeichnete oder sich sogar der Aktionsforschung zugehörig empfand.

Die seit einiger Zeit übliche Projektorientierung von Forschung begünstigt konformes Denken, denn kaum eine Projektleitung wird wissenschaftliche MitarbeiterInnen einstellen, die nicht ins eigene Schema passen. Dieselben Konsequenzen bringen nicht zuletzt die Verknappung oder Umverteilung finanzieller Mittel für die Universitäten mit sich. Die Folge ist ein Zuwachs an befristeten Stellen und prekärer wissenschaftlicher Beschäftigung. Die Abhängigkeit von wenigen unbefristeten Positionen wächst und somit auch ihre Akzeptanz in jeder Hinsicht durch die kurzfristig Angestellten, die ja in Sorge um eine eventuelle Weiterbestellung sind.

Entmutigt

Abhängigkeit und freiwillige Unterwerfung sind schließlich auch bei den Studierenden offensichtlich. „Wie wünschen Sie das?" oder „Wie wollen Sie, dass ich vorgehe?" So lauten Fragen, die die Eigenständigkeit verabschieden und Unterwerfung unter eine Amtsautorität signalisieren. Studierende sollten bereits zu Beginn des Studiums lernen, sich von wissenschaftlichen AutorInnen abzugrenzen, deren Texte sie bearbeiten. Die Themen sind meist sehr komplex. Den Studierenden fehlt, wenn sie ihre ersten Proseminar-, Seminar- oder Bachelorarbeiten verfassen, oft noch die Distanz zur oder die Übersicht über die Problematik. Sie lernen mit Nachdruck im Studium vor allem Wissen, Theorien und Erkenntnisse zu übernehmen. Die Lehre an unseren Universitäten ist nicht geprägt vom Geist der Kritik, des Widerstands, der Auseinandersetzung, der Innovation oder Kreativität. Nicht das selbständige Erarbeiten eigenen Wissens und eigener methodischer Wege steht im Vordergrund, sondern häufig die Übernahme fertigen Wissens und dessen genaue Wiedergabe bei Prüfungen.

Diese Kritik wendet sich nicht allein gegen den Stil einer Universität. Der Neurobiologe Gerald Hüther von der Universität Göttingen nennt als Ursache für das Hervorbringen „leidenschaftsloser Pflichterfüller" bereits das Schulsystem. Dort lernen die Kinder und Jugendlichen, sich an das System anzupassen und gut zu funktionieren, damit sie gute Noten bekommen. Hüther, der die Lehrenden nicht anklagt, sondern sie als entmutigte Persönlichkeiten mit wenig Gestaltungsspielräumen ansieht, urteilt über eine Fehlform des Unterrichtens: „Es ist ein großes Missverständnis, zu denken, indem man dem anderen sagt, wie er's machen soll, könne man bei ihm im Hirn irgendeine Veränderung auslösen. So geht das nicht. Das geht nur, wenn der andere sich davon berühren lässt. Wenn er das toll findet. Dann will er's wissen. Und wenn er's wissen will, dann lernt er's auch." (Hüther 2012, S. 8)

So entstehen die Fallgruben für Selbständigkeit und die schiefe Ebene zur angepassten Haltung, die in die Universität schon mitgebracht wird. Das Übernehmen der Formulierungen anderer erfolgt dann oft gar nicht in böser Absicht, sondern auch hier, wie vorhin angesprochen, aus Schwäche, eine eigene Interpretation hervorzubringen, oder aus eingelerntem Gehorsam, sich bedenkenlos anzupassen und die Fähigkeit, sich mit eigenen Worten auszudrücken, hintan zu stellen. Eine oft gehörte Erklärung lautet dann: „Wie soll ich es besser schreiben, wenn es schon so gut formuliert ist?"

Ein anderer Grund, der wohl niemandem fremd ist, liegt in der vorbehaltlosen Identifikation mit AutorInnen. Diese kommt zustande, wenn uns Aussagen oder Argumente, Theorien oder Einsichten so überzeugen, dass wir sie uns „zu eigen" machen. Das ist vielleicht vergleichbar mit einer Melodie, einem Ohrwurm, den wir gehört haben und immer wieder vor uns hinsummen.

Wissenschaftliches Arbeiten und Studium sollten anregen, die Freiheit des Urteilens und die Fähigkeit zur Kritik zu erproben. Das ist ein langer Weg, auf dem man ständig dem Widerspruch begegnet, bestehendes Wissen zu übernehmen und zugleich Distanz zu bewahren, um Neues zu schaffen. Das „Schlaraffenland" Wissenschaft ist nur durch einen dicken Wall zu erreichen. Er besteht nicht aus Reisbrei, wie im Schlaraffenland des Märchens, durch den man sich erst hindurchessen muss, sondern aus Büchern, Wissen und Theorien der Vorfahren. Ihn zu überwinden und dabei Eigenständigkeit zu bewahren und zu erwerben, ist die Herausforderung der wissenschaftlichen Sozialisation.

Mächtig eitel

Die wissenschaftliche Kultur unserer Institutionen neigt allerdings dazu, ihre Mitglieder mehr anzupassen, als sie den Weg der Eigenverantwortung gehen zu lassen. So gilt die Anregung von Immanuel Kant (1783/1974, S. 9) noch immer als Postulat: „Habe Mut, dich deines eigenen Verstandes zu bedienen." Einer Top-Institution der österreichischen Wissenschaft, der Österreichischen Akademie der Wissenschaften, hat eine österreichische Top-Wissenschaftlerin unlängst ihren Austritt erklärt. Dort herrsche zu viel Macht und Eitelkeit. Mitbestimmung, besonders für jüngere KollegInnen sei nicht ausreichend möglich. Konformität träte an die Stelle von propagierter Exzellenz (vgl. science.orf.at/stories/ 1698366/ vom 8. Mai 2012).

Ich wandle meine vorhin gestellte Frage in eine These um: Unsere wissenschaftliche Kultur befördert das Plagiat sowie – im Vorfeld, bereits im Schulwesen praktiziert – damit verbundene Formen und Zeichen der Unterwerfung oder Abhängigkeit. Die Universität erduldet eher die Schwäche wissenschaftlichen Versagens als Widerstand, Widerspruch oder freigeistige Auflehnung. Wer nicht dem Geläufigen, der festgelegten Auffassung zustimmt, wirkt bedrohlich für die Festung, in der sich die Autorität mit ihren Vasallen verschanzt hat.

Soziale Wissenschaft

Seit der Aufklärung befindet sich Wissenschaft in einem Prozess der Differenzierung, aber nicht nur thematisch, sondern auch in ihrer Zwecksetzung.

* Wissenschaft als Aufklärung wendet sich gegen selbsternannte Autoritäten.
* Wissenschaft als ökonomische Triebkraft beschleunigt gesellschaftlichen Fortschritt, Wohlstand und Reichtum, aber auch die Ausbeutung von Menschen und Umwelt.
* Wissenschaft als Faktor politischer Macht beeinflusst, z. B. durch das Herstellen von Atomwaffen, Raketen und Flugzeugen, das Verhältnis von Staaten in der globalisierten Welt.

Wissenschaft wurde seit dem 19. Jahrhundert zu einem Mittel, das ökonomische und politische Vorherrschaft sichert. Der Kampf um den Standort wissenschaftlicher Forschung, der Wettbewerb um Intelligenz, die Konkurrenz um die Verwertung von Erkenntnissen, haben

Auswirkungen auf Individuen. Sie wollen im Wettstreit um Positionen ebenso rücksichtslos agieren wie ihre vorbildgebende Gesellschaft.

In der wissenschaftlichen Zivilisation sind die Produktion und Verwertung wissenschaftlicher Erkenntnisse im Zusammenhang mit Wohlstand, Macht und Lebensformen zu sehen. Als Frage stellt sich, wie und ob soziale Gerechtigkeit auch durch Partizipation an wissenschaftlichen Ressourcen erfolgen kann? Im Lauf der Geschichte spielten diesbezüglich Plagiate, als Spionage, als Diebstahl oder „Verrat" von Daten oder Erkenntnissen keine unwesentliche Rolle. Bis heute sind Werkspionage oder die Auswertung der technischen Daten eines fremden, von der geplanten Route abgekommenen Schiffes oder Flugzeuges ein Glücksfall für Plagiatoren.

Politiker, die ihre eigene Qualifikation durch räuberischen Umgang mit fremdem geistigen Eigentum erworben haben, halte ich nicht für verantwortungsvoll genug, Entscheidungen in der wissenschaftlichen Zivilisation kompetent zu tragen. Mit ihrem Plagiat haben sie sich angemaßt, über die Erkenntnisse anderer zu verfügen. Ihr Rücktritt ist ein Schritt weg von einer Position, die sich einer gesellschaftlichen Haltung anpasst, die nicht zwischen eigenen und fremden Leistungen zu unterscheiden weiß.

Wissenschaftliche Zivilisation ist vereinnahmend. Der Zugang zu ihr und zu ihren Produkten ist daher sorgsam zu beobachten. Wissenschaftliche Institutionen, in denen Lehre und Forschung betrieben werden, können sich aber auch selbst schützen. Sie sollten sich mehr als Ort öffentlicher Diskussion verstehen, wobei sich dies als wechselseitige Kontrolle auf alle Abschlussarbeiten beziehen müsste. Die Autonomie wird dadurch gestärkt, die intellektuelle Unruhe erhöht, die Fähigkeit, eigenständig wissenschaftliche Leistungen zu erbringen, gefördert.

Alles Plagiat – und doch individuell

Im Sprachgebrauch des Duden gibt es mehrere Synonyme für „plagiieren" und „Plagiat". Darunter befinden sich Wörter für Verhaltensweisen, die im pädagogischen Bereich als normal und akzeptabel einzustufen sind: imitieren, nachahmen, nachbilden, kopieren. „Imitierendes Lernen" ist sogar ein Fachbegriff. Bildung im Sinne von „sich ein Bild machen" fungiert als gebräuchliche Metapher. Meine These von einer „nachahmenden Kultur" lässt sich auf Erziehung und Bildung noch adäquater anwenden.

Die sogenannte „Schwarze Pädagogik" (vgl. Rutschky 1977; Miller 1983) zeigt, wie die anpassende und unterwerfende Erziehung, nicht zuletzt dominiert durch Kirche und Militär, unterdrückend auf Kinder gewirkt hat. Mit vielen Belegbeispielen schildert Rudi Palla in seinem Buch *Die Kunst, Kinder zu kneten* (1997) Erziehungskulturen, die die Unterwerfung von Kindern praktizieren. Bis heute bringen solche immer wieder von neuem geäußerte Erwartungen an LehrerInnen, „handfest" durchzugreifen, diese gesellschaftlichen Tendenzen zum Ausdruck.

Wie sich heute eine Kultur der Individualität und Eigenverantwortung durchsetzt, ist auch mit gewisser Skepsis zu betrachten. Individualität ist nämlich nicht euphorisch als pädagogischer Erfolg zu feiern, sondern auch als gesellschaftlicher Zwang zu verstehen. Individualität ist das soziale Schicksal in der Moderne, wobei die Einzelnen sich selbst überlassen bleiben und Solidarität – nicht aber die Bereitschaft, zu spenden – versickert.

Doch pädagogisch ist sicherlich auch einiges Positive zu ernten. Ein literarisches Beispiel aus dem Alltag im Kinderzimmer soll dies erhellen. Moderne, „sophisticated" Eltern, erziehen ihre Kinder nicht – sie leben ihnen vor. Sie hoffen auf und erwarten Nachahmung.

Daniel Glattauer (2010, S. 11f.) beschreibt, als begleitender Beobachter, im gleichnamigen Buch seinen Neffen *Theo*:

Theo wird wahrscheinlich kein Fußballer. Er wird Arzt oder Psychologe oder weder noch. Er darf alles werden. Er muss nur glücklich dabei sein. Papa würde Theo (und somit sich selbst) wünschen, dass er ein Denker wird. Er dürfte sich dabei ruhig (fast) so viel Zeit lassen wie Papa. Mama wäre es wichtig, dass sich Theo bei den praktischen Dingen im Leben zurechtfindet. Er soll mutig, entschlossen und zielstrebig sein. Gut verdienen darf er auch.
Beide wünschen ihm Toleranz gegenüber Andersdenkenden, Offenheit gegenüber Fremden und ein Herz für die Schwachen. Er soll viel Geduld haben, aufrichtig sein und über sich selbst lachen können. Anerziehen kann man ihm nichts von alledem. Nur vorleben. Die Chancen stehen gut.

Denken wir noch an wohlmeinende Aussprüche, die das Konforme begünstigen. Das geläufige Lob im Park, bei einem Besuch oder in der alltäglichen Konversation lautet: „Wie aus dem Gesicht geschnitten!" Je nach Betonung als Kompliment oder als Vorwurf zu interpretieren, kann es auch heißen: „Ganz die Mama – oder – ganz der Papa!" Gerne wird auch das Sprichwort gebraucht, wohl öfters mit negativem Unterton: „Der Apfel fällt nicht weit vom Stamm."

Für mich überraschend und neu, stellte mir, die moderne Reproduktionstechnologie rezipierend, kürzlich ein strahlender Vater seinen zehnjährigen Sohn vor: „Mein Klon!"

Vertrauen und Mitgefühl

Eltern haben Vorstellungen, Kinder gehen ihre eigenen Wege. Das Heranwachsen eines Kindes besteht aus widersprüchlichen Vorgängen: umsorgen, beeinflussen, loslassen, lenken, vorgeben, unterstützen, ablehnen, loben, strafen – das Beste für das Kind wollen!
Das Kind will seine Bedürfnisse befriedigen und seine Wünsche erreichen. Unterschiedliches Lernen wird dabei eingesetzt. Die Gehirnforschung hat in den letzten Jahren dazu beigetragen, einen komplexeren Zugang zu finden: Das Gehirn ist ein „Sozialorgan". Emotionale Sicherheit und Vertrauen sind Grundlagen für eine positive Entwicklung. Daher fordert der schon erwähnte Gerald Hüther: „Die Bedingungen, unter denen Kinder in unsere Gesellschaft hineinwachsen sind, so zu verändern, dass sich diese Kinder stärker als bisher emotional geborgen, erwünscht und angenommen, aber auch ermutigt, herausgefordert und angeregt fühlen. Falls das nicht gelingt, wird der Anteil an Kindern und Jugendlichen mit Verhaltens- und Lernstörungen, mit sozialen und emotionalen Defiziten weiter ansteigen." Wir sollten uns die Frage stellen, mahnt uns der Neurobiologe, ob wir diejenigen sind, „bei denen man lieben, streiten, arbeiten, genießen, denken, fühlen, singen und Vertrauen zu sich und zu einer lebenswerten Zukunft lernen kann?" (2012, S. 233f.).
In der Erziehungs- und Bildungsproblematik steckt dieses Dilemma: Wir sollen lernen, also Wissen übernehmen und Verhalten nachahmen, aber uns auch bilden, um selbstbestimmt zu handeln. Sogar das ganze Leben lang! Wenn wir die Bildungsdiskussion beobachten, merken wir schnell: Die angestrebten Zielsetzungen sind eindeutig. Es handelt sich um eine „Zukunftsfähigkeit" mit diversen Bestandteilen: Durchsetzungskraft und Chancen am Arbeitsmarkt, Verhinderung von Arbeitslosigkeit, Stärke für Wettbewerb und Konkurrenz, Flexibilität, Mobilität und Bereitschaft zum ständigen Weiterlernen. Das Modell ökonomischer Werte hat sich durchgesetzt und gibt den von der Gehirnforschung genannten emotionalen, intelligenten „skills" wenig Raum.
In meinen letzten beiden Büchern (*Wertvolle Bildung. Kritisch – skeptisch – sozial*, 2011, *Bildung – Eine Streitschrift. Abschied vom lebenslänglichen Lernen*, 2012) habe ich

dieses Thema bearbeitet. Nach meiner Ansicht sollten sich Menschen für eine zukünftige, offene Gesellschaft mit Selbstvertrauen und Mut zum Widerspruch und Eigen-Sinn ausstatten sowie fähig sein, sich in andere einzufühlen und Mitgefühl zu empfinden. Mehr Bedeutung auf Individualität zu legen, fordert auch der Genetiker Markus Hengstschläger in seinem auf naturwissenschaftlichen Erkenntnissen basierenden Buch *Die Durchschnittsfalle* (2012). Doch ohne soziale Verantwortung und soziale Bindung kann kein Individuum lange überleben.

Vor Raub und Anpassung schützen

Plagiat, Raub geistigen Eigentums, geistiger Diebstahl, gehören nicht in das Land des Bösen. Das Plagiat – als stumme Nachahmung – wird uns kulturell angeboten, es lockt, es begleitet uns in verschiedener Form. Es taucht auf im Stolz der Eltern auf ihr Kind, im Erfolg eines Idols, den auch andere erreichen wollen, im guten Leben, in der Stärke und Macht einer Gesellschaft, die sich auch andere Gesellschaften wünschen. Nicht zuletzt zeigen internationale Vergleiche wie z. B. die PISA-Studien auf, was wir nachahmen sollen.

Wer sein Auto nicht versperrt, sein Haus nicht verschließt, sein Geld nicht sichert, trägt Mitschuld, wenn er oder sie bestohlen wird. Geistiges Eigentum kann man genauso wenig wie anderes Eigentum völlig absichern. Aber bezüglich der Einstellung und Haltung kann man doch einiges tun – zum einen durch Erziehung, zum anderen durch intensive wissenschaftliche Kommunikation.

Aus pädagogischer Sicht sollten wir mehr Bedeutung auf die Pflege von Beziehungen legen. Wir sind Individuen in einem Beziehungsgeflecht, von dem wir abhängen und das wir mitgestalten. Indem wir andere, auch unsere Kinder und Studierenden, ihre eigenen Wege gehen und ihr eigenes Denken entwickeln lassen – das schließt Einsprüche, Kritik oder gemeinsame Überlegungen nicht aus –, vermindern wir Abhängigkeiten. Der libanesische Philosoph und Dichter Khalil Gibran (1883–1931) äußert in seinem Buch *Der Prophet* seine Vorstellungen über die Beziehung Erwachsener zu Kindern in poetischer Weise:

Eure Kinder sind nicht eure Kinder. Sie sind die Söhne und Töchter der Sehnsucht des Lebens nach sich selbst. Sie kommen durch euch, aber nicht von euch, und obwohl sie mit euch sind, gehören sie euch doch nicht. Ihr dürft ihnen eure Liebe geben, aber nicht eure Gedanken, denn sie haben ihre eigenen Gedanken. Ihr dürft ihren Körpern ein Haus geben, aber nicht ihren Seelen, denn ihre Seelen wohnen im Haus von morgen, das ihr nicht besuchen könnt, nicht einmal in euren Träumen. Ihr dürft euch bemühen, wie sie zu sein, aber versucht nicht, sie euch ähnlich zu machen. Denn das Leben läuft nicht rückwärts, noch verweilt es im Gestern. Ihr seid die Bogen, von denen eure Kinder als lebende Pfeile ausgeschickt werden! (Gibran 1973, S. 26ff.)

Gemeingut Wissenschaft

Im wissenschaftlichen Sektor ist individuelles geistiges Eigentum auch Gemeingut. Plagiat ist nicht nur ein Vergehen gegen ein anderes Individuum, sondern gegen die Gemeinschaft. Wenn der wissenschaftliche Sektor sich selbst öffentlicher präsentiert und dafür überdenkt, ob und wozu er diese ungeheuerliche Verschriftlichung tatsächlich benötigt, könnten sich eine neue Bewertung, Bedeutung und Form für schriftliche Arbeiten ergeben.

Die öffentliche Auseinandersetzung mit der Wissenschaft – ihren Vorhaben und Ergebnissen – fördert die soziale Verantwortung von WissenschaftlerInnen. Es liegt bei ihnen selbst, diese Öffentlichkeit herzustellen. Das bezieht sich einerseits auf die Strukturen der Hochschulen und Forschungseinrichtungen, die Transparenz nach innen und außen bieten sollten, andererseits gilt es für die Lehre und das Studium. Hier liegt die Basis für ein Verhalten, die Leistung anderer zu achten und in Beziehung zum eigenen Können zu setzen.

Nicht das Plagiat oder die Imitation sollen unser Leitbild sein, sondern das Ergebnis kommunikativer Auseinandersetzung bestimmt jeweiliges Handeln in Eigenverantwortung und sozialer Rücksichtnahme.

Wir lernen von anderen, was sie entdeckt, erfunden und erkannt haben. Indem wir diese anderen mit Namen nennen, erweisen wir ihnen Respekt und Aufmerksamkeit. Indem wir unsere eigene Leistung bescheiden, innovativ aber auch selbstbewusst zeigen und benennen, arbeiten wir an der eigenen Selbstachtung. Die Erkenntnisse anderer regen an, eigene Erkenntnisse zu suchen und zu gewinnen. Diese Dynamik belebt die Beziehung zwischen ursprünglichen UrheberInnen und aktuellen AutorInnen. Wissenschaftliche Entwicklung beruht nicht auf Diebstahl und Raub in Form des Plagiats, sondern auf der kritisch-übernehmenden und dynamisch-innovativen Haltung gegenüber bestehenden Forschungsergebnissen und Einsichten.

*

ADORNO, Theodor W.: *Der Positivmusstreit in der deutschen Soziologie*. München: Deutscher Taschenbuch Verlag 1993.

GIBRAN, Khalil: *Der Prophet*. Freiburg i. Br.: Olten 1973.

GLATTAUER, Daniel: *Theo. Antworten aus dem Kinderzimmer*. Wien: Deuticke 2010.

HÜTHER, Gerald: *„Schule produziert leidenschaftslose Pflichterfüller“*. In: Der Standard (Wien), 16. April 2012, S. 8.

HÜTHER, Gerald: *Voraussetzungen für gelingende Bildungsprozesse aus neurobiologischer Sicht*. In: Erziehung und Unterricht (Wien) 162 (2012), H. 3–4, S. 226–234.

KANT, Immanuel: *Beantwortung der Frage: Was ist Aufklärung?* In: Was ist Aufklärung? Thesen und Definitionen. Hg. von Erhard Bahr. Stuttgart: Reclam 1974, S. 9–17.

MILLER, Alice: *Am Anfang war Erziehung*. Frankfurt/M.: Suhrkamp 1983.

Molekularbiologin Schroeder verlässt Akademie; http://science.orf.at/stories/1698366/ (15. März 2013)

PALLA, Rudi: *Die Kunst, Kinder zu kneten. Ein Rezeptbuch der Pädagogik*. Frankfurt/M.: Eichborn 1997.

RUTSCHKY, Katharina (Hg.): *Schwarze Pädagogik. Quellen zur Naturgeschichte der bürgerlichen Erziehung*. Frankfurt/M., Wien: Ullstein 1977.

Andrew U. Frank

Technische Möglichkeiten zur Vermeidung von
unbeabsichtigten Plagiaten in wissenschaftlichen Arbeiten

1. Einleitung

In den letzten Jahren sind mehrere spektakuläre Plagiatsfälle in der Öffentlichkeit diskutiert worden. Allerorten wird Klage über die Zunahme von Plagiaten in studentischen Arbeiten erhoben, selten jedoch werden die Ursachen untersucht (Devlin, 2006). Die Mehrheit der Fälle scheint Arbeiten von Undergraduates zu betreffen, die kaum als wissenschaftlich angesprochen werden können. In meiner über dreißigjährigen Praxis als Universitätslehrer habe ich nur vier Fälle erlebt, von denen ich hier ausgehen werde.

Meiner Erfahrung nach werden Plagiate eher unabsichtlich erzeugt. Die Dokumentation der verwendeten Quellen fehlt aufgrund mangelnder Sorgfalt in den Arbeitsmethoden, und nicht weil sie verschwiegen werden und damit vorsätzlich getäuscht werden soll. Deshalb ist mein Ziel hier nicht, Programme zum Aufdecken von Plagiaten zu diskutieren, die es reichlich gibt (z. B. SNITCH von Niezgoda und Way, 2006) und die für die Informatik interessante Fragen aufwerfen, oder gar Programme zum Verschleiern von Plagiaten – auch die gibt es auf dem Markt. Vielmehr zeigt die Analyse des Arbeitsablaufes beim Schreiben einer wissenschaftlichen Arbeit, dass die dabei eingesetzten programmierten Hilfsmittel Lücken aufweisen, die unbeabsichtigte Plagiate entstehen lassen können. Nur mittels besonderer Aufmerksamkeit können diese vermieden werden. Daraus folgt ein Vorschlag für Programme zur Plagiatsvermeidung (*plagiarism avoidance*). Es scheint mir sinnvoller, die wissenschaftliche Arbeitsmethodik zu verbessern und Plagiate erst gar nicht entstehen zu lassen, als am Wettlauf der Plagiaterstellungs- und Plagiatsentdeckungsprogramme teilzunehmen; in jedem Fall bleibt dabei die Wissenschaft auf der Strecke.

2. Vier Fälle von Plagiierungen

Ich gehe von vier Fällen aus, die ich selber erlebt habe, um nicht in die Falle der unzulässigen Verallgemeinerung von wenigen spektakulären Fällen zu tappen. Es handelt sich um

- einen wohl ungenügend vorbereiteten Studenten, der eine Arbeit gekauft hat;
- eine fähige Studentin, die sich mit der einschlägigen Forschungsliteratur so lange auseinandergesetzt hat, bis sie unabsichtlich zentrale Aussagen auswendig wörtlich wiedergibt;
- einen Doktoranden, der den Hinweis auf eine benutzte Quelle verloren hat und eine mathematische Herleitung später nicht mehr rekonstruieren kann;
- einen Habilitanden, der seine Arbeit mehrfach von einem Textverarbeitungsprogramm zu einem anderen transferieren musste, wobei Hinweise auf wörtliche Zitierungen von ihm unbemerkt verschwunden sind.

2.1 „Gekaufte Arbeit"

Ein Austauschstudent, dem es an ausreichenden Deutsch- und Englischkenntnissen mangelt, um Prüfungen hierzulande erfolgreich abzuschließen, entscheidet sich, seine Bakkalaureatsarbeit bei uns zu erstellen, was wir ihm nicht verwehren können, auch wenn wir nach den vorher demonstrierten Leistungen an einem positiven Abschluss zweifeln: Es fehlt an fachlichem Wissen, aber auch am Handwerkszeug, wie z. B. wissenschaftlicher Arbeitsweise oder Textverarbeitung. Ein einfaches Thema, das keine experimentelle oder praktische Arbeit erfordert, wird vereinbart.

Wochen später bringt er eine perfekte Arbeit, die offensichtlich nicht von ihm allein stammen kann: Die Gliederung ist tadellos, das Englisch ohne Fehler und die Ausformulierung in einem Stil abgefasst, den nur Muttersprachler zustande bringen. Eine stichprobenartige Überprüfung von fünf Textstellen ergibt, dass sich diese sämtlich in Texten anderer im Netz finden lassen und wörtlich ohne Quellenangabe übernommen wurden. Es handelt sich also um ein Plagiat, das der Student wohl nicht einmal selber erstellt, sondern in Auftrag gegeben und bezahlt hat, denn die sprachliche Fertigkeit, die einzelnen Teile zusammen zu bauen und die Gliederung zu erstellen, lagen unserer Auffassung nach weit über dem Leistungsstand des Studenten.

Die Arbeit wurde, weil offensichtlich ein Plagiat, abgelehnt. Hätte der Student eine teurere originale Arbeit gekauft (oder zumindest Plagiatsverschleierungsprogramme benutzt), wäre durch eine mündliche Prüfung leicht zu erweisen gewesen, dass die Arbeit nicht von ihm selbst erstellt worden war.

2.2 „Intensive Auseinandersetzung"

Eine Studentin an einer ausländischen Universität arbeitet auf der Grundlage der Dissertation und anderer Publikationen eines meiner Doktoranden produktiv an neuen Anwendungen einer bekannten Theorie. Sie schließt eine Masterarbeit ab und publiziert in mehreren qualitativ anspruchsvollen Zeitschriften und referiert bei ausgewählten Konferenzen.

Danach bewirbt sie sich ihrerseits als Doktorandin just bei meinem ehemaligen Doktoranden, der inzwischen Professor an einer auf diesem Gebiet international führenden Universität geworden ist, und legt ihm mit der Bewerbung auch ihre Arbeiten vor. Bei der Überprüfung stellt er fest, dass seine Arbeiten zwar zitiert, dass aber mehrere wörtlich von ihm übernommene Textpassagen nicht mit Anführungszeichen markiert sind.

Meine Analyse des Sachverhalts ergab folgende Interpretation: Erstens war der inkriminierte Sachverhalt auf einen lockeren Umgang mit Quellen im Ursprungsland der Studentin zurückzuführen. Zweitens handelte es sich wohl eher um eine unbewusste Übernahme von Textfragmenten, die sich die Studentin durch intensives und wiederholtes Lesen der grundlegenden englischsprachigen Texte angeeignet hatte. Besonders gefährdet sind hier Studierende, die aus einem für sie fremdsprachigen Quellentext einen in der gleichen Sprache formulierten neuen Text erstellen (McDonnell, 2003).

2.3 „Fehlender Schritt in der Ableitung"

Beim Durchlesen des Entwurfes zu einem Teil der Dissertation eines Studenten fällt mir im Bereich der mathematischen Grundlagen an zentraler Stelle das Fehlen eines Herleitungsschrittes auf. Die Ausgangsformeln waren zweifellos richtig, die Formel am Schluss zumindest plausibel, die Herleitung jedoch fehlte. Auf Nachfrage kann der Student die Umsetzungsschritte, d. h. wie er sie gerechnet haben muss oder wie er sie einer Quelle entnommen hat, nicht reproduzieren. Da es sich um einen zentralen Punkt seiner Untersuchung handelte, ist die Dissertation nie abgeschlossen worden. Der Student hat dann bei einem Kollegen eine neue Dissertation mit einem andern Thema erfolgreich abgeschlossen und ist heute Professor.

Die Übernahme aus einer Quelle, die nachher nicht mehr identifizierbar war, führte dazu, dass der formale Zusammenhang nicht mehr rekonstruiert werden konnte. Gängige wissenschaftliche Praxis fordert aber die Übernahme der Herleitung mit Quellenangabe, denn ohne Quelle fehlt die Möglichkeit zur Überprüfung der Richtigkeit.

2.4 „Fehlerhafte Textverarbeitung"

Ich sende eine eingereichte Habilitationsarbeit zu dem vom Habilitanden vorgeschlagenen, erstrangigen, sehr erfahrenen Wissenschaftler, dessen Arbeiten in der Schrift auch ausführlich zitiert wurden. Dieser ruft mich konsterniert an, weil Textfragmente wörtlich aus seinen Publikationen übernommen wurden, ohne dass sie als wörtliche Zitate gekennzeichnet waren.

Der Habilitand, ein technisch und juristisch ausgebildeter höherer Beamter, versichert glaubhaft, dass das Fehlen von Anführungszeichen für ihn nur durch technische Fehler bei der Transformation der Habilitationsschrift von einer ersten zu einer zweiten und schließlich zu einer dritten Textverarbeitungssoftware erklärbar ist. Das schien bei der damaligen Qualität der Programme in den 1980er Jahren glaubhaft. Der Gutachter hat die Entschuldigung angenommen, und die Habilitation ging ehrenvoll durch.

3. Analyse

Nur der erste Fall der gekauften Arbeit ist ein Fall eines vorsätzlichen Betrugs mit Plagiat, bei dem ein Student eine akademische Leistung durch einen andern erbringen lassen wollte. Die Diskrepanz zwischen dem beobachteten Leistungsniveau des Studenten und der Qualität der abgelieferten Arbeit ließ uns die Arbeit auf Plagiate hin überprüfen und nach positivem Befund mit dieser Begründung ablehnen. Auch wenn es sich nicht um Kopien von Texten aus dem Internet gehandelt hätte, wäre die Arbeit abzulehnen gewesen, da sie keine eigene Leistung des Studenten darstellte.

In den drei anderen Fällen ist die *vorsätzliche* Aneignung fremder intellektueller Leistung nicht wahrscheinlich; zumindest in Fällen von sehr intensiver Auseinandersetzung mit einer Quelle ist es leicht möglich, dass ein nicht muttersprachlicher Verfasser unabsichtlich Textstellen identisch wiedergibt, weil er in der Fremdsprache nur schwer alternative Formulierungen produzieren kann. Gegen ein unbewusstes wörtliches Wiedergeben hilft keine Software – sollte aber eine Übernahme mit Copy & Paste erfolgen, dann kann eine entsprechende Software durchaus die Rückverfolgung der Quelle ermöglichen.

In keinem der drei Fälle hätte die Angabe der Quelle zu einer anderen Einschätzung der Qualität der Arbeit geführt. Die Arbeiten haben neue Anwendungen bekannter Theorien, die Weiterentwicklung einer Theorie oder die Analyse einer Situation geliefert.

Das unabsichtliche Plagiat, das durch Fehler in der Software entstanden ist, weist auch schon auf die Möglichkeit hin, durch Änderungen in den von Wissenschaftlern verwendeten Programmen unabsichtliche Plagiate möglichst zu vermeiden.

4. Arbeitsablauf beim Erstellen einer Publikationsliste

Wenn sich ein Wissenschaftler an das Schreiben macht, so schöpft er aus verschiedenen Quellen, um Anregungen zu finden, sich mit Ergebnissen und Meinungen anderer kritisch auseinanderzusetzen und seinen eigenen Beitrag in der Literatur seines Faches zu verankern. In der Vergangenheit standen diese Quellen in Bibliotheken zur Verfügung, und die eigene Sammlung von Zeitschriften und Büchern sowie eine Zettelsammlung mit Exzerpten und Zitaten bildeten den Schatz des Wissenschaftlers. Autoren bekamen Sonderdrucke von ihren Zeitschriftenverlagen und verteilten diese an Kollegen.

Die rasche Entwicklung der Kommunikationstechniken, Offsetdruck, Kopierer und Textverarbeitung haben das wissenschaftliche Arbeiten im Grundsatz nicht verändert; Manuskripte werden nach fast den gleichen Regeln abgefasst, die für den Satz galten, auch wenn heute Manuskripte mit Textverarbeitungsprogrammen erstellt, elektronisch abgeliefert werden und fast immer unmittelbar Druckvorlagen sind. In vielen Fällen werden die Listen der verwendeten Literatur noch von Hand gemacht, und wenn sich ein Fehler einschleicht oder Anführungszeichen verloren gehen, kann unabsichtlich ein Plagiat entstehen. Mit modernen Werkzeugen ist dieses dann relativ leicht aufzudecken.

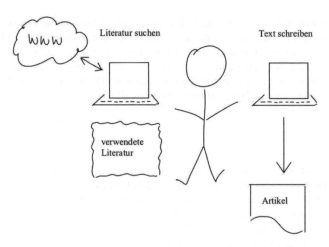

Abb. 1
Zwischen Literatursuche und Texterstellung besteht keine Verbindung

Wissenschaftler verwenden Textverarbeitungsprogramme, die für das Schreiben von Geschäftsbriefen entwickelt wurden. Die für die Erstellung wissenschaftlicher Manuskripte erforderlichen speziellen Hilfsmittel wurden im Nachhinein auf abenteuerliche Weise in diese eingebaut, sind schwierig zu bedienen und fehleranfällig. In erster Linie handelt es sich um Programme zur Erstellung der Liste der verwendeten Literatur (z. B. Fuß- und Endnoten). In zunehmendem Maße kommen bei der Suche nach der einschlägigen Literatur heute „Google Scholar" oder „Microsoft Academic Research" zur Anwendung. Diese Suchmaschinen erlauben es, Publikationen gezielt aufzufinden, anzusehen und bei Bedarf auszudrucken.

Es fällt auf, dass zwischen den Hilfsmitteln zum Schreiben und denen zum Auffinden der Literatur keine Verbindung besteht. Genau diese Lücke verursacht unabsichtliche Plagiate (Abb. 1).

4.1 Hilfsmittel heute beim Erstellen einer Publikation

Der Wissenschaftler, der seine Arbeiten von Hand schreibt und von seinem Sekretariat mehrfach abtippen lässt, ist wohl ausgestorben. Wissenschaftliche Publikationen werden in der Regel mit Hilfe von Textverarbeitungsprogrammen erstellt, elektronisch an den Verlag übermittelt und dort minimal zum Druck aufbereitet. Darüber hinaus gibt es eine Reihe von weniger bekannten Hilfsmitteln:

- Literatursuche: Die Suchmaschinen im Web („Google Scholar", „Microsoft Academic Research") bieten besondere Dienste zum Auffinden der wissenschaftlichen Arbeiten anderer an, die im Web zugänglich sind. Die Arbeiten werden anhand formaler Kriterien automatisch erkannt (Titel, Autor, Gliederung etc.). Mit diesen Diensten finde ich die Literatur meines informatiknahen Faches der letzten zehn Jahre fast vollständig und ab 1990 im Wesentlichen. Ältere Literatur ist häufig nicht mehr relevant, und Autoren, die ihre älteren Arbeiten für noch relevant halten, müssen dafür sorgen, dass diese im Web verfügbar sind und von den Suchmaschinen indiziert werden. Wir haben z. B. eine Web Page, von der unsere Arbeiten heruntergeladen werden können.
- Literaturverwaltung: Gefundene Texte kann ich im Allgemeinen herunterladen; manchmal ist der Zugang nur für Universitätsangehörige möglich und man muss dafür bei Kollegen oder beim Autor anfragen. Gefundene Texte bewahre ich auf meiner Platte auf, so dass ich sie nach Belieben ausdrucken und nach Stichworten durchsuchen kann.
- Zitate: Das Abschreiben von Textpassagen zum Zitieren entfällt – Copy & Paste erledigt das bei Texten, die ich im Web finde oder die ich zu mir kopiert habe.
- Formatierung: Die Regeln verschiedener Zeitschriften sind als Bausteine für die meisten Textverarbeitungsprogramme vorhanden, so dass diese automatisch eingehalten werden.
- Referenzen: Das Erstellen der Referenzliste für die zitierte Literatur kann automatisch erfolgen, und die Referenztexte können aus einer einmal erstellten und immer wieder verwendbaren Liste entnommen werden; die Anpassung an die Formate der jeweiligen Verlage ist ebenfalls automatisiert.
- Übernahme von Referenzierungstexten: Die Suchmaschinen, aber auch andere Literatursuchdienste oder die Zeitschriftenverlage selbst, bieten vollständig und richtig kodierte Referenzierungstexte an, die übernommen werden können.

4.2 Wo entstehen unabsichtliche Plagiate?

In drei der angeführten Fälle sind unabsichtlich Plagiate entstanden, weil

- Formulierungen unabsichtlich wörtlich wiedergegeben wurden;
- eine Idee ohne Hinweis auf die Quelle übernommen wurde; dies geschieht besonders leicht dann, wenn ein Quelltext nicht mehr zuordenbar ist, z. B. weil die vorhandene Kopie keinen Hinweis auf den Ursprung enthält;
- mit der Copy & Paste-Funktion wurde ohne Verweis auf die Zitierung gearbeitet; später wird dann übersehen, dass es sich um ein wörtliches Zitat handelt.

5. Plagiatsvermeidung

Unabsichtliche Plagiate entstehen, weil der Arbeitsablauf beim Erstellen des Textes die Verwaltung der Hinweise auf die Quellen nicht unterstützt. Die kreative Arbeit im Umgang mit vielen Texten erfolgt über eine längere Zeit, und erst zum Schluss setzt ein ‚buchhalterischer' Vorgang der Aufbereitung der Zitate ein. Wer in der kreativen Phase nicht laufend Notizen im Text verankert, hat nachher Schwierigkeiten, Quellen richtig zuzuordnen.

Bereits die bei der kreativen Arbeit am Text verwendeten Hilfsmittel sollten auch über die verwendeten Quellen Buch führen können. An dieser Unterstützung mangelt es heute in den verwendeten Programmen. Die Verwaltung und Suche nach Literatur einerseits und die Erstellung eines Textes mit den nötigen Quellennachweisen andererseits sind nicht miteinander verbunden. Die dafür notwendigen Änderungen sind nicht groß; im Wesentlichen geht es darum, dass jeder Text ein Identitäts-Kennzeichen hat und dieses in jedem Verarbeitungsschritt mitgeführt wird.

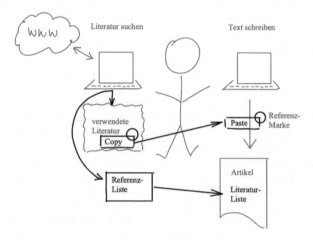

Abb. 2
Programme verbinden die verwendete Literatur mit dem erstellten Text
und produzieren die Literaturliste automatisch

5.1 Text-Identifizierung

Jeder Text, der von einem Wissenschaftler zitiert wird, ist durch Autor, Titel und die übrigen bibliographischen Angaben eindeutig identifizierbar; die bibliographischen Angaben, die in einer Literaturliste gesammelt werden, dienen dazu, dass die verwendeten Texte von einem anderen Wissenschaftler gefunden werden können und der Bezug nachvollzogen werden kann.

In einer Zeit, in der der Zugang zur einschlägigen Fachliteratur mehr und mehr über das Internet erfolgt, sind vollständige bibliographische Angaben etwas anachronistisch, aber immer noch gültiger Standard für die Identifizierung von Texten. Alternativ (und kürzer) wäre die Verwendung des DOI (*Digital Object Identifier*). Der DOI ist eine international genormte, eindeutige Identifizierung eines Textes oder anderen digitalen Objektes. Der DOI ist vergleichbar der ISBN-Nummer eines Buches und wird über eine hierarchische Organisation vergeben, die für Eindeutigkeit sorgt. Der DOI – im Unterschied zu einer URL (*Uniform Resource Locator*) – gibt nicht an, wo im Web ein Text gefunden werden kann, und muss somit nicht geändert werden, wenn ein Textarchiv reorganisiert wird. Die internationale Organisation sorgt für die Übersetzung des DOI in die jeweils aktuelle URL, so dass der Text mit dem Webbrowser automatisch gefunden wird. DOI werden heute besonders von Zeitschriftenverlagen für Artikel vergeben. Eigentlich wäre die Einbettung einer großen, zufällig generierten Zeichenkette in den Text ausreichend, um zusammen mit den Suchmaschinen jeden Text wiederzufinden; die Gefahr einer Verwechslung kann beliebig klein gehalten werden.

Fast jeder Text im Web enthält heute schon gewisse Metadaten, meist die vom Autor erwünschte bibliographische Angabe. „Google Scholar" bietet für die nachgewiesenen Texte jeweils bibliographische Angaben in vier verschiedenen häufig verwendeten Formaten (BibTex, EndNote, RefMan und RefWorks).

5.2 Übernahme von Ideen und Texten

Beim Schreiben eines wissenschaftlichen Textes muss man auf andere Texte verweisen, die benutzt wurden: manchmal als wörtliches Zitat, manchmal nur als Hinweis auf den Ursprung der Idee.

- Copy & Paste: Die Übernahme eines Textes als wörtliches Zitat sollte nicht nur den Text mitnehmen, sondern diesen zunächst mit Anführungszeichen (oder einer anderen Art von Hinweis auf die Zitierung) versehen und dann in das Manuskript einfügen. Der Hinweis auf die Quelle, die Referenzmarke, muss nicht direkt sichtbar, aber für das Formatierungsprogramm verwendbar sein. Wird nur eine Idee ohne wörtliches Zitat übernommen, so wird nur die Referenzmarke eingefügt.
- Formatierung: Formatierungsprogramme erkennen die Referenzmarken, suchen sich korrekt formatierte Referenzen zusammen und formatieren im Text die gewünschten Hinweise, z. B. den Namen des Autors und das Erscheinungsjahr in Klammern, und bauen dadurch eine richtig dargestellte Referenzliste am Schluss des Manuskripts ein.

5.3 Vorgesehener Prototyp

Ich habe eine Diplomarbeit für Informatiker an der TU Wien ausgeschrieben, die diese Idee als Prototyp umsetzen soll. Das erfordert zwei Erweiterungen von heute gängiger Software:

- Beim Kopieren eines Textes, der mit „Google Scholar" gefunden wurde, wird nicht nur der Text auf die lokale Platte abgelegt, sondern auch der als BibTex formatierte bibliographische Eintrag gespeichert und über den zugewiesenen Dateinamen verknüpft. Am einfachsten wird dies als Plugin für den Webbrowser, z. B. Firefox, gelöst.
- Eine Erweiterung des Copy & Paste-Befehls, zumindest für die Übernahme von Texten aus Dateien vom Typ .pdf und .doc, so dass eine Markierung auf das Dokument mitgenommen und als BibTex-Referenz eingefügt wird. Das erfordert Plugins für die entsprechenden Editoren.

6. Erwartetes Ergebnis

Wird die Lücke zwischen dem Auffinden von relevanter Literatur und dem Abfassen einer auf dieser Literatur aufbauenden Arbeit mit einer automatisch im Hintergrund funktionierenden Software geschlossen, so entstehen weniger unabsichtliche Plagiate. Es wird einfacher, die Verweise auf die verwendete Literatur korrekt zu erstellen. Natürlich sind absichtliche Plagiate immer noch möglich, solange man nicht in die automatische Generierung von Referenzen eingreifen und diese unterbinden oder verändern kann.

Bei der Einführung technischer Lösungen muss man sich auch überlegen, welche Einflüsse die Technik auf die sozialen Systeme – z. B. den Wissenschaftsbetrieb – hat. Was ich als „Technikfolgenabschätzung" erwarte, ist einerseits positiv:

- Es wird zuverlässiger nachgewiesen, woher die Ideen stammen, da die Verwaltung der Quellen einfacher richtig zu machen ist.
- Unabsichtliche Plagiate werden vermieden, und textuelles Zitieren erfolgt häufiger.
- Die verwendete Literatur ist auch während der Arbeit immer nachgewiesen, und es ist jederzeit nachvollziehbar, woher eine Aussage stammt. Das Problem des Doktoranden, der eine Herleitung nicht mehr fand, wird vermieden.
- Der Wert ‚buchhalterischer' Leistungen, belegt durch umfangreiche Referenzlisten bei einem Artikel, nimmt ab; ein Übersichtsartikel muss eine eigene geistige Leistung enthalten und kann sich nicht mehr in der Referenzierung der Literatur zum Thema erschöpfen.
- Bei der Anlage einer Materialsammlung durch Copy & Paste, die nachher überarbeitet wird, besteht keine Gefahr, dass „Entliehenes" mit Eigenem verwechselt wird – fremde Texte sind immer gekennzeichnet; das war wohl ein Teil der Ursachen im Plagiatsfall Guttenberg.

Leider sind auch zwei negative Folgen möglich:

- Der Trend, Literatur, die nicht im Web gefunden werden kann, nicht zu benutzen, wird verstärkt. Arbeiten, die nicht im Web stehen, werden schon heute weniger zitiert.
- Es wird möglich, Software zu entwickeln, die Zitate paraphrasiert und dann den Hinweis auf die Quelle entfernt. In diesen Fällen erfolgt dann kein Plagiat (im Sinne des Copyrights); dennoch ist diese Vorgehensweise nicht mit wissenschaftlicher Ethik vereinbar.

Ich habe wenige Plagiatsfälle wirklich erlebt, einige sind mir von Kollegen zugetragen worden – aber insgesamt sind mit dem Vorsatz zu täuschen begangene Plagiate zumindest in einer Umgebung, in der die Betreuungsverhältnisse noch dem Verständnis einer Universität entsprechen, relativ selten.

Eine Software zur Vermeidung unbeabsichtigter Plagiate hilft dem kreativen Wissenschaftler, weil sie ihn im Umgang mit den Quellen vom mechanisch-buchhalterischen Teil der Arbeit entlastet und Ressourcen für die kreative Leistung freisetzt. Andererseits werden absichtliche Plagiate dann kaum mehr entschuldbar, weil die Automatismen dafür bewusst ausgeschaltet werden müssen. Nicht hilfreich ist die Aufrüstung der Universitäten mit besserer Software und mehr Personal zur Aufdeckung von Plagiaten in den Arbeiten von Studierenden. Da nur Plagiate aus Texten, die im Web stehen, zu finden sind, lässt sich das grundlegende Problem nicht lösen. Die Mehrheit der Studierenden, die von der heutigen Universität eine Berufsausbildung erwartet, sollte nicht gezwungen werden, am Schluss eine quasi-wissenschaftliche Arbeit zu verfassen, für die sie weder das nötige Interesse noch die erforderliche umfassende Vorbildung mitbringt. Wirkliche Wissenschaft ist nur mit intensiver Betreuung möglich, die Plagiate praktisch ausschließt. Zum Gedanken der *Universitas* gehören aber auch Beurteilungsmechanismen, die inhaltlich operieren und sich nicht im Zählen von Artikeln in einem von einer Privatfirma (Institute for Scientific Information bzw. „Thomson ISI") geführten Register erschöpfen.

*

DEVLIN, Marcia: *Policy, preparation, and prevention: Proactive minimization of student plagiarism.* In: Journal of Higher Education Policy and Management (Brisbane) 28 (2006), Nr. 1, S. 45–58.

MCDONNELL, Kathryn E.: *Academic Plagiarism Rules and ESL Learning – Mutually Exclusive Concepts?* (2003); http://www.american.edu/cas/tesol/pdf/upload/WP-2004-McDonnell-Academic-Plagiarism.pdf (15. März 2013).

NIEZGODA, Sebastian; WAY, Thomas P.: *SNITCH: a Software Tool for Detecting Cut and Paste Plagiarism.* In: ACM SIGCSE (Association for Computing Machinery. Special Interest Group on Computer Science Education, New York) Bulletin 38 (2006), Nr. 1, S. 51–55.

ELKE JAMER, HERWIG REHATSCHEK

Technische Möglichkeiten von Plagiatssoftware in Gegenwart und Zukunft Plagiatsprävention an der Medizinischen Universität Graz

Bereits seit ihrer Gründung im Jahre 2004 ist der Medizinischen Universität Graz die Plagiatsprävention ein vordringliches Anliegen. Zunächst wurde die Plagiatsprüfung im Rahmen der Betreuung und Begutachtung ohne technische Unterstützung von den jeweiligen BetreuerInnen bzw. den jeweiligen BegutachterInnen wahrgenommen. Zu diesem Zeitpunkt gab es an der Medizinischen Universität Graz allerdings erst wenige wissenschaftliche Arbeiten, lediglich jene, welche im Rahmen des Rigorosenstudiums Medizin als freiwillige Leistung von den Studierenden verfasst wurden, sowie Arbeiten der Studienrichtung Medizinische Wissenschaft.

Fast zeitgleich mit den ersten AbsolventInnen der im Jahre 2002 eingeführten Diplomstudien Human- und Zahnmedizin bekam die technische Unterstützung zur Plagiatsprävention aufgrund der wachsenden Anzahl wissenschaftlicher Arbeiten eine immer größere Bedeutung. So wurde 2009 erstmals auch die Software Docoloc, zunächst stichprobenartig, zur Prävention von Textplagiaten eingesetzt.[1] Dabei wurde für etwa jede fünfte wissenschaftliche Arbeit von der Prüfungsabteilung ein Bericht erstellt, welcher vom Studienrektor/von der Studienrektorin bzw. vom Vizestudienrektor/von der Vizestudienrektorin im Rahmen der Approbation berücksichtigt wurde. Weiters konnten selbstverständlich auch alle betroffenen Lehrenden während der Begutachtungsphase jederzeit elektronische Befunde von der Prüfungsabteilung anfordern.

Seit 1. Juni 2011 wird flächendeckend für die wissenschaftlichen Arbeiten aller relevanten Studienrichtungen ein Plagiatsprüfbericht erarbeitet, welcher von der Prüfungsabteilung – im Auftrag des studienrechtlichen Organs – an die jeweiligen ErstbegutachterInnen gesendet wird. Diese geben im Rahmen eines standardisierten Beurteilungsblattes ihre Stellungnahme zum Vorliegen eines Plagiats ab.

Da die mit Docoloc erstellten Prüfberichte nicht allen Anforderungen der Medizinischen Universität Graz entsprechen konnten, suchte man nach Alternativen, welche vor allem auch den Abgleich einer neu erstellten wissenschaftlichen Arbeit mit anderen wissenschaftlichen Arbeiten ermöglichen. Das Plagiatsuchsystem Turnitin[2] konnte dieser Anforderung gerecht werden und bietet nun zusätzlich zu öffentlich zugänglichen Webquellen den Abgleich mit bereits eingereichten Arbeiten.

Im Rahmen der Vertragsgestaltung zwischen dem Anbieter von Turnitin und der Medizinischen Universität Graz gab es einige Herausforderungen zu bewältigen. So war es zum Beispiel ein großes Anliegen, dass Studierende die Möglichkeit haben sollten, zu bestimmen, ob ihre Arbeiten in den Datenpool von Turnitin aufgenommen werden und somit künftig zum Abgleich mit anderen Arbeiten zur Verfügung stehen. Wirtschaftliche Risiken gab es insofern zu überlegen, als die Anwendung des US-amerikanischen (kalifornischen) Rechts statt des österreichischen zum Vertragsbestandteil wurde. Amerikanischen Verfahren werden üblicherweise hohe Schadenersatzforderungen nachgesagt. Datenschutzrechtliche Bedenken konnten mithilfe des Safe Harbor Zertifikats[3] gelöst werden.

Seit dem Wintersemester 2012/13 werden die ersten Arbeiten mithilfe von Turnitin überprüft. Der gesamte Prozess der Einreichung, Beurteilung und Veröffentlichung von Abschlussarbeiten wurde im Rahmen der laufenden Qualitätssicherung im Sinne der Transparenz von Abläufen schriftlich festgehalten, auf der Website der Medizinischen Universität Graz veröffentlicht und in einem Prozess-Diagramm schematisch dargestellt.[4]

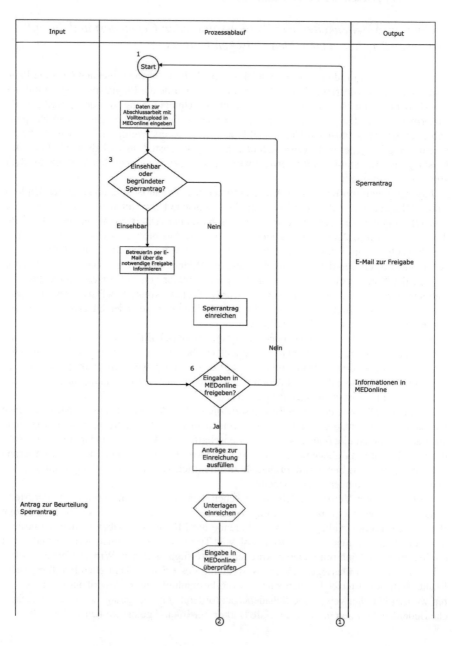

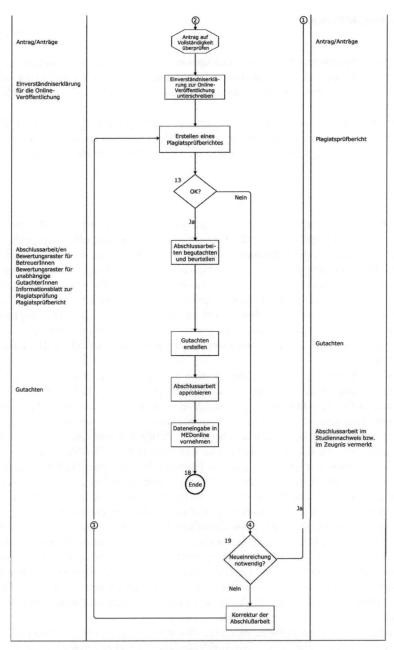

Abb. 1
Abschlussarbeiten an der Medizinischen Universität Graz
Der gesamte Prozess der Einreichung, Beurteilung und Veröffentlichung von Abschlussarbeiten wurde im
Rahmen der laufenden Qualitätssicherung im Sinne der Transparenz von Abläufen schriftlich festgehalten,
auf der Website der Medizinischen Universität Graz veröffentlicht und in einem Prozess-Diagramm
schematisch dargestellt.

Beurteilungskriterien

Die Beurteilungskriterien für Master- und Diplomarbeiten wurden vom studienrechtlichen Organ in Anlehnung an Beispiele anderer Universitäten, insbesondere der Karl-Franzens-Universität Graz, entwickelt und enthalten ebenfalls Angaben über die erfolgte Plagiatsüberprüfung.[5]

Mit dem beim studienrechtlichen Organ, der Prüfungsabteilung sowie allen BegutachterInnen verankerten Ablauf zur Plagiatsüberprüfung will sich die Medizinische Universität Graz auch künftig um weitere Maßnahmen zur Verhütung von Plagiatismus bemühen.

*

In der Folge sollen technische Möglichkeiten gängiger Plagiatssoftware näher betrachtet werden. Dazu muss man den Begriff „Plagiat" jedoch erst einmal näher definieren. Unter Plagiat (lat. *plagium* „Menschenraub") versteht man die Anmaßung fremder geistiger Leistungen.[6] Dies kann sich auf viele Dinge beziehen – z. B. Ideen, Gegenstände, Designs usw. Im wissenschaftlichen Bereich geht es zumeist um Texte in Publikationen und universitären Schriften (Bachelor-, Diplom-, Doktor-, Habilitationsarbeiten etc.), welche ohne Zitat aus fremden Quellen in die eigene Arbeit kopiert und in der Folge als eigene Leistung ausgegeben werden. Dies ist in der Regel – abhängig von der jeweiligen Gesetzeslage – eine Verletzung gegen das Urheberrecht, kann aber auch gegen ein anderes Recht (z. B. Patentrecht) verstoßen.

Gängige Programme zur Plagiatsprävention – wie Docoloc, Turnitin, Urkund[7] und Ephorus[8], – konzentrieren sich auf die Suche nach Textstellen in Dokumenten, welche in einer anderen Quelle entweder völlig identisch oder mit hoher Ähnlichkeit vorkommen. Die technische Funktionalität der Programme unterscheidet sich hier vor allem darin, welche Quellen berücksichtigt werden, wie schnell eine Arbeit analysiert werden kann (Performance) und wie gut die Ähnlichkeitssuche implementiert ist. Der Vergleich identischer Texte ist für einen Computer ein triviales Problem, der Vergleich ähnlicher Texte kann selbst für WissenschaftlerInnen extrem schwierig, sogar unmöglich sein. Man denke z. B. nur an den Fall, dass eine Person einen deutschen Text aus einer fremden Arbeit nimmt, diesen eins zu eins ins Russische überträgt und dann publiziert. Dem Autor [H. R.] ist derzeit kein Programm bekannt, das ein solches Plagiat entdecken könnte. Bei der Berücksichtigung der Quellen gibt es ebenfalls Unterschiede. So kann man die Arbeit mit öffentlich im World Wide Web zugänglichen Texten vergleichen, mit Texten, welche an der eigenen Institution verfasst, jedoch nicht notwendigerweise veröffentlicht wurden, oder auch mit Texten, welche an anderen Institutionen weltweit verfasst wurden, aber auch nicht öffentlich zugänglich sein müssen. In den beiden letzteren Fällen benötigt die Plagiatssoftware natürlich eine entsprechende eigene Datenbank.

Generell ist noch anzumerken, dass eine Plagiatssoftware immer nur Hinweise (in der Regel mit gewissen Wahrscheinlichkeiten/Relevanzen versehen) liefert, niemals jedoch gesetzlich gültige Aussagen über das Vorliegen von Plagiaten treffen kann. Eine Beurteilung und Bewertung dieser Hinweise obliegt stets der Verantwortung der BetreuerInnen.

Technische Möglichkeiten von Docoloc und Turnitin

Die Software Docoloc bietet per Webinterface eine Plagiatsüberprüfung elektronischer Dokumente an. Der kostenpflichtige Dienst ist an einen Nutzeraccount gebunden, über den man Dokumente hochladen und automatisch prüfen lassen kann. Das Ergebnis ist ein sogenannter Herkunftsreport. Dieser enthält folgende Informationen: allgemeine Dokumenthinweise, welche aus den Dokumenteigenschaften herausgelesen werden, einen kurzen Absatz über die Statistik, wie viele Textstellen geprüft und wie viele davon in anderen Texten gefunden wurden, wobei kritische Stellen im Text farbig markiert werden. Im folgenden Beispielreport von Docoloc (alte Version) werden alle gefundenen Textstellen aufgezählt und im Volltext, welcher der Referenzliste folgt, hervorgehoben.

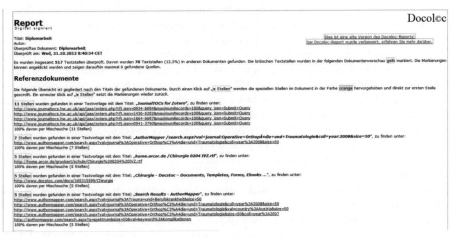

Abb. 2
Beispielreport von Docoloc (alte Version)

Im September 2012 wurden das Layout dieses Reports und seine Funktionalität verbessert. Neu hinzugekommen sind: a) differenzierte Hervorhebung der Übereinstimmungen; je nach Anzahl der Übereinstimmungen wird die Sättigung der Hervorhebung verändert; b) Übersichts- und Navigationsbalken, der in Streifen die Übereinstimmungen im Dokument darstellt, so dass man durch einfaches Klicken auf die Streifen direkt zu den entsprechenden Stellen springen kann; c) Ausblendung weniger relevanter Treffer, etwa Sätze, die nur einmal gefunden werden. Zusätzlich wurde die Suche insofern verbessert, als sie nur mehr vollständige Sätze betrifft. Im Report soll sich das laut Docoloc mit weniger, dafür aber relevanteren Treffern auswirken.

Ein Nachteil von Docoloc besteht darin, dass nur Texte, welche öffentlich im Web zugänglich sind, einbezogen werden, so dass sich Plagiate, die durch Kopieren aus den hauseigenen Arbeiten entstanden, nicht nachweisen lassen. Hierfür müsste eine eigene Datenbasis aufgebaut werden, welche nicht öffentlich zugänglich ist und nach jedem Prüfvorgang um die zu prüfende Arbeit aufgestockt wird. Ein weiterer Nachteil von Docoloc ist das eingeschränkte Benutzermanagement. Es gibt nur ein Benutzerkonto, das den Zugang zur gesamten Funktionalität und allen eingereichten Arbeiten erlaubt. Eine Einschränkung auf spezifische BenutzerInnen und deren Arbeiten war – zumindest mit dem an der Medizinischen Universität Graz angewandten Verfahren – nicht möglich. Somit konnte man mit

Docoloc nur eine zentrale Prüfung nach dem Abschluss der Arbeit anbieten. Wesentlich sinnvoller wäre jedoch eine laufende Überprüfung während der Erstellung der Arbeit, sodass die Studierenden auf mögliche Probleme hingewiesen werden und sie diese rechtzeitig korrigieren könnten. Dies war mit Docoloc wegen des damit verbundenen großen organisatorischen Aufwands nicht möglich. Eine Realisierung erscheint nur dann zweckmäßig und sinnvoll, wenn jede/r Lehrende einen eigenen Zugang bekommt und dann selbst die Prüfung laufend durchführen kann.

Turnitin verfügt laut eigenen Angaben weltweit über eine der größten Textdatenbanken mit über 250 Millionen archivierten Arbeiten, 110.000 Magazinen und Büchern und 24 Milliarden indizierter Webseiten. Im Gegensatz zu Docoloc besitzt Turnitin auch eine Datenbasis der eingereichten Arbeiten, durch deren Abgleich gegenseitiges Abschreiben sofort aufgedeckt werden kann. Aus datenschutzrechtlicher Sicht werden die eingereichten Arbeiten zwar in der Datenbank gespeichert, jedoch zu keinem Zeitpunkt publiziert. Wenn Übereinstimmungen mit einer bereits eingereichten Arbeit festgestellt werden, verweist der Report zwar auf einen gewissen Prozentsatz der Übereinstimmung mit einem Dokument der Medizinischen Universität Graz, ohne dass jedoch das Original angezeigt wird. Man bekommt als BetreuerIn allerdings die Möglichkeit, automatisch per E-Mail zur/zum ursprünglichen BetreuerIn Kontakt aufnehmen zu können, mit der Bitte um Zusendung einer Kopie dieser Arbeit. Turnitin bietet auch die Möglichkeit, die Speicherung der eingereichten Arbeit gänzlich zu unterbinden, was zum Beispiel dann zweckmäßig ist, wenn bereits nicht abgeschlossene Arbeiten auf Plagiate überprüft werden, so dass die Studierenden rechtzeitig entsprechende Rückmeldungen erhalten.

Turnitin bietet drei Anwendungen: „Originality Check" – die eigentliche Plagiatsüberprüfung, „Grade Mark" und „Peer Mark". Grade Mark gestattet die Onlinekorrektur von Arbeiten. Man kann direkt in das Dokument Kommentare, Markierungen etc. einfügen und dieses an die Studierenden über das Webinterface retournieren. Somit lassen sich Papier und Zeit sparen, da die Übergabe nicht mehr persönlich erfolgen muss. Bei Peer Mark handelt es sich um ein kollaboratives Online-Werkzeug der Web 2.0 Generation. Mit Hilfe von Peer Mark kann man Arbeiten mit KollegInnen teilen, gegenseitig kommentieren und sogar bewerten. Aus meiner Sicht ist hier jedoch kritisch anzumerken, dass diese Kommentare auch von Lehrenden eingesehen werden können. Dies bewirkt erfahrungsgemäß, dass Studierende nur selten Kommentare abgeben und wenn doch, dann nur unter Zwang. Zweckmäßiger sind hier Systeme, welche einen vollständig geschützten und privaten Bereich bieten wie zum Beispiel Backstage der Technischen Universität München.[9] Dieses System erlaubt die private Onlinekommunikation unter den Studierenden während einer Präsenzvorlesung. Weiters können Studierende jenen Folien, welche die Lehrenden zeigen, schon während der Lehrveranstaltungen Kommentare und Fragen hinzufügen, so dass die Lehrenden diese ausführlicher und gründlicher erklären können.

Bei Originality Check handelt es sich nun um die eigentliche Plagiatsüberprüfung. Turnitin erlaubt die Vergabe von Accounts an Lehrende und räumt in der Folge jedem Lehrenden seinen eigenen Bereich ein. Dies ist – neben der eingangs erwähnten Einbeziehung der eigenen Arbeiten – ein zweiter Vorteil von Turnitin, da es eine effiziente laufende Überprüfung der Arbeit erlaubt. Über ein Webinterface kann jede/r Lehrende Kurse mit bestimmten Aufgaben anlegen, in die sich Dokumente hochladen lassen. Danach erfolgt automatisch die Plagiatsüberprüfung der Arbeit. Die Ergebnisse werden in einem Prüfbericht direkt im Webinterface festgehalten, wie der folgende Prüfbericht von Turnitin (Originality Check) zeigt.

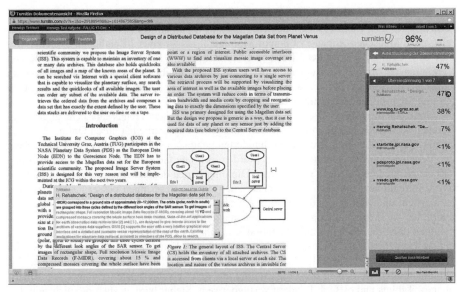

Abb. 3
Beispielreport von Turnitin (Originality Check)

Rechts oben sieht man einen Gesamtwert für die gefundenen Ähnlichkeiten. Diese werden dann in tabellarischer Weise gruppiert und nach verschiedenen Kategorien aufgelistet, z. B. Internetquelle, Publikationen etc. Wenn man die jeweiligen Quellen anklickt, werden die Einzelnachweise angeführt, und man kann in der Folge sowohl die markierten Stellen in der Arbeit sehen wie auch die entsprechenden Texte, die in den Quellen gefunden wurden. Im oben angeführten Beispiel sieht man einen Ausschnitt aus einer auf einer Website veröffentlichten Publikation, welcher natürlich auch in der Arbeit selbst enthalten ist (hier wurde eine bereits publizierte Arbeit des Autors geprüft). Man kann dann auch direkt auf die jeweiligen Quellen springen, seien es nun Websites oder andere Dokumente, um eine bessere Bewertung durchführen zu können, ob es sich wirklich um Plagiate oder doch um Zitate handelt.

Zusammengefasst bietet Turnitin gegenüber Docoloc zwei technische Vorteile: erstens die Einbeziehung eigener Arbeiten in den Vergleich und zweitens für alle Lehrenden und Studierenden einen eigenen Zugang, sodass bereits während der Erstellung der Arbeit entsprechende Rückmeldungen erfolgen können.

Mögliche zukünftige Anforderungen an Plagiatssoftware

Der Autor [H. R.] verfolgt bereits seit etlichen Jahren die laufenden Aktivitäten und Trends im eLearning-Bereich sowie am Buchsektor und beteiligt sich an den Entwicklungsprozessen mit einschlägigen Publikationen. Durch die aus der Community gewonnenen Erfahrungen lässt sich eine mögliche Zukunftsperspektive für Plagiatssoftware und wissenschaftliche Arbeiten entwickeln.

Der weltweit größte Online-Händler Amazon verkauft laut einer Pressemitteilung bereits seit 2010 in den USA mehr eBooks als Papierbücher, in Großbritannien wurde dieser Meilenstein 2011 erreicht und in Deutschland 2012.[10] In Deutschland kommen auf 100 verkaufte Papierbücher derzeit 108 verkaufte eBooks. Weiters ist ein extremer Anstieg bei Smartphones und Tablets zu beobachten. Kurioses Detail am Rande: Heutzutage haben bereits mehr Menschen Zugang zu einem Mobilgerät als zu einer öffentlichen Toilette. Gemäß dem CEMIX (Consumer Electronics Markt Index) Q1-3/2012[11], der die Summe von Verkäufen an private Konsumenten in Deutschland angibt, stieg der Gesamtumsatz im Consumer-Elektronik-Bereich um 5,4 Prozent im Vergleich zum Vorjahr, wobei der Tablet- und Smartphone-Sektor im Speziellen jedoch um 21,1 Prozent gestiegen ist.

Vergleicht man diesen Befund mit aktuellen technischen Trends aus dem eLearning-Bereich, so werden in Zukunft vermutlich zusehends Papierarbeiten durch Online-Arbeiten ersetzt. Bibliotheken und Archive mit hunderten gebundenen Diplomarbeiten gehören dann der Vergangenheit an. Online-Arbeiten werden in Folge Gebrauch von multimedialen und vernetzten Medien machen. So sind dann Diplomarbeiten denkbar, ausgestattet mit interaktiven Animationen, um etwa Experimente auch für die LeserInnen besser nachvollziehbar zu machen, und/oder mit Videos, um praktische Fertigkeiten, die man im Medizinstudium erlernt hat, zu dokumentieren. Videos können aber auch anstelle von Referenzen auf Publikationen dazu dienen, etwa auf Operationen namhafter Fachärzte hinzuweisen, von denen man selbst gelernt hat. Auch eine Ergänzung um Audio-Funktionalität ist denkbar, etwa um Herzgeräusche zu dokumentieren, die man während der Diplomarbeit abgehört hat. Die Diplomarbeiten werden in der Folge online auf den verschiedensten Devices wie Smartphones, Tablets und e-Book-Readern verfügbar sein. Sicher wird es auch möglich sein, bestimmten Passagen eigene Kommentare hinzuzufügen und diese mit anderen WissenschaftlerInnen zu teilen und zu diskutieren. Somit kann aus den Arbeiten ein maximaler Nutzen gezogen werden, weil diese dann weltweit und jederzeit, multimedial und durch Kommentare und Erfahrungen anderer ergänzt, zugänglich sind.

Diese Entwicklung erfordert völlig neue technische Anforderungen an Plagiatssoftware. Der Vergleich bloßer Texte reicht natürlich nicht mehr aus, wie es ja bereits derzeit oft der Fall ist, denn auch Bilder können Plagiate sein, vor allem im Hinblick auf Urheberrechtsverletzungen. Vielmehr muss man nun auch Videos und Audios vergleichen, was eine große Herausforderung an die Software darstellt. Wie auch bei Texten, ist die Suche nach *identischen* Videos und Audios noch verhältnismäßig einfach, die Suche nach *ähnlichen* Videos und Audios stellt jedoch eine erheblich größere Herausforderung dar. Dieses Problem wird bereits seit einigen Jahren im Fachgebiet der Computer Vision erforscht, Lösungen gibt es aber bisher nur für spezielle Fälle unter bestimmten Bedingungen. Generell ist bereits die Suche nach einfachen Objekten in Videos mit enormen Anstrengungen verbunden; beispielsweise bedenke man, welche unterschiedlichen Ausprägungen das Objekt *Tisch* haben, und dass es praktisch in unendlich vielen Positionen und Beleuchtungen in einem Video vorkommen kann. Weiters muss auch in geeigneter Form sichergestellt werden, dass die Online-Arbeiten selbst nach ihrer Publikation nicht mehr verändert werden können. Hierzu existieren indessen bereits heute geeignete technische Maßnahmen, welche z. B. auf der Herstellung geeigneter Prüfsummen basieren. Wohin sich wissenschaftliche Arbeiten und Plagiatssoftware auch immer entwickeln mögen, es geschieht besonders viel im Bereich des technologieunterstützten Lernens, und man darf mit Recht gespannt sein, welche Innovationen und Herausforderungen die Zukunft mit sich bringen wird.

---

[1] Docoloc, http://www.docoloc.de/ (15. März 2013). Die Medizinische Universität Graz hat sich bei der Auswahl der Software der Karl-Franzens-Universität Graz angeschlossen, wo Docoloc bereits mit Erfolg verwendet wurde. Der Grund dafür lag vor allem im gleichen Studierenden-

verwaltungsprogramm, wobei man sich auch eine einheitliche Lösung für Schnittstellenthemen zwischen Plagiatssoftware und Studierendenverwaltungsprogramm versprochen hat.

[2] Turnitin, http://www.turnitin.com (15. März 2013).

[3] Vgl. http://de.wikipedia.org/wiki/Safe_Harbor (15. März 2013).

[4] Medizinische Universität Graz, http://www.meduni-graz.at/1700 (15. März 2013).

[5] Medizinische Universität Graz, http://www.meduni-graz.at/1697 (15. März 2013).

[6] Definition „Plagiat", Wikipedia; http://de.wikipedia.org/wiki/Plagiat (15. März 2013).

[7] Urkund, http://www.urkund.com (15. März 2013).

[8] Ephorus, https://www.ephorus.com (15. März 2013).

[9] Backstage, Technische Universität München, http://backstage.pms.ifi.lmu.de/ (15. März 2013).

[10] Amazon Pressemitteilung vom 11. Oktober 2012; http://amazon-presse.de/pressetexte/presse-meldung/article/amazonde-bringt-mit-dem-kindle-paperwhite-den-fortschrittlichsten-ereader-aller-zeiten-nach-deutsch.html (15. März 2013).

[11] Presseinformation der Gesellschaft für Unterhaltungs- und Kommunikationselektronik (gfu); http://www.gfu.de/_dbe,news,_auto_2426142.xhtml (15. März 2013).

Arnold Hanslmeier

Naturwissenschaft – Grenzen zwischen Teamarbeit und Plagiat

Das „Publish-or-Perish"-Prinzip

„Veröffentliche oder gehe zugrunde" („publish or perish"), lautet das Motto der modernen Forschungspolitik. Politik bedeutet auch Öffentlichkeit, politische Entscheidungen müssen/sollen öffentlich nachvollziehbar sein. So hat sich auch an den Universitäten und in Forschungsinstitutionen eine Politik etabliert, die anhand von „messbaren" Parametern Forschungsleistungen evaluieren soll, um die immer spärlicher werdenden Gelder in jenen Bereichen zu verteilen, deren Produktivität solchen Output-Parametern zu genügen scheint. Ist Forschung, sind Forschungsergebnisse überhaupt messbar? Hätte es diese gewaltige, lawinenartige Explosion naturwissenschaftlicher Erkenntnisse der letzten 300 Jahre gegeben, wenn nach solchen Maßstäben die finanziellen Mittel an den Universitäten verteilt worden wären? Besteht nicht die Gefahr, dass Forschungsprojekte, die aus berechtigten Gründen nicht rasch zu konkreten Ergebnissen bzw. Publikationen führen, unter die Räder kommen und aussterben? Wird Forschung nicht immer auf jenen Gebieten betrieben, die jeweils gerade aktuell sind?

Als Forscher ist man gezwungen, ständig zu publizieren. Dies bewirkt einerseits, dass die Zahl der Veröffentlichungen beinahe exponentiell ansteigt, was zu immer längeren und unübersichtlicheren Literaturlisten zu bestimmten Themen führt. Andererseits hat dies auch zur Folge, dass man anstelle eines Beitrags von 20 Seiten lieber drei zu je 10 Seiten schreibt, da man dann ja auch drei statt nur einer Veröffentlichung aufweisen kann, demnach also den Anschein erweckt, dreimal so produktiv zu sein. Dass sich dann in allen drei Artikeln Einleitung und Diskussion zumindest teilweise wiederholen, versteht sich von selbst. Die Literaturflut – ob in tatsächlicher Papierform oder elektronisch – schwillt unaufhörlich an; die Wissensmenge ebenfalls, obwohl es sich in vielen Fällen um kein substantielles bzw. relevantes Wissen mehr handelt. So hat man z. B. einen Wert in der neunten Kommastelle verbessert, ohne damit einen wesentlichen Wissensfortschritt erzielt zu haben.

Mit dieser modernen Forschungspolitik, dem Zwang, möglichst viel zu produzieren, geht natürlich das Problem des Plagiats Hand in Hand. Wann handelt es sich um ein Plagiat, wie viel darf tatsächlich abgeschrieben werden? An dieser Situation sind das Bachelorstudium und teilweise auch schon die Lehr- und Lernpraxis an den oberen Klassen der allgemein bildenden höheren Schulen nicht unwesentlich beteiligt. Studierende schreiben im Laufe ihres Universitätsstudiums inklusive ihrer Schulzeit mindestens fünf Arbeiten. Die Bachelorarbeit z. B. soll ja einen Einblick in eine bestimmte Thematik geben. Allerdings beruhen viele dieser Arbeiten auf dem problematischen *Copy-and-Paste*-Prinzip. Sehr viele Matura-/Abitur-Arbeiten sind fast wortident von diversen Internetquellen abgeschrieben. Plagiieren im Sinne der Inanspruchnahme fremden geistigen Eigentums als eigener Hervorbringung wird durch ein solches System erheblich gefördert und setzt sich an den Universitäten in Seminar- oder Bachelorarbeiten, deren Lerneffekt gleich null ist, fort.

Plagiate gibt es also angesichts der stark gestiegenen Studierendenzahlen und der beschriebenen Evaluierungspolitik, die Wissenschaft quantifizierbar machen soll, in der heutigen Zeit sicher wesentlich häufiger als früher, – es hat sie aber immer schon gegeben. Der Streit um geistiges Eigentum ist wahrscheinlich so alt wie die Wissenschaft insgesamt.

Albert Einstein und die heutige Wissenschaft

Betrachten wir das Beispiel Albert Einsteins. Seine produktivste Zeit war um 1905, das sogenannte Annus Mirabilis. In diesem Jahr veröffentlichte er fünf berühmte Schriften:

- *Eine neue Bestimmung der Moleküldimensionen* (Einsteins Dissertation)
- *Über die von der molekularkinetischen Theorie der Wärme geforderte Bewegung von in ruhenden Flüssigkeiten suspendierten Teilchen* (die 1827 von dem schottischen Botaniker Robert Brown wiederentdeckt worden war: „Brown'sche Bewegung")
- *Zur Elektrodynamik bewegter Körper* (spezielle Relativitätstheorie)
- *Ist die Trägheit eines Körpers von seinem Energieinhalt abhängig?* (spezielle Relativitätstheorie)
- *Über einen die Erzeugung und Verwandlung des Lichtes betreffenden heuristischen Gesichtspunkt* (Quantenhypothese zur Erklärung des Photoeffekts)

Vom heutigen Standpunkt aus wäre Einstein also in diesem Jahr mit fünf Arbeiten sehr produktiv gewesen. Doch gibt es von Einstein Jahre zuvor und danach nur wenige Veröffentlichungen. Seine Produktivität ist nach heutigen Maßstäben gering und erklärungsbedürftig. Aber lässt sich eine Mindestanzahl wissenschaftlicher Beiträge überhaupt vorschreiben? Wissenschaftliches Arbeiten setzt Kreativität voraus und sollte mehr sein als bloßes Analysieren riesiger Datenmengen.

Studierende sind heutzutage – zumindest was naturwissenschaftliche Fächer betrifft – gezwungen, vor Abschluss ihrer Doktorarbeit bis zu drei wissenschaftliche Veröffentlichungen in international referierten Zeitschriften vorzulegen. Damit soll die Qualität der Dissertation gesichert werden. Die Praxis zeigt aber zwei sehr große Problembereiche: Die Gutachter werden von den Herausgebern von Zeitschriften relativ willkürlich gewählt, und aus welchen Gründen ein Artikel angenommen oder abgelehnt wird, ist manchmal nur schwer nachvollziehbar. Des Weiteren kann es oft ein Jahr dauern, bis ein Artikel vom Zeitpunkt seiner Einreichung in der Zeitschrift erscheint und zitierfähig ist. Im Zuge solcher langwierigen Peer-Review-Verfahren soll es schon vorgekommen sein, dass anonyme Gutachter Ideen aus abgelehnten wissenschaftlichen Artikeln einige Zeit später als eigene publiziert haben. Wenn das Referee-System anonym ist, kann es keine Kontrolle über solche Plagiate geben.

Ein weiteres Problem stellt die moderne Arbeitsweise in naturwissenschaftlichen Disziplinen dar. Es ist praktisch unmöglich, allein zu arbeiten; man befindet sich immer in einem größeren Team. Experimente am CERN (European Organization for Nuclear Research), Beobachtungen an großen Teleskopen, die Anwendung komplexer Computersimulationen usw. erfordern mehrere Wissenschaftler. Sofort stellt sich die Frage nach der Reihenfolge der Autoren und dem tatsächlichen Anteil des/r einzelnen Autors/Autorin zum Thema. Werden Autoren/Autorinnen einfach übergangen, stellt dies ebenfalls eine Aneignung des geistigen Eigentums anderer, also ein Plagiat dar.

Eine ähnliche Problematik ergibt sich bei Anträgen um Beobachtungs- oder Messzeiten an einem Großgerät bzw. überhaupt für die Genehmigung von Forschungsprojekten. Auch hier müssen elaborierte Anträge mit wissenschaftlichen Begründungen geschrieben werden, die durch ein internationales Programmkomitee gehen, und die Gefahr ist gegeben, dass man plötzlich eigene Ideen ein halbes Jahr später publiziert wiederfindet.

„Ehren"-Autorschaft

Im Jahre 1997 wurde dieser Begriff kreiert. Immer wieder kommt es vor, dass sich Institutsleiter, Leiter von Arbeitsgruppen, Forschungsinstitutionen, Professoren als Autoren anführen lassen, obwohl sie selbst überhaupt nichts zur jeweiligen Veröffentlichung beigetragen haben. Diese Vorgehensweise hat zwei Effekte: Erstens sind die oben genannten Personen in der wissenschaftlichen Fachwelt bekannt, und die Referees können davon ausgehen, dass die Veröffentlichung korrekt ist. Damit helfen die Ehrenautoren jungen Kolleginnen und Kollegen, ihre eigenen Ideen in Zeitschriften unterzubringen und die Publikationsliste zu verlängern. Je mehr eigene Publikationen, desto höher die Chancen, ein Forschungsprojekt genehmigt zu bekommen und in der Folge auch eine Anstellung zu erhalten. Der zweite Effekt dieser Praxis besteht darin, dass sich auch die Publikationsliste des Professors oder Vorgesetzen verlängert. Er oder sie ist/bleibt somit produktiv. Es sei betont, dass ein derartiges Vorgehen im Falle einer tatsächlichen Einbringung eigener Ideen völlig korrekt ist, aber die Grenzen sind hier sehr fließend.

Es gibt/gab auch immer wieder Fälle von Veröffentlichungen, in denen die tatsächlich Forschenden völlig ignoriert wurden/werden und nur der jeweilige Vorgesetzte in den Veröffentlichungen aufscheint. So publizierte beispielsweise der ehemalige Direktor der Züricher Sternwarte, Max Waldmeier (1912–2000), „seine" Daten über Sonnenflecken als Alleinautor, obwohl natürlich sehr viele Beobachtungen von seinen Assistenten stammten. Er nannte seine Mitarbeiter nie als Koautoren und gab die Daten auch nicht weiter, ungeachtet der Tatsache, dass moderne Satellitenmissionen seit langem vorbereitet worden sind und exakte Planungen, basierend auf genauen wissenschaftlichen Fragestellungen, erforderten. Von der Konzeption bis zum Start einer Mission (der natürlich auch misslingen kann) dauert es mindestens fünf Jahre. Ein großes Team von Wissenschaftlern war an den Vorbereitungen beteiligt (*Principal Investigator*). Ist die Mission erfolgreich, gelangt man unschwer an Daten von Sonnensatelliten oder Weltraumteleskopen. Naturgemäß muss man sich bei einer Veröffentlichung an die *Data Policy* halten, ansonsten wären es Plagiate. Die Frage bleibt dennoch: Die meisten Ergebnisse solcher Missionen werden von ursprünglich nicht am Projekt beteiligten Kolleginnen und Kollegen publiziert. Die *Data Policy* stellt das wichtigste Instrumentarium dar, Plagiaten vorzubeugen. Die Möglichkeit, dass unbeteiligte Personen basierend auf der Arbeit anderer deren wissenschaftliche Ideen verwerten, wird somit von vornherein ausgeschlossen.

Isaac Newton und Galileo Galilei

Newton (1643–1727) gilt zu Recht als einer der bedeutendsten Physiker der Geschichte. 1686 veröffentlichte er sein berühmtes Gravitationsgesetz, nach dem auch heute noch Raumschiffe auf dem Mars landen. Nur in Spezialfällen müssen Effekte der Allgemeinen Relativitätstheorie berücksichtigt werden. Allerdings war und ist Newton durchaus nicht unumstritten. Sein Vater war ein erfolgreicher Schafzüchter und Inhaber des Titels *Lord of the Manor*. Er starb vor der Geburt seines Sohnes. 1646 heiratete seine Mutter zum zweiten Mal, und Isaac blieb bei seiner Großmutter in Woolsthorpe, um den Titel zu erhalten. Nach dem Tod seines Stiefvaters kehrte seine Mutter nach Woolsthorpe zurück. Die neunjährige Trennung von der Mutter wird als Grund für seine problematische Psyche genannt. Isaac Newton besuchte die Kings School in Grantham und mit 18 Jahren das Trinity College in Cambridge, das kurz nach dem Abschluss seines Studiums 1665 wegen der Großen Pest geschlossen werden musste. Deshalb kehrte er abermals zurück in sein Elternhaus, wo er in den folgenden beiden Jahren an Problemen der Optik, der Algebra und der Mechanik arbeitete.

Zum ersten großen Konflikt kam es mit John Flamsteed (1646–1719, Greenwich). Dieser war der erste *Astronomer Royal* („Königlicher Astronom") und erhielt eine Rente von 100 Pfund im Jahr. Auf Flamsteeds Vorschlag veranlasste 1675 ein weiterer königlicher Erlass die Gründung des Royal Greenwich Observatory. Im Februar 1676 wurde Flamsteed Mitglied der Royal Society. Damals war Newton Präsident der Royal Society. Newton versuchte, sich einige von Flamsteeds Beobachtungen anzueignen und diese selbst zu publizieren. Doch gelang es Flamsteed Jahre später, die meisten Kopien der veröffentlichten Bücher zurückzukaufen, und er verbrannte sie schließlich öffentlich vor dem Royal Observatory. Als Rache löschte Newton jeden Verweis auf Flamsteed aus seinen Büchern.

Noch bekannter ist der Streit Isaac Newtons mit G. W. Leibniz (1646–1716), wer als erster die Infinitesimalrechnung erfunden habe. Durch Summation von Reihen gelangte Leibniz 1675 zur Integral- und von dort zur Differentialrechnung; er dokumentierte seine Erfindung *1684* mit einer Veröffentlichung in den *acta eruditorum*. Newton hatte zwar die Grundzüge der Infinitesimalrechnung bereits 1666 entwickelt, veröffentlichte seine Ergebnisse jedoch erst *1687*. Nach dem Disput mit Leibniz wandte sich dieser 1705 an die Royal Astronomical Society, deren Präsident aber Newton war. Es wurde ein Komitee gegründet, um zu klären, welcher der beiden Wissenschaftler die Infinitesimalrechnung nun tatsächlich erfunden habe. 1713 erschien das von Newton verfasste *Commercium Epistolicum*, in welchem er sich selbst zum Erfinder der Infinitesimalrechnung deklarierte. Leibniz erhielt das Schreiben erst 1714.

Auch von Galileo Galilei (1564–1842) wird angenommen, dass er einige Experimente gar nicht selbst durchführte, sondern sie abschrieb, noch dazu falsch. In seinen *Discorsi* wird berichtet, dass eine Kugel innerhalb einer Sekunde vier Ellen tief gefallen sei; das ist weniger als die Hälfte des Wertes, der nach dem Fallgesetz zu erwarten gewesen wäre.

Ranking

Das Zauberwort der modernen Forschungspolitik heißt Ranking. An welcher Stelle befindet sich eine Universität im weltweiten Vergleich, an welcher ein ganzes Land, an welcher der einzelne Wissenschaftler?

Viele Universitäten haben eine Art Performance Record für ihre Forscher eingeführt. Darin sind alle wissenschaftlichen Leistungen einzutragen, so z. B. die Veröffentlichungen, Einladungen zu Vorträgen usw. Man geht davon aus, dass, gemessen an der Zahl von Artikeln, China die USA 2013 überholt haben wird. Das allein sagt aber noch nichts über die tatsächliche Qualität der Veröffentlichungen. Neben der reinen Quantifizierung von Arbeiten wird daher oft auch angegeben, wie häufig diese von anderen zitiert werden. Aber auch dieses Verfahren ist nicht unproblematisch. Gewisse Arbeiten werden häufig zitiert, z. B. die erste über ein neues Gerät. Auf der Zitationsrangliste liegt China derzeit erst auf Platz 7. Im Schnitt sind die Veröffentlichungen aus China offensichtlich noch nicht so anerkannt wie die aus den anderen Wissenschaftsnationen.

Ausblick

Wie wir gesehen haben, wird die Zahl von Plagiaten zunehmen. Der Studienverlauf und die weitere Karriere von Forscherinnen und Forschern bedingen dies. Vieles steht im Internet, viele glauben, dass alles, was sie darin finden, richtig sei und kopieren es. Dazu kommt noch der „Skriptenwahn" an Universitäten und Schulen. Statt die Ausführungen der Vortragenden mit eigenen Sätzen wiederzugeben, ist es bequemer, Skripten zu verwenden, die sich oft wiederum als Plagiate anderer Skripten herausstellen.

Was kann man dagegen unternehmen? Erstens sollte das Bewusstsein vor allem in unserer europäischen Forschungslandschaft gestärkt werden, dass auch der Diebstahl geistigen Eigentums ein strafbares Delikt darstellt. Geistiges Eigentum muss geachtet werden. Man kann durch geeignete Software wissenschaftliche Texte auf Plagiate hin prüfen. Immer funktionieren auch solche Tests allerdings noch nicht, doch sind sie sicherlich ein gutes Mittel, Plagiaten vorzubeugen.

Noch immer gibt es Plagiat- und Fälschungsskandale auch prominenter Forscher. Ein skandalöses Beispiel beschrieb Eugenie S. Reich in ihrem Buch *Plastic Fantastic: How the Biggest Fraud in Physics Shook the Scientific World* (2009): Ein bekannter deutscher Physiker avancierte durch 13 gefälschte Arbeiten zu einem „Superstar" und konnte erst, kurz bevor er zum Max-Planck-Direktor einer Forschungsinstitution berufen werden sollte, als Fälscher und Plagiator entlarvt werden.

Plagiate beruhen auf einem immer leichteren Zugang zu wissenschaftlichen Daten und Veröffentlichungen und werden durch die zunehmende Digitalisierung des Wissens, der Bücher und Daten in Zukunft sicher noch weiter ansteigen. Die Frage, was ein Plagiat von einer eigenständigen wissenschaftlichen Idee unterscheidet, ist daher auch nicht einfach zu beantworten. Natürlich sind es auch immer wieder allgemeine Zusammenfassungen wissenschaftlicher Ideen, die neue Theorien und Modellvorstellungen entstehen lassen. Im Zusammenhang mit Massenuniversitäten muss es aber klar sein, dass nicht alle Master- und Doktoratsarbeiten die vorgeschriebene Originalität im strengen Sinne erfüllen können. Doch sind sie dann akzeptabel, wenn die verwendeten Quellen und Ideen korrekt zitiert und so zumindest Plagiate im Sinne der Anmaßung fremden geistigen Eigentums vermieden werden.

HEINER RÖMER

„Wissenschaftsblasen" – als Folge von subtilen Formen des Plagiats?

Der Gegenstand dieses Artikels weicht insofern von dem der anderen Beiträge in diesem Band ab, als er sich nicht mit den „klassischen" Formen des Plagiats beschäftigt. Nach meiner eigenen Erfahrung sowie jener von KollegInnen aus den Biowissenschaften kommen Plagiate besonders häufig vor, wenn Studierende zum ersten Mal eine kleine, in Annäherung auch wissenschaftliche Arbeit in Form ihrer Bachelorarbeit verfassen. Wegen der hohen Studierendenzahlen sind diese Arbeiten überwiegend Literaturreferate, und dort ist die „Copy-Paste-Mentalität" noch oft vorhanden. Im weiteren Verlauf des Studiums sind die Ergebnisse – insbesondere bei den Abschlussarbeiten (Masterthesis und Dissertationen) – seit der Einführung der offiziellen Plagiatsüberprüfung an der Karl-Franzens-Universität Graz dagegen negativ. Der Grund dürfte wohl sein, dass es sich in den Biowissenschaften fast ausschließlich um experimentelle, hypothesen-getriebene Wissenschaft handelt, bei der die Verführung zur Übernahme von Textstellen anderer nicht so groß ist wie beispielsweise in den Geisteswissenschaften. Dass es allerdings auch in den Biowissenschaften etwas gibt, was man als Diebstahl von Ideen (z. B. im Rahmen von Review-Verfahren von Forschungsprojekten) bezeichnen könnte, ist unbestritten (vgl. Hanslmeier in diesem Band, S. 191–195).

Als Kuriosität sei hier noch vermerkt, dass kumulative, aus früher publizierten Artikeln zusammengesetzte Dissertationen und Habilitationsschriften in den Naturwissenschaften durchaus üblich und sogar erwünscht sind, dies aber bei der offiziellen Plagiatsprüfung unserer Universität dazu führt, dass oft weit mehr als 70 Prozent der gesamten Arbeit zunächst als Plagiat indiziert wird. Erst die GutachterInnen müssen richtigstellen, dass es sich hierbei um „Plagiate" eigener, bereits publizierter Arbeiten handelt. In diesem Punkt gibt es zwischen den Natur- und den Geisteswissenschaften große Unterschiede, denn kumulative Dissertations- bzw. Habilitationsschriften werden in letzteren nicht gern gesehen oder es gibt die Regelung, dass geisteswissenschaftliche Habilitationsschriften erst nach Abschluss des Verfahrens publiziert werden dürfen.

Mit dem vorliegenden Beitrag möchte ich aber auf eine subtilere Form des Plagiierens hinweisen, die so etwas wie eine „Wissenschaftsblase" zur Folge haben kann. Zur Erläuterung diene ein Beispiel aus der Biologie. Es stammt aus meinem eigenen Forschungsbereich und ist relativ jüngeren Datums.

Im Jahr 1990 machte der dänische Zoologe Anders Pape Møller von der Uppsala Universität in Schweden eine außergewöhnliche Entdeckung über den Zusammenhang von Sex und Symmetrie bei Rauchschwalben. Vorher war schon bekannt gewesen, dass Asymmetrien bei bilateral symmetrischen Organismen direkt mit dem Ausmaß von Mutationen im Genom korrelieren, so dass mehr Mutationen zu dem führen, was man als fluktuierende Asymmetrie (FA) bezeichnet, um es abzugrenzen von der gerichteten Asymmetrie, wie sie z. B. in der Lage unseres Herzens oder in der Asymmetrie unserer Hirnhemisphären zum Ausdruck kommt. Møller entdeckte, dass weibliche Rauchschwalben bei der Partnerwahl Männchen mit langen, symmetrischen Schwanzfedern bevorzugen, was nahelegte, dass Weibchen die Symmetrie als einfaches Maß für die genetische Qualität ihrer Paarungspartner benutzen. Møllers Publikation war der Startschuss für zahlreiche weitere Untersuchungen, denn hier gab es einen einfach zu messenden Indikator für die genetische Qualität jedes Individuums, das Partnerwahl betreibt, und zwar ohne auf molekulargenetische Tests zurückgreifen zu müssen. Außerdem bestand die Möglichkeit, in Präferenztests das Verhalten überprüfen zu können, nach dem Motto: Ästhetik für Genetik.

Es dauerte nicht lange, und die Hypothese wurde auch auf den Menschen angewandt, denn dieser gehört ebenso zu den bilateral symmetrischen Organismen, und es hatte schon vorher viele Versuche von evolutionsbiologischen Erklärungen im Zusammenhang mit der Partnerwahl beim Menschen gegeben. Tatsächlich zeigt ja das menschliche Gesicht eine außerordentliche Bandbreite von Unterschieden nahezu perfekter Symmetrie bis extremer Asymmetrie. Und ähnlich wie die Ergebnisse von Studien an den tierischen Beispielen, die einen Zusammenhang zwischen der Darwin'schen Fitness und dem Grad der Symmetrie belegten, kamen Studien am Menschen zu dem Ergebnis, dass Frauen gesichtssymmetrische Männer im Vergleich mit deren asymmetrischen Kontrahenten sexuell attraktiver einschätzten. Außerdem fand man, dass ein positiver Zusammenhang zwischen Gesichtssymmetrie und der Beurteilung der physischen Attraktivität bei beiden Geschlechtern bestehe oder dass Frauen den Geruch symmetrischer Männer bevorzugen.

Aber in weiterer Folge passierte etwas Erstaunliches, was später von einer australischen Arbeitsgruppe in einer Metastudie zusammengefasst wurde (Simmons u. a. 1999); ein Teil des Ergebnisses ist in Abbildung 1 dargestellt. Die Autoren untersuchten alle publizierten Arbeiten im Zusammenhang mit FA im Hinblick auf Methoden und Ergebnisse. Abbildung 1 erfasst den Anteil der Arbeiten nach dem Jahr der Veröffentlichung, die zu einem positiven Ergebnis des Zusammenhangs zwischen FA und Fortpflanzungserfolg kamen.

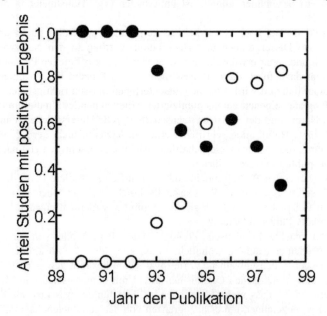

Abb. 1

Anteil der Studien zur Fluktuierenden Asymmetrie (FA) in sekundären sexuellen Merkmalen, die die Rolle von FA bei der sexuellen Selektion unterstützen (gefüllte Kreise), in Abhängigkeit vom Jahr der Publikation. Die offenen Kreise zeigen den Anteil der Studien, in denen eine notwendige Analyse zur Wiederholbarkeit der Ergebnisse durchgeführt wurde (verändert nach Simmons u. a.)

Zunächst gab es – nach der ersten Veröffentlichung durch Møller – einen regelrechten Boom weiterer Publikationen zur Rolle der FA und der sexuellen Selektion; fast alle Arbeiten indizierten einen signifikanten Zusammenhang zwischen dem Ausmaß der Symmetrie von Männchen und ihrem Paarungserfolg. Im Jahr 1994 bestätigten nur noch 60 Prozent diese Hypothese, 1998 war dies nur noch bei einem Drittel der Fall. Und selbst in den Arbeiten, die zunächst einen positiven Effekt nachgewiesen hatten, nahm dessen Ausmaß über die Jahre ständig ab: von 1992 bis 1997 um 80 Prozent, ein starker Trend, der den Effekt auf Null zu reduzieren im Begriffe ist (Abb. 2).

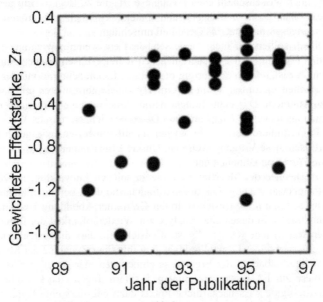

Abb. 2

Gewichtete Effektstärke für Studien zur Rolle der FA bei sekundären sexuellen Merkmalen und sexueller Selektion in Abhängigkeit vom Jahr der Publikation. Negative Werte treten dann auf, wenn FA in sekundären sexuellen Merkmalen und sexueller Selektion die Darwin'sche Fitness der Männchen reduziert. Man beachte den kontinuierlichen Trend in Richtung Null-Effekt mit dem Jahr der Publikation (verändert nach Simmons u.a.)

Was in den Daten dieser Metastudie zum Ausdruck kommt, ist die Entwicklung – vielleicht auch der Untergang – einer kleinen wissenschaftlichen Revolution, wie sie Thomas Kuhn 1979 beschrieben hat (*The Structure of Scientific Revolutions*), einer Mini-Revolution zwar, aus deren Entwicklung dennoch Lehren gezogen werden könnten.

Zunächst einmal müsste gefragt werden: Wie konnte sie entstehen? Leigh Simmons, einer der Biologen, von dem die Meta-Analyse stammt, schlägt aus seinen Erfahrungen eine erste Erklärung vor, die ich aus meinen eigenen voll unterstützen kann. Er sagt selbst, dass er anfangs von der Hypothese der fluktuierenden Asymmetrie wegen ihrer Einfachheit begeistert war, zumal die Effekte anfänglich auch statistisch außerordentlich überzeugend erschienen. So ist es offenbar einer Reihe von Forscherinnen und Forschern ergangen, indem sie diese attraktive Idee begeistert aufgriffen und gewissermaßen plagiierten. Die daraus resultierende Kette weiterer Veröffentlichungen verhalf der fluktuierenden Asymmetrie zunächst zu einem wahren Boom. Wenn dieses Beispiel auch nicht unter den Begriff des Plagiierens fällt, wie er in den meisten Beiträgen dieses Bandes behandelt wird, ist daraus doch zu erkennen, wie durch das Aufgreifen und Kopieren einer Idee eine als zum Platzen verurteilte „Wissenschaftsblase" entstehen kann. Welche weiteren Faktoren trugen dazu bei?

Der Biologe Leigh Simmons war auch selbst Koautor einer der ersten Studien, die die Hypothese der FA bestätigten. Wenig später fand er bei einer anderen Tiergruppe keinen Effekt, hatte aber große Schwierigkeiten, dieses negative Ergebnis zu publizieren. Seiner Meinung nach wollen die wissenschaftlichen Journale und die Gutachter und Gutachterinnen, die die Manuskripte beurteilen, lieber (sensationelle) positive als (unattraktive) negative Daten. Er glaubt, dass das Beispiel der fluktuierenden Asymmetrie ein klassischer Fall einer faszinierenden wissenschaftlichen Hypothese ist, die zu Beginn dem gesamten Peer-Review-Prozess einen positive Bias gibt und später, wenn sich eine größere Anzahl von Widersprüchen angesammelt hat, ins Gegenteil umschlägt.

Und schließlich sollten wir nicht vergessen, dass ein weiterer wichtiger Faktor in der Psychologie der Forscher und Forscherinnen selbst liegt. Im englischen Sprachgebrauch bezeichnet man es als „selective reporting of results". Es hat sehr viel mit der Erwartungshaltung der Forschenden zu tun, wenn sie eine Hypothese formulieren und dann beginnen, dazu Daten zu sammeln. Das liegt freilich meines Erachtens weit unterhalb der Schwelle dessen, was man als bewusste Fälschung von Daten bezeichnen müsste. Wir sollten unsere Master- und PhD-Studierenden immer wieder darauf hinweisen, wie gefährlich und zugleich verführerisch diese Vorgangsweise ist: Unsere Erwartungen, Wünsche und Hypothesen stellen eine Form von Blindheit dar.

Neben dem Erkennen der Mechanismen, die zu solchen Entwicklungen führen können, ist es zweifellos ebenso wichtig, Faktoren zu finden, die dazu beitragen könnten, dass solche Wissenschaftsblasen *nicht* entstehen. In der Grafik der Abbildung 1 ist auch der Anteil an Studien eingetragen, in denen eine Analyse zur Wiederholbarkeit der Ergebnisse durchgeführt worden war (offene Kreise). Es ist offensichtlich, dass die ersten Studien auf eine solche Analyse verzichteten. Dann allerdings ging mit einer Zunahme der Studien, die eine Analyse zur Wiederholbarkeit der Ergebnisse einbezogen, der Anteil der Studien zurück, die die Hypothese zur FA bestätigen konnten. Insofern tragen eine kritische Analyse der Daten und letztlich gute wissenschaftliche Praxis dazu bei, dass eine Hypothese, mag sie auch noch so attraktiv sein, ihren richtigen Platz im Theoriegebäude einer Wissenschaft erhält.

Ich habe in diesem Beitrag zweifellos einen Seitenpfad zu dem Hauptthema dieses Bandes eingeschlagen. Keinesfalls sollten darin die spezifischen Besonderheiten in den Biowissenschaften vor Augen geführt werden: In Diskussionen mit Kolleginnen und Kollegen aus Bereichen außerhalb der Biowissenschaften wurde mir immer wieder bestätigt, dass solche „Wissenschaftsblasen" größeren und kleineren Ausmaßes überall auftreten. Manchmal haben sie zur Folge, dass enormes wissenschaftliches Potential, Energie und auch finanzielle Ressourcen verschleudert werden, im Bereich der Medizin dürften es zweistellige Milliardenbeträge sein. Allein das sollte uns veranlassen, mehr darüber nachzudenken, wie diese negativen Folgen eingeschränkt werden könnten.

*

MØLLER, A. P.: *Fluctuating asymmetry in male sexual ornaments may reliably reveal male quality*. In: Animal Behaviour (Amsterdam) 40 (1990), S. 1185–1187.

SIMMONS, L. W.; TOMKINS, J. L.; KOTIAHO; J. S., HUNT, J.: *Fluctuating paradigm*. In: Proceedings of the Royal Society B: Biological Sciences (London) 266 (1999), S. 593–595.

THOMAS KENNER

Kopie, Fälschung, Plagiat, „Plagiarett"
Physiologische Aspekte

Von den zellulären Kopiervorgängen zum nachahmenden Lernen

Der erste Gedanke eines Physiologen zu Kopie und Plagiat hängt mit dem Wissen zusammen, dass in jedem lebenden Körper, man kann sagen, in jeder Zelle, immer wieder kopiert wird. Der Kopiervorgang sollte richtig und korrekt, kann aber fehlerhaft sein und dann zu Krankheiten führen. Fehler der zellulären „Kopiermaschinen" in den Zellen, die für die Bildung von Eizellen und Spermien bzw. nach der Befruchtung für das Schicksal der embryonalen Stammzellen verantwortlich sind, können Defekte und Missbildungen zur Folge haben (Abb. 1). Als Beispiel kann man hier die Trisomie 21 erwähnen, eine Störung, die durch ein überzähliges Chromosom an Stelle 21 verursacht wird.

Abb. 1
Behinderung als „Gottesgabe"
Trisomie-21-Habitus (Down-Syndrom) bei einer Olmekischen Figurine, ca. 1000 v. Chr.
(Riede 1995, S. 23).

In etwas übertriebener und gleichzeitig simplifizierender Ausdrucksweise könnte man überhaupt Kinder als Plagiate ihrer Eltern bezeichnen. Der DNA-Bauplan eines Kindes enthält Teile des mütterlichen und des väterlichen Genoms. Außerdem enthält die DNA eines Kindes auch noch Komponenten früherer Generationen, sodass manchmal Begabungen aus der Großelterngeneration bei Nachkommen auftauchen.

Es gibt Krankheitserreger wie etwa Viren, die in Zellen eindringen und dort die zellulären „Kopiermaschinen" zwingen, ihre DNA, genau gesagt die DNA der Viren, zu kopieren und entsprechend zu verarbeiten, sodass diese Zellen zu ihrem eigenen Schaden auf diesem klassischen Wege neue Viren erzeugen müssen.

Der zweite Gedanke eines Physiologen zum Plagiat bezieht sich auf die angeborene Nachahmungsfähigkeit, die in den sogenannten Spiegelneuronen im Gehirn lokalisierbar ist. Kurz erklärt, kann man an sich selbst bemerken, dass man gewisse, an andern beobachtete Bewegungs- oder Haltungsmuster oft unbewusst nachahmt, was sich auch schon bei Säuglingen beobachten lässt. Verallgemeinert kann man sagen, dass vieles, was man im Verlauf des Lebens lernt, auf diesem Mechanismus beruht.

Giacomo Rizzolatti und seine Mitarbeiter konnten zwischen 1980 und 1990 durch Messungen zeigen, dass bei der Beobachtung einer Person, die bestimmte Bewegungen durchführt, im motorischen Gehirnabschnitt der beobachtenden Person Aktivitäten zu messen sind, die genau jenen entsprechen, die im Gehirn der beobachteten Person während deren Eigenbewegungen gemessen werden können. Es gibt im Gehirn Nervenbahnen, die unmittelbar Informationen von der Region der Wahrnehmung zur Region der Motorik leiten. Das ist besonders auch in der Mimik oder bei besonderen Haltungen zu beobachten. Wie erwähnt, gibt es schon ältere Beobachtungen bei Säuglingen und auch im Alltag bei Kindern, die Aktionen der Eltern nachahmen. Entsprechende Bilder sind beispielsweise bei Irenäus Eibl-Eibesfeldt (*Die Biologie des menschlichen Verhaltens*, 1984) zu finden (Abb. 2).

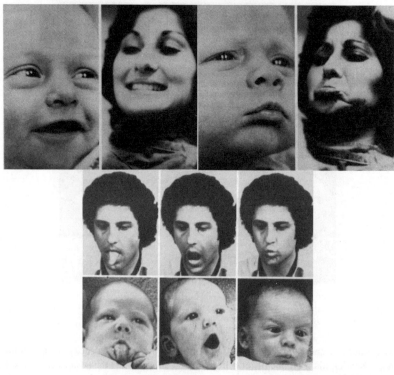

Abb. 2
Das Vorbild und seine Nachahmung durch einen zwei bis drei Wochen alten Säugling
(Eibl-Eibesfeldt 1984, S. 79–81)

Ein besonders schönes und amüsantes Beispiel ist in einer Abbildung aus dem Buch *Kinderjahre* (1999) des Kinderarztes Remo Largo zu sehen: Zwei Herren gehen, offenbar ins Gespräch vertieft, mit auf dem Rücken verschränkten Händen. Hinter ihnen geht ein kleiner Bub mit derselben Körperhaltung, die sonst bei Kindern spontan wohl kaum vorkommen dürfte (Abb. 3).

Abb. 3
Spaziergang (Largo 1999, S. 220)

In diesem Zusammenhang ist es interessant, auf Darwins Werk über Mimik und den Ausdruck von Emotionen bei Menschen und Tieren hinzuweisen. Man könnte diesen Beobachtungen aus der Verhaltensphysiologie (siehe Graugänse und Konrad Lorenz) bis hin zur Psychopathologie weitere Beispiele und Überlegungen anfügen. Wenn man erst einmal auf derartige Kopier-Phänomene achtet, wird man bald in vielerlei Hinsicht fündig. Leider geschieht es auch da, dass solche nicht-verbale Informationen empfangen, jedoch missinterpretiert werden können. Im Gehirn des Beobachter-Empfängers bildet sich eine Art Plagiat, dessen Interpretation umstritten sein kann.

Nachahmung ist ein für Lernprozesse wesentlicher Vorgang. Diese Aussage gilt für sinnvolle und weniger sinnvolle und leider auch für unsinnige Vorbilder. Man kann dem hinzufügen, dass es Vorbilder gibt, die entweder gar nicht oder falsch verstanden und doch nachgeahmt werden. Auch hier trifft der Plagiatsbegriff mit einigem Vorbehalt zu. Im Hinblick auf einen heute üblichen und beängstigenden Befund in der Kindererziehung hat Manfred Spitzer in seinem Buch *Digitale Demenz* (2012) unmissverständlich dargestellt, „wie wir uns und unsere Kinder mit elektronischen Spielen um den Verstand bringen".

Schließlich ist zu erwähnen, dass aus politischen oder auch aus persönlichen Gründen historische Ereignisse oder Persönlichkeiten entgegen den Tatsachen dargestellt und verfälscht werden. Diese wahrheitswidrige Vorgangsweise war und ist noch in Diktaturen üblich. Ein Beweggrund für solche Fälschungen in historischen Berichten und sogar Dokumenten kann auch darin bestehen, dass ein Autor eine historische Person tendenziös abwerten oder deren Bedeutung auf ein beliebiges Minimum reduzieren möchte, so dass dann als Kontrast die Wichtigkeit einer oder mehrerer anderer Personen aufgewertet kann oder muss. In Publikationen voreingenommener Historiker oder Philosophen lassen sich unschwer Beispiele finden. Die gleiche Methode kann auch auf Angehörige von gewissen Religionen, Konfessionen, Parteien oder Nationalitäten, Ethnien etc. angewandt werden. Derartige Diskriminierungen und Ausgrenzungen können pathologische und kriminelle Formen annehmen bis hin zu Fremdenhass und Rassismus.

Plagiieren **im Forschungswettlauf**

Wenn man unter „Plagiieren" die nicht ausgewiesene, unerlaubte oder zumindest unkollegiale Übernahme von Informationen versteht, so öffnet sich ein umfangreiches Kapitel im Bereich wissenschaftlicher Forschung. Besonders heikel sind jene Fälle, in denen es um zeitliche Prioritäten geht. Ein spannendes historisches Beispiel, das wohl nie in allen Details geklärt werden kann, ist die Entdeckung der Struktur der DNA durch James D. Watson und Francis Crick, die dafür im Jahre 1962 (gemeinsam mit Maurice Wilkins, dem Leiter des Cavendish-Laboratoriums an der Universität Cambridge) den Nobelpreis erhielten. Es waren jedoch in dem entscheidenden Zeitraum mehrere Gruppen nahe am Ziel. Als mitbeteiligter Forscher hat der aus Czernowitz stammende, in Wien promovierte Biochemiker Erwin Chargaff mit seinem Artikel *Building the Tower of Babble* (1974) einen wichtigen Beitrag zur Klärung des Falles geleistet. Er äußerte sich abfällig über die genannten Nobelpreisträger und auch über die Zukunft der Forschung. Zur gleichen Zeit, in der Watson und Crick in Cambridge das Problem der DNA-Struktur zu lösen suchten, arbeitete auch eine junge Forscherin namens Rosalind Franklin an demselben Institut. In ihrem Buch *Rosalind Franklin. Die Entdeckung der DNA oder der Kampf einer Frau um wissenschaftliche Anerkennung* (dt. 2003) wies Brenda Maddox nach, dass Franklin mittels der von ihr an DNA-Kristallen durchgeführten Röntgenkristallographie Bilder erhielt, die einem einigermaßen Eingeweihten die Struktur der sogenannten Doppelhelix nahelegen konnten. Maddox berichtet, dass Watson und Crick ohne Wissen Rosalind Franklins deren Bilder einsehen und dank dieser plagiierenden Vorgangsweise die weiteren Schritte zur Entdeckung der DNA-Struktur setzen konnten. Abbildung 4 zeigt von oben nach unten zunächst die ruhende Doppelhelix der DNA, von der Mitte nach unten ist das Prinzip des Kopiervorganges gezeigt. Die Doppelhelix teilt sich in ihre beiden Hälften. In jede der beiden Hälften werden die jeweils zugehörigen Komponenten eingebaut. Es sind vier Buchstaben, von denen je zwei und zwei zusammengehören (T-A, A-T; G-C, C-G). Man erkennt, dass als Resultat der Teilung 2 identische Doppelhelices entstehen.

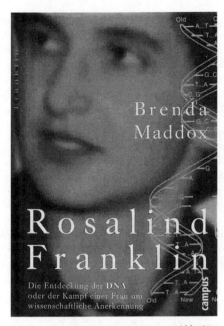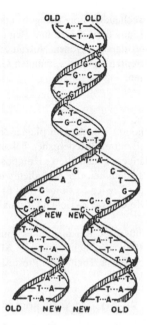

Abb. 4
Doppelhelix nach Rosalind Franklin (Maddox 2003; rechts S. 189)

Für junge Wissenschaftler, insbesondere im Bereich der Naturwissenschaften und der Medizin, ist es notwendig, sowohl durch Projekte sogenannte „Drittmittel" einzubringen als auch ihre Forschungsergebnisse in international angesehenen Zeitschriften zu publizieren. Die problematischen Konsequenzen dieser Entwicklung hat Erwin Chargaff in dem erwähnten Artikel vorausgesehen: „Now, everybody is working away at projects the outcome of which must be known in advance, since otherwise the inordinate financial investment could not be justified."

Wissenschaftliche „Produktivität" wird mittlerweile durch relativ komplexe statistische Ranking-Verfahren ermittelt. Bewertet werden die Summe der Impaktpunkte und neuerdings der sogenannte „Hirschfaktor" (nach dem argentinischen Physiker Jorge E. Hirsch, 2005). Bei diesem Koeffizienten werden die Anzahl der Arbeiten und deren Zitierungen in den Publikationen anderer Autoren mit in die Berechnung einbezogen. Bei den Publikationen sehe ich jedoch deshalb Probleme, weil erstens Bücher oder Artikel in Büchern nicht mit Impaktpunkten bewertet werden können und deshalb nicht zählen, und weil zweitens bei Überprüfung der Literaturlisten in Publikationen zu bestimmten Themen sich oft deutlich zeigt, dass darin bestimmte Arbeitsgruppen ausführlich, andere aber kaum oder gar nicht zitiert werden. Hierbei spielt auch die Nationalität eine Rolle. In den Naturwissenschaften und der Medizin werden deutschsprachige Artikel deutlich weniger zitiert. Man muss dabei bedenken, dass im Hinblick auf berechenbare Faktoren, wie etwa den erwähnten Hirschfaktor, die Zahl der Zitierungen in anderen Publikationen entscheidend ist. Unter anderem ist der Hirschfaktor bei Preisverleihungen ein wichtiges Auswahlkriterium, was auch für den Nobelpreis gilt.

Artikel, die in international „hochrangigen" wissenschaftlichen Zeitschriften publiziert werden sollen, werden Referenten vorgelegt, die den Verfassern unbekannt bleiben. Das gleiche Verfahren wird bei Anträgen für die Finanzierung von wissenschaftlichen Projekten bei entsprechenden Fonds angewandt. Den Referenten eröffnen sich hier günstige Möglichkeiten, aus der Lektüre und Begutachtung von Anträgen an neue Informationen zu gelangen und daraus eigenen Nutzen zu ziehen. Es drängt sich zuweilen der Verdacht auf, dass Referenten aus den genannten Gründen sich gegen die Publikation von Manuskripten aussprechen.

*

Ein besonderer Aspekt von plagiat-ähnlichen Prozessen, vor allem in der Musik, liegt in fein modifizierten Wiedergaben bekannter Sequenzen in neuen Kompositionen, in die kurze oder längere Zitate älterer Kompositionen eingefügt werden. Manche Zitate können wegen der Bekanntheit der Melodien wohl nicht als Plagiat aufgefasst werden, wie z. B. die Melodie des Liedes *Es sungen drei Engel* in Paul Hindemiths Symphonie *Mathis der Maler* (1934). Die Grenze zwischen Original und Plagiat ist in der Musik nicht immer leicht festzustellen.

Ein amüsantes Beispiel eines musikalischen „Plagiats", das man wortspielerisch als „Plagiarett" bezeichnen könnte, ist Mozarts „singender Star". Mozart hat aus dem Gesang seines Vogels das Thema des Presto-Satzes seines Klavierkonzerts Nr. 17, D-Dur, KV 453 kopiert (Abb. 5).

Abb. 5
Mozart's starling (http://www.starlingtalk.com/mozart1.htm; 10. April 2013)

Am 4. Juni 1787, als der Star verstorben war, widmete Mozart ihm ein rührendes Gedicht:

> Hier ruht ein lieber Narr
> Ein Vogel Staar
> Noch in den besten Jahren
> Musst er erfahren
> Des Todes bittern Schmerz
> Mir blut't das Herz
> Wenn ich daran gedenke.
> O Leser schenke
> Auch Du ein Tränlein ihm …

Um zuletzt nochmals auf das Beispiel in Abbildung 1 zurückzukommen: Für Eltern und auch für die nähere Umgebung ist das Auftreten einer Erbkrankheit erschreckend und stellt eine schwere Belastung dar. Vereinfacht beschrieben sind im biologischen Kopiervorgang schwere Fehler aufgetreten, die zu Defekten und Verzerrungen führen. Die Ursachen des Erscheinungsbilds in Abbildung 1 lassen sich heute wissenschaftlich nachweisen. In der

Entstehungszeit dieser Skulptur hat man dahinter ein Gotteszeichen vermutet. In unsere „Plagiatsprache" übersetzt heißt das, dass eine fehlerhafte Kopie produziert wurde, ein Plagiat, in dem Wesentliches verfälscht worden ist. Wenn man heute jedoch in ahnungsloser Gutgläubigkeit und Naivität gefälschte Informationen für wahr hält, dann besteht die Gefahr, sich in die Irre und möglicherweise in eine Katastrophe führen zu lassen.

*

CHARGAFF, Erwin: *Building the Tower of Babble*. In: Nature. International Weekly Journal for Science (London) 248 (1974), S. 776–779.

EIBL-EIBESFELDT, Irenäus: *Die Biologie des menschlichen Verhaltens. Grundriß einer Humanethologie*. München, Zürich: Piper 1984.

LARGO, Remo: *Kinderjahre. Die Individualität des Kindes als erzieherische Herausforderung*. München, Zürich: Piper 1999.

MADDOX, Brenda: *Rosalind Franklin. Die Entdeckung der DNA oder der Kampf einer Frau um wissenschaftliche Anerkennung*. Frankfurt/M.: Campus 2003.

RIEDE, Ursus-Nikolaus: *Die Macht des Abnormen als Wurzel der Kultur*. Stuttgart, New York: Thieme 1995.

SPITZER, Manfred: *Digitale Demenz. Wie wir uns und unsere Kinder um den Verstand bringen*. München: Droemer 2012.

WATSON, James D.; CRICK, Francis: *Molecular Structure of Nucleic Acids. A Structure for Deoxyribose Nucleic Acid*. In: Nature. International Weekly Journal for Science (London) 171 (1953), S. 737–738.

PETER STEINDORFER

Plagiat und Fälschung in der Medizin
Kavaliersdelikt oder Gefahr für die PatientInnen?

Einleitung

Im Zeitalter der High-Speed-Kommunikation und des Sensationsjournalismus sind Qualität und Seriosität in allen Bereichen der Öffentlichkeit dem Wettlauf um Originalität und dem Kampf um (Finanz-)Mittel gewichen. Der neoliberale Wertekanon in der Nachfolge namentlich von Milton Friedmans Monetarismus wurde durch Etablierung der Wirtschaftswissenschaften als *Key-Sciences* zu einem gesellschaftspolitischen Paradigma der westlichen Kapitalgesellschaft. Die Nachrichten über die fahrlässige Erteilung von Millionenkrediten durch Bankdirektoren, Bilanzfälschungen durch die Manager von Großkonzernen und die absichtlich irreführenden Aktienprognosen von Analysten sind zum festen Bestandteil des öffentlichen Diskurses geworden. Ihnen gegenüber erscheinen die Betrugsfälle aus dem Elfenbeinturm der Wissenschaft als „Peanuts".

Die Schwierigkeit der Beurteilung von Fälschungen in der Wissenschaft wird vom deutschen Soziologen Niklas Luhmann durch die Überforderung der Beurteiler in Anbetracht der zunehmenden Komplexität der Publikationen erklärt:

Wie immer bei Überforderung durch Komplexität tritt die Orientierung an Symptomen an die Stelle der Sache, die gemeint ist. Reputation wird aus Symptomen gezogen und dient selbst als Symptom für die Wahrheit. Als Medium der Kommunikation dient auf dieser Ebene nicht mehr die wissenschaftliche Wahrheit selbst, sondern die symptomatische Reputation. Hohe Komplexität führt zu einer Umverteilung der Schwierigkeiten im System. Sie bringt mit sich, dass Strukturentscheidungen schwieriger, weil folgenreicher werden. Demnach lässt sich erwarten, dass den Formen der Selbststeuerung der wissenschaftlichen Forschung mehr Aufmerksamkeit gewidmet werden muss (Luhmann 2009, S. 298).

Erkenntnisgewinn in der klinischen Forschung („from bench to bedside") ist ein mühseliger Weg, der der heutigen Ideologie der Wirtschaft und dem Innovationsdruck, der auf den Universitäten lastet, kaum standhält. Es ist ein regelrechter Wettlauf der Originalität zwischen den Forschungsdisziplinen entbrannt, in dem auch die Medien eine wichtige Rolle spielen. Viele Studien werden schon an die Öffentlichkeit getragen, wenn erst ein erster Bericht vorliegt, was dann dazu führen kann, dass die Ergebnisse zu wenig kritisch reflektiert und überprüft werden.

Abb. 1
Entwicklung von Standards in der Medizin

Abb. 2
„Media based Medicine" durch Druck der Pharmakonzerne

Typologische Begriffsbestimmungen des Plagiats

Nach Ausmaß und Vorgangsweise lassen sich folgende Plagiatstypen begrifflich unterscheiden:

- Totalplagiat: Ein ganzer Text, der von jemand anderem verfasst worden ist, wird unter eigenem Namen verbreitet, unabhängig davon, ob der Text schon vorlag oder im Auftrag von einem „Ghostwriter" geschrieben worden ist.

- Teilplagiat (Copy-and-Paste-Plagiat): Textpassagen aus einem fremden Werk werden ohne Quellenangabe übernommen.
- Verdecktes Plagiat (Copy-Shake-and-Paste-Plagiat): Textteile aus einem fremden Werk werden verwendet; die Quelle wird zwar angegeben, aber in einer Weise, dass die übernommenen Textteile nicht präzise der Quelle zugeordnet werden können.
- Selbstplagiat: Eigene schon publizierte Texte werden ohne Quellenangabe zur Gänze oder teilweise erneut veröffentlicht.
- Übersetzungsplagiat: Anderssprachige Texte oder Textteile werden ohne Quellenangabe übersetzt und als eigenes Werk publiziert.

Plagiatverhalten in der medizinischen Ausbildung und Forschung ist in Österreich nicht wirklich erfasst. Es stellt auch einen juristischen Graubereich dar und ist nur bei Verletzungshandlungen (z. B. Urheberrecht) sanktionierbar.

Fälschung und Betrug

Vom Plagiat sind die strafrechtlich sanktionierbaren Tatbestände der Fälschung bzw. des Betrugs zu unterscheiden. Fälschung ist die Kopie eines Werkes, bei der die Autorenschaft oder Fertigung eines anderen unterstellt wird. Die straferhöhende Qualifikation des Betruges ist in § 147 StGB geregelt. Die Strafdrohung erhöht sich auf bis zu drei Jahre Freiheitsstrafe, wenn bei der Vollendung des Betrugs falsche oder verfälschte Urkunden, ein falsches, verfälschtes oder entfremdetes unbares Zahlungsmittel, falsche oder verfälschte Daten, ein anderes solches Beweismittel oder ein unrichtiges Messgerät verwendet werden.

Unter Betrug und Fälschung werden in der Wissenschaft unwahre Behauptungen, erfundene oder gefälschte Forschungsergebnisse verstanden, die vorsätzlich publiziert werden. Hierzu gehören insbesondere Fälschungen von Daten und Messergebnissen, beispielsweise bei Regressionsverfahren das Entfernen von Ausreißern, sowie wahrheitswidrige Gutachten und Publikationen. Das Negieren von Forschungsergebnissen, die der herrschenden Meinung widersprechen oder widersprüchlich erscheinen, eine tendenziöse Berichterstattung sowie das Weglassen von Daten stellen zwar minder schwere, für den Wissenschaftsbetrieb jedoch schädliche Verhaltensweisen dar. Charles Babbage führte 1830 mit *Forging* (Fälschen oder Erfinden von Ergebnissen und Beobachtungen), *Trimming* („Datenmassage"; bewusste Manipulation von Messwerten) sowie *Cooking* („Schönung" von Ergebnissen durch das Weglassen abweichender Messwerte) eine Klassifikation der Betrugsformen ein, die bis heute Gültigkeit hat – vgl. http://de.wikipedia.org/wiki/ Betrug_und_F%C3%A4l-schung_in_der_Wissenschaft (15. März 2013).

Zum Betrug in der Wissenschaft zählt auch die Veröffentlichung der Arbeit von Ghostwritern unter eigenem Namen. In diesen Fällen können die veröffentlichten Informationen – abgesehen von der Autorenangabe – dennoch korrekt sein.

Beweggründe für Plagiarismus und Betrug in der Medizin

1. während des Studiums („Arbeitsersparnis", fehlendes Unrechtsbewusstsein)
2. während der Ausbildung (als „Forschungs-Azubi", Angst vor Verlust des Arbeitsplatzes, „Ghostwriting")
3. als Karriereelement („Publish or Perish", Impact-Faktor und Zahl der Publikationen als Kennzahl für Qualifikation)

4. als Leiter einer Forschungsinstitution – zur schnelleren Allokation von Drittmitteln („Science is Business", Pharmalobby wünscht rasche Forschungsergebnisse)
5. als „Opinion-Leading-Author" für die „Ghostpublications" der Pharmaindustrie („off-label marketing", „product-placement")
6. als Bestandteil eines „Ghostmanagements" für die Pharmakonzerne („Ghosttrials, Ghost-journals", als Standard getarnte Firmenergebnisse = „Ghostscience" im Rahmen von firmengesponserten Fort- und Weiterbildungsveranstaltungen)

Ad 1./2.: Studium und Ausbildung

„Der Text- und Ideenklau breitet sich an den Hochschulen seuchenartig aus. Eine britische Professorin meint: Studenten kupfern nicht nur ab, weil sie faul sind – der Generation Google fehlt auch jede Vorstellung, was ein Plagiat überhaupt ist", so Sally Brown, Vice-Chancellor der Metropolitan University Leeds und Director am Institute for Learning and Teaching in Higher Education; Northumbria University, UK – http://wwwspiegel.de/uni-spiegel/studium/trendsport-copy-paste-was-heisst-hier-eigentum-a-422280.html (15. März 2013).

Eine erste empirische Untersuchung über „Schummeln" im Laufe des Studiums (Fair-use-Studie) wurde zwischen 2009 und 2012 im Auftrag des deutschen Bundesbildungsministeriums von Soziologen unter Leitung Sebastian Sattlers an den Universitäten Bielefeld und Würzburg durchgeführt. In mehreren Erhebungswellen wurden zwischen 2.000 und 6.000 Studenten sowie rund 1.400 Dozenten anonym befragt. Danach täuschen – meist unbemerkt – etwa 80 Prozent der Studenten.

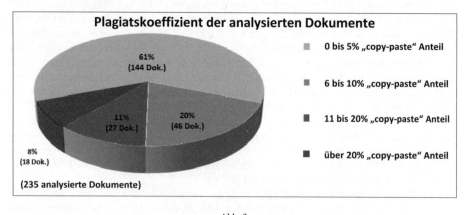

Abb. 3
Das Ausmaß von „Copy-Paste"-Plagiaten in Studienarbeiten (Analyse durchgeführt im April 2009 für das Softwareunternehmen Six Degrés; http://www.compilatio.net/de/)

Durch Debora Weber-Wulff, Professorin für internationale Medieninformatik an der Hochschule für Technik und Wirtschaft Berlin, wurden Plagiatsfälle für die Internetplattform „Vroniplag Wiki" öffentlich gemacht (wie z. B. die an der Medizinischen Fakultät der Universität Heidelberg approbierte Dissertation *Frequenzinotropie und intrazellulärer Calciummetabolismus bei Mitralvitien unter isometrischen und isotonen Messbedingungen* von Dr. N. K., Abb. 4):

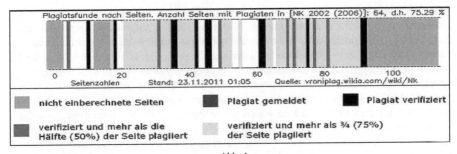

Abb. 4
Auszug aus Plagiatsanalysen von Dissertationen
(http://de.vroniplag.wikia.com/wiki/Nk)

Auch Weber-Wulff sieht angesichts der Plagiatspraxis des wissenschaftlichen Nachwuchses schwerwiegende Probleme: „Möchten Sie über eine Brücke fahren, deren Statiker seine Abschlussarbeit gekauft hat? Wollen Sie von einer Ärztin behandelt werden, deren Therapievorschlag auf gefälschten Daten basiert?" – http://m.faz.net/aktuell/berufchance/campus/plagiate-schummeln-bis-zum-examen-1594088.html (15. März 2013).

Ad 3./4. Karriereelement, Drittmittel

In den meisten Wissenschaften herrscht heute ein ähnlicher Konkurrenzdruck wie in der Wirtschaft. Hier bestätigt sich die oben zitierte These von Niklas Luhmann, dass in komplexen Systemen das Symptom die Wahrheit ersetzt: Denn im Kampf um Fördergelder und akademische Positionen ist die Bewertung der wissenschaftlichen Leistung entscheidender als deren Inhalt. Gemessen wird diese vor allem an den Publikationen: an ihrer Zahl, dem wissenschaftlichen Renommee der Journale, in denen sie veröffentlicht werden („Journal-Impact-Factor"), und daran, wie oft sie von anderen Autoren zitiert werden („Science-Citation-Index").

Dass sich dieser Druck auf die wissenschaftliche Objektivität auswirken könnte, ist eine mögliche Kehrseite der Medaille, denn der Erfolg einer Publikation ist vorwiegend von ihren Ergebnissen abhängig. Laut Daniele Fanelli von der Universität Edinburgh erhöhen positive Resultate die Chance, von anderen zitiert zu werden. Bezeichnungen wie „positiv" oder „negativ" seien irreführend, denn es sollte die wissenschaftliche Relevanz im Vordergrund stehen. Negative Ergebnisse werden aus mehrfachen Gründen oft gar nicht publiziert. Manche Forscher versuchen auch durch Tricks die Resultate zu manipulieren, indem sie entweder die Hypothese umformulieren, die Daten anders selektieren oder im schlimmsten Fall fälschen. Verstärkt wird diese Vorliebe noch durch das Feedback des Forschungsumfelds und – zunehmend im Rahmen der Privatisierungswelle der Universitäten – durch die Interessen der Auftraggeber.

Viele sehen in dieser Entwicklung eine logische Konsequenz des modernen Wissenschaftsbetriebes: Je härter der Kampf um Forschungsgelder und je schwieriger der berufliche Aufstieg, desto öfter helfen Forscher der Wirklichkeit nach, um ihren Anteil an Drittmitteln zu vergrößern oder ihre Publikationsliste zu verlängern. Was für die Wirtschaft gilt, ist für die Forschung nur billig, so ist „Ghostwriting" innerhalb der Unternehmen durchaus Usus bei Präsentationen der Führungsetagen (*The PLoS Medicine Editors*, 2009).

Dr. John Darsees Fälschungen von Daten innerhalb einer kardiologischen Studie an der renommierten Harvard University wurden 1981 eher zufällig aufgedeckt. Sein Fehlverhalten blieb 14 Jahre unentdeckt, trotz des Peer-Review-Systems aller von ihm genutzten Journale. Der Fall führte schließlich im amerikanischen Kongress zum ersten öffentlichen Hearing über wissenschaftliche Fälschung unter Vorsitz von Al Gore, dem späteren US-Vizepräsidenten: „Die Basis unserer Investition in die Forschung ist der Glaube des amerikanischen Volkes an die Integrität der Wissenschaft", sagte Gore damals pathetisch. Für Darsees ergaben sich folgende Konsequenzen: schriftliche Entschuldigung im „New England Journal of Medicine", Entlassung von der Harvard Universität, Zurücknahme seiner Publikationen, Ausschluss von den Grants für zehn Jahre durch das National Institute of Health (NIH).

Professor Werner Bezwoda von der Witwatersrand Universität in Johannesburg präsentierte im Mai 1995 anlässlich des Meetings der ASCO (American Society of Clinical Oncology) eine Studie, in der er nachwies, dass Frauen mit metastasiertem Brustkrebs, welche mit einer Hochdosis-Chemotherapie mit Stammzellrescue und Knochenmarktransplantation behandelt wurden, eine *Ansprechrate von 95 Prozent* aufwiesen, verglichen mit der Kontrollgruppe von Patientinnen mit Standardchemotherapie, die nur in 53 Prozent auf die Therapie ansprachen. In den folgenden Jahren trat er auf allen internationalen Krebskongressen als *Invited Speaker* auf, und seine Publikationen wurden in den Top-Journalen veröffentlicht. Erst im März 2000 wurde sein Fehlverhalten öffentlich und er aller seiner Ämter enthoben. Seine Publikationen mussten von allen wissenschaftlichen Journalen („New England Journal of Medicine", „Journal of Clinical Oncology" etc.) zurückgezogen werden. Mindestens 30.000 amerikanische Patientinnen hatten sich dieser Therapie unterzogen. Aus Europa gibt es keine genauen Daten. Die Durchschnittskosten pro Patientin beliefen sich auf 100,000 US$. Zu Beginn der Studien verzeichnete man 10 bis 20 Prozent therapieassoziierte Todesfälle. Damit verbundene strafrechtliche Sanktionen wurden nicht verhängt.

Ad 5./6. „Opinion-leading-Author", „Ghostmanagement"

1991 wurde vom NIH in den USA eine Studie zur Hormonersatztherapie (HRT) initiiert (*Women's Health Initiative*). Im Zentrum der Studie standen die Auswirkungen der HRT während der Menopause auf die Gesundheit von Frauen. Von 1996 bis 2001 wurde in Großbritannien in der *Million Women Study* eine ähnliche Fragestellung durchgeführt, an der eine Million Frauen zwischen dem 50. und 65. Lebensjahr teilnahmen, das sind 53 Prozent aller Frauen dieser Altersgruppe.

2002 wurde ein Teil der *Women's Health Initiative* vorzeitig abgebrochen, da Frauen, die Östrogen plus Progesteron (*E+P*) als HRT einnahmen, höhere Inzidenzen von Herzinfarkt, Schlaganfall und Brustkrebs hatten. Millionen Frauen brachen über Nacht die HRT ab. 2009 wurde die Studie neu evaluiert und bewies, dass Frauen, die Östrogen plus Progesteron länger als fünf Jahre einnahmen, ihr Risiko an Brustkrebs zu erkranken, verdoppelten. Das Risiko war noch höher als vor acht Jahren angenommen.

Wie reagierten die Pharmakonzerne? Die Firma Wyeth ließ beispielsweise Reviews und Kommentare über Hormontherapie und Hormonersatztherapie durch eine „Ghostwriting Company" (DesignWrite®) mit folgenden Zielsetzungen publizieren:

- Abschwächung der publizierten Risikoerhöhung (WHI) für Brustkrebs verursacht durch die Hormonersatztherapie

- Förderung von „off-label"-Marketing durch Hervorheben unbewiesener Nebeneffekte wie Prävention von Parkinson, Demenz, Faltenbildung der Haut u. ä. (Kesselheim [u. a.], 2011)
- Förderung der Diskussion über Nebenwirkungen von Konkurrenzprodukten („competitive messaging")
- Verteidigung kardiovaskulärer Vorteile (trotz fehlender Bestätigung durch randomisierte Studien)
- Produktpositionierung der „low-dose"-Hormontherapie der eigenen Firma („product-placement")

Über den Umweg von *Key-Opinion-Leaders* als Autoren der gefälschten Publikationen (gegen hohe Vortragshonorare) und den Aufkauf von Sondernummern medizinischer Top-Journale, die dem normalen Peer-Review entzogen waren, gelang es dem Konzern, den kompletten Kursabsturz an der Börse zu verhindern (vgl. Fugh-Berman, 2010):

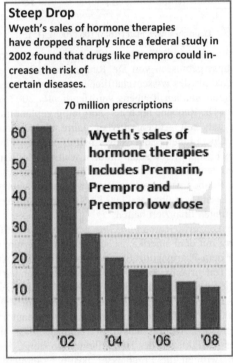

Abb. 5
Umsatzverlust der Hormonpräparate von Wyeth (IMS Health/New York Times vom 4. August 2009:
http://www.nytimes.com/2009/08/05/health/research/05ghost.html?pagewanted=all&_r=1&)

Bei 70 Millionen Verschreibungen pro Jahr seit 1992 ergibt dies mit einem Großpackungs-verkaufspreis von 274 US$ und einem Ladenpreis von 380 US$ Jahreskosten pro Verschreibung einen Umsatz für Wyeth von mindestens 19,2 Mrd. US$ resp. maximal 26,6 Mrd. US$ im Jahr. Damit ist die Strategie von Wyeth aus rein kommerziellen Gründen erklärbar. Wyeth wurde 2008 von Pfizer übernommen, was weltweit mehr als zehntausend Arbeitsplätze kostete.

Seit 1996 hat der Anästhesist Dr. Scott S. Reuben vom Baystate Medical Center in Springfield, Massachusetts, mindestens 21 seiner Studien schlichtweg frei erfunden. Viele seiner gefälschten Ergebnisse sind in internationale Leitlinien für Ärzte eingeflossen.

Studien von Scott S. Reuben*

		Gefälscht	Als nicht gefälscht eingestuft	Total
In S3-Leitlinie zitiert	Ja	4	3	7
	Nein	17	12	29
	Total	21	15	36

Abb. 6
Deutsches Ärzteblatt (Köln) 106 (2009), H. 15

„Wir sprechen über Millionen von Patienten weltweit, deren postoperative Schmerzbehandlung von den Forschungsergebnissen von Dr. Reuben beeinflusst worden sind", erklärte Steven Shafer, Chefredakteur des wissenschaftlichen Journals „Anesthesia & Analgesia", das zehn der fragwürdigen Studien Reubens veröffentlichte. 2007 hatte die gleiche Zeitschrift die Publikationen Dr. Reubens noch als „sorgfältig geplant und akribisch dokumentiert" gelobt. Reuben galt seit Anfang 1990er Jahre als ausgewiesener Experte der Schmerztherapie nach Operationen. Sein Nahverhältnis zu den Pharmakonzernen Pfizer und Merck hatte diesen Firmen durch seine Studien weltweit Milliardenumsätze beschert. Erst Jahre später wurden zwei Medikamente durch den Nachweis des Wissenschaftsbetrugs vom Markt genommen. Reuben wurde wegen Betrugs zu sechs Monaten Gefängnis, 50.000 US$ Strafe sowie zum Ersatz von über 360.000 US$ an die pharmazeutischen Firmen verurteilt, die seine Forschungen finanziert hatten.

Der britische Pharmakonzern *GlaxoSmithKline* gestand im Juli 2012 im Rahmen einer abschließenden Einigung mit dem amerikanischen Justizministerium schwerwiegende Vergehen ein. Konkret war dem Pharmakonzern vorgeworfen worden, Ärzte bezahlt zu haben, damit diese an – zum Teil urlaubsartigen – Firmenveranstaltungen teilnehmen, in deren Verlauf dann zwei Antidepressiva als Heilmittel für Krankheiten bzw. Zielgruppen dargestellt wurden, für die sie gar nie zugelassen worden waren („off-label"-Marketing"). Zur Unterstreichung der Validität der Daten wurden namhafte Ghostautoren und -referenten für die Präsentationen eingeladen. Weiters wusste der Konzern, dass unter der Therapie des Diabetes-Medikamentes Rosiglitazon das Herzinfarktrisiko steigt. Weil es in dieser Studie mehr Herzinfarkte gab, wurden die Ergebnisse „positiv" uminterpretiert und somit gefälscht. „Negative" Resultate wurden kurzerhand verschwiegen. Der Diabetiker Dr. John Buse wurde durch den Konzern eingeschüchtert und über seinen Vorgesetzten genötigt, die öffentliche Kritik des Medikaments einzustellen, andernfalls könnten berufliche Konsequenzen die Folge sein. Im Zuge der nun endgültig gerichtlich abgeschlossenen Einigung muss GlaxoSmithKline eine Strafe von 3 Mrd. US$ bezahlen. Es ist dies laut Regierungsangaben die höchste je von einem Pharmakonzern entrichtete Strafzahlung.

Im Jahre 2008 gab es auch in Österreich einen Skandalfall im Zusammenhang mit einer neuen medizinischen Therapie, die bis dahin als wissenschaftlicher Durchbruch galt. Der Innsbrucker Urologie-Professor Hannes Strasser hatte mit seinen Kollegen eine Methode entwickelt, bei der Blasenschwäche mit patienteneigenen Stammzellen behandelt wurde. Strasser erhielt dafür zahlreiche Preise – und viel Geld für die von ihm mitgegründete *Firma Innovacell*, die für die Patienten der Innsbrucker Universitätsklinik die Stammzellen lieferte. Publikationen in Topjournalen wie „Lancet" folgten als wissenschaftliche Bestätigung. Ein ausländischer Patient brachte wegen nicht eingetretener Wirkung eine Klage ein, eine Untersuchung gegen Strasser wurde eingeleitet.

Die Zeitschrift „Nature" kritisierte anlässlich dieses Falles, wie in Österreich mit wissenschaftlichem Fehlverhalten umgegangen wird. Strasser wurde entlassen, „Lancet" zog die Publikation zurück, Patientenklagen sind noch nicht abgeschlossen. Im Endbericht der *Österreichischen Agentur für Gesundheit und Ernährungssicherheit* (AGES) wurde die Schuld allein Hannes Strasser als dem Hauptautor angelastet. Sein Vorgesetzter, der auf allen Publikationen als Co-Autor aufschien, blieb unbehelligt, weil er angeblich nicht informiert war. Zum damaligen Zeitpunkt gab es in Österreich keine unabhängige Organisation, die sich mit Plagiarismus, Wissenschaftsbetrug und wissenschaftlichem Fehlverhalten befasste. In der Folge wurde jedoch nach langer Vorbereitungsphase im Jahre 2009 die *Österreichische Agentur für wissenschaftliche Integrität* (ÖAWI) gegründet, deren Tätigkeit allerdings bisher nur zögerlich vorangeschritten ist. Es bleibt zu hoffen, dass dieser erste Kontrollmechanismus Österreichs eine Rückbesinnung in Richtung wissenschaftlicher Integrität bewirken wird.

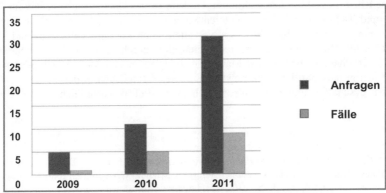

Abb. 7
Jahresbericht der ÖAWI 2011: Anstieg von Anfragen seit Beginn der
Kommissionsarbeit (http://www.oeawi.at/downloads/Jahresbericht-2011.pdf)

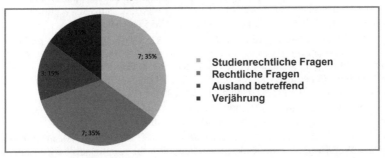

Abb. 8
Jahresbericht der ÖAWI 2011: Kategorien von Anfragen, für die die Kommission
nicht zuständig ist (http://www.oeawi.at/downloads/Jahresbericht-2011.pdf)

Zur Rechtslage von Plagiat, Fälschung und wissenschaftlichem Fehlverhalten in Österreich

- Laut Erkenntnissen des Verwaltungsgerichtshofs ist kein Hochschullehrer verpflichtet, eine Arbeit auf Plagiate hin zu überprüfen.
- Ghostwriting per se ist nicht strafbar, weil Ghostwriting-Agenturen in der Regel darauf verweisen, lediglich Vorlagen zu erstellen und keine Arbeiten, die zur Abgabe vorgesehen sind. Strafbar macht sich nur der Student, weil er zumeist in einer eidesstattlichen Erklärung bestätigen muss, die Arbeit selbst verfasst zu haben.
- Wissenschaftliches Fehlverhalten ist – auch in Deutschland – ohne eindeutige vermögensrechtliche Konsequenzen kein strafrechtlicher Tatbestand.
- Die rezenten Fälle von wissenschaftlichem Fehlverhalten in der Medizin ereigneten sich vor allem in Kollaboration mit pharmazeutischen Firmen, an denen die Forscher teilweise beteiligt waren.

Wenn eine Gesellschaft die Wirtschaftswissenschaften als *Key-Science* apostrophiert und das Bewerben materieller Güter als einziges erstrebenswertes Ziel propagiert, wird Gier zur Geschäftstüchtigkeit, Machtmissbrauch zur Managementqualität, Egoismus zur Individualität und Konkurrenzkampf zum Wettbewerb aufgewertet und als solche auch durch die öffentliche Rhetorik verklärt und legitimiert. Deshalb ist das Unrechtsbewusstsein für Plagiarismus und Betrug noch ebenso unterentwickelt wie umgekehrt für die respektvolle Anerkennung geistigen Eigentums, was vor allem auch für die Medizin in Studium und Forschung gilt. Die Lösung der Probleme kann nicht durch Steigerung von „Shareholder-Values" der Pharmakonzerne und Marketingstrategien in den Medien gelingen, sondern durch einen gesellschaftlichen Wertewandel, dessen Grundlagen in den Schulen und Universitäten geschaffen und nicht zuletzt auch in der Politik vorbildlich vertreten werden müssen.

*

FANELLI, Daniele: *Do Pressures to Publish Increase Scientists' Bias? An Empirical Support from US States Data.* In: PLoS ONE (Public Library of Science) ONE Journal (San Francisco Cambridge/UK) 5 (2010), H. 4, S. e102715; http://www.plosone.org/article/info%3Adoi%2F10. 1371%2Fjournal.pone.0010271 (15. März 2013).

FUGH-BERMAN, Adriane J.: *The Haunting of Medical Journals: How Ghostwriting Sold „HRT".* In: PLoS Med (Public Library of Science) Medicine. A Peer-Reviewed, Open Access Journal (San Francisco, Cambridge/UK) 7 (2010), H. 9, S. e1000335; http://www.plosmedicine.org/article/info%3Adoi%2F10.1371%2Fjournal.pmed.1000335 (15. März 2013).

KESSELHEIM, Aaron S.; MELLO, Michelle M.; STUDDERT, David M.: *Strategies and Practices in Off-Label Marketing of Pharmaceuticals: A Retrospective Analysis of Whistleblower Complaints.* In: PLoS (Public Library of Science) Medicine. A Peer-Reviewed, Open Access Journal (San Francisco, Cambridge/UK) 8 (2011), H. 4, S. e1000431; http://www.plosmedicine.org/article/info%3Adoi%2F10.1371%2Fjournal.pmed.1000431 (15. März 2013).

KOMMISSION FÜR WISSENSCHAFTLICHE INTEGRITÄT (ÖAWI, Wien): *Jahresbericht 2011;* http://www. oeawi.at/downloads/Jahresbericht-2011.pdf (15. März 2013).

KREISKY, Eva: *Ver- und Neuformungen des politischen und kulturellen Systems. Zur maskulinen Ethik des Neoliberalismus.* In: Kurswechsel. Zeitschrift für gesellschafts-, wirtschafts- und umweltpolitische Alternativen (Wien) 16 (2001), H. 4, S. 38–50.

LUHMANN, Niklas: *Selbststeuerung der Wissenschaft.* In: N. L.: Soziologische Aufklärung 1. Aufsätze zur Theorie sozialer Systeme. 8. Aufl. Wiesbaden: VS Verlag für Sozialwissenschaften 2009.

SISMONDO, Sergio: *Ghost management: How much of the medical literature is shaped behind the scenes by the pharmaceutical industry?* In: PLoSMed (Public Library of Science) Medicine. A Peer-Reviewed, Open Access Journal (San Francisco, Cambridge/UK) 4 (2007), H. 9, S. e0040286;http://www.plosmedicine.org/article/info%3Adoi%2F10.1371%2Fjournal.pmed.0040 286 (15. März 2013).

STOCKRAHM, Sven: *Schmerzforscher im Pharmasumpf.* In: ZEIT ONLINE, 24. März 2009; http://www.zeit.de/online/2009/13/reuben-forschungsbetrug (15. März 2013).

THE PLOS MEDICINE EDITORS: *Ghostwriting: The Dirty Little Secret of Medical Publishing That Just Got Bigger.* In: PLoS Med (Public Library of Science) Medicine. A Peer-Reviewed, Open Access Journal (San Francisco, Cambridge/UK) 6 (2009), H. 9, S. e1000156; http://www.plosmedicine.org/article/info%3Adoi%2F10.1371%2Fjournal.pmed.1000156 (15. März 2013).

ZYLKA-MENHORN, Vera; HIBBELER, Birgit; GERST, Thomas: *Plagiate in der Wissenschaft – weitgehend totgeschwiegen.* In: Deutsches Ärzteblatt (Köln) 108 (2011), H. 20 (20. Mai); http://data.aerzteblatt.org/pdf/108/20/a1108.pdf (15. März 2013).

Richard Greiner

Die Bedeutung des Plagiats in den Ingenieurwissenschaften

1. Einleitung

Mein Beitrag nimmt in diesem Band sicherlich eine Sonderstellung ein, geht es doch um ein Wissenschaftsgebiet, das sich nicht innerhalb der ehrwürdigen Mauern der angestammten Universitäten entwickelt hat und von seinem Alter her als sehr jung zu bezeichnen ist. Dennoch umfasst es bereits eine Vielzahl sehr unterschiedlicher Wissenschaften, die aber doch so viel Gemeinsames haben, dass sie unter dem einheitlichen Begriff Technik- oder Ingenieurwissenschaften zusammengefasst werden können.

Die Außenwirkung dieser Wissenschaften in Medien, Politik und generell unserer österreichischen und deutschen Kulturgesellschaft ist gering. „Technik" und „Kultur" werden nach wie vor nebeneinander gestellt oder sogar wie Gegensätze behandelt – mit dem Ergebnis, dass sowohl wissenschaftliche als auch praktische Leistungen mit Technikbezug kulturell weitgehend unbeachtet bleiben und auch im sekundären Bildungsprozess kaum vermittelt werden. Dazu ist allerdings zu bemerken, dass dieses Phänomen – es galt früher übrigens auch für Teile der Naturwissenschaften – Tradition hat. Peter Wilding wies darauf hin, dass bereits um 1900 „die neuen technischen Eliten den Anspruch" erhoben hatten, „in einer von humanistischen Bildungsidealen und traditionellen Eliten geprägten Gesellschaftsordnung sozial anerkannt und voll integriert zu werden"[1] – allerdings mit wenig Erfolg. Dass sich dies trotz der stürmischen Entwicklung der Ingenieurwissenschaften in den letzten 100 Jahren nicht wesentlich verändert hat, mag teils an der Fokussierung der technischen Intelligenz auf die Lösung immer vielfältiger werdender Sachfragen liegen, teils an dem Erlahmen ihrer Bestrebungen, den „Kulturwert der Technik" gegenüber den traditionellen akademischen Schichten zu verankern. Daran hat auch die Einrichtung universitärer Institute für Technikforschung wenig ändern können.[2] Die unterschiedliche Entstehung der Wissenschaften hat zu Unterschieden in den Wissenschaftskulturen geführt, die sich letztlich auch auf das Verständnis und den Umgang mit dem Plagiarismus auswirken.

Die folgende Aufstellung gibt einen groben Überblick über die an den Technischen Universitäten vertretenen ingenieurwissenschaftlichen Gebiete. Mein eigenes Herkunftsgebiet ist die Bauingenieurwissenschaft, die vielleicht älteste Ingenieurwissenschaft mit etwa 200 Jahren, doch können meine allgemeinen Aussagen auch für die anderen Wissenschaftsrichtungen gelten.

- Bauingenieurwissenschaften
- Maschinenbau und Wirtschaftswissenschaften
- Elektrotechnik und Informationstechnik
- Medizintechnik
- Ingenieurgeodäsie und Geoinformatik
- Verfahrenstechnik
- Umwelttechnik
- Informatik und Softwaretechnologie

Plagiarismus ist sicherlich kein zentrales Thema in den Ingenieur*wissenschaften* – im Gegensatz zum *praktischen* Ingenieurwesen, zu dem ich zuvor einige Grundgedanken geben möchte.

2. Das Plagiat in Technik und Ingenieurwesen

Das Plagiat im Sinne der missbräuchlichen Nutzung fremder schöpferischer Leistungen hat in Technik und Ingenieurwesen seit jeher große Bedeutung. Viele Erfindungen wurden und werden – ungeachtet der juristischen Theorie – nicht von jenen verwertet, aus deren Ideen und Kenntnissen diese entspringen.

Die jüngere Geschichte kennt zahlreiche Beispiele solcher Betrugsfälle, die teils sogar literarisch aufbereitet wurden.[3] Abbildung 1 zeigt nur drei davon: Graham Bell und das Telefon, George Stephenson und die Dampflokomotive (die eigentlichen Erfinder blieben unbeachtet) und die weltweit angewandte Stahlerzeugung nach dem LD-Verfahren (Linz-Donawitz), entwickelt von der Voest-Alpine, aber ohne Erfolg im Kampf um die Patentierung.

	Patentinhaber		Eigentlicher Erfinder
Telefon	Graham Bell		Antonio Meucci & Elisha Gray
Dampflokomotive	George Stephenson		Richard Trevithick
LD-Verfahren	---		Voest-Alpine

Abb. 1
Patent und Erfinder

In neuerer Zeit bezeichnet man solche Betrugsfälle in der Wirtschaft als „Produktpiraterie". Es bedeutet die Nachahmung oder – präziser – Fälschung von Produkten zu Geschäftszwecken, die mit der Verletzung von Urheberrechten und Patenten einhergehen. Obwohl sich auch hier im Schrifttum der Begriff Plagiat findet, sollte jedoch der Klarheit halber eine Unterscheidung zum Patent vorgenommen werden. Produktpiraterie umfasst neben Konsumartikeln – wie Mode- und Sporterzeugnissen, Uhren, Musikträgern und Medikamenten – besonders maschinelle Ausrüstungen und Autos, vom Ersatzteil bis zum kompletten Fahrzeug. China ist heute Spitzenreiter auf diesem Gebiet – mit sensationellen Angeboten, die bis zum „geklonten" Mercedes der B-Klasse oder zur Kopie eines Rolls-Royce reichen.

Weltweit wird der Schaden auf etwa 500 Milliarden Euro geschätzt, was etwa 10 Prozent des Welthandels entsprechen soll. Allein in Deutschland sind es etwa 30 Milliarden Euro. Im europäischen Raum betrifft dies etwa 300.000 Arbeitsplätze. Wenn man den Begriff Plagiat auch hier verwenden wollte, sollte man diese Art der Urheberrechtsverletzungen eher als „reale Plagiate" bezeichnen (im Gegensatz zu den „akademischen" Plagiaten), da damit die Realwirtschaft gravierend in Mitleidenschaft gezogen wird.

Daraus ergibt sich eine Reihe von Fragen: Welche Gegenmaßnahmen gegen Produktpiraterie wären erfolgversprechend – angesichts der Tatsache, dass juristische Maßnahmen kaum Abhilfe schaffen? Was unterscheidet die „Patentverletzung" von der „Patentumgehung", die als eine „legale" offenbar notwendig geworden ist, um – so absurd dies klingen mag – neue Produktentwicklungen zu ermöglichen?

3. Das Plagiat in den Ingenieurwissenschaften

Mein Beitrag soll jedoch nicht diese Seite technischer Urheberrechtsmissachtung beleuchten, sondern deren Bedeutung im Bereich der Ingenieur*wissenschaften*. Dabei drängt sich der Vergleich mit den kürzlich öffentlich gewordenen Plagiatsfällen bei Doktorarbeiten prominenter Persönlichkeiten im In- und Ausland auf, – und man hört, diese seien nur die Spitze eines Eisberges. Der Vergleich macht nämlich deutlich, welch große Unterschiede zwischen den heutigen Wissenschaftsrichtungen bestehen, woraus auch die spezifische Stellung des Plagiats je nach Art der Wissenschaft verständlich wird.

In den Ingenieurwissenschaften ist die Bedeutung des Plagiats im Vergleich zu den oben genannten Fällen faktisch gering. Vergleichbare Plagiatsfälle sind kaum vorstellbar und bisher nicht aufgetreten. Es gibt auch keine Anzeichen dafür. Überraschend war, wie sich in der medial gesteuerten Diskussion die Wissenschaftsbereiche zusammenschlossen. Nicht nur die betroffenen Wissenschaftsrichtungen setzten sich gegen den Vorhalt des Plagiatsbetrugs zur Wehr, sondern (sicherheitshalber) auch alle anderen. Der Druck des Internets, das als Aufdecker und Jäger zugleich agierte, war zu groß geworden. Die Reinheit der Wissenschaft musste gegen den Verdacht akademischen Fehlverhaltens verteidigt werden. Dabei wurde nicht zwischen den unterschiedlichen Bedeutungen der Plagiate unterschieden – elektronische Prüfsoftware ist dazu wohl nicht in der Lage. Alles, was „keine Gänsefüßchen hatte", bekam die Punze „akademischen Betrugs". Auch die skurrile Form des „Selbst"-Plagiats, die Problematik der Nennung als Mitautor, die Manipulation von Forschungsdaten kamen in dieselbe Schublade. Es entstanden Kataloge von Kontrollmaßnahmen, die sogleich sämtliche Mängel des gegenwärtigen Wissenschaftssystems von der inneruniversitären Struktur bis hin zu den politischen und finanziellen Rahmenbedingungen inkludieren.[4] Die Ursachenfindung beeindruckt durch Ausgewogenheit und kollegiales Verständnis. Auf das Unverständnis der Bevölkerung für die gegebene Situation wird nur partiell eingegangen: Wie konnten die „inkriminierten" Doktorarbeiten so gute inhaltliche Bewertungen erhalten? Sind Betreuer, Doktorväter oder Gutachter von jeglicher Mitverantwortung befreit (siehe Kommission Guttenberg)? Kann das wohlorganisierte Ghostwritertum in der Debatte einfach ignoriert werden? Wenn solche Organisationen im Internet die vorliegende Situation ganz offen nutzen (Ghostwriter empfehlen ihre Leistungen zum Schutz vor Plagiaten, „Lektorate" bieten Plagiatsprüfungen extern an!), steht die universitäre Verantwortung auf dem Prüfstand.

Niemand ist ganz gefeit vor einem gewissen Maß an lockerem Umgang beim Zitieren, vor Zeitdruck bei Korrektur oder Begutachtung. Was aber erstaunt, sind das Ausmaß der Unzulänglichkeit bei den kolportierten Fällen und die Aussage von Insidern, dass die Dunkelziffer weit höher sei als angenommen. Dabei scheinen nicht alle Wissenschaftsrichtungen gleich betroffen zu sein. Ingenieure sind a priori keine moralischeren Menschen; es muss daher Gründe geben für die unterschiedliche Bewertung des Plagiats in den Ingenieurwissenschaften. Ich möchte im Folgenden auf die Ursachen für diese Unterschiede zu sprechen kommen und werde sie in vier Punkte gliedern.

3.1 Geschichtliche Entwicklung (Alter) der Ingenieurwissenschaften

Die Ingenieurwissenschaften sind gemessen am Alter der klassischen Wissenschaftsrichtungen sehr jung. Es sind nicht 1000 Jahre oder mehr, sondern vielleicht 150 bis 200 Jahre – in manchen Bereichen, wie den Computerwissenschaften nicht viel mehr als etwa 50 Jahre. In der Praxis wurden diese Wissenschaften aber erst viel später wirksam.

Die Bauingenieurwissenschaft z. B. reicht in ihren Anfängen bis etwa 1800 zurück (Abb. 2) – beginnt daher angesichts der großen Bauleistungen früherer Zeiten also sehr spät. Etwa Mitte des 19. Jahrhunderts vollzog sich infolge des Eindringens der Wissenschaft in die Bautechnik die Aufspaltung des Baumeisterberufs in Architekt und Ingenieur. Einer Tätigkeit, die bis zu dieser Zeit auf Empirie und formalen Entwurfsregeln beruhte, wurde damit der Weg zu wissenschaftlichem Fortschritt eröffnet.

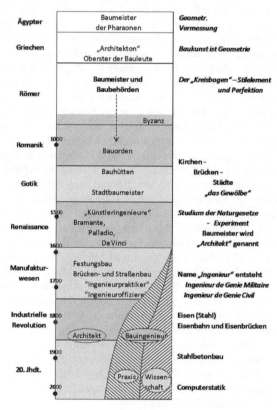

Abb. 2
Geschichtliche Entwicklung vom Baugewerbe zur Bauingenieurwissenschaft

Es lässt sich dies gut am Brückenbau zeigen (Abb. 3). Während noch bis in die zweite Hälfte des 18. Jahrhunderts der Tragwerksentwurf der aus römischer Zeit stammenden Formensprache folgte – wie sie Leon Battista Alberti in seinem Kompendium über die Baukunst festhält –, revolutionierte die damals neue Eisenbauweise in weniger als einem Jahrhundert die Bautechnik durch Anwendung der physikalischen Theorie (Entwicklung der Fachwerktheorie).

Abb. 3
Entwicklung des Brückenbaus
Oben: Leon Battista Alberti (1407–1472)[5]
Unten: Gustave Eiffel, *Ponte Maria Pia*, Eisenbahnbrücke über den Douro, Porto, 1877
(http://commons.wikimedia.org/wiki/File:PonteMariaPia.jpg; 10. April 2013)

Veranschaulichen lässt sich dies noch besser am Beispiel des Eiffelturms, als die aerodynamische Strömung des Windes – im Geiste des Ingenieurs zu mechanischen Kräften transformiert – eine neue Bauform kreierte, in der statischer Kräfteplan und ästhetische Form in enge Wechselwirkung traten (Abb. 4). Der kulturelle Sprung – durch die Wissenschaft forciert – kann nicht übersehen werden.

In dieser Weise angetrieben, forderten die immer größer werdenden Bauaufgaben die Intensivierung der Forschung. Vieles wäre ohne die Schubwirkung der Computertechnologie nicht erreicht worden – wie zum Beispiel die weitgespannten Dachstrukturen und Brückentragwerke der letzten Zeit. Vieles ist aber auch heute noch unerforscht.

Die gesellschaftlichen Anforderungen und der Innovationswille der Industrie sind die wesentlichen Triebfedern und der Anschub der Fortentwicklung der Technikwissenschaften. Energiebedarf, Intensivierung des Verkehrs, Umweltschutz, Medizintechnik und globale Kommunikation fordern immer höher entwickelte Lösungen. Auf diesem Spielfeld steht die Ingenieurwissenschaft in steter Vorwärtsbewegung. Junge Wissenschaften haben zwangsläufig einen höheren Forschungsbedarf. Die Vielfalt der Forschungsthemen nimmt daher nicht ab, sondern zu. Die Arbeiten sind in der Regel aufbauend und auf neue Ziele und Lösungen ausgerichtet.

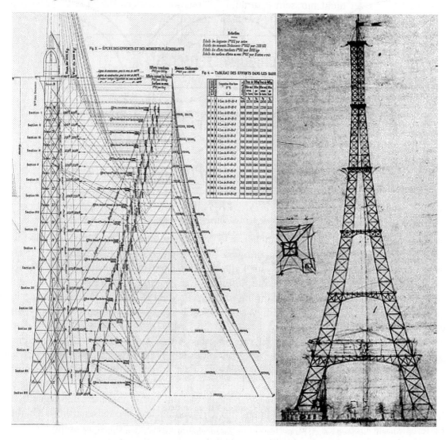

Abb. 4
Eiffelturm (1889): Kräfteplan und Systemskizze[6]

Bestehendes Wissen im Sinne geistigen Eigentums steht für neue Problemlösungen naturgemäß nicht zur Verfügung. Plagiate in Form des Kopierens von bis zu hundert Seiten je Arbeit sind daher sachlich kaum vorstellbar.

3.2 Die „finale" Struktur der Ingenieurwissenschaften

Eine zweite Ursache findet sich in der spezifischen Struktur der Ingenieurwissenschaft. Dazu möchte ich Karl-Eugen Kurrer zitieren: „Was die Lehre von der Technik zur Wissenschaft mache, sei die exakte Erkenntnis der in den technischen Verfahren organisierten Naturvorgänge sowie die systematische Zusammenfassung der aus der Praxis und dem Labor stammenden Beobachtungen zu widerspruchsfreien Regeln und Prinzipien". – Es handelt sich bei der Technikwissenschaft daher nicht um eine technisierte Naturwissenschaft, wie etwa einer Art angewandter Physik, sondern um eigenständige Grundlagendisziplinen. Das besondere Merkmal der Technikwissenschaft ist die sogenannte „finale", d. h. ergebnisorientierte Struktur des Forschungsprozesses. Zur Verdeutlichung: „Das Labor des Technikwissenschaftlers sei nicht nur sein Prüfraum am Institut, sondern die Praxis, wo sich die wissenschaftlichen Voraussagen erst bewähren müssen."[7]

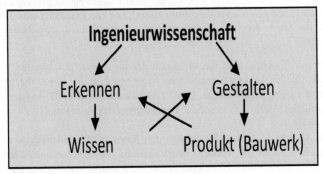

Abb. 5
Struktur der Ingenieurwissenschaft

Die Ingenieurwissenschaft umfasst daher, wie Abbildung 5 zeigt, zwei Prozesse: den wissenschaftlichen Weg vom Erkennen zum wissenschaftlichen Ergebnis und den praktischen Weg vom Gestalten zum Produkt – im Falle der Bauingenieurwissenschaft das Bauwerk, sonst die Maschine, das Verfahren, die Software u. a. Wissen ist Voraussetzung für gutes Gestalten und Konstruieren, die Erfahrung mit dem Produkt führt zum Erkennen neuer Fragestellungen, womit sich die beiden Wege verschränken, d. h. Wissenschaft und Praxis verbinden.

Daraus folgt für den Wissenschaftsbetrieb, dass Forschung grundsätzlich problemlösungsorientiert ist. Der Betreuer der Arbeit ist in der Regel am Ergebnis interessiert, an seinem Neuigkeitswert und seiner Anwendbarkeit. Er ist in den Entwicklungsprozess einbezogen und nimmt darauf Einfluss. Grundlagenstudium und kreativer Lösungsprozess haben unterschiedliche Gewichtung für die Qualität der Arbeit. Letzteres bildet den eigentlichen Kern der Forschung und ist bestimmend für Originalität und wissenschaftliche Qualität. Ersteres macht Gebrauch von vorhandenem Wissen; seine Schriftfassung sollte eine beurteilende Fassung des Standes der Technik, den sogenannten *State of the Art*, enthalten. Hier kann es am ehesten zur Übernahme von fremden Textauszügen und Zeichnungen kommen. Korrekte Zitierung wäre auch hier angebracht, doch wird die Zusammenstellung solcher Grundlagen vielfach nicht als Missbrauch von Urheberrechten verstanden. Formelle Plagiatsprüfungssoftware würde solche Stellen als Plagiate ausweisen. In einer Statistik käme es – ungeachtet des Unterschieds in der Wertung – zu einem Plagiatsanteil, der qualitativ nicht mit Plagiaten schöpferischer Leistungen verglichen werden sollte.

3.3 Spezifisches Verständnis des Plagiats in den Ingenieurwissenschaften

Im Internet finden sich durchaus unterschiedliche Definitionen zu Plagiat und Urheberrecht. Als Plagiat gilt laut Wikipedia das „Aneignen fremder *geistiger Leistungen*, z. B. Übernahme fremder Texte oder Darstellungen (Zeitungs- und Magazinartikel, Fotos, Filme, Tonaufnahmen), fremder Ideen (Erfindungen, Design, wissenschaftliche Erkenntnisse, Melodien) ohne Kennzeichnung der Autorenschaft."

Zum Urheberrecht findet sich die Erklärung des Schutzgegenstandes:

Als Werk sind persönliche *geistige Schöpfungen* geschützt, – nicht irgendeine persönliche geistige Leistung, sondern eine geistige Schöpfung. Sie muss sich von routinemäßigen Leistungen abheben. Der Urheber muss also etwas geschaffen haben, das mehr Eigenes enthält als eine Leistung, wie sie allgemein von jedem anderen mit vergleichbarer Ausbildung und Begabung erbracht werden kann. Erst dann greift der Schutz durch Kennzeichnungs- und Zitierpflicht, d. h., es besteht das Erfordernis der *Originalität*.

Ich bin mir ziemlich sicher, dass die Mehrzahl der Ingenieure der zweiten Denkweise zustimmen würde. In der Technikwissenschaft ist es wohl in der Regel die geistige Schöpfung, die Idee, die es zu schützen gilt. Das Verbalplagiat hat diese Bedeutung nicht, da hier der Text als solcher (literarisch gesehen: bedauernswerterweise) meist als wenig schöpferisch bewertet wird.

Vieles, was in den deutschen Medien in den jüngsten Plagiatsdiskussionen zugespitzt und aufgebauscht worden ist, würde – übertragen auf Technikwissenschaften – die Problemlösungsfähigkeit erheblich behindern. Wenn jeder Zeitungsartikel, jedes Foto als urheberrechtlich schützenswerte geistig-schöpferische Leistung angesehen würde, träfe dies auf jede technische Arbeit ebenso zu. Eine derart restriktive Handhabung der Übernahme von Texten aus technischen Dokumenten, Zeichnungen und Fotos würde zu einer erheblichen Aufblähung des Aufwandes innerhalb der Fachgebiete führen. Als Vorbild erscheint hier die angloamerikanische Praxis des Gemeineigentums, der *Public Domain*, die einen liberaleren Umgang mit bestehenden Daten ermöglicht und damit den gesellschaftlichen Gebrauch erleichtert sowie den Fortschritt von Wissenschaft und Bildung fördert. Es berührt dies sicherlich einen sensiblen Punkt des „geistigen Eigentums", das offenbar in verschiedenen Kultur- und Gesellschaftskreisen unterschiedliche Wertung erfährt. So wie die amerikanische Idee der *Public Domain* im Internet auch für andere Gebiete Anwendung findet, so ist auch zu verstehen, wenn die Verwendung vorhandener Vorleistungen im Ingenieurwesen – außerhalb von Patenten – durchaus anderen Gepflogenheiten folgt als in Literatur und Kunst.

3.4 Größe der wissenschaftlichen Community

Als letzte wesentliche Ursache sei auf die unterschiedliche Größe der technisch-wissenschaftlichen Community verwiesen. Sie hängt in erster Linie mit der Anzahl der Studierenden zusammen, die als Diplomanden, Doktoranden und Projektmitarbeiter den wissenschaftlichen Nachwuchs darstellen. Es bestehen hier zwar gewisse Unterschiede innerhalb der ingenieurwissenschaftlichen Richtungen, aber ganz generell kann gesagt werden, dass der Nachwuchs zahlenmäßig in allen Technikwissenschaften viel zu gering ist.

Einen guten Überblick gibt die österreichische Statistik der „beliebtesten" Studienrichtungen, welche von 60 Prozent der Erstinskribierenden gewählt werden (Abb. 6). Die Inskriptionszahlen des Ingenieurstudiums liegen nicht nur beträchtlich unter jenen der Wirtschafts-, Sozialwissen- und Rechtswissenschaften (jeweils mit ca. 7000), sondern sogar der Theater- und Medienwissenschaften (die mit knapp 1000 am unteren Ende der Tabelle rangieren). Bedenkt man, dass für das Funktionieren einer Volkswirtschaft dem technisch-innovativen Fortschritt hohe Bedeutung zukommt – besonders in Ländern ohne nennenswerte natürliche Ressourcen –, lassen sich bei anhaltendem Trend der gegenwärtigen Studienwahl unseres Nachwuchses die Probleme in naher Zukunft ermessen, gegen die der demographische Konflikt zwischen Jung und Alt weitgehend in den Hintergrund treten wird.[8]

Neben der zahlenmäßigen Problemlage in der Technikausbildung wird die Situation in der Scientific Community noch weiter verschärft durch den Trend, dass immer weniger AbsolventInnen zu wissenschaftlicher Forschung bereit sind: dies teils wegen der besseren Verdienst- und Karrierechancen in der Wirtschaft, teils wegen der abnehmenden Attraktivität und des schwindenden Renommees höherer akademischer Grade in der heutigen Ingenieurgesellschaft.

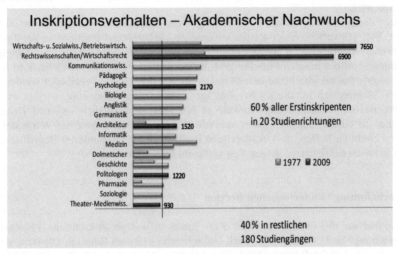

Abb. 6
Statistik des Österreichischen Bundesministeriums für Wissenschaft und Forschung

Der positive Effekt dieser Inskriptionszahlen in den technischen Fächern ist eine sorgfältigere und verantwortungsvollere Betreuung von Diplomarbeiten und Dissertationen durch die Lehrenden, so dass Plagiaten bereits im Entstehungsstadium der Arbeiten vorgebeugt wird und sich auch das Unwesen von Ghostwritern kaum ausbreiten kann, denn für 45 Euro pro Seite – so der derzeit im Netz recherchierte Durchschnittspreis – wird sich kein kompetenter Techniker für solche Arbeiten finden lassen. Die Qualität der Betreuung bildet sicherlich die entscheidende Voraussetzung zur Erzielung hoher wissenschaftlicher Leistungen. Nicht unwesentlich ist dabei die Selbstbeschränkung der Betreuer im Hinblick auf die Zahl der zu Betreuenden. Nur so können die aktuellen Fehlleistungen vermieden werden. Mit Vorschlägen zur Auslagerung der Kontrollfunktion an Betreuungsteams oder Kommissionen und der Übertragung der Verantwortlichkeit an externe Gutachter werden Wege beschritten, die einem unrealistischen Wunschdenken entspringen und keine effektive Qualitätssicherung ermöglichen. Wissenschaftliche Qualität ist ohne persönliches Engagement der Betreuenden nicht zu erreichen.

4. Plagiatskontrolle an Technischen Universitäten

Die TU Graz hat – wie viele andere Universitäten auch – einen „Ethischen Codex" erstellt, um ganz generell einem wissenschaftlichen Fehlverhalten entgegen zu wirken. Darin finden sich präzise Angaben zu Zitierregeln. Es wird die Selbstprüfung mittels kostenfreien Zugangs zu einer Plagiats-Prüfungssoftware empfohlen und darauf verwiesen, dass Stichprobenprüfungen beurteilter Arbeiten durch die TU Graz vorgenommen werden.

Wie weit solche Prüfungen bei technischen Arbeiten zielführend sein können, muss sich erst erweisen. Es sind ja nicht nur Texte zu prüfen, sondern vor allem mathematische Formeln und Diagramme, deren Darstellung bei gleichbleibendem Inhalt unschwer so erfolgen kann, dass ein völlig anderes Bild entsteht. Es stellt sich allerdings die Frage, ob der derzeit allerorts einsetzende Plagiatsprüfungs*wahn* diesen Aufwand rechtfertigt oder ob dadurch eher von den eigentlichen Qualitätsproblemen des gegenwärtigen Wissenschaftssystems abgelenkt wird.

Neben der generellen Problematik des Plagiats besteht noch ein Gefahrenpotential anderer Art. Viel schwerwiegender als das sogenannte Verbalplagiat erscheint in der Technikwissenschaft nämlich die Gefahr des Plagiats bei der Ausbeutung fremder Forschungsideen im Rahmen von beantragten Forschungsprojekten. Gutachter gewinnen Einblick in fremde Forschungsvorhaben, die heute bereits mit großem Vorwissen ausgearbeitet werden müssen, und können sich Inhalte solcher Anträge – nach deren Ablehnung – selbst zu Nutze machen. Bei der zunehmenden Konkurrenz um Forschungsfinanzierung und Drittmittel kann dies zu einem rücksichtslosen Szenario führen, das nur schwer zu vermeiden sein wird. Es bleibt zu hoffen, dass akademische Redlichkeit kein antiquierter Begriff mehr ist, wie es in unserer effizienzsüchtigen Zeit vielleicht erscheinen mag.

5. „Nachahmung" im technischen Bereich

Anknüpfend an die literarische, von Karl Kraus erfundene erstaunliche Polarität von „*Nach*ahmung" und „*Vor*ahmung" (vgl. Goltschnigg in diesem Band, S. 19) stellt sich die Frage, ob sich diese Polarität nicht auch in einem gewissen Maße auf Technik und Ingenieurwesen übertragen lässt. Ist das Nachahmen prinzipiell etwas gering zu Schätzendes? Kann nicht der *Nach*ahmer bedeutender sein als der *Vor*ahmer? Ist unser technischer Fortschritt nicht auf das Engste mit „Nachahmung" verbunden – auch wenn wir heute andere Begriffe benutzen?

In der Regel wird ein angehender Ingenieur schon zu Beginn seines Studiums mit einer überraschenden Situation konfrontiert: Er versucht, eine für ihn neue konstruktive Aufgabe mit viel „Kreativität" zu lösen, und bekommt von seinem Lehrer gesagt: „Wollen Sie das Rad neu erfinden?" Der Student hat offenbar aus fehlender Erfahrung eine zwar „originelle" Lösung erdacht, die jedoch gegen naturgesetzliche Grundregeln verstößt und so nicht realisierbar ist. Ingenieuraufgaben sind komplexe Probleme, die sich aus dem Verhältnis von Theorie und Praxis ergeben, meist im Zusammenspiel mehrerer Fachgebiete. Der Student lernt, auf gesichertem Erfahrungswissen aufzubauen, im weitesten Sinne „nachzuahmen". Dabei lernt er schrittweise, die Hintergründe zu verstehen, die Zusammenhänge zu analysieren und in ein theoretisches System einzugliedern, das ihm erlaubt, auf neue Problemstellungen zu extrapolieren, kreativ verbesserte Lösungen zu entwickeln. Die Mehrzahl der Aufgaben hat einen „*Vor*ahmer", ein *Vor*bild, eine *Vor*lage, ein „Spranzit", das sich bereits bei früheren Anwendungen bewährt hat. Bei Wiederanwendung kommt es schrittweise zu Weiterentwicklungen, zu Verbesserungen. *Der Nachahmer übertrifft den Vorahmer!* Er hat zwar formal quasi „plagiiert", aber Eigenes neu und schöpferisch hinzugefügt. Technischer Fortschritt ist aufbauend. Der Anspruch auf geistige Urheberschaft, geistiges Eigentum, bleibt in der Regel ungenutzt; eine Abgeltung wird im Sinne „der Förderung der Weiterentwicklung der menschlichen Gesellschaft" (wie es schon im Sponsionsgelöbnis lautet) nicht erhoben. Nur in Einzelfällen kommt es zu Innovationssprüngen im Sinne technischer Erfindungen. Hohe Forschungskosten und industrielle Verwertbarkeit bedingen die Unterschutzstellung der geistigen Urheberschaft mittels Patenten. Unbefugte Nachahmung führt zu Produktpiraterie, zuviel an Patentschutz zum Abwürgen der Weiterentwicklung. „Legale" Patentumgehung soll solche Blockaden durchbrechen – ein Kreislauf, dessen Sinnhaftigkeit zu hinterfragen ist.

Der Gedankenzug führt weiter zur aktuellen Frage des geistigen Eigentums in unserer Gesellschaft und zu dessen juristischer Einforderung. Das Leben ist im Alltag sehr technisiert geworden. Viele, vor allem jüngere Menschen sind über elektronische Medien darin eingebunden. Weiterentwicklungen oder Beteiligungen an gesellschaftlichen Aufgaben erfolgen auf diesem Wege meist ohne Abgeltung. Sollen jegliche „geistige Leistungen" privatisiert, die Ressourcen und Grundlagen dagegen sozialisiert werden? Können faktisch kostenfreie Ausbildung und von der Öffentlichkeit bezahlte Forschung nicht auch ein Grund sein, eigene geistige Leistungen in die *Public Domain* einzubringen, d. h. mehr Freiheit im Umgang mit bereits erarbeiteten „geistigen Leistungen" zu ermöglichen, wie es im technischen Bereich bereits geschieht? Nährt sich aus diesem Gefühl nicht auch der „unverstandene" Widerstand der Jugend gegen Maßnahmen wie das geplante multilaterale *ACTA* (*Anti-Counterfeiting Trade Agreement*, dt. *Anti-Produktpiraterie-Handelsabkommen*)? Sollen die neuen Möglichkeiten eines freieren geistigen Lebens – durch elektronische Vernetzungen – in einer Jagd nach Urheberrechtsverletzungen wieder erstickt werden? Wie passt dies auf der anderen Seite zur schon fast fanatischen „Plagiatsschnüffelei" im akademischen Bereich? Ist dies nicht eher ein Reflex auf andere, ernstere Probleme im Wissenschaftssystem als fehlende Gänsefüßchen?

Wenn die aufgeflammte Plagiatsdebatte nicht von den eigentlichen Forschungsfragen ablenkt, sollte daraus eine Neubelebung eines positiven Verständnisses zwischen Wissenschaft und Gesellschaft hervorgehen.

---

[1] WILDING, Peter: *Zur Diskussion um Technik als Element der Kultur um 1900.* In: newsletter Moderne. Zeitschrift des Spezialforschungsbereichs *Moderne – Wien und Zentraleuropa um 1900* (Graz) 3 (2000), H. 1, S. 14–17.

[2] Eine Ausnahme in diesen stagnierenden Emanzipationsbestrebungen bildet der Philosoph Rudolf BURGER, der die Bedeutung naturwissenschaftlich-technischer Ausbildung für unsere heutige Gesellschaft prägnant und umfassend akzentuiert, vgl. *Schluss mit dem Dekor!* In: Die Presse (Wien), Spektrum, 12. Juni 2010.

[3] SCHNEIDER, Wolf: *Die Sieger. Wodurch Genies, Phantasten und Verbrecher berühmt geworden sind.* Hamburg: Gruner und Jahr 1992.

[4] BORGWARDT, Angela: *Plagiatsfälle in der Wissenschaft. Wie lässt sich Qualitätssicherung an Hochschulen verbessern?* Berlin: Friedrich-Ebert-Stiftung 2012; http://library.fes.de/pdf-files/studienfoerderung/09177. pdf. (6. November 2012).

[5] STRAUB, Hans: *Die Geschichte der Bauingenieurkunst.* Ein Überblick von der Antike bis in die Neuzeit. 3. Aufl. Basel, Stuttgart: Birkhäuser 1975.

[6] LEMOINE, Bertrand: *The Eiffel Tower.* Köln: Taschen 2008.

[7] KURRER, Karl-Eugen: *The History of the Theory of Structures. From Arch Analysis to Computational Mechanics.* Berlin: Ernst & Sohn 2008; Ders.: *Geschichte der Baustatik.* Berlin: Ernst & Sohn 2002.

[8] Vgl. SARRAZIN, Thilo: *Deutschland schafft sich ab.* München: DVA (Deutsche Verlags-Anstalt) 2010.

CHARLOTTE GROLLEGG-EDLER

Plagiate, Fälschungen und andere „unredliche Verwandte"
Eine Bibliographie

Einleitung

Eine Bibliographie zur komplexen Thematik dieses Bandes ist in vielerlei Hinsicht eine große Herausforderung. Zum einen sind die Begriffe, wie einige der hier versammelten Beiträge zeigen, in ihrer juristischen Tragweite unterschiedlich gewichtet: Wann etwa ist Fälschung Betrug und somit ein krimineller Tatbestand, wann ein Plagiat eine Urheberrechtsverletzung, die ebenso straf- oder zivilrechtlich sanktioniert wird; wann ist ein Plagiat eine Verfehlung im Wissenschaftsbereich, die die Aberkennung des akademischen Grades nach sich ziehen kann; wann stellen Abschreiben, Nachmachen, Ideenklau „nur" ein ehrenrühriges Verhalten dar, und wann sind sie gar die bewusste Etablierung postmoderner Kunstformen wie der von Kathy Acker konstatierte „Plagiarismus" oder die „Appropriation Art"?

Zum andern lassen sich die Begriffe „Fälschung" und „Plagiat" und ihre zahlreichen „Artverwandten" in ihrer semantischen Bedeutung nicht immer klar abgrenzen. Diese Unschärfe belegen Synonyme, die auch in den Beiträgen dieses Bandes in unterschiedlichsten Kontexten verwendet und hier nur alphabetisch nochmals aufgelistet werden: „Abbild", „Aneignung", „Anlehnung", „Anleihe", „Appropriation", „Betrug", „Diebstahl", Duplikat", „Hyperrealität", „Imitation", „Irreführung", „Klischee", „Kopie", „Kryptomnesie", „Lüge", „Manipulation", „Maske", „Modell", „Nachahmung", „Nachbildung", „Prellerei", „Produkt-" und „Patentpiraterie", „Reproduktion", „Schwindel", „Vervielfältigung", „Vortäuschung", „Wiedergabe".

Und nicht zuletzt macht es die Fülle der einschlägigen Sekundärliteratur schwierig, eine für möglichst breite Bereiche des Themas repräsentative Auswahl zu treffen. Deshalb wurden vor allem solche Titel aufgenommen, die eine „allgemeinere" Darstellung eines oder mehrerer Aspekte des Themenkomplexes bieten, Sammelbände, die verschiedene Varianten der Thematik beleuchten – und ihrerseits umfangreichere weiterführende Bibliographien enthalten –, sowie Einzelbeiträge, die speziellere Aspekte behandeln, die andernorts nicht oder nur am Rande berücksichtigt sind. Auf Artikel in Tageszeitungen wurde gänzlich verzichtet, da ihre Aktualität meist nur sehr kurzlebig ist.

Verzichtet wurde außerdem – aus Platzgründen – auf die Aufnahme der zahlreichen Beiträge zu vielfach behandelten Plagiatsaffären aus älterer und jüngerer Zeit, wie beispielsweise jene um Paul Celan, Bertolt Brecht oder Helene Hegemann, zumal sie auch in diesem Band behandelt werden, ferner zu berühmten Kunstfälschern wie Han van Meegeren, Lothar Malskat, Edgar Mrugalla und Wolfgang Beltracchi, die ebenfalls in diesem Band Erwähnung finden, oder zu Elmyr de Hory, der durch den Film *F for Fake* von Orson Welles (1975) berühmt wurde.

Abseits des Wissenschaftsbetriebes sind seit langem das Fälschen von Kunst oder Geld, von Identitäten, Biographien und historischen Wahrheiten sowie in jüngerer Zeit so-

Charlotte Grollegg-Edler

gar von aktuellen gesellschaftlichen oder politischen Ereignissen, wie es erst das moderne Medienzeitalter möglich gemacht hat, beliebte Motive in Kriminalromanen[1] und Filmen[2]. Auch literarische Werke greifen vielfach diese Motive auf[3], und gefälschte Kunst wurde in den letzten Jahren in zahlreichen Ausstellungen in Europa und Übersee gezeigt[4], ja selbst die Rockmusik hat sich des Themas angenommen[5].

Die hier präsentierte Auswahlbibliographie will in erster Linie die große Bandbreite und Aktualität der wissenschaftlichen Veröffentlichungen aus den verschiedensten Fachdisziplinen zum Themenkomplex Fälschung und Plagiat zeigen sowie der damit verbundenen rechtlichen Fragen nach dem Eigentum an Gedanken und Werken; sie versteht sich als Anregung zur vertiefenden Lektüre und als Orientierungshilfe für einen weiterführenden interdisziplinären Diskurs.

Bibliographie

ACKER, Kathy: *Ultra light – last minute – ex+pop-literatur*. Hg. u. übers. von Almuth Carstens. Berlin: Merve 1990.

ACKERMANN, Kathrin: *Fälschung und Plagiat als Motiv in der zeitgenössischen Literatur*. Heidelberg: Winter 1992.

ACKERMANN, Kathrin: *Plagiat*. In: Historisches Wörterbuch der Rhetorik. Hg. von Gert Ueding. Bd. 6. Tübingen: Niemeyer 2003, S. 1223–1230.

AHRENS, Klaus; HANDLÖGTEN, Günter: *Echtes Geld für falsche Kunst*. Remchingen: Maulwurf 1992.

AICHER, Josef: *Verfassungsrechtlicher Eigentumsschutz und Immaterialgüterrechte*. In: Wirtschaftsrecht in Theorie und Praxis. Gedenkschrift für Fritz Schönherr. Hg. von Walter Barfuß [u. a.]. Wien: Manz 1986, S. 3–18.

ALBERTSEN, Leif Ludwig: *Der Begriff des Pastiche*. In: Orbis litterarum. International Review of Literary Studies (Oxford) 26 (1971), S. 1–8.

ALBRECHT, Astrid: *Biometrische Verfahren im Spannungsfeld von Authentizität im elektronischen Rechtsverkehr und Persönlichkeitsschutz*. Baden-Baden: Nomos 2003.

ALMELOVEEN, Theodor Jansen: *Plagiorum Syllabus*. Amsterdam: [o. V.] 1686.

ALMEROTH, Thomas: *Kunst- und Antiquitätenfälschungen. Eine strafrechtliche, kriminologische und kriminalistische Studie über Techniken der Kunstfälscher und ihrer Absatzpraktiken*. München: Keyser 1987.

ANDERSON, Judy: *Plagiarism, Copyright Violation and Other Thefts of Intellectual Property: An Annotated Bibliography with a Lengthy Introduction*. Jefferson/NC: McFarland 1998.

ANONYM: *Ueber das Eigenthum der Gedanken*. In: Schleswigsches Journal (Altona) 3 (1793), S. 314–348.

ARNAU, Frank: *Kunst der Fälscher, Fälscher der Kunst: dreitausend Jahre Betrug mit Antiquitäten*. Düsseldorf: Econ 1959.

ASPETSBERGER, Friedbert (Hg.): *Beim Fremdgehen erwischt! Zu Plagiat und „Abkupfern" in Künsten und Wissenschaften. Was sonst ist Bildung?* Innsbruck: Studienverlag 2008.

BACKER, Hans Willibald: *Vom Segen und Unwesen des Plagiats*. In: Der Zwiebelfisch. Zeitschrift über Bücher, Kunst und Kultur (München) 25 (1948), H. 9, S. 6–10.

BAHR, Hermann: *Plagiate*. In: Die Zeit. Wiener Wochenschrift für Politik, Volkswirtschaft, Wissenschaft und Kunst 7 (1896), Nr. 90 (20. Juni), S. 187–188.

BAPPERT, Walter: *Wege zum Urheberrecht. Die geschichtliche Entwicklung des Urheberrechtsgedankens*. Frankfurt/M.: Klostermann 1962.

BARLOW, John Perry: *The Economy of Ideas. A Framework for Rethinking Patents and Copyrights in the Digital Age (Everything you know about intellectual property is wrong).* In: Wired Magazine (New York) 2 (1994), Nr. 3, S. 126–129.

BARTH, Robert [u. a.] (Hg.): *Wissensklau, Unvermögen oder Paradigmenwechsel? Plagiat als Herausforderung für Lehre, Forschung und Bibliothek.* Chur: Hochschule für Technik und Wirtschaft 2009.

BARTON, Stephan (Hg.): *Redlich aber falsch. Die Fragwürdigkeit des Zeugenbeweises.* Baden-Baden: Nomos 1995.

BAUDRILLARD, Jean: *Agonie des Realen.* Übers. von Lothar Kurzawa u. Volker Schäfer. Berlin: Merve 1978.

BAUDRILLARD, Jean: *Simulacres et Simulation.* Paris: Éditions Galilée 1981.

BAUMGART, Reinhard: *Glücksgeist und Jammerseele. Über Leben und Schreiben, Vernunft und Literatur.* München, Wien: Hanser 1986.

BAYARD, Emile: *L'Art de Reconnaître. Les Fraudes. Peinture, Sculpture, Gravures, Meubles, Dentelles, Céramique, etc.* Paris: R. Roger et F. Chernoviz, 1914.

BECHTOLD, Stefan: *Vom Urheber- zum Informationsrecht. Implikationen des Digital Rights Management.* München: Beck 2002.

BECKETT, Alice: *Fakes, Forgery and the Art World.* London: Cohen 1995.

BEISSEL, Stephan: *Gefälschte Kunstwerke.* Freiburg i. Br., Basel: Herder 1909.

BENJAMIN, Walter: *Das Kunstwerk im Zeitalter seiner technischen Reproduzierbarkeit. – Der Autor als Produzent.* In: W. B.: Gesammelte Schriften. Hg. Von Rolf Tiedemann und Hermann Schweppenhäuser. Frankfurt/M.: Suhrkamp 1991, Bd. I/2., S. 431–508; Bd. II/2, S. 683–701.

BERGLER, Edmund: *Das Plagiat. Deskription und Versuch einer Psychogenese einiger Spezialformen.* In: Psychoanalytische Bewegung (Wien) 4 (1932), H. 5, S. 393–420.

BERGMANN, Marcus; SCHRÖDER Christian; STURM, Michael: *Richtiges Zitieren. Ein Leitfaden für Jurastudium und Rechtspraxis.* München: Vahlen 2010.

BERKA, Walter: *Wissenschaftsfreiheit an staatlichen Universitäten: Zur Freiheit und Verantwortung des Wissenschaftlers.* In: Vom Verfassungsstaat am Scheideweg. Festschrift für Peter Pernthaler. Hg. von Karl Weber und Norbert Wimmer. Wien [u. a.]: Springer 2005, S. 67–84.

BERNARD, Victor: *Réflexions sur le plagiat.* In: Le Cerf-volant. Revue littéraire (Paris) 91 (1975), S. 27–31.

BIAGIOLI, Mario; GALISON, Peter (Hg.): *Scientific Authorship. Credit and Intellectual Property in Science.* New York [u. a.]: Routledge 2003.

BIALLO, Horst: *Die Doktormacher. Namen und Adressen, Preise und Verträge, Behörden und Betrogene, Gesetze und Strafen.* Wien: Ueberreuter 1994.

BICKENBACH, Matthias; MAYE, Harun: *Metapher Internet. Literarische Bildung und Surfen.* Berlin: Kadmos 2009.

BISCHOFF, Friedrich; REDDEKER, Lioba: *Fälschung, Plagiat, Kopie. Informationen und Tips zum Urheberrecht in der bildenden Kunst.* Wien: Basis Wien 1999.

BLOCH, Peter: *Gefälschte Kunst.* In: Zeitschrift für Ästhetik und Allgemeine Kunstwissenschaft (Bonn) 23 (1978), S. 52–75.

BLOCH, Peter: *Original – Kopie – Fälschung.* In: Jahrbuch Preußischer Kulturbesitz (Berlin) 16 (1979), S. 41–72.

BLOOM, Harold: *Einflußangst. Eine Theorie der Dichtung.* Aus dem Amerikanischen von Angelika Schweighart. Basel, Frankfurt/M.: Stroemfeld/Nexus 1995 [urspr. *The Anxiety of Influence: A Theory of Poetry.* New York: Oxford University Press 1973].

BOBRZYŃSKI, Karl: *Zur literarischen Plagiatfrage.* In: Sprawozdanie piętnaste direkcyi c.k. III. gimnazyum w Krakowie (1898), S. 1–34.

BOLZ, Norbert: *Eine kurze Geschichte des Scheins.* München: Fink 1991.

BORGWARDT, Angela: *Plagiatsfälle in der Wissenschaft. Wie lässt sich Qualitätssicherung an Hochschulen verbessern?* Berlin: Friedrich-Ebert-Stiftung 2012; http://library.fes.de/pdf-files/studienfoerderung/09177.pdf (15. März 2013).

BORN, Michael: *Wer einmal fälscht ... Die Geschichte eines Fernsehjournalisten.* Köln: Kiepenheuer & Witsch 1997.

BOSSE, Heinrich: *Autorschaft ist Werkherrschaft. Über die Entstehung des Urheberrechts aus dem Geist der Goethezeit.* Paderborn [u. a.]: Schöningh 1981.

BOURDIEU, Pierre: *Homo Academicus.* Frankfurt/M.: Suhrkamp 1988 [urspr. *Homo Academicus,* Paris: Minuit 1984].

BOURDIEU, Pierre: *Narzisstische Reflexivität und wissenschaftliche Reflexivität.* In: Kultur, soziale Praxis, Text. Die Krise der ethnographischen Repräsentation. Hg. von Eberhard Berg und Martin Fuchs. Frankfurt/M.: Suhrkamp 1993, S. 365–374.

BRAUCH, Erich: *Übersetzung, Paraphrase und Plagiat. Untersuchungen zum Schicksal englischer Character-Books in Frankreich im 17. Jahrhundert.* Tübingen: Niemeyer 1978.

BRAUN, Edwin: *Produktpiraterie. Rechtsschutz durch Zivil-, Straf- und Verwaltungsrecht sowie ausgewählte Probleme der Rechtsdurchsetzung.* Hg. von Ulrich Sieber. München: Heymann 1993.

BRECHT, Bertolt: *Über Plagiate.* In: B. B.: Gesammelte Werke in 20 Bänden. Bd. 18. Hg. von Elisabeth Hauptmann. Frankfurt/M.: Suhrkamp 1967, S. 78f.

BROAD, William; WADE, Nicholas: *Betrug und Täuschung in der Wissenschaft.* Basel, Boston, Stuttgart: Birkhäuser 1984 [urspr. *Betrayers of the Truth: Fraud and Deceit in the Halls of Science.* New York: Simon & Schuster 1982].

BROCKER, Manfred: *Arbeit und Eigentum. Der Paradigmenwechsel in der neuzeitlichen Eigentumstheorie.* Darmstadt: Wissenschaftliche Buchgesellschaft 1992.

BROICH, Ulrich; PFISTER, Manfred: *Intertextualität. Formen, Funktionen, anglistische Fallstudien.* Tübingen: Niemeyer 1985.

BRÜNNER, Georg: *Studienrechtliche Konsequenzen von Plagiaten.* In: Die (Rechts-)Stellung von StudentInnen in Österreich. Hg. von Manfred Prisching, Werner Lenz und Werner Hauser. Bd. 11. Wien: Verlag Österreich 2007, S. 203–222.

BÜCHELE, Manfred: *Urheberrecht im World Wide Web.* Wien: Orac 2002.

BUCHLOH, Benjamin H. D.: *The Primary Colours for the Second Time. A Paradigm Repetition of the Neo-Avant-Garde.* In: October Magazine (Cambridge/MA) 37 (1986), S. 41–52.

BUCHLOH, Benjamin H. D: *Allegorical Procedures: Appropriation and Montage in Contemporary Art.* In: Artforum. International Magazine (New York) 21 (1982) H. 1, S. 43–56.

BUCHMANN, Sabeth [u. a.] (Hg.): *Wenn sonst nichts klappt: Wiederholungen wiederholen.* Hamburg, Berlin: Verlag der Hochschule für bildende Kunst in Hamburg/bbooks 2005.

BUNG, Jochen; GRUBER, Malte-Christian; KÜHN, Sebastian (Hg.): *Plagiate. Fälschungen, Imitate und andere Strategien aus zweiter Hand.* Berlin: trafo 2011.

BURANEN, Lise; ROY, Alice M.: *Perspectives on Plagiarism and Intellectual Property in a Postmodern World.* New York: State University Press 1999.

BURKLE-YOUNG, Francis A.; MALEY, Saundra Rose: *The Art of the Footnote: The Intelligent Student's Guide to the Art and Science of Annotating Texts.* Lanham/MD: University Press of America 1996.

BUSCH, Christoph; DAUN, Henning: *Frei von Zweifel? Biometrische Erkennung: Grundlagen, Verfahren, Sicherheit.* In: c't. Magazin für Computertechnik (Hannover) 5 (2002), S. 156–161.

CAPLAN, Jane; TORPEY, John: *Documenting Individual Identity. The Development of State Practices in the Modern World.* Princeton: University Press 2001.

CARAMELLE, Ernst: *Fourty Found Fakes, 1976-1978.* Text in English and German. Übers. von Ann Wilson. New York: T. Way 1979.

CARROLL Jude; APPLETON, Jon: *Plagiarism. A Good Practice Guide.* Joint Information Systems Committee (JISC); http://www.jisc.ac.uk/uploaded_documents/brookes.pdf (15. März 2013).

CHARGAFF, Erwin: *Building the Tower of Babble.* In: Nature. International Weekly Journal for Science (London [u. a.]) 248 (1974), S. 776–779.

CHAUDENAY, Roland de: *Dictionnaire des plagiaires: où l'on trouve classés dans l'ordre alphabétique des écrivains de langue française.* Paris: Perrin 1990.

CHEVALIER, Alphonse: *Dictionnaire des altérations et falsifications des substances alimentaires, medicamenteuses et commerciales, avec l'indication des moyens de les reconnaitre.* Paris: Béchet 1850.

CLARK, Charles: *The answer to the machine is in the machine.* In: The Future of Copyright in a Digital Environment. Hg. von P. Bernt Hugenholtz. The Hague: Kluwer Law International 1996, S. 139–145.

COLE, Simon A.: *Suspect Identities. A History of Fingerprinting and Criminal Identification.* Cambridge/MA: Harvard University Press 2001.

COMPAGNON, Antoine: *La seconde main ou le travail de la citation.* Paris: Seuil 1979.

CONSTABLE, Giles: *Forgery and Plagiarism in the Middle Ages.* In: Archiv für Diplomatik. Schriftgeschichte, Siegel- und Wappenkunde (München) 29 (1983), S. 1–41.

CORINO, Karl (Hg.): *Gefälscht! Betrug in Literatur, Kunst, Wissenschaft und Politik.* Nördlingen: Greno 1988.

CRIMP, Douglas: *Das Aneignen der Aneignung.* In: D. C.: Über die Ruinen des Museums. Dresden, Basel: Verlag der Kunst 1996, S. 141–151.

CROW, Thomas: *Moderne und Massenkultur in der bildenden Kunst* (1984). In: Texte zur Kunst (Berlin) 1 (1990) Nr. 1, S. 45–85.

DARNTON, Robert: *Die Wissenschaft des Raubdrucks. Ein zentrales Element im Verlagswesen des 18. Jahrhunderts.* München: Carl Friedrich von Siemens Stiftung 2003.

DE RENTIIS, Dina; KAMINSKI, Nicola: *Imitatio.* In: Historisches Wörterbuch der Rhetorik. Hg. von Gert Ueding. Bd. 4. Tübingen: Niemeyer 1998, Sp. 235–303.

DECOO, Wilfried: *Crisis on Campus. Confronting Academic Misconduct.* Cambridge/MA: MIT Press 2002

DELEUZE, Gilles: *Differenz und Wiederholung.* Übers. von Joseph Vogel. München: Fink 1992 [urspr. *Différence et répétition.* Paris: Presses Universitaires de France 1968].

DERRIDA, Jacques: *Die Wahrheit in der Malerei.* Hg. von Peter Engelmann. Übers. von Michael Wetzel. Wien: Passagen 1992 [urspr. *La vérité en peinture.* Paris: Flammarion 1978].

DERRIDA, Jacques: *Signatur Ereignis Kontext.* In: J. D.: Randgänge der Philosophie. Hg. von Peter Engelmann. Wien: Passagen 1988, S. 325–351.

DESSOIR, Max: *Das schriftstellerische Plagiat.* In: Berliner Hefte für geistiges Leben (1946), H. 5, S. 363–376.

DETERING, Heinrich (Hg.): *Autorschaft. Positionen und Revisionen.* Weimar: Metzler 2002.

DEVLIN, Marcia: *Policy, preparation, and prevention: Proactive minimization of student plagiarism.* In: Journal of Higher Education Policy and Management 28 (Brisbane) (2006), Nr. 1, S. 45–58.

DIDI-HUBERMAN, Georges: *Imitation, Präsentation, Funktion. Bemerkungen zu einem epistemologischen Mythos.* In: Texte zur Kunst (Köln) Nr. 14 (Juni 1994), S. 41–60.

DITTRICH, Robert (Hg.): *Woher kommt das Urheberrecht und wohin geht es? Wurzeln, geschichtlicher Ursprung, geistesgeschichtlicher Hintergrund und Zukunft des Urheberrechts.* Wien: Manz 1988.

DITTRICH, Robert: *Österreichisches und internationales Urheberrecht. Große Gesetzesausgabe.* 6. Aufl. Wien: Manz 2012.

DÖHMER, Klaus: *Zur Soziologie der Kunstfälschung*. In: Zeitschrift für Ästhetik und allgemeine Kunstwissenschaft (Bonn) 23 (1978), S. 76–95.

DOTZLER, Bernhard J.: *Simulation*. In: Ästhetische Grundbegriffe. Historisches Wörterbuch in sieben Bänden. Bd. 5. Hg. von Karlheinz Barck [u. a.]. Stuttgart: Metzler 2003.

DRAHOS, Peter: *A Philosophy of Intellectual Property*. Aldershot: Dartmouth 1996.

DREIER, Thomas; OHLY, Ansgar (Hg.): *Plagiate. Wissenschaftsethik und Recht*. Tübingen: Mohr Siebeck 2013.

DUERR, Hans Peter (Hg.): *Authentizität und Betrug in der Ethnologie*. Frankfurt/M.: Suhrkamp 1987.

DUNCAN, Carol: *The Fake as More*. In: Idea Art. Hg. von Gregory Battcock. New York: Plume 1973, S. 41–45.

DUTTON, Denis: *Authenticy in art*. In: The Oxford Handbook of Aesthetics. Hg. von Jerrold Levinson. New York: Oxford University Press 2003, S. 258–261.

DUTTON, Dennis (Hg.): *The Forger's Art. Forgery and the Philosophy of Art*. Berkeley [u. a.]: University of California Press 1983.

DZIATZKO, Karl: *Autor- und Verlagsrecht im Alterthum*. In: Rheinisches Museum für Philologie (Frankfurt/M.) 49 (1894), S. 559–576.

EBERHARD, Paul: *Gefälschte Antike*. Leipzig: Koehler & Amelang 1981.

ECO, Umberto: *Tipologia della falsificazione*. In: Fälschungen im Mittelalter. Kongreß der Monumenta Germaniae Historica, München, 16.–19. September 1986. Bd. 1. Hannover: Hahn 1986, S. 69–82.

EICH, Hans; GÜNTER, Matthias: *Falsch aus der Feder geflossen. Lug, Trug und Versteckspiel in der Weltliteratur*. München: Ehrenwirth 1964.

EISENLOHR, Christian Friedrich: *Das literarisch-artistische Eigenthum und Verlagsrecht*. Schwerin: Bärensprung 1855.

EISNER, Caroline, VICINUS, Martha (Hg.): *Originality, Imitation, and Plagiarism. Teaching Writing in the Digital Age*. Ann Arbor: University of Michigan Press 2008.

ENGLÄNDER, Konrad: *Gedanken über Begriff und Erscheinungsformen des musikalischen Plagiats*. In: UFITA. Schriftenreihe des Archivs für Urheber-, Film-, Funk- und Theaterrecht (München) 3 (1930), S. 20f.

ENGLISCH, Paul: *Meister des Plagiats oder Die Kunst der Abschriftstellerei*. Berlin-Karlshorst: Hannibal 1933.

ENGLISCH, Paul: *Plagiat! Plagiat! Eine Rundschau*. Berlin: Roll 1930.

ETTE, Ottmar: *Intertextualität. Ein Forschungsbericht mit literatursoziologischen Anmerkungen*. In: Romanistische Zeitschrift für Literaturgeschichte (Heidelberg) 9 (1985), S. 497–522.

ETZLSTORFER, Hannes; KATZINGER, Willibald; WINKLER, Wolfgang: *echt_falsch. Will die Welt betrogen sein?* Wien [u. a.]: Kremayr & Scheriau 2003.

EUDEL, Paul: *Die Fälscherkünste*. Leipzig: Grunow 1885 [urspr. *La Truquage*. Paris: Dentu 1884].

FADINGER, Stephan: *Literaturplagiat und Intertextualität*. Diplomarbeit, Wien 2008; http://othes.univie.ac.at/4714/1/2009-04-23_9910872.pdf (15. März 2013).

Fälschungen in der Literatur, Musik, bildenden Kunst, Archäologie, Vorgeschichtsforschung, Geschichte, Kirchen- und Religionsgeschichte, im Gebiet der Naturreiche und vor dem Gesetze. Sonderheft „Süddeutsche Monatshefte" (München) 33 (1936), H. 11.

FARRER, James Anson: *Literarische Fälschungen*. Mit einer Einführung von Andrew Lang. Übers. von Friedrich Johann Kleemeier. Leipzig: Theodor Thomas 1907 [urspr. *Literary Forgeries*. London: Longmans Green & Comp. 1907].

FEATHER, John: *Publishing Piracy and Politics. An Historical Study of Copyright in Britain*. London [u. a.]: Mansell 1994.

FEDERMAN, Raymond: *Kritifiktion: Einbildungskraft des Plagiarismus [... ein unvollendeter endloser Diskurs]...* In: R. F.: Surfiction: Der Weg der Literatur. Hamburger Poetik-Lektionen, Übers. von Peter Torberg. Frankfurt/M.: Suhrkamp 1992, S. 77–99 [urspr. *Imagination as Plagiarism [... an unfinished paper]...* In: New Literary History (Baltimore/MD) 7 (1976), S. 563–578].

FERRETTI, Massimo: *Fälschungen und künstlerische Tradition.* In: Italienische Kunst. Eine neue Sicht auf ihre Geschichte. Hg. von Luciano Bellosi [u. a.]. Bd. 1. Berlin: Wagenbach 1987, S. 233–302 [urspr. *Falsi e tradizione artistica.* In: Storia dell'arte italiana. Bd. 10. Torino: Einaudi 1981, S. 113–195].

FICHTE, Johann Gottlieb: *Beweis der Unrechtmäßigkeit des Büchernachdrucks. Ein Räsonnement und eine Parabel.* In: Berlinische Monatsschrift 21 (1793), S. 443–482.

FINETTI, Marco; HIMMELRATH, Armin: *Der Sündenfall. Betrug und Fälschung in der deutschen Wissenschaft.* Stuttgart [u. a.]: Raabe 1999.

FISCHER, Florian: *Das Literaturplagiat. Tatbestand und Rechtsfolgen.* Frankfurt/M. [u. a.]: Peter Lang 1996.

FITZPATRICK, Nina: *Die Plage mit den Plagiaten oder: gut geklaut ist halb verdaut.* In: Der Rabe. Magazin für jede Art von Literatur (Zürich) Nr. 46: Der lebendige irische Rabe (1996), S. 11–17.

FLACH, Sabine; THOLEN, Georg Christoph (Hg.): *Mimetische Differenzen. Der Spielraum der Medien zwischen Abbildung und Nachbildung.* Kassel: University Press 2002.

FLASHAR, Hellmut: *Die klassizistische Theorie der Mimesis.* In: H. F.: Eidola. Ausgewählte kleine Schriften. Hg. von Manfred Kraus. Amsterdam: Grüner 1989, S. 201–219.

FLEMING, Stuart J.: *Authenticity in art. The scientific Detection of Forgery.* London: Institute of Physics 1975.

FOUCAULT, Michel: *Was ist ein Autor?* In: M. F.: Schriften zur Literatur. Hg. von Daniel Defert unter Mitarbeit von Jacques Lagrange. Auswahl u. Nachwort von Martin Stingelin. Frankfurt/M.: Suhrkamp 2003, S. 234–270 [urspr. *Qu'est-ce qu'un auteur?* In: Bulletin de la Société française de la Philosophie, Paris 1969].

FRANCE, Anatole: *Apologie pour le plagiat.* In: A. F.: La vie littéraire. Bd. 4. Paris: Calmann-Lévy 1898, S. 156–165.

FRENZEL, Elisabeth: *Gefälschte Literatur. Wesen, Erscheinungsformen und bedeutsame Fälle.* In: Archiv für Geschichte des Buchwesens (Frankfurt/M.) 27 (1961), S. 1672–1686.

FRIEDLÄNDER, Max: *Echt und Unecht. Aus den Erfahrungen des Kunstkenners.* Berlin: Cassirer 1929.

FRÖHLICH, Gerhard: *Betrug und Täuschung in den Sozial- und Kulturwissenschaften.* In: Wie kommt die Wissenschaft zu ihrem Wissen? Hg. von Theo Hug. Bd. 4. Baltmannsweiler: Schneider Hohengehren 2001, S. 261–276.

FRÖHLICH, Gerhard: *Wissenschaftskommunikation und ihre Dysfunktionen: Wissenschaftsjournale, Peer Review, Impact Faktoren.* In: WissensWelten. Hg. von H. Hettwer [u. a.]. Gütersloh: Bertelsmann 2008, S. 64–80.

FROHNE, Renate: *Sorgen mit dem Urheberschutz in Antike und Humanismus.* In: UFITA. Schriftenreihe des Archivs für Urheber- und Medienrecht (München) 106 (1987), S. 41–49.

FUHRMANN, Horst: *„Mundus vult decipi". Über den Wunsch des Menschen, betrogen zu werden.* In: Historische Zeitschrift (München) 241 (1985), S. 529–541.

FUHRMANN, Horst: *Die Fälschungen im Mittelalter Überlegungen zum mittelalterlichen Wahrheitsbegriff.* In: Historische Zeitschrift (München) 197 (1963), S. 529–601.

FULD, Werner: *Das Lexikon der Fälschungen. Fälschungen, Lügen und Verschwörungen aus Kunst, Historie, Wissenschaft und Literatur.* Frankfurt/M.: Eichborn 1999.

FÜSSEK, Marian: *„Charlataneria Eruditorum" – Zur sozialen Semantik des gelehrten Betrugs im 17. und 18. Jahrhundert.* In: Berichte zur Wissenschaftsgeschichte. Organ der Gesellschaft für Wissenschaftsgeschichte (Lübeck) 27 (2004), H. 3, S. 119–135.

GAMPER, Anna: *Das so genannte „Selbstplagiat" im Lichte des § 103 UG 2002 sowie der „guten wissenschaftlichen Praxis"*. In: Zeitschrift für Hochschulrecht, Hochschulmanagement und Hochschulpolitik (Wien) 8 (2009), Heft 1, S. 2–10.

GASTEINER, Martin; HABER, Peter: *Digitale Arbeitstechniken für die Geistes- und Kulturwissenschaften*. Wien [u. a.]: Böhlau 2010.

GEHLEN, Dirk von: *Mashup. Lob der Kopie*. Frankfurt/M.: Suhrkamp 2011.

GEIER, Manfred: *Fake. Leben in künstlichen Welten. Mythos, Literatur, Wissenschaft*. Reinbek b. Hamburg: Rowohlt 1999.

GENETTE, Gérard: *Palimpseste. Die Literatur auf zweiter Stufe*. Übers. von Wolfram Bayer u. Dieter Hornig. Frankfurt/M.: Suhrkamp 1993 [urspr. *Palimpsestes. La littérature au second degré*. Paris: Seuil 1982].

GERHARTL, Sybille: *„Vogelfrei". Die österreichische Lösung der Urheberrechtsfrage in der zweiten Hälfte des 19. Jahrhunderts*. In: Literarisches Leben in Österreich 1848–1890. Hg. von Klaus Amann. Wien [u. a.]: Böhlau 2000, S. 200–249.

GIESEKE, Ludwig: *Vom Privileg zum Urheberrecht. Die Entwicklung des Urheberrechts in Deutschland bis 1845*. Baden-Baden: Nomos 1995.

GILMORE, Barry: *Plagiarism. Why It Happens. How to Prevent It*. Portsmouth/NH: Heinemann 2008.

GILSON, Étienne: *Philosophie du Plagiat*. In: Académie royale de Belgique. Bulletin de la Classe des Lettres et des Sciences morales et politiques (Bruxelles) 45 (1959), S. 556–572.

GIURIATI, Domenico: *Il Plagio. Furti Letterari Artistici E Musicali*. Milano: Hoepli 1903.

GOLL, Joachim: *Kunstfälscher*. Leipzig: Seemann 1962.

GOMBRICH, Ernst H.: *Kunst und Illusion. Zur Psychologie der bildlichen Darstellung*. Übers. von Lisbeth Gombrich. Köln: Phaidon 1967 [urspr. *Art and Illusion. A Study in the Psychology of Pictorial Representation*. New York: Princeton University Press 1960].

GOODMAN, Nelson: *Kunst und Authentizität*. In: N. G.: Sprachen der Kunst. Entwurf einer Symboltheorie. Übers. von Jürgen Schlaeger. Frankfurt/M.: Suhrkamp 1973 [urspr. *Languages of Art – An Approach to a Theory of Symbols*. London: Oxford University Press 1969].

GOODMAN, Nelson: *Weisen der Welterzeugung*. Übers. von Max Looser. Frankfurt/M.: Suhrkamp 1984 [urspr. *Ways of Worldmaking*. Indianapolis: Hackett 1978].

GRACIA, Jorge E.: *Falsificacion y valor artistico*. In: Revista de ideias estéticas (Madrid) 29 (1971), S. 326–333.

GRAFTON, Anthony: *Fälscher und Kritiker. Der Betrug in der Wissenschaft*. Übers. von Ebba B. Drolshagen. Berlin: Wagenbach 1991 [urspr. *Forgers and Critics. Creativity and Duplicity in Western Scholarship*. Princeton: University Press 1990].

GRASSMUCK, Volker: *Urheberrechte im Netz*. In: Praxis Internet. Kulturtechniken der vernetzten Welt. Hg. von Stefan Münker und Alexander Roesler. Frankfurt/M.: Suhrkamp 2002, S. 75–101.

GRAVENREUTH, Günter von: *Das Plagiat aus strafrechtlicher Sicht: Software-, Video- und Markenpiraterie, Raubdrucke. Die Straftatbestände des gewerblichen Rechtsschutzes; einschlägiges Prozessrecht*. Heymann 1986.

GROEBNER, Valentin: *Der Schein der Person. Ausweise, Steckbriefe und Kontrolle im Mittelalter*. München: Beck 2004.

GROTTKE, Markus (Hg.): *Plagiatserkennung, Plagiatsvermeidung und Plagiatssanktionierung. Interdisziplinäre Lösungsansätze für die Korrekturpraxis an Universitäten und Fachhochschulen*. Lohmar, Köln: Eul 2012.

HARRIS, Robert A.: *The Plagiarism Handbook. Strategies for Preventing, Detecting, and Dealing with Plagiarism*. Glendale: Pyrczak 2001.

HARTE-BAVENDAMM, Hennig: *Handbuch der Markenpiraterie in Europa*. München: Beck 2000.

HELMENSDORFER, Urs: *„Heilig sey das Eigenthum!" Urheberrecht in Wien um 1850.* In: UFITA Schriftenreihe des Archivs für Urheber- und Medienrecht (München) 2 (2001), S. 457–496.

HEMPEL, Wido: *Parodie, Travestie, Pastiche.* In: Germanisch-Romanische Monatsschrift (Heidelberg) 68 (1965), S. 150–176.

HESSEL, Alfred: *Von modernen Fälschern.* In: Archiv für Urkundenforschung (München) 12 (1932) S. 1–12.

HOBSON, Marian: *The Object of Art. The Theory of Illusion in Eighteenth-Century France.* Cambridge/UK: University Press 1982.

HÖFELE, Andreas: *Der Autor und sein Double.* In: Germanisch-Romanische Monatsschrift (Heidelberg) 49 (1999), S. 79–101.

HÖFELE, Andreas: *Die Originalität der Fälschung. Zur Funktion des literarischen Betrugs in England 1750–1800.* In: Poetica. Zeitschrift für Sprach- und Literaturwissenschaft (München) 18 (1986), S. 75–95.

HOLZ, Karl: *Tout est dit – Der Literat im Konflikt: Mittelmaß des Kopisten oder poetisches Wissen des Fabulators.* In: Romanistische Zeitschrift für Literaturgeschichte (Heidelberg) 11 (1987), S. 436–468.

HOME, Stewart: *Neoism, Plagiarism & Praxis.* Edinburgh: AK Press 1995.

HORN, Batya; BAIER, Christian (Hg.): *Stehlen & Rauben. [Eine Anthologie].* Wien: Edition Splitter 2009.

HOWARD, Rebecca Moore: *Standing in the Shadow of Giants. Plagiarists, Authors, Collaborators.* Stamford/CT: Ablex 1999.

HUBER, Jörg; HELLER, Martin; RECK, Hans Ulrich (Hg.): *Imitationen. Nachahmung und Modell. Von der Lust am Falschen.* Museum für Gestaltung Zürich. Werkbund-Archiv Museum der Alltagskultur des 20. Jahrhunderts. Basel, Frankfurt/M.: Stroemfeld/Roter Stern 1989.

HUTH, Peter; VOLLAND, Ernst (Hg.): *Dies Buch ist eine Fälschung.* Frankfurt/M.: Zweitausendeins 1989.

IGLHAUT, Stefan; RÖTZER, Florian; SCHWEEGER, Elisabeth (Hg.): *Illusion und Simulation. Begegnung mit der Realität.* Ostfildern: Hatje Cantz 1995.

JÄNICH, Volker: *Geistiges Eigentum – eine Komplementärerscheinung zum Sacheigentum?* Tübingen: Mohr Siebeck 2002.

JANNIDIS, Fotis (Hg.): *Texte zur Theorie der Autorschaft.* Stuttgart: Reclam 2000.

JANNIDIS, Fotis [u. a.] (Hg.): *Rückkehr des Autors. Zur Erneuerung eines umstrittenen Begriffs.* Tübingen: Niemeyer 1999.

JANTZ, Harold: *Kontrafaktur, Montage, Parodie. Tradition und symbolische Erweiterung.* In: Tradition und Ursprünglichkeit. Akten des III. internationalen Germanistenkongresses 1965 in Amsterdam. Hg. von Werner Kohlschmidt und Herman Meyer. Berlin, Bern, München: Francke 1966, S. 53–65.

JONES, Mark (Hg.): *Fake? The Art of Deception.* Berkeley, Los Angeles: University of California Press 1990.

JUDSON, Horace F.: *The Great Betrayal. Fraud in Science.* Orlando/FL: Harcourt 2004.

JÜRGENS-KIRCHHOFF, Annegret: *Technik und Tendenz der Montage in der bildenden Kunst des 20. Jahrhunderts.* Wetzlar: Anabas 1978.

KAMENZ, Uwe; WEHRLE, Martin: *Professor Untat. Was faul ist hinter den Hochschulkulissen.* Berlin: Econ 2007.

KANT, Immanuel: *Von der Unrechtmäßigkeit des Büchernachdrucks.* In: Berlinische Monatsschrift 5 (1785), S. 403–417.

KANTOROWICZ, Hermann U.: *Schriftvergleichung und Urkundenfälschung. Beitrag zur Geschichte der Diplomatik im* Mittelalter. In: Quellen und Forschungen aus italienischen Archiven und Bibliotheken (Rom) 9 (1906), S. 38–56.

KANZOG, Klaus: *Plagiat*. In: Reallexikon der deutschen Literaturwissenschaft. Hg. von Jan-Dirk Müller [u. a.]. Bd. 3. Berlin, New York: de Gruyter 2003, S. 88–91.

KAPLAN, Benjamin: *An Unhurried View of Copyright*. New York: Columbia University Press 1967.

KARRER, Wolfgang: *Parodie, Travestie, Pastiche*. München: Fink 1977.

KASTNER, Klaus: *Das Plagiat – literarische und rechtliche Aspekte*. In: NJW. Neue Juristische Wochenschrift (München), 25. Mai 1983, S. 1151–1158.

KEEN, Andrew: *Die Stunde der Stümper. Wie wir im Internet unsere Kultur zerstören*. Übers. von Helmut Dierlamm. München: Hanser 2008. [urspr. *The Cult of the Amateur: How Today's Internet is Killing Our Culture*. New York: Doubleday 2007].

KENNER, Hugh: *Von Pope zu Pop. Kunst im Zeitalter von Xerox*. Übers. von Wulf Teichmann. Hamburg: Philo Fine Arts 1995 [urspr. *The Counterfeiters. An Historical Comedy*. Bloomington: Indiana University Press 1968].

KLOTZ, Volker: *Zitat und Montage in neuerer Literatur und Kunst*. In: Sprache im technischen Zeitalter 60 (1976), S. 259–277.

KOHLER, Josef: *Das Autorrecht. Eine zivilistische Abhandlung*. In: Jherings Jahrbücher für die Dogmatik des bürgerlichen Rechts (Jena) 18 (1880), S. 129–478.

KOHLER, Josef: *Urheberrecht an Schriftwerken und Verlagsrecht*. Stuttgart: Enke 1907.

KORFF, Gerhard; ROTH, Manfred: *Das historische Museum: Labor, Schaubühne, Identitätsfabrik*. Frankfurt/M.: Campus 1990.

KRÄMER, Sebastian M.: *Gemein-Freiheit. Vorboten einer freien digitalen Kultur*. In: Südwestdeutscher Rundfunk, 2. November 2009; http://www.swr.de/swr2/programm/sendungen/wissen/-/id=660374/nid=660374/did=5420026/v4mnq8/ (25. März 2013).

KRAUSCH, Christian: *Das Bildzitat. Zum Begriff und zur Verwendung in der Kunst des 20. Jahrhunderts*. Dissertation, Technische Hochschule Aachen 1995.

KRAUSS, Rosalind: *Originality and Repetition: Introduction*. In: October Magazine (Cambridge/MA), 37 (1986), S. 35–40.

KRAUSS, Rosalind: *The Originality of the Avant-Garde*. In: Art after Modernism: Rethinking Representation. Hg. von Brian Wallis. New York: Godine 1984, S. 13–29.

KUHN, Kerstin Carolin: *Produktpiraterie im Bereich des Patent- und Markenrechts. Darstellung der juristischen, wirtschaftlichen und technischen Maßnahmen zur Bekämpfung der Produktpiraterie in der Volksrepublik China*. Frankfurt/M.: Peter Lang 2012.

KUMMER, Max: *Das urheberrechtlich schützbare Werk*. Bern: Stämpfli 1968.

KURZ, Otto: *Fakes. Archaeological Materials, Paintings, Prints, Glass, Metal Work, Ceramics, Furniture, Tapestries*. 2nd revised and enlarged ed. New York: Dover 1967.

KUSENBERG, Kurt: *Die Kunst, Kunst zu fälschen*. In: Diagonal. Zeitschrift der Universität-Gesamthochschule Siegen 2 (1994), S. 47–51.

LADENDORF, Heinz: *Antikenstudium und Antikenkopie*. Berlin/DDR: Akademie 1953.

LAFOLETTE, Marcel C.: *Stealing into Print. Fraud, Plagiarism and Misconduct in Scientific Publishing*. Berkeley [u. a.]: University of California Press 1992.

LANCASTER, Thomas; CLARKE, Robert: *How to Succeed in Cheating Without Really Trying – Five Top Tips for Successful Cheating*. In: 9th Annual Conference of the Subject Centre for Information and Computer Sciences. Hg. von Hazel White; http://www.ics.heacademy.ac.uk/events/9th-annual-conf/Papers/Proceedings/Proceedings%20Full.pdf, S. 116–120 (15. März 2013).

LATHROP, Ann; FOSS, Kathleen E.: *Student Cheating and Plagiarism in the Internet Era. A Wake-Up Call*. Englewood/CO: Greenwood 2000.

LAUER, Gerhard: *Offene und geschlossene Autorschaft. Medien, Recht und der Topos von der Genese des Autors im 18. Jahrhundert*. In: Autorschaft. Positionen und Revisionen. Hg. von Heinrich Detering. Stuttgart, Weimar: Metzler 2002, S. 461–478.

LINDEY, Alexander: *Plagiarism and originality*. New York: Harper & Bros 1952.

LOBSIEN, Eckhard: *Wörtlichkeit und Wiederholung. Phänomenologie poetischer Sprache.* München: Fink 1995.

LUHMANN, Niklas: *Selbststeuerung der Wissenschaft.* In: N. L.: Soziologische Aufklärung 1. Aufsätze zur Theorie sozialer Systeme. Opladen: Westdeutscher Verlag 1962, S. 232–252.

LYNCH, Michael: *Ghost Writing and other Matters.* In: Social Studies of Science. An International Review of Research in the Social Dimensions of Science and Technology (London) 34 (2004), S. 147–148.

MAASEN, Carl Georg von: *Literarische Fälschungen.* In: Süddeutsche Monatshefte (München) 33 (1936), H. 11, S. 649–660.

MACFARLANE, Robert: *Original Copy. Plagiarism and Originality in Nineteenth-Century Literature.* Oxford: University Press 2007.

MAISON, K[arl] E[ric]: *Bild und Abbild. Meisterwerke von Meistern kopiert und umgeschaffen.* Übers. von Alfred P. Zeller. München, Zürich: Droemer Knaur 1960. [urspr. *Art Themes and Variations. Five Centuries of Interpretations and Recreations.* New York: Abrams 1960].

MALLON, Thomas: *Stolen words, Forays into the Origins and Ravages of Plagiarism.* New York: Ticknor & Fields 1989.

MANTL, Wolfgang: *Sicherung wissenschaftlicher Qualität. „Sine labore nihil".* In: Res Universitatis. Bernd-Christian Funk zum 60. Geburtstag. Hg. von Walter Berka und Christian Brünner. Wien, Graz: Neuer Wissenschaftlicher Verlag 2003, S. 191–202.

MARQUARDT VON BATTENBERG, Martin: *Original oder Fälschung? Restaurierte Möbel bewerten – Plagiate erkennen.* Regenstauf: Battenberg Gietl 2008.

MAUREL-INDART, Hélène: *Du Plagiat.* Paris: Presses Universitaires de France 1999.

MAUREL-INDART, Hélène: *Plagiats, les coulisses de l'écriture.* Paris: Différence 2007.

MAZZEO, Tilar J.: *Plagiarism and Literary Property in the Romantic Period.* Philadelphia: University Press 2007.

MCDONNELL, Kathryn E.: *Academic Plagiarism Rules and ESL Learning – Mutually Exclusive Concepts?* (2004); http://aladinrc.wrlc.org/bitstream/handle/1961/5230/wpmcdonnell.pdf?sequence=1 (15. März 2013).

MCLUHAN, Marshall: *The Gutenberg Galaxy. The Making of Typographic Man.* Toronto: University Press 1962.

Meister borgen bei Meistern. Zitat, Kopie, Entlehnung in der Malerei. Themenheft „du". Kulturelle Monatsschrift (Zürich) 243 (1961).

MENDAX, Fritz: *Aus der Welt der Fälscher.* Stuttgart: Kohlhammer 1953.

MERRYMAN, John Henry: *Counterfeit Art.* In: International Journal of Cultural Property (Cambridge/UK) 1 (1992) H. 1, S. 27–78.

MERSCH, Dieter: *Ereignis und Aura. Untersuchungen zu einer Ästhetik des Performativen.* Frankfurt/M.: Suhrkamp 2002.

MERTON, Robert K.: *Auf den Schultern von Riesen. Ein Leitfaden durch das Labyrinth der Gelehrsamkeit.* Frankfurt/M.: Syndikat 1980 [urspr. *On the shoulders of giants.* Chicago: University Press 1965].

METZ, Peter: *Echt oder falsch? Eine Studie über Grundsätzliches.* In: Festschrift Karl Oettinger zum 60. Geburtstag. Hg. von Hans Sedlmayr und Wilhelm Messerer. Erlangen: Univ. Bund Erlangen-Nürnberg 1967, S. 465–477.

MEYER, Karl E.: *Geplünderte Vergangenheit. Der illegale Kunsthandel – Fälscher, Diebe und Bewahrer.* Zug: Bergh 1973.

MÜNCH, Ingo von: *Gute Wissenschaft.* Berlin: Duncker & Humblot 2012.

NATKIN, Marcel: *Fascinating Fakes in Photography.* London: Fountain 1939.

NEUMANN, Peter Horst: *Das Eigene und das Fremde. Über die Wünschbarkeit einer Theorie des Zitierens.* In: Akzente. Zeitschrift für Literatur (München) 27 (1980), S. 292–305.

NIDA-RÜMELIN, Julian; STEINBRENNER Jakob: *Kunst und Philosophie: Original und Fälschung.* Ostfildern: Hatje Cantz 2011.

NIEZGODA, Sebastian; WAY, Thomas P.: *SNITCH: a Software Tool for Detecting Cut and Paste Plagiarism.* In: SIGCSE (Special Interest Group on Computer Science Education) Bulletin (New York) 38 (2006), Nr. 1, S. 51–55.

NITSCHE, Gunter: *Urheberrecht des Regisseurs?* In: ART Goes LAW. Dialoge zum Wechselspiel von Kunst und Recht. Hg. von Dietmar Pauger. Wien [u. a.]: Böhlau 2005, S. 43–50.

ORVELL, Miles: *The Real Thing. Imitation and Authenticity in American Culture, 1880–1940.* Chapel Hill: University of North Carolina Press 1989.

PANOFSKY, Erwin: *Original und Faksimilereproduktion.* In: Der Kreis. Zeitschrift für künstlerische Kultur (Hamburg) 7 (1930), S. 3–16.

PANTENBURG, Volker; PLATH, Nils (Hg.): *Anführen – Vorführen – Aufführen. Texte zum Zitieren.* Bielefeld: Aisthesis 2002.

PARTSCH, Susanne: *Tatort Kunst. Über Fälschungen, Betrüger und Betrogene.* München: Beck 2010.

PATTERSON, L. Ray: *Copyright in Historical Perspective.* Nashville: Vanderbilt University Press 1968.

PATTERSON, L. Ray; LINDBERG, Stanley W.: *The Nature of Copyright. A Law of Users' Rights.* Athens: University of Georgia Press 1991.

PAUL, Eberhard: *Gefälschte Antike von der Renaissance bis zur Gegenwart.* Leipzig: Koehler & Amelang 1981.

PEKALA, Karolina M.: *Markenpiraterie. Erscheinungsformen, strafrechtliche Bekämpfung und zivilrechtliche Ansprüche.* Freiburg i. Br.: Centaurus 2013.

PEREZ LOBO, Rafael: *Para una crónica del plagio en literatura.* In: Cuadernos americanos. Nueva Epoca (Mexico D. F.) 40 (1981) H. 2, S. 48–59.

PERNIOLA, Mario: *Icones, visions, simulacres.* In: Traverses. Musiques nouvelles et progressives (Paris) 10 (1978), S. 39–49.

PETERSEN, Jürgen H.: *Mimesis – Imitatio – Nachahmung. Eine Geschichte der europäischen Poetik.* Stuttgart: UTB 2000.

PIMAT, Manfred: *Beweisprobleme der (angeblich) unbewussten Entlehnung in der Musik.* Frankfurt: Universitätsverlag 2002.

PLUMPE, Gerhard: *Eigentum – Eigentümlichkeit. Über den Zusammenhang ästhetischer und juristischer Begriffe im 18. Jahrhundert.* In: Archiv für Begriffsgeschichte. Bausteine zu einem historischen Wörterbuch der Philosophie (Bonn) 23 (1979), S. 176–196.

POCHAT, Götz: *Imitatio und Superatio in der bildenden Kunst.* In: Imitatio. Von der Produktivität künstlerischer Anspielungen und Missverständnisse. Hg. von Paul Naredi-Rainer. Berlin: Reimer 2001, S. 11–47.

POROMBKA, Stephan: *Hypertext. Zur Kritik eines digitalen Mythos.* München: Fink 2001.

POSNER, Richard Allen: *The little book of Plagiarism.* New York: Pantheon 2007.

PÜTTNER, Johann Stephan: *Der Büchernachdruck nach ächten Grundsätzen des Rechts.* Göttingen: Vandenhoeck 1774.

PUTZER, Alexander: *Das wissenschaftliche Literaturplagiat und seine Folgen.* In: Zeitschrift für Hochschulrecht, Hochschulmanagement und Hochschulpolitik (Wien) 5 (2006), Heft 6, S. 176–186.

RADNÓTI, Sándor: *The Fake. Forgery and Its Place in Art.* Boston: Rowman & Littlefield 1999.

RAU, Gerhard: *Antikunst und Urheberrecht. Überlegungen zum urheberrechtlichen Werkbegriff.* Berlin: Schweitzer 1978.

RECK, Hans Ulrich (Hg.): *Imitation und Mimesis. Eine Dokumentation.* Themenband von „Kunstforum International. Aktuelle Zeitschrift für alle Bereiche der Bildende Kunst" (Ruppichteroth) 114 (1991).

REICHELT, Gerte (Hg.): *Original und Fälschung. Im Spannungsfeld von Persönlichkeitsschutz, Urheber-, Marken- und Wettbewerbsrecht.* Symposium Wien, 12. Mai 2006. Wien: Manz 2007.

REIFF, Arno: *Interpretatio, imitatio, aemulatio. Begriff und Vorstellung literarischer Abhängigkeit bei den Römern.* Diss., Universität Köln 1959.

REISNER, Robert George: *Fakes and Forgeries in the Fine Arts. A Bibliography.* New York: Special Libraries Association 1950.

REITZ, Manfred: *Große Kunstfälschungen. Falsche Kunst und echte Fälscher.* Frankfurt/M., Leipzig: Insel 1993.

RENDELL, Kenneth W.: *Forging history. The detection of Letters & Documents.* Norman: University of Oklahoma Press 1994.

REULECKE, Anne-Kathrin (Hg.): *Fälschungen. Zu Autorschaft und Beweis in Wissenschaften und Künsten.* Frankfurt/M.: Suhrkamp 2006.

REULECKE, Anne-Kathrin: *Täuschend, ähnlich. Fälschung und Plagiat als Figuren des Wissens in Künsten und Wissenschaften. Eine philologisch-kulturwissenschaftliche Studie.* München: Fink 2012.

RICHTER-KUHLMANN, Eva A.: *Fälschern auf der Spur.* In: Deutsches Ärzteblatt (Köln) 100 (2003), H. 51/52, S. 3348–3349.

RIEBLE, Volker: *Das Wissenschaftsplagiat – Vom Versagen eines Systems.* Frankfurt/M.: Klostermann 2010.

RIEBLE, Volker: *Noch'n Plagiat. Deutsch-chinesische Wissensverwertungspartnerschaft.* In: myops. Berichte aus der Welt des Rechts (München) Nr. 10 (2010), S. 55–60.

RIGAMONTI, Cyrill P.: *Geistiges Eigentum als Begriff und Theorie des Urheberrechts.* Baden-Baden: Nomos 2001.

RINTELEN, Max: *Urheberrecht und Urhebervertragsrecht.* Wien: Springer 1958.

ROBERTS, Tim (Hg.): *Student Plagiarism in an Online World. Problems and Solutions.* Hershey/PA: IGI Global 2007.

ROIG, Miguel: *Avoiding plagiarism, self-plagiarism, and other questionable writing practices: A guide to ethical writing.* Revised on-line version, August 2006; http://www.cse.msu.edu/~alexliu/plagiarism.pdf (15. März 2013).

RÖMER, Stefan: *Fake als Original. Ein Problem der Kunstkritik.* Hg. von Walter Vitt. Köln: Internationaler Kunstkritikerverband (AICA) 1999.

RÖMER, Stefan: *Künstlerische Strategien des Fake. – Kritik von Original und Fälschung.* Köln: DuMont 2001.

ROMMEL, Thomas (Hg.): *Plagiate – Gefahr für die Wissenschaft? Eine internationale Bestandsaufnahme.* Berlin, Münster: LIT 2011.

ROSENFELD, Hellmut: *Plagiat.* In: Reallexikon der deutschen Literaturgeschichte. 2. Aufl., Bd. 3. Hg. von Paul Merker [u. a.]. Berlin [u. a.]: de Gruyter 1977, S. 114–126.

ROSENFELD, Hellmut: *Zur Geschichte von Nachdruck und Plagiat: mit einer chronologischen Bibliographie zum Nachdruck von 1733–1824.* In: Börsenblatt für den deutschen Buchhandel (Frankfurt/M.) 25 (1969), S. 3211–3228.

RÖTHLISBERGER, Ernst: *Geistiges Eigentum und geistige Produktion in der Schweiz.* Bern: Schmid & Francke 1898.

RUTHVEN, Kenneth K.: *Faking Literature.* Cambridge/UK: University Press 2001.

SAGOFF, Mark: *The Aesthetic Status of Forgeries.* In: Journal of Aesthetics and Art Criticism (Philadelphia) 35 (1976) Nr. 2, S. 169–180.

SALTZWEDEL, Johannes: *Der Dämon der Echtheit.* In: Der Spiegel, 6. November 2000, S. 286–290.

SATTLER, Sebastian: *Plagiate in Hausarbeiten – Erklärungsmodelle mit Hilfe der Rational Choice Theorie.* Hamburg: Kovač 2007.

SATTLER, Sebastian: *Unterschätztes Phänomen? Über den Umfang von und den Umgang mit Plagiaten.* In: Forschung & Lehre. Alles was die Wissenschaft bewegt (Bonn) 5 (2008), S. 222–223.

SATTLER, Sebastian; VEEN, Floris van: *Veröffentliche oder stirb. Warum Wissenschaftler und Journalisten für Gedankendiebstahl besonders anfällig sind. Außerdem: Was taugt Plagiat-Software?* In: Message. Internationale Zeitschrift für Journalismus (Hamburg) 3 (2010), S. 26–29.

SCHACK, Haimo: *Urheber- und Urhebervertragsrecht.* Tübingen: Mohr Siebeck 2005.

SCHALTENBRAND, Stefan: *Alles gestohlen? Vom Plagiat zur Wiederholung.* Berlin: Frieling 1994.

SCHENKER, Christoph: *Aneignung. Variationen über ein Thema.* In: Noema. Art Magazin (Salzburg) Nr. 21: Konzeptkunst, Postmoderne (November/Dezember 1988), S. 26–43.

SCHICKERT, Katharina: *Der Schutz literarischer Urheberschaft im Rom der klassischen Antike.* Tübingen: Mohr Siebeck 2005.

SCHIMMEL, Roland: *Von der hohen Kunst ein Plagiat zu fertigen. Eine Anleitung in 10 Schritten.* Geleitwort Karl-Theodor zu Guttenberg. Münster [u. a.]: LIT 2011.

SCHMIDT, Arno: *Die Meisterdiebe. Von Sinn und Wert des Plagiats.* In: A. Sch.: Werke. Bd. II/1 (Bargfelder Ausgabe). Zürich: Haffmans 1990, S. 333–357.

SCHNEIDER, Michel: *Voleurs de mots. Essai sur le plagiat, la psychanalyse et la pensée.* Paris: Gallimard 1988.

SCHÜLLER, Sepp: *Fälscher, Händler und Experten. Das zwielichtige Abenteuer mit der Kunstfälschung.* München: Ehrenwirth 1959.

SCHULZE, Erich [u. a.] (Hg.): *Plagiat.* Berlin, Frankfurt/M.: Vahlen 1959.

SCHÜTZ, Erhard: *Aneigentümlichkeiten. Beobachtungen zum Plagiat in einer Kultur originaler Wiederholung.* In: „Die andere Stimme". Das Fremde in der Kultur der Moderne. Festschrift für Klaus R. Scherpe. Hg. von Alexander Honold und Manuel Koppen. Wien [u. a.]: Böhlau 1999, S. 311–327.

SCHWARTZ, Hillel: *Déjà vu. Die Welt im Zeitalter ihrer tatsächlichen Reproduzierbarkeit.* Berlin: Aufbau 2000 [urspr. *The Culture of the Copy. Striking Likenesses, Unreasonable Facsimiles.* New York: Zone Books 1996].

SCHWARTZ, Johann Conrad: *De plagio literario liber unus.* Leipzig: [o. V.] 1706.

SLOTERDIJK, Peter: *Heilige und Hochstapler. Von der Krise der Wiederholung in der Moderne.* Frankfurt/M.: Suhrkamp 2013.

SMITH, Gary; KROSS, Mathias (Hg.): *Die ungewisse Evidenz. Für eine Kulturgeschichte des Beweises.* Berlin: Akademie 1998.

SÖHN, Gerhard: *Literaten hinter Masken. Eine Betrachtung über das Pseudonym in der Literatur.* Berlin: Haude & Spener 1974.

SPEYER, Wolfgang: *Die literarische Fälschung im heidnischen und christlichen Altertum. Ein Versuch ihrer Deutung.* München: Beck 1971.

STEGEMANN-BOEHL, Stefanie: *Fehlverhalten von Forschern.* Stuttgart: Enke 1994.

STEINBRENNER, Jakob: *Fälschung und Identität.* In: Zeitschrift für Ästhetik und Allgemeine Kunstwissenschaft (Hamburg) 43 (1998) H. 2, S. 191–209.

STEMPLINGER, Eduard: *Das Plagiat in der griechischen Literatur.* Leipzig, Berlin: Teubner 1912.

STRANIK, Erwin: *Über das Wesen des Plagiats.* In: Deutsche Rundschau (Berlin) 53 (1927), S. 258–265.

TARDE, Gabriel de (1890): *Die Gesetze der Nachahmung.* Übers. von Jadja Wolf. Frankfurt/M.: Suhrkamp 2003.

TAUSSIG, Michael: *Mimesis und Alterität. Eine eigenwillige Geschichte der Sinne.* Hamburg: Europäische Verlagsanstalt 1997 [urspr. *Mimesis and Alterity: A Particular History of the Senses.* New York: Routledge 1992].

TERRY, Richard: *The Plagiarism Allegation in English Literature from Butler to Sterne*. New York: Palgrave McMillan 2010.

TESAR Michael: *Plagiat! Studie.Software.Lösung. Plagiate in technischen Studienrichtungen österreichischer Universitäten und Fachhochschulen*. Saarbrücken: Südwestdeutscher Verlag 2009.

THEISEN, Manuel: *Wissenschaftliches Arbeiten. Technik – Methodik – Form*. 15., aktualisierte u. ergänzte Aufl. München: Vahlen 2011.

THEISOHN, Philipp: *Literarisches Eigentum. Zur Ethik geistiger Arbeit im digitalen Zeitalter. Essay*. Stuttgart: Kröner 2012.

THEISOHN, Philipp: *Plagiat. Eine unoriginelle Literaturgeschichte*. Stuttgart: Kröner 2009.

THOMASIUS, Jacob: *De Plagio Literario*. Leipzig: [o. V.] 1673.

TIETZE, Hans: *Zur Psychologie und Ästhetik der Kunstfälschung*. In: Zeitschrift für Ästhetik und Allgemeine Kunstwissenschaft (Bonn) 27 (1933), S. 209–240.

TRILLING, Lionel: *Sincerity and Authenticity*. Cambridge: Harvard University Press 1972.

TROCCHIO, Federico di: *Der große Schwindel. Betrug und Fälschung in der Wissenschaft*. Übers. von Andreas Simon. Frankfurt/M.: Campus 1994.

TROIDL, Hans: *Täuschen und Tarnen. Ein Traktat zur Wahrhaftigkeit in Wissenschaft und Forschung*. Jena: Urban und Fischer 2003.

TÜRR, Karina: *Fälschungen antiker Plastik seit 1800*. Berlin: Mann 1984.

ULMER, Eugen: *Urheber- und Verlagsrecht*. Berlin, Göttingen, Heidelberg: Springer 1980.

VAIDHYANATHAN, Siva: *Copyrights and Copywrongs: The Rise of Intellectual Property and How It Threatens Creativity*. New York: University Press 2001.

VEC, Miloš [u. a.] (Hg): *Der Campus-Knigge. Von Abschreiben bis Zweitgutachten*. München: Beck 2006.

Verstecktes Gedächtnis. Graubereiche in der Plagiarismusdebatte. Themenheft der „Kulturrisse". Zeitschrift für radikaldemokratische Kulturpolitik (Wien) 1 (2007).

VOGEL, Martin: *Der literarische Markt und die Entstehung des Verlags- und Urheberrechts bis zum Jahre 1800*. In: Rhetorik, Ästhetik, Ideologie. Aspekte einer kritischen Kulturwissenschaft. Hg. von Joachim Goth [u. a.]. Stuttgart: Metzler 1973, S. 117–136.

VOGEL, Martin: *Deutsche Urheber- und Verlagsrechtsgeschichte zwischen 1450 und 1850. Sozial- und methodengeschichtliche Entwicklungsstufen der Rechte von Schriftsteller und Verleger*. In: Archiv für Geschichte des Buchwesens (Frankfurt/M.) 19 (1978), Sp. 1–190.

WADLE, Elmar (Hg.): *Historische Studien zum Urheberrecht in Europa. Entwicklungslinien und Grundfragen*. Berlin: Duncker & Humblot 1993.

WAETZOLD, Stephan; SCHMID, Alfred A.: *Echtheitsfetischismus? Zur Wahrhaftigkeit des Originalen*. Symposium in der Carl Friedrich von Siemens-Stiftung. München/Nymphenburg 4.–5. April 1979. München: Siemens-Stiftung 1979.

WAIBLINGER Julian: *„Plagiat" in der Wissenschaft. Zum Schutz wissenschaftlicher Schriftwerke im Urheber- und Wissenschaftsrecht*. Baden-Baden: Nomos 2011.

WAIBLINGER, Julian: *Zum Plagiat in der Wissenschaft. Umfang und Grenzen des urheberrechtlichen Schutzes wissenschaftlicher Schriftwerke*. In: UFITA. Schriftenreihe des Archivs für Urheber- und Medienrecht (München) 2 (2011), S. 323–446.

WARD, Kimball: *Art Afterpieces*. New York: Pocket Books 1964.

WEBER, Stefan: *Das Google-Copy-Paste-Syndrom. Wie Netzplagiate Ausbildung und Wissen gefährden*. Hannover: Heise 2006.

WEBER-WULFF, Debora: *Aufdeckung von Plagiat: Suchen im Internet für Lehrkräfte* (2001/02); http://www.f4.fhtw-berlin.de/~weberwu/papers/plagiat.shtml (15. März 2013).

WEBER-WULFF, Debora: *Copy+Paste=Plagiat?* In: Digitale Arbeitstechniken für die Geistes- und Kulturwissenschaften. Hg. von Martin Gasteiner und Peter Haber. Wien [u. a.]: Böhlau 2010, S. 127–138; http://plagiat.htw-berlin.de (15. März 2013).

WEDRAC, Stefan; FERSTL, Paul (Hg.): *Owning the Mind. Beiträge zur Frage geistigen Eigentums.* Frankfurt/M.: Peter Lang 2010.

WEINGART, Peter: *Ist das Wissenschafts-Ethos noch zu retten?* In: Gegenworte. Zeitschrift für den Disput über Wissen (Berlin) 2 (1998), S. 13–17.

WEINRICH, Harald: *Der Leser braucht den Autor.* In: Identität. Poetik und Hermeneutik. Bd. 8. Hg. von Odo Marquard und Karlheinz Stierle. München: Fink 1979, S. 722–724.

WELSER, Marcus von; GONZÁLEZ, Alexander: *Marken- und Produktpiraterie, Strategien und Lösungsansätze zu ihrer Bekämpfung.* Weinheim: Wiley-VCH 2007.

WELSLAU, Erich: *Imitation und Plagiat in der französischen Literatur von der Renaissance bis zur Revolution.* Rheinfelden: Schäuble 1995.

WHITEHEAD, John: *This Solemn Mockery: The Art of Literary Forgery.* London: Arlington 1973.

WILLIAMS, Heidi (Hg.): *Plagiarism. Issues That Concern You.* Detroit: Greenhaven 2008.

WOODMANNSEE, Martha: *The Genius and the Copyright: Economic and Legal Conditions of the Emergence of the „Author".* In: Eighteenth-Century Studies (Baltimore) 17 (1984), S. 425–448.

WOODMANNSEE, Martha; JASZI, Peter: *The Construction of Authorship: Textual Appropriation in Law and Literature.* Durham: Duke University Press 1994.

WORMER, Holger: *Mitgeschrieben, mitgefangen? Erfahrungen und Fortschritte im Umgang mit „Phantom-Autoren" in Naturwissenschaften und Medizin in Deutschland.* In: Information – Wissenschaft & Praxis. Organ der deutschen Gesellschaft für Informationswissenschaft und Informationspraxis (Wiesbaden) 57 (2006), S. 99–102.

WORSTBROCK, Franz Josef: *Wiedererzählen und Übersetzen.* In: Mittelalter und frühe Neuzeit. Übergänge, Umbrüche und Neuansätze. Hg. von Walter Haug. Tübingen: Niemeyer, S. 128–142.

WÜRTENBERGER, Thomas: *Das Kunstfälschertum. Entstehung und Bekämpfung eines Verbrechens vom Anfang des 15. Jahrhunderts bis zum Ende des 18. Jahrhunderts.* Weimar: Böhlau 1940.

ZANKL, Heinrich: *Fälscher, Schwindler, Scharlatane. Betrug in Forschung und Wissenschaft.* Weinheim: Wiley-VCH 2003.

ZIEGLER, Konrat: *Plagiat.* In: Paulys Realencyclopädie der classischen Altertumswissenschaft. Hg. von K. Z., Bd. 40, Suppl. 1. Stuttgart: Metzler 1950, Sp. 1956–1997.

ZYLKA-MENHORN, Vera; HIBBELER, Birgit; GERST, Thomas: *Plagiate in der Wissenschaft – weitgehend totgeschwiegen.* In: Deutsches Ärzteblatt (Köln) 108 (2011), Heft 20, S. A1108–A1112; http://www.aerzteblatt.de/pdf.asp?id=89990 (3. November 2011).

---

[1] Vgl. z. B. PAGE, Marco [= Harry Kurnitz]: *Die perfekte Fälschung.* Kriminalroman. Übers. von Eva Schönfeld. München: Goldmann 1962 [*Reclining Figure.* New York: Random House 1952]; STOUT, Rex: *Das Plagiat.* Kriminalroman. Übers. von Renate Steinbach. München: Goldmann 1986 [*Plot it Yourself.* New York: Random House 1959]; HIGHSMITH, Patricia: *Ripley Under Ground.* Kriminalroman. Zürich: Diogenes 1972 [*Ripley Under Ground.* London: Heinemann 1970]; MONTEILHET, Hubert: *Der Mord auf der Buchmesse.* Ein satirischer Roman. Übers. von Julia Sebestyén. Wien, München: Molden 1976 [*Mourir à Francfort ou le malentendu,* 1974]; ZELTERSMAN, Dave: *Paria.* Kriminalroman. Übers. von Angelika Müller. Berlin: Pulp Master Frank Nowatzki 2013 (= Pulp 34). [*Pariah.* London: Serpent's Tail 2009].

[2] Vgl. z. B. DIETL, Helmut (Drehbuch m. Ulrich Limmer, Filmregie): *Schtonk!* BRD: Bavaria Film 1992; LEVINSON, Barry; HENKIN, Hilary; MAMET, David (Drehbuch); LEVINSON, Barry

(Filmregie): *Wag the Dog*. USA 1997. (Frei nach dem Roman *American Hero* von Larry BEINHART, New York: Nation Books 1993); RUZOWITZKY, Stefan (Drehbuch, Filmregie): *Die Fälscher*. Österreich, BRD 2007.

3 Vgl. z. B. HUXLEY, Aldous: *Das Porträt*. In: A. H.: Cynthia. Erzählungen. Köln: Pieper 1988, S. 39–52 [*The Portrait*. In: Little Mexian, and other Stories. London: Chatto & Windus 1924]; GIDE, André: *Die Falschmünzer*. Roman. Übers. von Ferdinand Hardekopf. Berlin: DVA 1928 [*Les Faux-monnayeurs*. Paris: Gallimard 1925]; BORGES, Jorge Luis: *Fiktionen. Erzählungen 1939–1944*. Frankfurt/M.: Fischer 1992 [*Ficciones (1935-1944)*. Buenos Aires: Sur 1944]; HILDESHEIMER, Wolfgang: *Paradies der falschen Vögel*. Roman. München, Wien, Basel: Desch 1953; KASACK, Hermann: *Fälschungen*. Erzählung. Frankfurt/M.: Suhrkamp 1953; LICHTEN-STEIN, Alfred: *Die Plagiatoren*. In: A. L.: Gesammelte Gedichte. Hg. von Klaus Kanzog. Zürich: Arche 1962, S. 36.

4 Z. B. *Fakes and Forgeries*. Minneapolis Institute of Art 1973; *Bilder über Bilder*. Kunstmuseum mit Sammlung Sprengel, Hannover 1982; *Art and Appropriation*. Alternativ Museum, New York 1985; *Imitationen. Nachahmung und Modell: Von der Lust am Falschen*. Museum für Gestaltung Zürich; Werkbund-Archiv/Museum für Alltagskultur des 20. Jahrhunderts, Berlin 1989; *Fake? The Art of Deception*. British Museum Berkeley, Los Angeles 1990; *Originale echt/falsch*. Neues Museum Weserburg, Bremen 1999.

5 Vgl. z. B. DYLAN, Bob: *Love and Theft*. Studio Album. New York: Columbia Records 2001; STEWART, Al: *License to steal*. Auf: A. St.: Last days of the Century. Audio-CD. Los Angeles: Enigma 1988.

Personenregister

Aufgenommen wurden alle Namen aus dem Textteil des Bandes.

Beiträgerinnen und Beiträger

FRANK, Andrew U.: Prof. für Geoinformation, Technische Universität Wien – Ontologien für räumliche Daten, geographische Informationssysteme (GIS), Qualität von Daten.

GAMPER, Anna: Prof. für Öffentliches Recht, Leopold-Franzens-Universität Innsbruck – Österreichisches und vergleichendes Verfassungsrecht; Allgemeine Staatslehre; Föderalismus; Universitätsrecht.

GOLTSCHNIGG, Dietmar: Prof. für Neuere deutsche Sprache und Literatur, Karl-Franzens-Universität Graz – Deutsche Literatur des 19./20. Jahrhunderts (bes. Wirkungsgeschichte Büchners und Heines sowie Österreichs Klassische Moderne).

GREINER, Richard: Em. Prof. für Stahlbau und Flächentragwerke, Technische Universität Graz – Hoch- und Brückenbau, Druckrohrleitungen, Tankbauwerke, Geschichte des Ingenieurbaus.

GROLLEGG-EDLER, Charlotte: Wiss. Mitarbeiterin am Institut für Germanistik, Karl-Franzens-Universität Graz – Deutsch/österreichisch-jüdische Literatur des 19. und 20. Jahrhunderts, politische Lyrik, Medienwissenschaft.

GRUBER, Patrizia: Wiss. Mitarbeiterin am Institut für Germanistik, Karl-Franzens-Universität Graz – Deutsch/österreichisch-jüdische Reiseliteratur des 19. und 20. Jahrhunderts.

HANSLMEIER, Arnold: Prof. für Astrophysik, Karl-Franzens-Universität Graz – Astrophysik, Sonnenphysik, Space Weather, Exoplaneten.

IVANOVIĆ, Christine: Gastprof. am Institut für Vergleichende Literaturwissenschaft, Universität Wien – Komparatistik, Interkulturalität, Intermedialität.

JAMER, Elke: Leiterin des Bereichs Studium und Prüfung, Medizinische Universität Graz – Management und Studienrecht.

KARL, Beatrix: Österreichische Bundesministerin für Justiz, Prof. für Arbeitsrecht, Sozialrecht und Europarecht, Karl-Franzens-Universität Graz.

KENNER, Thomas: Em. Prof. für Physiologie, Medizinische Universität Graz – Biologische Systemanalyse, Physiologie des Kreislaufs und der Atmung, Biomedizinische Technik.

KUMAR, Victoria: Wiss. Mitarbeiterin am Centrum für Jüdische Studien, Karl-Franzens-Universität Graz – Emigration, Flucht und Vertreibung österreichischer Jüdinnen und Juden nach Palästina in den 1930/1940er Jahren.

LENZ, Werner: Em. Prof. für Erziehungswissenschaft mit besonderer Berücksichtigung der Erwachsenenbildung, Karl-Franzens-Universität Graz – Bildung und gesellschaftlicher Wandel, lebensbegleitende Bildung, lebenslanges Lernen, nationale/internationale Erwachsenenbildung.

MAIERHOFER, Roberta: Prof. für Amerikanistik und Leiterin des Zentrums für Interamerikanische Studien, Karl-Franzens-Universität Graz – Transatlantische Bildungskooperationen, Interkulturalität, Frauen- und Geschlechterforschung, kulturelle Gerontologie.

NITSCHE, Gunter: Prof. i. R. für Unternehmens- und Wirtschaftsrecht, Karl-Franzens-Universität Graz – Gesellschafts-, Wettbewerbs-, Marken- und Urheberrecht.

OGAWA, Akio: Prof. für Sprachwissenschaft, Kwansei-Gakuin-Universität, Nishinomiya, Japan – Kontrastive Sprachwissenschaft mit Schwerpunkt auf dem Deutschen und Japanischen, Sprachtypologie (vor dem Hintergrund der Kulturwissenschaft), Kognitive Sprachtheorie (Interface zwischen Syntax und Semantik).

POCHAT, Götz: Em. Prof. für Kunstgeschichte, Karl-Franzens-Universität Graz – Geschichte der Landschaftsmalerei, Renaissance und Barock, Exotismus, Theater und bildende Kunst, Geschichte der Kunsttheorie und Ästhetik, Bild/Zeit.

POLASCHEK, Martin: Vizerektor für Studium und Lehre/Studiendirektor, Prof. für Österreichische Rechtsgeschichte und Europäische Rechtsentwicklung, Karl-Franzens-Universität Graz – Universitätsrecht, Rechtliche Zeitgeschichte, Föderalismus, Gemeindereformen.

POSCH, Willibald: Prof. für Zivilrecht, Ausländisches und Internationales Privatrecht, Karl-Franzens-Universität Graz – Internationales Privatrecht, Rechtsvergleichung auf dem Gebiet des Privatrechts, Europäisierung des Privatrechts und Einheitsprivatrecht.

REHATSCHEK, Herwig: Leiter des Bereiches Organisation der Lehre, Medizinische Universität Graz – eLearning und Einsatz von digitalen Medien für die Lehre, Social Media, virtuelle Lernformate.

REULECKE, Anne-Kathrin: Prof. für Neuere deutschsprachige Literatur, Karl-Franzens-Universität Graz – Theorien der Autorschaft, der Fälschung und des Plagiats; Medien und Intermedialität in der Literatur des 18. bis 21. Jahrhunderts.

REVERS, Peter: Prof. für Musikgeschichte, Kunstuniversität Graz – Musiktheoretische und musikdramatische Ostasienrezeption, Österreichische Moderne (bes. Mahler).

RÖMER, Heiner: Prof. für Zoologie, Karl-Franzens-Universität Graz – Verhalten und Neurobiologie (speziell sensorische Ökologie der akustischen Kommunikation).

SCHERKE, Katharina: Prof. für Soziologie, Karl-Franzens-Universität Graz – Kultur- und Kunstsoziologie, Geschichte der Soziologie, Soziologische Theorie, Wissenschaftssoziologie.

SCHERMAIER, Martin: Prof. für Bürgerliches und Römisches Recht, Rheinische Friedrich-Wilhelms-Universität Bonn – Römisches Recht, Privatrechtsgeschichte des Mittelalters und der Neuzeit.

SCHICK, Peter J.: Em. Prof. für Strafrecht, Strafprozessrecht und Kriminologie, Karl-Franzens-Universität Graz – Wirtschafts-, Europa- und Medizinstrafrecht.

STEINDORFER, Peter: Prof., Vorstand der Chirurgischen Abteilung des Landeskrankenhauses Graz West – Chirurgische Onkologie, Qualitätssicherung in der Chirurgie.

STEINECKE, Hartmut: Em. Prof. für Neuere deutsche Literaturwissenschaft, Universität Paderborn – Deutschsprachige Literatur des 19. bis 21. Jahrhunderts, bes. Romantik, Vormärz, Gegenwart; jüdische Literatur; Roman.